U0502717

老科学家学术成长资料采集工程
中国科学院院士传记丛书

探赜泥沙 为国铸器

窦国仁 传

陈婷 王申 ◎著

1932 年	1951 年	1960 年	1978 年	1988 年	1991 年	2000 年	2001 年
出生于辽宁沈阳	到列宁格勒水运工程学院留学	就职于南京水利科学研究所	在全国科学大会上被授予先进工作者	获国家自然科学奖二等奖	当选中国科学院学部委员	获何梁何利基金科学与技术进步奖	在南京去世

老科学家学术成长资料采集工程

中国科学院院士传记丛书

探赜泥沙 为国铸器

窦国仁传

陈 婷 王 申 ◎ 著

中国科学技术出版社

· 北 京 ·

图书在版编目（CIP）数据

探赜泥沙　为国铸器：窦国仁传/陈婷，王申著．
北京：中国科学技术出版社，2025.5．——（老科学家学
术成长资料采集工程丛书）（中国科学院院士传记丛书）．
ISBN 978-7-5236-1397-9

Ⅰ. K826.16

中国国家版本馆 CIP 数据核字第 2025N3K441 号

责任编辑	何红哲
责任校对	焦　宁
责任印制	徐　飞
版式设计	中文天地

出　　版	中国科学技术出版社
发　　行	中国科学技术出版社有限公司
地　　址	北京市海淀区中关村南大街 16 号
邮　　编	100081
发行电话	010-62173865
传　　真	010-62173081
网　　址	http://www.cspbooks.com.cn

开　　本	787mm×1092mm　1/16
字　　数	426 千字
印　　张	27.75
版　　次	2025 年 5 月第 1 版
印　　次	2025 年 5 月第 1 次印刷
印　　刷	北京顶佳世纪印刷有限公司
书　　号	ISBN 978-7-5236-1397-9 / K·485
定　　价	186.00 元

老科学家学术成长资料采集工程
专家委员会

主 任：韩启德

委 员：（以姓氏拼音为序）

陈佳洱 方 新 傅志寰 李静海 刘 旭

齐 让 王进展 王礼恒 赵沁平

老科学家学术成长资料采集工程
丛书组织机构

特邀顾问（以姓氏拼音为序）

樊洪业 方 新 谢克昌

编 委 会

主 编：老科学家学术成长资料采集工程领导小组办公室

编 委：（以姓氏拼音为序）

艾素珍 陈维成 定宜庄 董庆九 胡化凯

胡宗刚 吕瑞花 孟令耘 潘晓山 秦德继

阮 草 谭华霖 王扬宗 熊卫民 姚 力

张大庆 张 剑 张 藜 周德进

编委会办公室

主 任：董 阳 董亚峥

副主任：韩 颖

成 员：（以姓氏拼音为序）

高文静 胡艳红 李 梅 刘如溪 罗兴波

王传超 张珩旭 张佳静

老科学家学术成长资料采集工程简介

　　老科学家学术成长资料采集工程（以下简称"采集工程"）是根据国务院领导同志的指示精神，由国家科教领导小组于 2010 年正式启动，中国科协牵头，联合中组部、教育部、科技部、工信部、财政部、文化部、国资委、解放军总政治部、中国科学院、中国工程院、国家自然科学基金委员会等 11 部委共同实施的一项抢救性工程，旨在通过实物采集、口述访谈、录音录像等方法，把反映老科学家学术成长历程的关键事件、重要节点、师承关系等各方面的资料保存下来，为深入研究科技人才成长规律，宣传优秀科技人物提供第一手资料和原始素材。

　　采集工程是一项开创性工作。为确保采集工作规范科学，启动之初即成立了由中国科协主要领导任组长、12 个部委分管领导任成员的领导小组，负责采集工程的宏观指导和重要政策措施制定，同时成立领导小组专家委员会负责采集原则确定、采集名单审定和学术咨询，委托科学史学者承担学术指导与组织工作，建立专门的馆藏基地确保采集资料的永久性收藏和提供使用，并研究制定了《采集工作流程》《采集工作规范》等一系列基础文件，作为采集人员的工作指南。截至 2021 年 8 月，采集工程已启动 592 位科学家的学术成长资料采集项目，获得实物原件资料 132922 件、数字化资料 318092 件、视频资料 443783 分钟、音频资料 527093 分钟，具有重要的史料价值。

采集工程的成果目前主要有三种体现形式，一是建设"中国科学家博物馆网络版"，提供学术研究和弘扬科学精神、宣传科学家之用；二是编辑制作科学家专题资料片系列，以视频形式播出；三是研究撰写客观反映老科学家学术成长经历的研究报告，以学术传记的形式，与中国科学院、中国工程院联合出版。随着采集工程的不断拓展和深入，将有更多形式的采集成果问世，为社会公众了解老科学家的感人事迹，探索科技人才成长规律，研究中国科技事业的发展历程提供客观翔实的史料支撑。

总序一

中国科学技术协会主席　韩启德

　　老科学家是共和国建设的重要参与者，也是新中国科技发展历史的亲历者和见证者，他们的学术成长历程生动反映了近现代中国科技事业与科技教育的进展，本身就是新中国科技发展历史的重要组成部分。针对近年来老科学家相继辞世、学术成长资料大量散失的突出问题，中国科协于2009年向国务院提出抢救老科学家学术成长资料的建议，受到国务院领导同志的高度重视和充分肯定，并明确责成中国科协牵头，联合相关部门共同组织实施。根据国务院批复的《老科学家学术成长资料采集工程实施方案》，中国科协联合中组部、教育部、科技部、工业和信息化部、财政部、文化部、国资委、解放军总政治部、中国科学院、中国工程院、国家自然科学基金委员会等11部委共同组成领导小组，从2010年开始组织实施老科学家学术成长资料采集工程。

　　老科学家学术成长资料采集是一项系统工程，通过文献与口述资料的搜集和整理、录音录像、实物采集等形式，把反映老科学家求学历程、师承关系、科研活动、学术成就等学术成长中关键节点和重要事件的口述资料、实物资料和音像资料完整系统地保存下来，对于充实新中国科技发展的历史文献，理清我国科技界学术传承脉络，探索我国科技发展规律和科技人才成长规律，弘扬我国科技工作者求真务实、无私奉献的精神，在全社会营造爱科学、学科学、用科学的良好氛围，是一件很有意义的事情。采集工程把重点放在年龄在 80 岁以上、学术成长经历丰富的两院院士，以及虽然不是两院院士、但在我国科技事业发展中作出突出贡献的老科技工作者，充分体现了党和国家对老科学家的关心和爱护。

自 2010 年启动实施以来，采集工程以对历史负责、对国家负责、对科技事业负责的精神，开展了一系列工作，获得大量反映老科学家学术成长历程的文字资料、实物资料和音视频资料，其中有一些资料具有很高的史料价值和学术价值，弥足珍贵。

以传记丛书的形式把采集工程的成果展现给社会公众，是采集工程的目标之一，也是社会各界的共同期待。在我看来，这些传记丛书大都是在充分挖掘档案和书信等各种文献资料、与口述访谈相互印证校核、严密考证的基础之上形成的，内中还有许多很有价值的照片、手稿影印件等珍贵图片，基本做到了图文并茂，语言生动，既体现了历史的鲜活，又立体化地刻画了人物，较好地实现了真实性、专业性、可读性的有机统一。通过这套传记丛书，学者能够获得更加丰富扎实的文献依据，公众能够更加系统深入地了解老一辈科学家的成就、贡献、经历和品格，青少年可以更真实地了解科学家、了解科技活动，进而充分激发对科学家职业的浓厚兴趣。

借此机会，向所有接受采集的老科学家及其亲属朋友，向参与采集工程的工作人员和单位，表示衷心感谢。真诚希望这套丛书能够得到学术界的认可和读者的喜爱，希望采集工程能够得到更广泛的关注和支持。我期待并相信，随着时间的流逝，采集工程的成果将以更加丰富多样的形式呈现给社会公众，采集工程的意义也将越来越彰显于天下。

是为序。

总序二

中国科学院院长　白春礼

　　由国家科教领导小组直接启动，中国科学技术协会和中国科学院等 12 个部门和单位共同组织实施的老科学家学术成长资料采集工程，是国务院交办的一项重要任务，也是中国科技界的一件大事。值此采集工程传记丛书出版之际，我向采集工程的顺利实施表示热烈祝贺，向参与采集工程的老科学家和工作人员表示衷心感谢！

　　按照国务院批准实施的《老科学家学术成长资料采集工程实施方案》，开展这一工作的主要目的就是要通过录音录像、实物采集等多种方式，把反映老科学家学术成长历史的重要资料保存下来，丰富新中国科技发展的历史资料，推动形成新中国的学术传统，激发科技工作者的创新热情和创造活力，在全社会营造爱科学、学科学、用科学的良好氛围。通过实施采集工程，系统搜集、整理反映这些老科学家学术成长历程的关键事件、重要节点、学术传承关系等的各类文献、实物和音视频资料，并结合不同时期的社会发展和国际相关学科领域的发展背景加以梳理和研究，不仅有利于深入了解新中国科学发展的进程特别是老科学家所在学科的发展脉络，而且有利于发现老科学家成长成才中的关键人物、关键事件、关键因素，探索和把握高层次人才培养规律和创新人才成长规律，更有利于理清我国科技界学术传承脉络，深入了解我国科学传统的形成过程，在全社会范围内宣传弘扬老科学家的科学思想、卓越贡献和高尚品质，推动社会主义科学文化和创新文化建设。从这个意义上说，采集工程不仅是一项文化工程，更是一项严肃认真的学术建设工作。

中国科学院是科技事业的国家队，也是凝聚和团结广大院士的大家庭。早在 1955 年，中国科学院选举产生了第一批学部委员，1993 年国务院决定中国科学院学部委员改称中国科学院院士。半个多世纪以来，从学部委员到院士，经历了一个艰难的制度化进程，在我国科学事业发展史上书写了浓墨重彩的一笔。在目前已接受采集的老科学家中，有很大一部分即是上个世纪 80、90 年代当选的中国科学院学部委员、院士，其中既有学科领域的奠基人和开拓者，也有作出过重大科学成就的著名科学家，更有毕生在专门学科领域默默耕耘的一流学者。作为声誉卓著的学术带头人，他们以发展科技、服务国家、造福人民为己任，求真务实、开拓创新，为我国经济建设、社会发展、科技进步和国家安全作出了重要贡献；作为杰出的科学教育家，他们着力培养、大力提携青年人才，在弘扬科学精神、倡树科学理念方面书写了可歌可泣的光辉篇章。他们的学术成就和成长经历既是新中国科技发展的一个缩影，也是国家和社会的宝贵财富。通过采集工程为老科学家树碑立传，不仅对老科学家们的成就和贡献是一份肯定和安慰，也使我们多年的夙愿得偿！

鲁迅说过，"跨过那站着的前人"。过去的辉煌历史是老一辈科学家铸就的，新的历史篇章需要我们来谱写。衷心希望广大科技工作者能够通过"采集工程"的这套老科学家传记丛书和院士丛书等类似著作，深入具体地了解和学习老一辈科学家学术成长历程中的感人事迹和优秀品质；继承和弘扬老一辈科学家求真务实、勇于创新的科学精神，不畏艰险、勇攀高峰的探索精神，团结协作、淡泊名利的团队精神，报效祖国、服务社会的奉献精神，在推动科技发展和创新型国家建设的广阔道路上取得更辉煌的成绩。

总序三

中国工程院院长　周　济

由中国科协联合相关部门共同组织实施的老科学家学术成长资料采集工程，是一项经国务院批准开展的弘扬老一辈科技专家崇高精神、加强科学道德建设的重要工作，也是我国科技界的共同责任。中国工程院作为采集工程领导小组的成员单位，能够直接参与此项工作，深感责任重大、意义非凡。

在新的历史时期，科学技术作为第一生产力，已经日益成为经济社会发展的主要驱动力。科技工作者作为先进生产力的开拓者和先进文化的传播者，在推动科学技术进步和科技事业发展方面发挥着关键的决定的作用。

新中国成立以来，特别是改革开放 30 多年来，我们国家的工程科技取得了伟大的历史性成就，为祖国的现代化事业作出了巨大的历史性贡献。两弹一星、三峡工程、高速铁路、载人航天、杂交水稻、载人深潜、超级计算机……一项项重大工程为社会主义事业的蓬勃发展和祖国富强书写了浓墨重彩的篇章。

这些伟大的重大工程成就，凝聚和倾注了以钱学森、朱光亚、周光召、侯祥麟、袁隆平等为代表的一代又一代科技专家们的心血和智慧。他们克服重重困难，攻克无数技术难关，潜心开展科技研究，致力推动创新发展，为实现我国工程科技水平大幅提升和国家综合实力显著增强作出了杰出贡献。他们热爱祖国，忠于人民，自觉把个人事业融入到国家建设大局之中，为实现国家富强而不断奋斗；他们求真务实，勇于创新，用科技为中华民族的伟大复兴铸就了辉煌；他们治学严谨，鞠躬尽瘁，具有崇高的科学精神和科学道德，是我们后代学习的楷模。科学家们的一生是一本珍贵的教科书，他们坚定的理想信念和淡泊名利的崇高品格是中华民族自强不息精神的宝贵财富，永远值得后人铭记和敬仰。

通过实施采集工程，把反映老科学家学术成长经历的重要文字资料、实物资料和音像资料保存下来，把他们卓越的技术成就和可贵的精神品质记录下来，并编辑出版他们的学术传记，对于进一步宣传他们为我国科技发展和民族进步作出的不朽功勋，引导青年科技工作者学习继承他们的可贵精神和优秀品质，不断攀登世界科技高峰，推动在全社会弘扬科学精神，营造爱科学、讲科学、学科学、用科学的良好氛围，无疑有着十分重要的意义。

中国工程院是我国工程科技界的最高荣誉性、咨询性学术机构，集中了一大批成就卓著、德高望重的老科技专家。以各种形式把他们的学术成长经历留存下来，为后人提供启迪，为社会提供借鉴，为共和国的科技发展留下一份珍贵资料。这是我们的愿望和责任，也是科技界和全社会的共同期待。

周济

窦国仁院士

窦国仁院士的秘书胡又先生为本书作者陈婷介绍采集资料

本书作者王申与胡又先生一同访谈窦希萍总工后留影

序

窦国仁院士是国内外著名的河流动力学和泥沙研究专家，是我们一直以来都十分景仰、敬重的学界前辈。虽然窦先生离开我们已有二十余年，可翻开这部厚重的《探赜泥沙　为国铸器：窦国仁传》，脑海中浮现出他的音容笑貌，依稀就在眼前，回忆起历历往事，仿佛就在昨天。

最早听到窦先生的大名，是在武汉水利电力学院的课堂上，那是20世纪70年代末，我们青春年少，刚踏入校园，学习泥沙专业。课堂上，老师们经常给我们讲，国家正值用人之际，经济建设，水利先行，我国水土流失问题严重，学习泥沙专业将来大有可为，特别是泥沙学科出了几个很厉害的人，窦先生就是其中之一。那时候我们就知道，窦先生是国家留苏学生中少数几个得到博士学位的人，有以他的名字命名的泥沙公式。在教材中学到他的理论和公式，也深深为之折服。他是我们学习和仰慕的偶像，也是梦想追随的榜样。

第一次见到窦先生时，我已从清华大学博士毕业，入职中国水利水电科学研究院泥沙研究所，成为一名青年科技工作者。那是1991年年底，中国水利学会泥沙专业委员会主任谢鉴衡先生、副主任窦国仁先生以及秘书长曾庆华等几位前辈为了推动泥沙学科的基础研究发展，商议发起成立全国泥沙基本理论研究指导委员会，并在北京召开筹备会议。我作为负责会务的秘书去接窦先生，初次见面，便感觉他非常平易近人、和蔼可亲，一点也没有大学者的架子，一路上聊得很愉快。这也是我们密切接触的开始。还记得那次会上有幸聆听了窦先生高屋建瓴的发言，他阐述了泥沙基础研究的重要性，提出要从哪些方面入手开展研究，并一一列出了课题名称，建议以国家自然科学基金重大项目为目标，尤其提出要为年轻人多创造机会，鼓励年轻人勇于担纲，担任项目负责人。窦先生的讲话不疾不徐、条理清晰，给会议提供了总的基调和框架，为泥沙基础理论研究擘画了清晰的蓝图，也使我领略到泥沙研究大家的风采。

全国泥沙基本理论研究指导委员会于1992年正式成立，并在北京召开了首届全国泥沙基本理论研究学术讨论会，窦先生也是亲自到会并作了热情洋溢的发言。我作为这次大会组委会的秘书长，在泥沙基本理论研究指导委员会的领导下负责会务组织协调工作，会议取得了圆满成功，并成为泥沙学科基础研究的系列会议。这次会议之后，泥沙专业委员会换届，窦先生被推选为主任。可能是觉得我们几次会议都组织得不错，窦先生给我打电话，提议我来当泥沙专业委员会的秘书长。我当时才30多岁，自感资历尚浅，诚惶诚恐，连说不行。窦先生在电话里语气坚定："现在国家人才断档，正是年轻人施展身手的时候，你担任秘书长没问题，遇到什么困难来找我就行。"有了他这句话，我也就有了底气，接受了秘书长的工作。之后，与窦先生的工作接触自然也就更密切了。

窦先生是站在全面推进泥沙学科、泥沙事业发展的高度上谋划全局的，从泥沙基础理论研究到后备人才培养，他都倾注了大量心血。全国泥沙基本理论研究学术讨论会后来每三年举办一次，第二至第四次会议窦先生都亲自莅临指导，在这个过程中，他一直发挥着带头人的核心作用。他的每次发言都具有重要的指导意义，为泥沙基础理论研究把握方向，同时吸引、凝聚、锻炼了一批优秀青年人才。

2000年10月，第四次全国泥沙基本理论研究学术讨论会在成都召开时，我也是全程陪同窦先生，还和他们夫妇一起去考察了都江堰。那时候窦先生已检查出生理指标异常，但他表现得很乐观，一点也看不出生病的样子。谁承想那是我和窦先生见的最后一面，半年之后就传来他逝世的噩耗。我们怀着沉重的心情去南京送了他最后一程。

毛泽东曾指出："中国应当对于人类有较大的贡献。"中国的泥沙学科经过几代人接续奋斗，做到了这一点，整体研究水平居于世界先进行列。中国的泥沙学科，在李仪祉先生、沙玉清先生、张瑞瑾先生、钱宁先生等第一、第二代学者的努力下奠基了学科的基本研究框架，在以窦先生为代表的第三代学者的努力下，开展了一系列极富开拓性、原创性的理论研究，建立并完善了泥沙研究的理论体系，使泥沙研究从经验、半经验的总结转向坚实的数理基础研究。窦先生在泥沙起动理论、紊流理论、不平衡输沙理论、波浪潮流输沙理论、全沙物理模型相似理论等多个研究方向上都有原创性的、居于世界领先水平的成果。更难能可贵的是，他密切结合生产实际，在解决葛洲坝工程、长江三峡工程、黄河小浪底工程、黄骅港工程、长江口深水航道工程等"国之重器"泥沙问题的同时，还注重提炼、探索基础理论问题，构建起了一座高耸入云的泥沙研究理论大厦。作为后辈学者，深感我们的许多研究工作都是站在他们的肩膀上进行的，虽在具体的研究技术、方法上或有创新进展，但在基本研究范式上仍受益于他们的工作。换句话说，我们今天在理论研究的原创性方面仍与窦先生等前辈学者有较大差距，需要向他们看齐，继续努力奋斗。当然，窦先生身上所表现出的对科学探索的热爱、对破解难题的痴迷、极端的刻苦与勤奋，还有他严谨的学风、根植于心的家国情怀、充沛的科学家精神，都为我们树立了榜样，值得我们学习。

于我而言，和窦先生交往唯留两点遗憾。一是他走得太早、太突然，来不及好好告别。本想着还会有很多的时间向他汇报工作与请教学术问题，还会有很多的机会与他把酒言欢，听他谈笑风生，可惜一切都戛然而止。二是未能师从窦先生读博士，更系统地亲承他教诲。当年从武汉水利电力学院到清华大学，一路遇到诸多名师恩师，博士阶段想去南京水利科学研究院感受不同风格，因仰望窦先生学术造诣，遂冒昧致信探问是否可以收我为博士生，顷得窦先生亲笔手书，欢迎我去报考。后来我继续在清华读博士，与窦先生错过，甚是遗憾，然而转念一想，我在学术上与窦先生相差 30 岁，却有幸与他交往 10 年，承蒙先生信任和帮助，结下深厚友谊，何其有幸，夫复何求！

之前常听窦先生讲述他的童年和留苏往事，对他的早年经历也略知一二，直到读了这本传记才对窦先生的生平有了更为全面系统的了解。传记准确客观地呈现了窦先生的生平事迹和学术贡献，也反映了中国泥沙学科的发展脉络、大型水利港航工程建设历程，以及一代水利人的奋斗精神。

这本传记，史料翔实、结构合理、评价公允，聚焦窦先生科研工作主线，是成功的。书名标题也很贴切，"探赜泥沙"寓意科学探索，"为国筑器"代表工程应用，是窦先生泥沙研究风格的恰当概括。祝贺作者，感谢作者，也期待学界有更多著作讲述中国泥沙研究者的故事。

作者一致希望我为本传记作序，我诚惶诚恐接受了任务，以上回忆与感想权当是我们对窦先生的缅怀和对后辈在未来泥沙学科发展的激励。

是为序。

胡春宏

中国工程院院士

2024 年 11 月 22 日

目　录

图片目录

导　言

　　窦国仁（1932—2001），泥沙及河流动力学家，辽宁北镇人。1956年毕业于苏联列宁格勒水运工程学院，获优秀工程师称号，1959年获苏联技术科学副博士学位，1960年获苏联技术科学博士学位。1960年回国后，一直在南京水利科学研究院（以下简称"南科院"）工作，先后任工程师、高级工程师、教授级高级工程师；1978年任河港研究所副所长，1980年任副院长，1983年任院长，1993年任名誉院长。曾任交通部技术顾问、国务院学位委员会水利学科评议组召集人、国务院三峡建设委员会泥沙专家、国际泥沙研究与培训中心顾问、中国水利学会副理事长、泥沙专业委员会主任、中国海洋学会副理事长、海洋工程学会理事长，以及清华大学、北京大学、河海大学等多所高等院校兼职教授。著有《紊流力学》（上、下册）、《经典泥沙运动理论》、《窦国仁论文集》，发表论文120余篇。获国家奖3项，省、部级奖9项，全国科学大会奖1项，何梁何利科技进步奖1项。曾先后被授予全国科学技术先进工作者、全国电力工业先进生产者、江苏省劳动模范、全国交通系统劳动模范、全国水利电力系统劳动模范、全国水利系统特等劳动模范等称号，被国家评为首批有突出贡献专家和首批博士生导师。曾任第六届、第七届、第八届全国人大代表。1991年当选为中国科学院院士。

窦国仁的学术贡献主要集中在泥沙与河流动力学研究和水利、交通工程科研论证，横跨技术科学与工程建设两大领域。

窦国仁对泥沙运动理论中几乎所有的主要问题都进行了创造性的研究，全面系统地发展了泥沙运动理论。以他的名字命名的一系列泥沙运动公式被写入高等教育教材，经久流传。

窦国仁在研究中融汇物理学与数学，阐明了泥沙颗粒沉降阻力与分离角的关系，建立了粗、细颗粒泥沙沉降速度的统一公式；研究了床面泥沙颗粒受力情况，特别是薄膜水的作用，从理论上导出了粗、细颗粒泥沙的起动流速公式；通过对泥沙运动的动力分析、随机分析和能量分析，分别导出了推移质输沙率公式和悬移质挟沙能力公式，并进一步得出了不均匀沙的挟沙能力公式；提出了河床最小活动性假说，导出了平原冲积河流和潮汐河口河床形态有关公式；首次导出的非恒定流悬沙输沙方程式、推移质不平衡输沙方程式以及挟沙能力公式，为泥沙数学模型的发展奠定了基础；导出了更为全面的固液二相流连续方程式、运动方程式和能量方程式；提出了最大含沙浓度与级配有关的概念，从而得出了高含沙水流的基本特性和基本运动规律的关系式。他的众多开创性的理论成果，如泥沙沉降速度公式、泥沙起动流速公式、悬沙不平衡输沙方程式、底沙不平衡输沙方程式、挟沙能力公式、流速分布统一公式、阻力系数统一公式等，被编入大学教材，在科研、设计、工程中得到普遍而广泛的应用。

窦国仁根据工程建设需要，不断将物理模型试验技术推向新高度，试验技术独步世界，神乎其技。他通过苦战攻关，首创全沙物理模型试验，解决了在一个物理模型中同时模拟悬沙、异重流、底沙和卵石运动的难题。他建造了当时世界上最长的、近800米的室内三峡工程变动回水区泥沙物理模型。他创立了能够同时满足清水和高含沙水流条件下的泥沙物理模型相似理论，适合河口海岸环境下潮流、波浪共同作用下的全沙物理模型相似理论。他一生做过大大小小不计其数的物理模型试验，准确预测工程建设和运行后的泥沙问题。

窦国仁创建了紊流随机理论，并从多个角度拓展完善。他深入紊流内部结构，融合统计理论，提出了河床紊流随机模型、壁面绕流理论和紊动发生概率、时均流速分布公式和脉动强度分布公式、紊流各流区统一规律、层流和紊流总规律。通过对紊动机理的分析，建立了随机模型封闭紊流运动方程式，导出各随机变量的概率分布和相关矩；提出了壁面绕流理论，使明渠和管道中的紊流在光滑区、过渡区和粗糙区的脉动结构和时均结构得到理论上的概括；导出了适用于紊流全部三个流区的流速分布统一公式和阻力系数统一公式，揭示了紊流的统一规律，使著名的尼古拉兹阻力系数图得到了理论上的全面概括；纠正了关于出现光滑区、过渡区和粗糙区原因的传统概念的错误；研究了层流向紊流过渡状态下的紊动概率，从理论上全面概括了明渠和管道中水流的总规律，填补了理论研究中的空白。

窦国仁发展了河道二维全沙数学模型，建立了波浪潮流共同作用下的河口海岸泥沙数学模型，在工程建设论证中发挥了重要作用。

窦国仁参与过科研论证的大型工程有葛洲坝水利枢纽工程、三峡水利枢纽工程、小浪底水利枢纽工程、黄骅港工程、长江口深水航道治理工程，地方性的重要水利工程有天津新港工程、钱塘江河口治理工程、射阳河闸下防淤工程、青山运河防淤工程、木兰溪治理工程等，参加技术咨询或技术审查的工程更是不计其数。他利用物理模型、数学模型等手段，为工程的枢纽布置、通航保障、泥沙防淤、防洪安全等问题的解决提供了重要科学依据，为国家经济建设作出了巨大贡献。他的工程研究论证经历几乎就是一部新中国重大水利工程建设史。

在学术之外，窦国仁的一生也颇多传奇经历。他少年穷苦，历经坎坷困顿，家中最困难时需要借米度日。他童年经常辍学，小学和初中加起来只读了五年，十五六岁仍在山中砍柴，衣衫褴褛，最大的心愿是能帮家里减轻负担，让母亲好过些。

窦国仁参加过 10 多个中学的入学考试，最后才勉强被北平私立华北中学录取。1949 年以后，该校成为中共中央组织部干部子弟学校，配备一流师资，在母亲和老师的教导下，他早上不再去街头摆摊，转而刻苦学习，门门功课都很好，成为班里的"小先生"，是老师和同学眼里标准的好学生。

窦国仁是新中国第一批留苏学生，他不仅是其中为数不多的高中毕业生，更是年龄最小的一个。出国前他亲耳聆听刘少奇副主席和周恩来总理的讲话，深感机会难得，下定决心为国家建设而学习。留苏期间，交通部部长王首道访问了他所在的学校，并叮嘱他：国家港口航道泥沙淤积问题很严重，要加强泥沙学习与研究。这些经历确立了他一生的追求，成为他不懈奋斗的动力。

自中华人民共和国成立到"文化大革命"前，共向苏联派出 8310 名留学生，获得博士学位者 9 人，其中技术科学博士 3 人，窦国仁居其一。窦国仁在留苏期间各门功课全优，多次获得苏联高教部奖励，深受苏联泥沙研究权威马卡维耶夫教授的赏识。窦国仁对泥沙起动流速的研究成果轰动苏联学界，在博士论文答辩会上，面对由 50 位苏联专家教授组成的答辩委员会，获得全票赞成。苏联泥沙研究大师岗恰洛夫称他是"天才的""杰出的"——这在当时一般只用于形容列宁和斯大林。苏联水利权威、苏联科学院院士维利卡诺夫提起他更是连称"窦国仁是好样的，中国人是好样的！"他的传奇故事在苏联学界流传了许多年。

窦国仁是出了名的工作狂，年轻力壮时，做试验经常亲自扛模型沙和水泥，左右胳膊各挟一袋水泥，负重两百斤健步如飞。他几乎没有在夜里 12 点之前休息过，工作至凌晨两三点乃至通宵是家常便饭。为了提高睡眠质量，节省睡觉时间，他甚至会在睡前吃安眠药助眠。

窦国仁的爱好是推导公式，科研是他放松的方式，并乐此不疲。家人劝他多休息，他却说"我在玩儿呢！"有人说他就喜欢"炒豆芽"，不是黄豆芽（导数）就是绿豆芽（积分），公式一推就是几层楼、一长串。而他随时随地都可以"炒豆芽"，有时候参加会议，上面的人在发言，他在下面推导公式；有时候在家忽然就陷入沉思，然后随手摊开纸笔就推导起公式。他对科研已近于"痴"的境界，临终之际意识模糊时，口中仍喊着"预备、开始！预备、开始！"这是模型试验放水的指令。

窦国仁不仅自己沉迷于科研，更是热衷于将这份热情传递给家人，共同探索科学的奥秘。他成功地说服了爱人董凤舞，让她从土木工程转向泥沙研究领域。在他的熏陶下，他的儿子、女儿都成了水利专业的博士，女婿也从事水利研究。他用心打造了一个"泥沙之家"，开起了泥沙研究的家庭小作坊。全家聚在一起三句话不离本行，那时连只有 9 岁的小孙女也在这个科研氛围浓厚的家庭中耳濡目染，口中会不时冒出"泥沙""防淤""三维计算"这样的词。

窦国仁在生活中性格随和，待人真诚宽厚，从来不摆架子，与驾驶员、门卫、在模型上工作的工人打成一片，是他们口中的"老窦"。他对待学术问题却非常认真严谨，无论是在学术报告会、交流会还是审查会上，只要他发现问题，便会直截了当地指出来，不会做老好人，甚至有时显得不留情面。有人委婉地提醒他要照顾人家面子，他很认真地说"讲面子还怎么讲科学？"不管谁做报告，只要见他坐在台下，便多少有几分忌惮。他对待科学问题是出了名的严，报考他研究生的同学自嘲是"自投罗网"。有一次，他指导的一位研究生在论文中用一句古诗来比喻科学问题，结果被他叫到办公室进行了一场长谈，他认真地探讨了科学表达的准确性，强调在科学研究中应该保持严谨和准确的态度。

窦国仁还是一位改革者，在南科院大刀阔斧开展科技管理体制改革。他打破传统的大锅饭模式，推行课题组负责制，创新奖励机制，极大激发了科研人员的热情和院所活力。为兼顾效率与公平、短期成效和长远发展，他用对数函数曲线调节职工奖金分配，被戏称为"窦国仁公式"。

窦国仁在担任院长期间，践行民主作风，院所事务全部摆在桌面上公开讨论，不会事先打招呼、搞运作，大家各抒己见、畅所欲言，最终形成集体共识和民主决议。他主持的会上经常有人"放炮"，有意见冲突，也会有激烈争论，有人感慨他太简单、没有权谋，"毕竟是书生"，他却不以为然、不为所动。他用这种方式引领了南科院自由、开放、民主的浓厚氛围。

窦国仁热爱生活，每天回到家都是乐呵呵的。他喜欢做菜做饭，一说到吃的就很开心，连做菜都喜欢钻研。他通过多次试验发现了卧鸡蛋的最佳做法；提出和面要做到"三光"——手光、盆光、面板光；他还用华罗庚的统筹法指导做菜，多道菜洗切蒸煮有条不紊，几乎同时做好端上餐桌。他做的面疙瘩和水饺成了研究生们难忘的记忆，而逢年过节拉个菜单更是他一展厨艺的机会。他还喜欢张罗饭局，隔三岔五叫上朋友、同事、学生乃至驾驶员和门卫到家里喝酒聊天，不亦乐乎。

窦国仁喜欢喝酒，酒量很大，酒桌上来者不拒。他平时话不多，一喝酒就像打开了话匣子，谈笑风生。更令人惊奇的是，他往往在酒尽人散之际，搬出科研资料开始新的工作。他的下酒菜很简单，一盘拍黄瓜，一碟花生米就行。无人对饮时，他也会自己酌上几杯，慢慢品味。在无数个推导公式的长夜里，他都是手中点一支烟，桌前放一杯酒。他曾说，不喝酒的人生少了许多乐趣。他爱酒、懂酒、珍惜酒，却从不劝酒，主张量力而行，酒桌上也尽显儒雅风范。

如果把写传记比作给传主画像，近些年已有多幅不同视角的窦国仁"画像"。有自画像性质的窦国仁自传、回忆类文章和讲话；有亲人、朋友、同事、同学口中或笔下描绘的窦国仁形象；有报纸媒体、学术期刊发表的窦国仁事迹；也有对窦国仁生平、学术成就的系统介绍。尤其是窦国仁的秘书胡又与窦国仁一起工作多年，了解其生平为人和学术成就，撰写了多篇文章，包括为《20世纪中国知名科学家学术成就概览》收录的单篇传记，以及对窦国仁学术贡献、推动改革发展的专篇论述，还有为纪念窦国仁诞辰八十周年而编撰的画册《高山仰止——窦国仁院士诞辰八十周年纪念》。这些为窦国仁"画像"所做的工作，寄托着人们对他的崇敬、缅怀或纪念。然而，目前仍缺乏一部完整的窦国仁传记，人们对他的认识也因此是片段的、零碎的。

本书旨在呈现一幅全景式、立体化的窦国仁"画像"。为此，我们除收集了所有公开发表的资料外，还采集了窦国仁的家人和秘书胡又所收藏的大量原始文献，包括窦国仁的留苏学习笔记、学术论文手稿、会议发言稿、往来信件、工作笔记、生活日记、奖章证书证件、珍贵照片，乃至幻灯片、体检报告等。系统调阅了南科院档案室的窦国仁人事档案、相关文书档案、科研报告、技术合同、指导的研究生学位论文，以及工作照片和视频资料。当面或电话采访了窦国仁的家人、秘书、朋友、同事、老师、学生、学术同行等数十人。通过这些点点滴滴的片段和局部"拼图"，窦国仁的"图像"逐渐完整、丰富和清晰。

本书共分十五章，其中第一到三章讲述了窦国仁的家世背景、童年生活经历和留苏时期的学习与成长；第四到十一章讲述了窦国仁回国后的工作历程，以水利、港航工程和水流、泥沙研究为主线展开，从射阳河口、钱塘江河口、上海吴淞口、武汉青山运河到葛洲坝工程、三峡工程、小浪底工程，再到黄骅港、长江口深水航道，窦国仁将应用研究与基础研究融为一体，在服务国家建设的同时也构建了恢宏的泥沙理论体系；第十二到十三章讲述了窦国仁在宏观战略方面表现出的远见卓识，在推动泥沙学科发展和人才培养方面的突出贡献；第十四到十五章讲述了窦国仁用心经营的"泥沙之家"，家人既是他事业中的"战友"，又是他生命的温暖慰藉，在临终之际，家人陪他走完最后一程，在他身后，家人将他的学术生命继承和延续。

传记要求有一分证据说一分话，凡事言之有据。本书即是一部史学而非文学的科学家传，以此展示窦国仁真实的一生。

第一章
家世与童年：幸福和贫苦交织

童年，本应是人生中最为天真烂漫、无忧无虑的美好时光，但对于窦国仁来说，却在童年时期过早地直面生活的不易。自记事起，家庭失和的阴影、母亲操劳的辛苦、日常生活的困顿，以及在日占区被压迫的经历、解放战争时期的动荡不安占据了他的童年回忆。艰难困苦，玉汝于成。童年的苦难让窦国仁早早脱去了稚气，磨砺出顽强的毅力，养成了吃苦耐劳的品质和独立自主的精神。母亲的爱和教诲，为窦国仁提供了温暖与力量，成为他成长道路上最坚实的支撑。

一份早年自传

1947 年夏，在辽宁北镇的医巫闾山上，一位衣衫褴褛的 15 岁少年正在烈日下砍柴。正午时分，少年感到饥肠辘辘，他放下手中的镰刀，走到半山坡的一片阴凉处，拿出母亲准备的一盒炒饭。母亲心疼他砍柴辛苦，特地给他加了一个鸡蛋，而当他打开饭盒时才发现，饭上已经爬满了蚂蚁，白色的米粒和褐色的蚂蚁混作一团。他舍不得扔，把盒饭放到小溪里漂去了蚂蚁，囫囵吃下。吃完后，捧了两把溪水喝下，依在树旁歇一会儿，下午接着砍柴。[①]少年正值上学的年纪，却因家境贫寒，只在学校断断续续上了几年，母亲不知为此哭过多少回。一想起母亲的眼泪，他就感到难过，他爱母亲，想要尽可能分担一些她的苦难，给她一些帮助。至于自己的将来，他无暇多想，眼前的生存压力已经让他艰难应对。

这个少年便是我们要讲述的传主窦国仁，上山砍柴的经历，是他贫苦童年的一个缩影。

窦国仁于1932年11月16日（农历十月十九）出生于辽宁沈阳，当时东北已经沦陷，处在日寇的占领之下。他是家中第四个孩子，上面有一个哥哥和两个姐姐，在他出生时，大姐窦秀英7岁，大哥窦国兴4岁，二姐窦桂英2岁。五年后，弟弟窦国祯出生，一共兄妹五人。由于父亲在沈阳任教，窦国仁随母亲在沈阳生活到7岁，直到哥哥姐姐相继上学，在沈阳的生活难以为继，才跟着母亲回到老家北镇县（今北镇市）。之后，窦国仁在北镇时断时续地读了小学和初中，其间也时常往来于北镇和沈阳之间，在北镇的时候多一些。在1948年离开东北之前，家庭的穷困、日寇的压迫、社会的动乱，使他备尝生活的艰辛，过早地结束了属于儿童的无忧无虑、天真烂漫的阶段。

关于这段早年的经历，窦国仁对家人和朋友谈起过，但并不完整。幸运的是，在他的个人档案中保留了一份早年的自传，这份具有时代特色的文献形成于1951年，在窦国仁赴苏联留学之前。那时他年仅19岁，对于童年的记忆更为准确和真切，因此是比较可靠的资料。尽管自传中透露着少年的稚嫩，我们却可以读到他持重的性格、丰富的想法，以及对生活的独立见解。

自传 窦国仁　　　　1951年8月9日

我是辽西省[②]北镇县人，1932年农历十月十九日生于沈阳。那时

---

① 窦国仁：回忆早年经历。1986年，未刊稿。资料存于采集工程数据库。

② 1949年4月21日，经东北人民政府批准，撤销辽宁、辽北两省，设立辽西省。1954年6月19日，经中央人民政府批准，撤销辽东省、辽西省，合并设立辽宁省。

正是东北沦陷第二年，父亲照旧在沈阳第二中学执教。姐姐在小学念书。家里的生活虽然不如从前，但还能维持。由于日寇压榨得越来越厉害，薪金降低而物价上涨，家里的生活更差了。后来两个姐姐和一个哥都上学了，生活就更坏了。父亲回家常发脾气，母亲也常因生活困难而叹气。

所以从记事起，我就感觉到家里生活的困难。母亲很喜欢我，从没有打过我。我以前很喜欢要吃的，虽然母亲还会买，但她总要说家里生活困难。因之，后来我就变得一个钱也不花的孩子了。

父亲常常夸奖姐姐和哥哥们多认识了几个字，多会了一道算数等。母亲虽然认不得几个字，却常教我，并让我数数，后来背九九乘数表等，使我对学习也发生了浓厚的兴趣。

"七七事变"后，日本大力掠夺东北财富，使人民陷于不能生活的境地。再加上，祖父为了他自己另一个妻子（我父亲的母亲死后娶的）生养的孩子能够得到富裕的生活，就每月向我父亲要很多钱，并且告诉我父亲说我们和我母亲在内，如何如何不好。我父亲就回家大骂，和母亲吵架。母亲由于生活的穷困和过度的劳累，在生我弟弟后就病了，病得很厉害。这对我的影响很大。以前母亲是那样的爱我，而现在没有人管我了，她几乎每天都哭，以前身体就不够好，这时更坏了。将近一年时间，母亲病好了。经过这次母亲生病，医药费花得很多，在沈阳根本就不能维持生活了。同时母亲也决定离开父亲，好不至于再吵架。所以在1939年6月，母亲带着我、哥哥、二姐、小弟弟离开了沈阳，回到故乡北镇。

这时北镇县的生活比沈阳好得多，物价比较低，我也就在这年入了小学一年级第二学期。上学的时候，母亲总说："咱们念书可不容易，但是我宁可要饭，也让你念书。"这样一说，不用她督促，我自己就拼命地学。那时心里只有一个想法，不好好学对不起我母亲。

一年级、二年级我都很好地念下来了，到三年级时，一学期至少有三个月生病，对学习有很大的影响。但是，我病一好就努力看书，不但没有降班，功课还不算坏。五年级很顺利地念下来了。1944年冬，我小学毕业，考入国高（即初中）。这时，日本打仗经常失败，把一切东西都抢走，街上没有卖任何东西的，每人每天只配给十两高粱似的红糙米，难吃极了。我每天都要到学校实习地里去种地，像牛马一样给日本人干活。我那时只有13岁，每天都要扛着两样到三样的农具（镐、锹、锄等），累得我真是受不了。我的身体也就越来越差，这年根本没有学到什么。这时，父亲也转到北镇回来教书。

1945年8月日本投降了，但是没过多久，国民党就到了。这时物价猛涨，父亲虽然还教书，生活可就更不行了。因为国民党的学校费用太多，我们五个人念书，哪里养得起，父亲于1946年就又到沈阳二中教书（薪金较高），后来又在三中兼课。1947年，父亲在沈阳担任岫岩县政府秘书，约三四个月，因与县长意见不合而散，后到沈阳师专教书。这时大姐和哥哥考入了东北大学。我这时也就更加注意功课了。我觉得自己念不好书，将来更找不到事。因之，我对理科就更加注意，尤其是代数，上国文史地我也演算数学，学校中的任何活动都不参加。初三上学期又乱七八糟地上了几个月。1947年12月，解放军解放了北镇。那时母亲在沈阳，我也就去了沈阳。后北镇又被国民党占领，并传说学校还要大考，我想回北镇，母亲不放心，和我一同到北镇。1948年1月20日北镇又解放了，我和母亲就留在了北镇。

这时我对解放军也不太了解，也没有认清他们是人民军队，见着他们还像看见国民党兵一样害怕，更不了解什么叫革命。虽然那时生活还是很差，一到交学费时愁得那样，觉得社会不公平，但我看见平分土地、清算等还认为不应该。总觉得东西是地主的，我们不应该要。我还总想：分这点东西有啥用？两天半就花光了，还是得自己有能耐才行呢。

那时学校停办了，我平时没事就到山里去打柴，家里主要生活费就是卖掉过去所留下的衣服等东西，过了几个月，东西也快卖完了。我们就想到沈阳去，但从沈阳来的人说，沈阳东西贵得很，我们就不敢去了。后来，听说我哥哥和姐姐已随学校迁到北京，同时听说北京

东西便宜，我们就决定来京……①

　　这段回忆涵盖了窦国仁在东北生活的全部经历，有日寇的侵略与压迫、东北的光复、解放战争时期的动荡见闻，有多口之家生活的困难、父母的争吵、求学的经历。窦国仁的很多性格和习惯，都与这段生活经历密切相关。

家世背景

　　窦国仁虽然出生在沈阳，并在那里生活到 7 岁，但他对家乡北镇却有更深的记忆和感情。北镇地处辽宁西部，东接沈阳，西连锦州，北通阜新，南邻盘锦，是辽河平原之屏障，山海关外之要冲，素有"幽洲重镇，蓟北严疆"之称。其地人文历史荟萃，上溯至西周时，为燕国封地，汉朝境内置无虑县，唐朝置巫闾守捉城，辽代境内设乾、显二州，金代置广宁府，明清置广宁卫、广宁县，民国二年（1913 年）改称北镇至今。千古江山，涌现无数风流人物，汉代乌桓校尉耿晔曾屯守无虑城；元代广宁王耶律楚材曾在此运筹帷幄，推动元军南进；明代总兵李成梁曾驻守广宁镇，卫戍汉家天下；清太祖努尔哈赤曾在此指点江山，挥师逐鹿中原。对窦国仁而言，这片古镇是他的父母之地，是真正赋予他生命意义的故乡。

　　窦家世居北镇县城东郊的广宁乡八家子村窦屯。窦国仁的祖父叫窦麟阁，蒙古族，颇读些诗书，从小就享有八旗子弟的俸禄，直到清朝灭亡。经过几世积累，窦家有多间房屋和宽阔的院子，还有近百亩土地及数额不菲的存款。窦国仁的祖母是典型的贤良主妇，勤俭持家，热爱劳动，忙完家务以后还每天和丈夫一起下地干农活。他们在 1903 年生下了独子窦有廉（别名泉立、霖泉），即窦国仁的父亲。窦有廉生性温和老实，喜爱读书，

　　① 窦国仁 1951 年自传与自我鉴定。存于南京水利科学研究院档案室。

在学校里学习好、待人好，受到乡邻的喜爱。①

窦国仁的外祖父叫石振硕，又名石文盛，邻里都叫他石老文。石振硕是满族人，性格和善，待人热情，家住北镇县城西南十余里的罗罗堡镇三块石村。石振硕虽然幼年丧父，由母亲艰辛拉扯长大，但他成年后经过艰苦奋斗、辛勤劳作，家里也积累了三十多亩果园和七八亩田地，并盖有五间正房、三间厢房和一间门房。石家的大门正对着南山，那是一个坡度很大的孤独的山峰，屹立在村庄的南面。山顶上有三块大石头并排矗立，路上行人在几里以外就能看到这三块石头，村子因此得名"三块石村"。窦国仁的外祖母姓邱，人称邱氏，性格也十分随和。石振硕与邱氏育有一子二女。长女石素清生于 1901 年，即窦国仁的母亲；儿子石显儒（又名玉玺），比姐姐小 3 岁；小女儿石桂珍（或贵珍），比姐姐小 14 岁。村上没有学校，石素清自小就没有读书，因为她常到大姨母家去玩，跟着上学的表姐也学认了一些字。②

窦有廉和石素清的弟弟石显儒是同班同学。在石素清 17 岁时，经媒人介绍，与小她两岁的窦有廉订了婚。门当户对、郎才女贤，他们的这桩婚事得到了许多亲戚邻里的祝福。如果没有意外，窦有廉和石素清本应有着幸福美满的婚姻，但随着窦有廉母亲的突然病逝和随后继母的到来，两人的生活与命运折向另外一个方向。

1918 年，窦有廉的母亲因病去世，半年后，其父续娶了年轻漂亮的女子郝氏为妻。郝氏仅比窦有廉大 7 岁，深得窦父宠爱，进门后迅速掌握了家政大权，窦父对其言听计从。郝氏做的第一个决定是让窦麟阁留在家里陪她，不要再与长工一起下地干活。两个月后，郝氏又要求窦有廉退学，理由是家中无钱供养他上学，要他回家代替父亲去种地。窦有廉苦苦哀求让他继续上学，窦父不敢做主，继母则不为所动。一向对父母言听计从的窦有廉见状，只好不再上学，终日愁苦忧思地跟着长工到地里劳动。

起初一段时间，窦有廉还能埋头种地，后来便出现精神异常，经常跑到地头的河边，折下一些柳枝种到河岸上，种好一棵就朝它磕几个头，接

---

① 窦秀英：我的一家。2007 年，未刊稿。资料存于采集工程数据库。
② 同①。

着种下一棵，直到种成长长的一排。亲戚们看到窦有廉的举止后，跑去对窦麟阁说："你儿子得了精神病，快给他请个医生吧，别再叫他种地了。"窦父虽也感到后悔，但没有得到郝氏应允，也很无奈。转眼一年多过去了，那一排柳枝生根发芽、抽出新叶，郁郁葱葱绿满河岸，而窦有廉仍然在田间精神恍惚，消磨终日。这时，郝氏厌倦了给全家做饭的劳务，便想到了窦有廉还有一个没过门的媳妇，遂向窦父建议，让他们成婚。1920年，19岁的石素清嫁到了窦家。[1]

嫁给窦有廉后，石素清才发现，她的这位丈夫竟然痴痴呆呆、终日默默不语，与想象中品学兼优的青年判若两人。她也不敢多问，只是尽心孝敬公婆，承担起全部家务，照顾精神失常的丈夫，在惶恐和痛苦中度过了两年。在石素清的悉心照料下，窦有廉的病逐渐好转，有一天竟对她说，自己还想读书，说着就拿起旧课本流利地念了起来。石素清惊喜万分，让他去恳请父亲让自己继续读书。窦父见儿子突然精神清醒，也喜出望外，当即答应了他。其后，窦有廉就在家自己读书，不用再去种地了。

然而，石素清的生活处境却一直没有好转，每天负责全家老小的吃穿用度，还要忍受精神折磨。婆婆只比她大五岁，但老太太的谱却摆得十足，随意驱使她端茶倒水送火盆，动辄对她打骂呵斥。在繁重的劳动和精神虐待下，石素清一度患上夜盲症，晚上几乎看不见东西。窦有廉对父母唯命是从，也不敢为她说一句话。

1925年，石素清的弟弟石显儒已经高中毕业，准备到沈阳考大学。他在暑期看望姐姐时，了解到窦有廉经过几年的自学，在国文、历史方面的知识已经达到高中毕业的程度，就鼓动他一同去考大学。这个想法遭到窦父的反对，他认为读书能够记账即可，没必要考大学。后来经过窦氏族人们的劝说，窦父才勉强答应儿子去考，但限定他只能考公费学校。郝氏知道石素清正患眼病，便故意刁难，提出窦有廉出门须穿着体面，要求石素清必须在三天之内亲手为他缝制一件出门穿的绸衫，拿不出来就不要去考了。当时石素清白天要做家务，还要喂养刚出生的大女儿，晚上又什么都

---

[1] 窦希萍访谈，2018年10月28日，南京。资料存于采集工程数据库。

看不见，因此急得直哭。后来幸好有其表弟和姨母的悄悄帮助才按期拿出衣服。不久之后，失学在家多年的窦有廉以第一名的成绩考上了公费的沈阳高等师范学校，读国文史地专修科。

1927 年，旧军阀统治下的东北匪患频繁。这一年，土匪绑架了窦麟阁，索要一万元赎金。窦有廉闻讯立即惊慌回家奔走营救。当时，其继母手上握有家中一万元存款，但坚决不肯拿出来，逼着窦有廉卖地。窦有廉只好托人急售家中所有土地，又把房子卖掉，才勉强凑足一万元，将父亲赎回。此后，窦家房无一间，地无一垄，只好离开窦屯，搬到县城租房子住。屋漏偏逢连夜雨，数月后，军阀混战再次爆发，波及北镇，小县城里战火纷飞、枪声不断，老百姓都吓得躲在家里不敢出门。紧接着物价飞涨，官银号纷纷倒闭，现钱大幅贬值到六十元顶一元，窦家的存款损失殆尽。经历此番波折，窦家在短短两年内从一个富裕中产之家变得一贫如洗。窦有廉的继母因承受不住此番打击，生急病后一命呜呼，留下两个女儿，一个四岁，一个两岁。由于窦麟阁不事生产，养家的责任就全落到石素清和窦有廉身上。

窦有廉征得其父同意，决定再坚持几个月把书念完，获得毕业证方才好找工作。1928 年 8 月，窦有廉从沈阳高等师范学校毕业，本来可以等待分配到中学去工作，但他等不及，赶忙在县城里找了份小学教员的工作，才使全家免于饥馁。[1]

童 年 经 历

1929 年春天，窦有廉的大学老师在沈阳第二中学给他找到了一个中学教员的职位，让他去教国文和历史两门课。他们全家便搬到沈阳大西关的五斗居胡同居住。这里离沈阳二中很近，便利窦有廉上下班。窦家的境况此时虽然大不如从前，但凭窦有廉的工资也能够维持全家生活。窦国仁就

---

[1] 窦希萍访谈，2018 年 10 月 28 日，南京。资料存于采集工程数据库。

是在这样的环境下出生的。

随着孩子们一个个长大、上学，窦家各项花销日益增加，窦国仁感觉到家庭境况一日不如一日。他在自传中写道："从我一记事起，就感觉到家里生活的困难。"弟弟窦国祯出生后，窦家更加窘迫，一家十口人都要靠窦有廉的薪资养活，困难可想而知。窦国仁经常看到父母因沉重的经济压力吵架，听到母亲无数次的叹息和哭泣。

窦国仁在自传中提到母亲生的一次重病是在1938年年初。由于日本加紧了对中国的侵略，在东北连高粱米的供应都中断了，只卖给百姓发霉的橡子面，还是限量配给。窦国仁的母亲在哺育新生儿和繁重的家务下早已心力交瘁，加上生活条件的恶化，不久就得了肺炎。窦国仁的大姐窦秀英后来回忆道：

> 母亲得的是极厉害的肺炎，在家中只挺了几天，就昏迷过去了。我们几个孩子吓得哇哇大哭，父亲求人想办法抬到红十字救济医院去抢救。当时我的小弟国祯刚1周岁，只能由舅姥姥帮忙带着。这时已是1938年的春天，我刚上初中二年级，从学校请假到医院来照看母亲。我的大弟和妹妹已经上了小学，只有5岁的二弟没人管，也跟着我到医院里来。我的二弟国仁非常懂事，知道母亲病了，一点也不闹。小小年纪也不怕累，每天晚上都要和我去抬医院走廊里的长椅子，一直抬到母亲的病床旁。我让他睡在长椅上，他却总让我也挤睡在上面。经过五个多月的治疗，母亲的病竟奇迹般地好了。[1]

经历了母亲的这场重病后，窦国仁的童年也结束了，在苦难面前，他一夜之间变得懂事和独立。

1939年，当窦国仁一家在沈阳的生活已经无法维持时，石素清提出，窦有廉的薪水只供给其父亲和两个妹妹及大女儿五口人的生活，她自己则带着其余四个小孩子回北镇生活。窦有廉也只好同意。那年6月，不到7

---

① 窦秀英：我的一家。2007年，未刊稿。资料存于采集工程数据库。

岁的窦国仁随母亲来到了北镇。①

几年来，窦有廉每月领到工资后都全部交给他父亲掌管。老人家收到钱后很少花，既不给自己买东西，也很少给孙儿们买零食，除拿出一些钱买些柴米油盐必需品外，其余工资悉数存起来。全家生活的困难，与他的克俭节约很有关系，但老人有他自己的打算。到了1933年，窦有廉的父亲已经存了一笔钱，便托北镇的亲友把以前卖出去的土地中有祖坟的那部分重新买了回来，大约有24亩。

回到北镇后，石素清租了住处，又把娘家已经典当给别人的果园租回来打理。娘家的光景这时也大不如前了。当年为了供儿子上学，石振硕变卖或当押了家中许多土地。石显儒在窦有廉考学的同一年考上了东北大学，后来又以第一名的成绩毕业，受张学良资助，公费到美国留学，在当地轰动一时。然而，"九·一八"事变后，石家与儿子失去联系，又屡遭当地流氓勒索，窦国仁的外祖母邱氏悲愤交加含恨而逝，石振硕躲进县城租房避难。1937年，石振硕也在日本人鹰犬爪牙的百般欺凌下痛苦地离世。为料理后事，乡下的果园当时被低价典当给一个远亲。重新租回果园后，石素清就带着最年幼的窦国祯住到了三块石村，并请二舅家的表弟一起帮忙管理果园。窦国兴、窦桂英和窦国仁则住在县城里，由他们的大舅姥姥照顾上学。这时他们一家人分在三处，石素清只有在忙完一段农活后才能带着窦国祯回城里看望其他三个孩子。1941年，窦秀英国高毕业后，因年龄尚小未找到工作，就回北镇家里一边读书，一边等待考大学。每到周末，她就带着两个弟弟和小妹徒步走二十多里山路到三块石村去看母亲和小弟。

窦国仁到北镇后就开始上学了。根据他早年填写的"留苏学生履历表"显示，1939年8月入读辽宁省北镇县立西街小学，1942年12月肄业；1943年2月入读北镇县立南街高小，1944年12月毕业；1945年2月入读北镇中学，② 1948年6月肄业。由于身体、家庭原因和社会动荡，窦国仁在每一阶

---

① 窦希萍访谈，2018年10月28日，南京。资料存于采集工程数据库。

② 窦国仁人事档案，存于南京水利科学研究院档案室。北镇中学原是伪锦州省立北镇农科国高，此时改名为辽宁省立北镇中学。

段都未完整读下来，进三所学校，两次是肄业。这就是他后来常说的"上了三年半小学和一年半初中"。尽管如此，从窦国仁的自传中还是可以看到这段零碎的求学经历对他的影响。窦国仁不在学校时，就自己看书，虽然缺了很多课，成绩却"总不算坏"，可见他很早就具备了比较强的自主学习能力。他那时为了改变生活，尤为注重理科、数学等实用知识的学习，文史地课上也在演算数学。为抓紧一切时间学习，学校其他活动他都不参加。窦国仁的这些学习习惯到他后来上高中以及到苏联留学时都还有所体现。

图 1-1　1946 年民国杂志上关于石显儒的报道（晚清民国期刊全文数据库）

1945 年 8 月，日本投降，东北光复。消息传来，窦国仁欢呼雀跃，终于不用再受压迫了，他的母亲也喜极而泣，竟至号啕大哭。[①] 不久，多年音信全无的石显儒和石桂珍纷纷给姐姐寄来信件。石显儒自去美国留学后，先后获得爱达荷大学硕士、加利福尼亚大学教育学博士学位，1937 年回国后，投身职业教育和教育行政事业。他在信中告诉姐姐，自己将出任东北救济总署沈阳办事处主任。石桂珍则告诉姐姐，她嫁给了中国驻巴西大使馆职员，已远走万里之外的巴西里约热内卢生活。

在窦国仁的印象中，舅舅在沈阳的这段时间，还能给他家一些救济，生活相对改善一些，但好景不长，舅舅调走后，他们一家又要面临更加艰难的处境。1946 年，石显儒调至上海工作，原配妻子孙玉兰也跟随而去，但不久孙玉兰便返回北镇。据说石显儒在关内已另立家室，此时二人婚姻

---

① 窦秀英：我的一家。2007 年，未刊稿。资料存于采集工程数据库。

图 1-2 20 世纪 40 年代窦国仁（左一）与母亲、哥哥和弟弟合影（图片由窦国仁家人提供，本书后文照片如非特别注明，均采集自窦国仁家人）

关系可能已经破裂。孙玉兰回北镇后，要求收回石家的土地和已结满梨子的果园等全部家产。[①] 石素清便写信给弟弟问如何处理，后收到回信：三块石村的所有家产留给孙玉兰。石显儒后来在上海解放前飞往台湾。

失去娘家的土地和果园后，窦国仁家就失去了几乎一多半的经济来源。1946 年，窦国仁的姐姐窦秀英、哥哥窦国兴同时考入东北大学，弟弟窦国祯也上了小学，一时间，家里连学费都凑不齐。窦国仁的父亲在 1944 年回北镇教书，东北光复后，曾投奔石显儒到沈阳救济署工作了一段时间。在石显儒离去后，他又辗转在沈阳、北镇教书，1946 年到岫岩县政府工作，任秘书室主任秘书，1947 年到沈阳充任国民党参议会编审。他奔波挣来的工资杯水车薪，根本不足以供给家庭开销，全家几乎陷入绝境。之后，石素珍开始靠纺织、养猪、打柴换得一些收入，后来又摆小摊、卖水果和日用品艰难度日。[②]

在窦国仁的记忆里，1947 年和 1948 年是家里最苦的两年。母亲在失去梨园后一下就病了，全家都没饭吃了。窦国仁让二姐去借米，二姐不愿去借，窦国仁说："母亲脸这么肿，你都不愿去借。"后来二姐到邻居家去借一升米，好心的邻居给了两升。这段时间因为没有米下锅，经常东家借西家还，石素清暗地里不住地流泪。有一次，家里好不容易向亲友借到一元钱，让窦国祯拿去买米，不料他竟半路上弄丢了。于是，全家大人小孩

---

① 石素清在租种期间，每年把多余的钱都交给主家，因此慢慢赎回了一部分土地和果园。

② 窦希萍访谈，2018 年 10 月 28 日，南京。资料存于采集工程数据库。

焦急地跑出去找，后来总算找到了，才吃上饭。[1]这些场景深深地刻在了窦国仁的心里，深知家境困窘的他自觉地帮助母亲做些力所能及的家务。在没学上的时候，他就跟着母亲摆摊，帮忙算算账，或者到山上打柴换些零用钱。

1947年，15岁的窦国仁几乎上山打了一整年的柴。地处北镇城西，现已是国家重点风景名胜区的医巫闾山，默默见证过旧时那个少年在山间跋涉的身影。弟弟窦国祯有时也跟在哥哥后面去砍柴，由于年龄小，每次只能拿一点点木柴，看起来像乌鸦（俗称老鸹）衔树枝搭窝。每当这时，别的孩子就会冲他喊"老鸹来了，老鸹来了！"那一刻，他们心里做何感想，是难受，还是无奈，已无从得知。但可以肯定的是，生活的苦涩和艰辛，于他们是家常便饭，对于命运的安排，他们只好忍耐。有一次下山时，窦国仁不小心摔了一跤，膝盖正好压在镰刀的刀刃上，一瞬间鲜血直流，他就抓些干土捂在伤口上止血，走了二十多里地才回到家。那个伤口很深，痊愈后腿上一直留有疤痕。[2]

图1-3　1987年，窦国仁（左四）与表弟石达理（左三）回辽宁北镇，在医巫闾山前与乡亲们合影

---

① 窦秀英：我的一家。2007年，未刊稿。资料存于采集工程数据库。
② 窦希萍访谈，2018年10月28日，南京。资料存于采集工程数据库。

东北解放的前夜，窦国仁一家为了生存苦苦挣扎，勉力维持着生计。在家产变卖殆尽，即将维持不下去时，他们便转去关内讨生活了。

母亲的影响

母亲石素清对窦国仁的影响是巨大的，对他们兄弟姐妹五人的成才起到了关键作用。石素清在怀窦国仁时，为了缓解身体的病痛，使用了一些大麻镇痛。窦国仁出生时，眼睛出血，体重也很轻，在石素清的悉心照料下才得以存活。母亲给他起的乳名叫"小小"，对他特别疼爱。窦国仁对母亲也有深深的依恋，特别黏母亲，几乎形影不离。

窦国仁的母亲虽然不识字，却是一个思想开明、有远见、追求进步的女性。窦国仁在自传中也提到母亲对自己的启蒙，将认识不多的几个字教给他，让他背九九乘数表。母亲对教育的重视影响着窦国仁，使他很早就自觉努力地读书学习。石素清自己也积极学习新知，中华人民共和国成立后参加扫盲班，扔掉了文盲的帽子，还能够帮助他人学习。在窦国仁去苏联留学后，她还曾翻过俄语字典，想学习俄语，增加对苏联的了解。[1] 这对于旧社会的家庭妇女来说，是比较罕见的品质。

母亲抚养子女的含辛茹苦、维持生计的艰辛和面对困难时的坚韧，都让窦国仁早早地明白了生活的不易。窦国仁在童年时期不光分担家务，尽可能减轻母亲的压力，更在心底认识到"不好好学习就对不起母亲"。这让他很早就学会自立自强。对母亲的爱和责任感，是促使窦国仁发奋图强的重要动力。由于跟随母亲时间长，感情深厚，窦国仁在早年填写材料时，就随母亲填了满族，[2] 哥哥和弟弟则随父亲是蒙古族。大姐窦秀英也因与母

---

[1] 窦希萍访谈，2018 年 10 月 28 日，南京。资料存于采集工程数据库。

[2] 窦国仁 1951 年出国留学前，为避免译文上的麻烦给苏联方面造成误解，就改填为汉族，一直延续至 20 世纪 80 年代，但有时括注"原是满族""实为满族"。1986 年，他正式向江苏省民族事务管理局提出申请更正为满族。据窦希萍回忆，窦国仁曾说他在入关后到华北中学读书时就改填为汉族，因为他当时觉得清朝腐败无能，填满族不好看。

亲感情更深，参加革命后改随母姓，叫石弘。他们都对母亲有更加深挚的感情依恋，对父亲窦有廉因相处时间少，情感相对淡薄。

石素清作为传统社会中不识字的小脚女性，能够如此重视子女教育，表现出特别的远见卓识，离不开其父亲石振硕和弟弟石显儒的影响。尤其是石显儒的求学经历，让她认识到教育的重要，相信穷人家的子弟通过读书可以改变命运。石显儒也为后辈树立了榜样，让他们看到人生的多种可能，觉得上大学并不是一件遥不可及的事。在母亲的影响

图 1-4　20 世纪 70 年代窦国仁母亲石素清在公园

以及舅舅的榜样引领下，窦家满庭芝兰玉树、各有所成。窦国仁兄弟姐妹 5 人全部考上大学，成为有知识、有文化的专业技术人员。

窦国仁的大姐石弘（窦秀英），是母亲向祖父恳求后才有机会上学读书的（与她几乎同龄的两个姑姑都没有上学）。窦秀英国高毕业后，学校不分配工作，石素清对她说："现在你才十五周岁，还小，也找不到工作。这一年先在家中读书，等明年园子挣了钱，就供你去北京上大学"。[①] 从此，上大学的念头就一直扎根在窦秀英心里。虽然后来家里一直没挣到钱送她去北京上学，但她在家坚持自学，才有了后面继续读书的机会。她在 1946 年考入沈阳东北大学文学院中文系学习，1949 年 3 月参军，随四野南下工作团南下，中华人民共和国成立后在北京军委三部政治部任干事，丈夫刘强后来也是军级干部。1955 年后，窦秀英到北京师范大学任教，直至退休。

哥哥窦国兴，1946 年考入沈阳东北大学理学院化学系，毕业后先到东北实验学校工农速成中学教书，后到教育部工作。"反右"期间，窦国兴因工作问题与他人争辩，被指有"右派"言论，并被怀疑有历史问题，1960

---

① 窦希萍访谈，2018 年 10 月 28 日，南京。资料存于采集工程数据库。

图1-5 20世纪40年代窦国仁的母亲（左一）和窦国仁的大姐、二姐与哥哥

图1-6 20世纪60年代窦国仁（右）与哥哥窦国兴（中）、弟弟窦国祯（左）在母亲家

年被内控下放到沈阳师范学院工作。沈阳师范学院搬迁到朝阳后办起校办工厂，窦国兴被安排在工厂做技术指导。平反后，窦国兴调至人民教育出版社工作，曾编著《幼儿师范学校课本·物理》，发表科学译作多篇，后以编审身份退休。

二姐窦桂英考入北京林学院专科学校，毕业后分配到华南垦殖局海南分局，后调至福建省农垦厅热作局、福建三明园林管理处，任工程师。

弟弟窦国祯，1965年毕业于清华大学，被分配到水利部天津勘察设计院，曾获天津引滦先进个人奖、天津水利学会优秀论文奖，发表论文20余篇，部分研究成果被选入高等学校教材，其个人入选《中国少数民族专家学者辞典》。[①]

窦国仁则成为留苏博士，取得了世界一流的科研成果，当选为中国科学院院士，成为兄弟姐妹中学术成就最高的一人。

---

① 陈虹：《中国少数民族专家学者辞典》。沈阳：辽宁民族出版社，1994年，第1183页。

第二章
在华北中学：崭露头角

在东北时局动荡之际，窦国仁跟随母亲辗转入关，到北京讨生活。度过一段街头摆摊的日子后，他在母亲的敦促下考入北平私立华北中学。不久，北平解放，华北中学改造为中共中央组织部干部子弟学校。窦国仁终于有稳定的时间接受系统的教育，他如鱼得水、品学兼优，成了班里的"小先生"。高中毕业时，窦国仁被推荐参加留苏选拔考试，成为新中国第一批留苏学生。

入 关 进 京

东北解放前夜，窦国仁和母亲在北镇的生活已难以为继。沈阳又因物价太高而去不得，眼见山穷水尽时，他们听说窦国兴和窦秀英已随学校迁到北京，又听说北京的物价比较便宜，便决定去北京。石素清雇了一辆马车，驮着一个大人三个小孩，向关内进发。一路上他们遇到了许多同行的人，当时正是辽沈战役打响前夕，东北野战军攻势猛烈，连续攻城拔寨，战乱中有大批流民，包括众多青年学生为躲避战火逃难入关来到北平。关于入京的这段经历，窦国仁在自传中也有详细记述：

> 因为我们有沈阳的伪公民证，就让我们在解放区内通行了。我们于1948年6月动身，经十几天后，7月初到达北平。时值"七五"惨案，① 我来到后很后悔，对国民党很不满意。后来，10月时入第二临中，没有正式开课，解放军就包围了北平城。临中分散搬到城内。又因当时流氓太多，我就住在家里。我们到北平后，生活比较充裕，因沈阳的物价比北平高几十倍。在10月时，父亲随长白师范学院来京，受聘于长白师范学校讲师，但因没有开课，故实际上父亲就失业了。家里的生活当然又困难了。
>
> 北平解放后，父亲入华北大学学习，后分到内蒙古纳文师范学校工作，大姐参军了，哥哥随东北大学回长春，二姐考入市三中。那时我又有病，其他学校报考机会均错过。四月二十几了，我病才好。一打听才知道华北中学招生，就投考了，5月1日才来学校上课。②

这段回忆介绍了他们来到北京后最初的生活境况。其中提到的第二临中是指东北第二临时中学，只是短暂的过渡。窦国仁的父亲是调到华北大学工作，而不是去学习，具体是在四部历史教研室供职。③

窦国仁随母亲到北京后，先后投奔两个远房亲戚家里临时落脚，共住了两个多月，之后在西安门大街图样山4号租了房子。最初几个月，全家还是靠窦有廉从沈阳寄来的钱生活。窦有廉也从沈阳来北京后，家里失去

---

① 笔者注：1948年春夏之交，避乱至北平的东北青年学生向当局提出"要读书、要生存"的基本要求。北平市政府为了安置这批青年学生，原拟设立临时大学和临时中学加以收容，同时公费配给口粮，然而由于各级官僚的腐败，场地和经费迟迟不能落实，这些学生大部分在北平无亲无故，一时间衣食无着落。7月4日，北平市参议会提了个第一百十四号议案《救济来平东北学生紧急办法》，旨在停发东北流亡学生的公费，欲将学生集中军事训练，投入内战前线。消息走漏后，东北学生群情激愤。7月5日，四五千东北流亡学生捣毁市参议会，分别包围副总统李宗仁和议长许惠东私邸，与宪警发生冲突，双方伤亡达三四十人，史称"七五"惨案。

② 窦国仁1951年自传与自我鉴定。存于南京水利科学研究院档案室。

③ 窦国仁人事档案，存于南京水利科学研究院档案室。

经济来源，窦国仁的母亲就到被服厂做些针线活贴补家用。

初到北京，窦国仁不是在家待着就是到街头闲逛，到了10月虽然报名进了东北第二临时中学，实际并没有去上过课。后来，为了减轻母亲的压力，窦国仁就在早市街头摆小摊卖鸡蛋，赚一些零用钱。此时窦国仁已经十六七岁了，他这样的生活状态让母亲看在眼里急在心里。有一天，母亲语气沉重而严肃地对他说："你帮我挣的这点小钱，虽然能解决一时问题，但是把你的前程就耽误了。再这样下去，你一辈子都没出息了。"① 窦国仁后来回忆，母亲那次对他的谈话非常严厉，他原本想着做点小生意，一辈子帮母亲养家糊口就可以了，但母亲的话点醒了他，使他决心走上学读书这一条路。在母亲的要求和鼓励下，窦国仁考上了当时还是私立中学的北平华北中学。

关于报考华北中学的过程，窦国仁多年以后的自述与其早年自传中的情节有所不同：

> 当时我想考初中班，年岁大了，考高中插班没基础，很难。在母亲的督促下，硬着头皮考高一插班。当时英语只认识几个字母，数学连三角符号都不知道，一个个学校都拒收，只有考到第十所中学时，才对考题略知一二，被北京华北中学勉强收留。②

根据华北中学民国三十六年（1947年）的招生简章，高中一年级需要考国文、数学（几何、三角）、英文、自然（生物）、史地、公民等科目，其他学校应该也大致相似，窦国仁是在考试中遇到多了才对这些知识有所了解。

窦国仁后来还曾对家人讲过当时考试的一个细节：他连续考了几所学校都没被录取，有一次考完回家后，母亲问他考得怎么样，他说已经发榜了，母亲惊讶怎么这么快就会发榜，他把卷子拿出来说，题目都不会做，

---

① 窦希萍访谈，2018年10月28日，南京。资料存于采集工程数据库。

② 路甬祥：《科学的道路》。上海：上海教育出版社，2005年，第1865页。

就把卷子带回家了。[①]不管怎样，窦国仁在 1949 年四五月份考入华北中学，结束了将近一年的街头漂泊，重新进学校读书。

窦有廉在北京期间，对窦国仁仍有教导。虽然窦有廉与石素清夫妻间感情确有不和，但他与窦国仁之间的父子情谊还是有的。不过窦有廉在家的时间很短，1950 年又被派往内蒙古布特哈旗扎兰屯纳文师范学校[②]教书。窦有廉是蒙古族，他曾在给家人的信中写道"我本蒙民，当为蒙人服务"，当时可能是他主动要求到内蒙古工作的。到了扎兰屯后，他仍偶尔寄工资到北京。

窦有廉在 1957 年"反右"运动时，因为在扎兰屯中学给党支部书记提意见而被打为"右派"。1959 年，他又因在沈阳国民党政府任职的经历被定为"历史反革命"，被逮捕入狱。根据后来收入窦国仁档案的政审调查资料显示，窦有廉在狱中劳改期间，还曾与家中通信，希望家人能寄些吃的东西给他。据说后来窦国仁的母亲通过法律手续，声明与丈夫断绝夫妻关系。[③]窦有廉的父亲窦麟阁已于 1958 年去世，窦国仁的父亲与母亲的关系按理也应有所缓和，但在那个特殊年代，政治身份的差别使他们本就破裂的感情更难以修复。窦有廉的"右派"和"历史反革命"双重身份，使得亲人们自觉或不自觉地与他保持距离，以至于在后来的记忆中，对他的印象甚为淡薄。窦有廉于 1960 年 7 月 15 日在狱中去世，当时家人并不知晓。那时尚在苏联留学的窦国仁曾收到一个从国内寄来的包裹，因寄件的是陌生人，他未敢拆开。多年以后，窦国仁每想起那包裹里可能是父亲的遗物，内心仍十分难受。[④]

从窦国仁父子二人 1950 年后的各自经历来看，在北京的这段时间，应该是二人相处的最后时光，之后便是万水千山、永隔一方了。

---

① 窦希萍访谈，2018 年 10 月 28 日，南京。资料存于采集工程数据库。

② 1953 年更名为扎兰屯中学，现为扎兰屯第一中学。

③ 窦国仁人事档案。存于南京水利科学研究院档案室。

④ 同①。

在华北中学

　　华北中学在中华人民共和国成立前是一所私立学校，名为北平私立华北中学，创办于 1923 年，创校者为陈庆祺、姜绍祖、潘渊等人，校董事会推选蔡元培为首任校长，潘渊为校务主任。1937 年，学校因抗战南迁到浙江省象山县。抗战胜利后，姜绍祖在北京积极筹备复校。1946 年，学校迁入新校址——西直门大街路北崇元观，此地原为陆军大学旧址，曾一度由东北大学使用，沦陷后改为日本中学。学校房屋宽广，可容学生数千人，教室、宿舍、办公室、实验室等设施齐备，有大礼堂，大运动场，足球、篮球、田径赛场所。这样的硬件条件，在全北平中等学校中也是屈指可数的。1947 年 1 月，华北中学举行复校庆祝大会，姜绍祖任校长，6 月，复校后第一届初三年级学生毕业。[①] 1948 年起，傅裕文任校长，在北平正常招生办学。

　　窦国仁报考的是高一插班生，1949 年 5 月入学后就是第二学期了，由于社会革故鼎新，这学期实际上课时间仅四十来天。当时的华北中学，学校环境很乱，校园流氓仍然很多，有些痞子学生甚至挎着枪去上学。窦国仁对这样的学习环境很失望。到了 10 月，中共中央组织部为了解决进京干部子女的教育问题，接收了这所学校，将其改为干部子弟学校，招收的学生以革命军人、干部、烈士家庭子女为主，兼收少量社会平民子弟。[②] 据当时也在该校读书、后来成为窦国仁妻子的董凤舞回忆，仅她那一届同学中，就有徐向前、王震等中共高层领导的子女。叶群（林彪之妻）的妹妹和董凤舞同年级，两人关系还特别要好。

---

　　① 北平私立华北中学复校第一届毕业同学录。
　　② 据窦国仁的语文教师汪瑞华女士回忆，学生多数来自革命老区，他们中许多人在艰苦的革命斗争中经历过种种苦难。有的降生在国民党的监狱里，是母亲和阿姨用米汤喂大的；有的年纪很小就流落在街头卖报度日；有的生长在老乡家里、渔民船上，十几岁了还不知道父母是什么模样；有的亲人被国民党反动派杀害，千里迢迢沿街讨乞才找到革命的队伍，有的是从农村找回来的。由于他们的年龄参差不齐，受教育程度各不相同，中共中央组织部只好接收了这所学校。

中共中央组织部接管华北中学后，立即开始整顿、清除流氓学生，取缔一切妨碍学习的行为，严肃校规校纪。接管后的第一任校长王一知，是张太雷烈士的夫人，1922 年由刘少奇介绍入党，投身革命多年，中华人民共和国成立前做过教育工作，中华人民共和国成立后长期担任北京一零一中学的校长，以老革命、教育家留名。中共中央组织部派王一知负责华北中学，要把它办成可靠的革命干部子弟自己的学校。为了提高办学质量，特地从北京大学、清华大学等高校调集一批地下党的骨干进校工作，学校原先教学水平高、政治可靠的教师也予以留用，如数学老师马文元、关介朴等名师均予续聘，有些教师本来就是清华大学的助教，整体师资力量非常强。

经过整顿，华北中学焕然一新，从硬件、师资到管理，都一跃成为北京最好的中学之一。这所学校于 1952 年 8 月与北师大附中二部合并，1955 年更名为北京一零一中学。

窦国仁的班主任王冶是解放区来的干部，据她回忆那时在校工作的情形：

我比他们大八九岁，跟他们大姐姐似的。我住的房间非常小，一张床，一个小桌子，他们下课了以后愿意到我屋里来玩，大家抢着到我床上坐，坐着坐着把我的床坐塌了。我跟他们一直就像兄弟姐妹一样。礼拜天看电影，找几个同学一起去，我给他们买票，大家一起看。跟他们在一起没有架子，比较混得来。也有调皮学生，跟我比高矮。那时候政治课不讲什么政治理论，就讲一些基本的，因为北京刚刚解放，还有一些老百姓有一些思想想不通的问题。政治课主要是针对当时学生对我们党不了解的事情。我采取的方法是大家讨论，课堂上就是叽里呱啦的，各人发表各人的意见。

语文老师是汪瑞华，比我进入学校还早，是头一批。历史老师是石通灵，很有本领，板书特别厉害，下课了黑板都写满了，就是一篇文章，是这一课的主要内容。教导主任是肖沅，他们对教师教学质量抓得非常紧。华北中学教学底子很好，原来留校的都是教学质量比较好的。①

董凤舞还记得，有一次王冶让她帮自己剪头发，她不小心把老师的头发剪得太短，感到十分后悔和抱歉，但王冶丝毫没有怪她，还笑笑说"剪得还可以"，使她立刻放下了不安的心情。

在这样的氛围下，对于不少学生而言，尤其是对那些烈士子女，"学校就成了他们的家，老师就是他们的亲人"②，同学们相互之间的关系也很融洽。

学校整顿时，窦国仁已升至高二。那时他仍然每天早上先提一篮鸡蛋上街摆摊，卖完后才去上学，因此常常迟到。有一次，窦国仁摆摊时被同学发现并报告给了班主任王冶。学校了解到他家生活困难，就给他发放了助学金，并安排他住校学习。

窦国仁很珍惜这来之不易的学习机会，他曾回忆当时的学习生活：

> 师生之间和同学之间的关系都很密切。大家一起学习，也一起劳动。我们养猪、种菜。老师爱学生，学生尊重老师。学校还组织了"小先生"活动，在同学间开展互帮互学，功课好的帮助功课差的，高年级的帮助低年级的，使学校形成了一种为革命而学的风气，学业水平普遍提高，同时也培养了学生的集体主义精神。
>
> 学校号召我们学好每门功课，同时又不满足于学好功课，号召有条件的同学在课余更深一步，组织了各种课外活动小组。当时我参加了数学、物理和化学三个小组。在数学小组，老师除辅导我们将学过的定理、公式能够熟练地证明和推导出来外，还给我们出了许多需要认真思考的证明题和应用题，使我们把中学学到的代数、三角几何等能够真正掌握并能运用，也初步培养了我们运用数学的技巧。在物理小组，除辅导我们深入学习一些理论外，这些内容已超出了当时中学物理范围。同时还因陋就简自己动手搞了一些简单

---

① 王冶访谈，2018 年 11 月 6 日，北京。资料存于采集工程数据库。
② 敢峰等：《孕育未来的事业》。杭州：浙江教育出版社，1986 年，第 155 页。

的试验设备，使我们把课本中学到的一些知识通过试验来验证。这种活动初步培养了我们独立思考的习惯和初步懂得一些进行科学实验的方法和程序。在化学小组，我们除自己动手重复老师在课堂上进行的实验外，还组织我们参观一些化工厂，我们也自己制造了数量不多的肥皂、牙膏和墨水等，加深了我们对化学反应的认识，培养了我们进行简单化学实验的能力。所有这些，给我留下了深刻的印象。①

窦国仁像以往一样，非常注重理科知识的学习，数学、物理、化学、生物诸科无一不是优秀。他在高二、高三连续四个学期的成绩都是全校第一。很难想象这是一个小学和初中只断续上了几年，又以较差的知识基础插班到高中的学生所取得的成绩。其背后的原因是多方面的：

第一，窦国仁有自己的一套学习技巧。他在当选中国科学院院士后曾接受过两个中学生小记者的采访，谈到中学生应如何学习，他以自己在华北中学的学习为例说道："我主要靠上课认真听，课堂上老师讲什么我都认真听，不懂的就问，这样一堂课下来题目就都会做了。下课时老师会勾几道题当作业，我是把书上所有的题全做了。上课认真听，可以节省很多课下的工夫。""我喜欢预习，预习以后就知道老师讲到哪儿了，预习期间没看懂的，课上就更注意听了，老师一讲就容易懂。所以按照我的学习方法，就是超前一点。"②

第二，窦国仁批判性地接受新知识，使他对知识的掌握更深、更牢固。他在高中毕业时给自己做的"自我鉴定"里曾剖析自己的认识特点："由于对一件事情必须有它足够的理由时才能被我接收，推翻我原来的看法，否则自己是不肯轻易放弃自己的看法的。"③可见他具有独立思考的精神，不迷信和盲从，要经自己动脑筋推理和思考后才接受真理。这一思维品质不但有助于学习知识，加深对事物的理解，而且对科研创新也大有

---

① 窦国仁：在向科学进军谈话会上的发言，1977 年，未刊稿。资料存于采集工程数据库。

② 电视台采访窦国仁视频，资料存于采集工程数据库。

③ 窦国仁人事档案·自我鉴定，1951 年 7 月 14 日。存于南京水利科学研究院档案室。

裨益。

第三，窦国仁记忆力极好。他曾对女儿窦希萍说起自己的学习："我从第一天上课到最后一堂课，就像放电影一样，我能记住老师在黑板每个地方写了什么内容。"① 这除了说明他听课认真外，也反映了他的记忆力有超出常人之处。

窦国仁不光自己学习好，还热心帮助其他同学。他虽然平日里不爱讲话，但对于同学不懂的知识、不会做的题目，却总是乐于讲解。当时学校里要求，学生在放学后要留一个小时在学校把作业完成。每到此时，窦国仁就成了答疑的"小先生"，如果遇到很多同学都不会做的题目，他就到黑板上把相应知识讲一遍，深受同学们欢迎，还因此被评为"学习模范"。②

窦国仁像一株树苗，一旦光照充足、环境适宜，就迅猛地舒展生长，而华北中学就提供了这样一种环境。

除学习外，窦国仁的思想也发生了深刻变化。经过学校整顿纪律和政治宣传，窦国仁对新旧社会有了新的认识。过去的苦难生活逼迫他更多关注个人，此时逐渐更多关心外在事务。这种转变是显著的：

图 2-1　1951 年窦国仁（前排中间）在华北中学与同学留影

> ……又经过了一年的时间，当抗美援朝运动展开以后，一切为祖国而学习的意志更加巩固了我，因为我看到只有我们起来保卫祖国，我们美好的祖国才能生存下去，只有为大家着想才是最正确的。深刻地认识到祖国利益和个人利益的一致性，祖国利益高于个人利益的

① 窦希萍访谈，2018 年 10 月 28 日，南京。资料存于采集工程数据库。
② 同①。

真理，因此我的工作更加主动热情了。同时，工作上也得到了一些改进……①

窦国仁虽然不是外向开朗的性格，但他乐于助人，关心并参与班级工作，还积极申请入团，于 1950 年 1 月被批准为候补团员。3 月开学后，被选为班级学习委员，4 月候补期满转正。9 月团支部改选，窦国仁被选为宣传委员。抗美援朝运动中，窦国仁积极参加宣传，上街演讲、编演话剧等，同时也热心地领导支部和班级的时事学习。在随后的参军运动中，窦国仁多次申请参军，但因身体条件不够，没有被批准。为了不使母亲担心自己，他每次都是在学校悄悄地报名，回家后也没有让母亲知道。②后来窦国仁又被选为校团委分支书记，更加努力地参加团务工作。

窦国仁也积极参加课外生产活动，他曾在王冶老师的带领下，和同学们一起修猪圈，干时一身劲。他不是那种爱出风头的人，平日里闲话依旧很少，只肯踏实做事。

通过积极参与公共事务，窦国仁学习的动力也从单纯为改变个人命运转变到兼为建设国家，"把学习和热爱祖国结合起来"。③他在当时留给同学们的印象是"性格内向，平时不太说话，但在学习时，他接受新事物快，讨论中积极发言，观点鲜明，态度端正。……思想进步，接受新事物快，是一个非常要求上进的同学。"④

窦国仁高中毕业时，班主任王冶给他写的评语如下：

窦国仁，青年团分支书记。

政治上，他的进步是很快的。1949 年秋，我们接收华北中学时，他是一个只管读书，什么事情也不过问的人，对自己的事却很认真。

---

① 窦国仁人事档案·自我鉴定，1951 年 7 月 14 日。存于南京水利科学研究院档案室。
② 窦希萍访谈，2018 年 10 月 28 日，南京。资料存于采集工程数据库。
③ 窦国仁人事档案·自传，1951 年 8 月 9 日。存于南京水利科学研究院档案室。
④ 武秀莲，回忆中学时期的窦国仁。见：胡又主编，《高山仰止——窦国仁院士诞辰八十周年纪念》，2012 年，第 51 页，内部资料。

10 月学校整顿纪律，他从自己的生活中认识了青年团和共产党是教育青年、爱护青年，也是青年正确的领导者，就积极提出入团要求，并且在团委的指导下努力改正自己个人主义的毛病，积极参加班会工作，是一优秀的小先生，推动了学习运动，期终被评为全校的学习模范。

1950 年 3 月起，任班学习委员，工作细心，踏实负责，很得同学拥护。7 月起任团委分支书记，曾提出要求入党，但因本校党支部暂时不发展组织未遂。

优点是：热爱祖国，能服从整体利益而不计较个人得失，在抗美援朝各种工作中都积极带头，努力克服自己的缺点来完成任务（如他本来不爱好文艺，但为了宣传，积极参加演出），忠诚老实，能钻研，肯负责。

缺点是：对同学要求过高，因此不善于发现同学优点进而去领导团结同学前进，这学期有进步，但仍需努力克服。

几次要求参加军校，甚至提出前线条件不够，当后勤兵也行，但因工作需要和考虑身体条件，未批准。

在学习上，一贯是努力、认真、肯钻研，因此四个学期来成绩一直在 90 分以上，为全班第一。本来他的文科成绩并不算好，但由于接受教师指导，努力赶上，现在已为全班文科第一，理科也仍保持了他优秀的成绩。从现在他的成绩看，他是一个比较全面的学生。从他能努力学习自己所差的功课看，他是一个进步很快的同学。

在健康方面，由于长期营养不良，身体较弱，但除眼睛近视及鼻子有病外，也无其他疾病。我认为这是由于他生活条件不够好，无力治疗的结果，若能给予治疗就能好转。

班主任　王冶
1951 年 8 月 3 日

从这个评语中可以看出老师对学生的了解和关心。几十年以后，王冶还对这个学生留有很深的印象。2018 年，已九十多岁高龄的王冶谈到她记

图 2-2　1951 年窦国仁在华北中学的毕业证

忆中的窦国仁："在学校里不显眼，个子不高，家庭条件不是很好，又有鼻窦炎，性格比较内向。总是不声不响的，他站在你旁边，好久你都不能察觉到旁边有这个人，在学校里面属于这样一个孩子。教过他的老师都记得他，因为他功课很好，哪一门功课都很好，他就是一个典型的好学生。……假如他不出去，就在清华大学读书，就算不搞水利，他也能成才。"[1]

窦国仁在华北中学的变化是显著的，不但学习成绩优异，而且展现出参与公共事务的热情。难免使人联想起他多年后以科学家的身份担任南科院院长，推行科技体制试点改革，展现了卓越的行政领导能力，其端倪或正是肇始于华北中学时期。这是后话。不管怎样，窦国仁直到进入华北中学，学习生活才真正步入正轨，他也充分抓住了这次机会，很快展现出才华和能力，露出了峥嵘的头角。

成为第一批留苏学生

1951 年 6 月，窦国仁从华北中学毕业，考上了当时公认最难考的清华大学电机系，这是数学和物理俱佳的他所选择的理想专业。如果不是后来赴苏留学改学水利，窦国仁很可能成为一个优秀的电机专家，在这个领域

---

[1] 王冶访谈，2018 年 11 月 6 日，北京。资料存于采集工程数据库。

作出一番成就。① 很快，赴苏留学的机会向他招手，改变了他的人生轨迹。

1951 年 7 月 6 日，教育部发布了关于急速选拔留学生的指示。这是一个历史性文件，标志着新中国向苏联大规模派出留学生的开始。

为了 1951 年度派遣留学生赴苏联学习先进的科学技术及教学经验，以培养我国高等学校的各科师资，希望按照下列各项原则及规定名额急速就高等学校教师、高等学校一、二年级学生或高中毕业生中提出保送留学生初步名单，并于 7 月 12 日以前务必将其全部材料派专人送到我部。

一、选拔保送留学生的条件

1. 政治：政治上要可靠，由保送部门首长亲自签字负责。

2. 业务

（1）在高等学校任教两年以上，工作一贯积极，业务有专长并有钻研精神。

（2）高等学校工、理、农、教育科一、二、三年级学生及高中毕业生，学习成绩特优，有培养前途者。

3. 健康：身体健康，无重大慢性病及传染病者。

4. 年龄：学生 26 岁以下，助教 31 岁以下，讲师、教授 35 岁以下者。

5. 语言：最好通晓俄、英、德、法文之一种（不懂也可）。

二、选拔保送留学生应注意事项

1. 教师类中以选送助教为主，学生类中以选送高等学校一、二、三年级学生为主。……各区初步选送名额，相当保送出国名额之四五倍，各区实际保送出国名额，须俟中央最后审查确定。

2. 选送留学生应照顾其本人意愿。

3. 以选送对其家庭经济负担不太大者为主。②

---

① 关于窦国仁曾被清华大学录取，现无纸质证据，但佐证信息有三：一是班主任王冶对此事有印象；二是窦国仁给家人提起过；三是窦国仁在 20 世纪 90 年代受聘为清华大学兼职教授时，在答谢致辞时也提到过这段往事。

② 李滔：《中华留学教育史录：1949 年以后》。北京：高等教育出版社，2000 年，第 98 页。

尽管在中华人民共和国成立之前，已有多批革命者，以及烈士和党的领导人子女前往苏联培训、学习，但这次却是新中国实行"一边倒"外交政策后，第一次在全国范围内公开选拔派遣留苏人员。① 华北中学接到通知后，按要求选拔政治条件好的干部子弟。校长王一知找到王冶，问她班上有没有合适的人选。王冶想了想，跟王一知说："班上的干部子弟一般年龄较大，功课也吃力。如果可以是平民子弟的话，就推荐窦国仁去参加考试。他很聪明，学习各方面都很好，思想上也要求进步。"② 王一知同意了。窦国仁当时正在交通部航务工程总局实习，被推荐后就去参加留苏考试，考了两门课，物理 98 分，数学 100 分。③

考试通过后，还需要过体检这一关。当时窦国仁尚未发育完全，身高不到一米六，体重不足 100 斤，又有严重的鼻息肉。组织上很慎重，检查多次后仍犹豫不决，担心他会因为身体问题在国外吃不消，浪费掉一个名额。这时交通部的一位领导知道了此事，认为窦国仁只是营养不良，到苏联后吃得好了，身体自然会强壮起来，随即把他招到交通部，作为本部派出的人员去苏联学港口航道专业。这样一个偶然际遇决定了窦国仁一生的专业方向。④

仓促之间，窦国仁成为新中国第一批赴苏联留学的 375 个学生中的一员。和他一样读本科的有 239 人，另外是读副博士研究生的 136 人。窦国仁是这批留学生中为数极少的高中生，也是年龄最小的一个，只有 19 岁。

当时学校正在放暑假，但老师和一些同学还是知道了窦国仁考取苏联留学生的喜讯，大家都为他高兴。出国前，窦国仁买了个西瓜和同学们一起吃，每个人都给他送上祝福。临别前，窦国仁和同在华北中学上学、低他两个年级的同学董凤舞在学校大操场后面的宿舍楼前不期而遇，他将一

---

① 中华人民共和国成立之初，积极建立新的留学制度，1950 年已和捷克斯洛伐克、波兰、罗马尼亚、匈牙利、保加利亚等国交换留学生，与苏联尚未开展此项工作。当时在苏联的中国留学生有李鹏等 44 人，均为 1949 年以前从解放区派出。

② 王冶访谈，2018 年 11 月 6 日，北京。资料存于采集工程数据库。

③ 窦希萍访谈，2018 年 10 月 28 日，南京。资料存于采集工程数据库。

④ 同③。

张自己的照片赠送给她。①

董凤舞在学校是善于宣传和组织活动的团干部，性格热情大方，因此和窦国仁在学生工作中的交往比较多。据窦希萍介绍，其父母相识之初还有个小故事。董凤舞经常召集学生干部开会，有一次窦国仁不耐烦地冲她说，没事不要老是开会，两人因此争了几句，相互留下较深印象。另外，窦的繁体字"竇"和宝的繁体字"寶"笔画很像，有老师初次点名时在竇、寶间来回读，因此窦国仁就多了个外号叫"窦宝"。董凤舞因为长得比较圆润，常被同学喊作"豆包"，两人在学

图 2-3　20 世纪 50 年代在北京女三中读书时的董凤舞（右二）与侄子和外甥女合影

校经常搞不清是在喊谁，没少闹笑话。窦国仁学习很好，董凤舞对他也很崇拜，两人就成了比较好的朋友。窦国仁有时在校园里见到董凤舞，会把她叫过来，出一道数学题考考她。后来，在窦国仁留苏期间，两人保持着密切的联系，进而携手走近婚姻殿堂，成为一生相伴的伉俪。这段佳缘也是窦国仁在华北中学最重要的收获之一。②

---

① 窦希萍访谈，2018 年 10 月 28 日，南京。资料存于采集工程数据库。
② 同①。

第三章
留苏九年：从高中生到博士

从初至苏联的"又聋又瞎又哑"到完全适应留学生活、成为每门功课都得满分的全优生，窦国仁在列宁格勒水运工程学院如饥似渴地学习知识。他的勤奋和才华得到了马卡维耶夫教授的赏识，在后者的指导下，窦国仁开展水流泥沙研究，先后获得学士、副博士、博士学位。他通过交叉石英丝实验发现泥沙颗粒薄膜水的存在，将该领域研究深化到微观世界，改写了人们对泥沙运动的认识，苏联学术权威岗恰洛夫称他是"天才"。回国前，窦国仁已是蜚声全苏的青年科学家，一颗耀眼的学术新星冉冉升起。留苏九年，窦国仁完成了从高中生到技术科学博士的蜕变，也为一生事业奠定了坚实的基础。

初 到 苏 联

1951 年派出的新中国第一批留苏学生共 375 名，学习的专业非常广泛，其中，理科 35 人、工科 261 人、农科 9 人、医科 28 人、文教 10 人、政法 21 人、财经 11 人。交通部共派出 15 人，水利部派出 48 人。交通部 15 人全是男生，其中 10 人读研究生，5 人读大学。第一批留苏学生分布在莫斯科、列宁格勒、喀山、基辅、萨拉托夫和诺沃契卡尔斯克 6 个城市。窦国仁要去的是列宁格勒水运工程学院（现为圣彼得堡水上交通大学），他将在水利工程系学习港口航道专业。

第一批留苏学生确定后，刘少奇接见了他们并作讲话。刘少奇说："新民主主义政权是通过无数先烈和老一辈无产阶级革命家打下来的，现在的任务是建设国家。建设国家需要人才，现在国家还相当艰苦，花一大笔钱把你们送出去学习，这是一个投资。你们的任务是回来后建设国家，任重而道远。你们一个人的生活费、学费，需要国内 17 个工农生产的东西供应，相当于国内 25—30 个大学生的开销，要珍惜这个机会。"[1] 这些话深深印在了留苏学生的心上，让他们感到使命在身、责任重大。

1951 年 8 月 11 日，周恩来总理在李先念、郭沫若和苏联驻华大使的陪同下，在北京饭店设宴为第一批留苏学生饯行。周总理说："国家目前很困难，但下决心送你们出去学习，是为了将来回国参加建设……你们的学习任务是相当重要的。你们很多人基础不够，在苏联学习，会遇到许多困难。但是，一定要学好，我们应该和苏联最优秀的同学一样，考 5 分。4 分就差些了，学不好就送回来。第二点，搞好中苏关系，在苏联你们代表着新中国。"[2]

周总理讲完话到各桌祝酒，当见到体态瘦小的窦国仁时，对他说："你这个小鬼也去呀！"窦国仁紧张地回答说："是，我也去。"他在心里暗下决心，一定不辜负总理的厚望。

留苏学生们由钱信忠[3] 和张冲带队于 1951 年 8 月 13 日和 19 日分两批从北京出发。窦国仁在 15 日拿到护照，19 日启程，至满洲里转火车，于 23 日进入苏联境内，9 月初抵达列宁格勒。

"苏联的今天，就是我们的明天"，来到中国人都向往的苏联，留苏

---

① 郝世昌，李亚晨：《留苏教育史稿》。哈尔滨：黑龙江教育出版社，2001 年，第 260 页。

② 中共中央文献研究室：《周恩来年谱》。北京：中央文献出版社，2007 年，第 170 页。

③ 钱信忠（1911—2009），出生于江苏省宝山县，1932 年参加红军，1955 年被授予少将军衔。历任中国卫生部部长、国家计划生育委员会主任、中国红十字会会长等职。

学生们等于进入了一个更高级的社会，处处是生活条件的便捷优越。最直观的是校园宿舍。苏联大学生宿舍面积很大，给中国留学生安排的有五人间或两三人一间，与苏联同学住一起，有的甚至安排单人间，还有席梦思床。窦国仁是与四个苏联同学住在一起。宿舍的被褥床单等 10 天换洗一次，地板 20 天打一次蜡。宿舍走廊两端有公共厨房、洗漱间和卫生间，厨房有煤气，可以自己做饭。宿舍 24 小时供应热水，可以洗澡。底楼有洗衣房，脏衣服按斤收费，费用很低，洗完之后烘干、熨烫不另收费。苏联的日常交通便捷且便宜，苏联国民对中国留学生普遍很友好，看病也很方便，并且全部免费。①

中国政府也为留苏学生提供了充裕的物质条件支持。第一批留苏学生出发前，每人发放了两套西服、两套中山装，还有几件衬衫、两双皮鞋、一双球鞋、一个大皮箱，研究生还单独发了一件让苏联人都羡慕的狐狸皮大衣。他们到达苏联后不久，教育部于 10 月 9 日专门发文至外交部和财政部，通知中明确指出，留苏大学生每人每月膳费、宿费、书籍文具费、零用费等共计 595 卢布，包干发给留学生个人，学费 33 卢布、特别费 22 卢布由大使馆统一掌握，以上合计每人每月供给标准 650 卢布，研究生更是高达 900 卢布。虽然后来有所调整，大学生每月发 500 卢布、研究生 700 卢布，也仍然是很大的一笔钱。有人计算过，如果将其换算成小米，当时留苏学生的生活标准已经超过了新中国的部长们，甚至超过了国家领导人。②总之，留苏学生的物质生活条件是有保障的。然而，他们到苏联之初，要面临新环境的挑战，语言不通是最大的困难。

由于选拔仓促，第一批留学生俄文零基础者占 95% 以上。他们被直接送到完全陌生的苏联，一时无所适从。多数人是在去苏联的火车上开始学俄文的，窦国仁也是在火车上学了几个俄文字母。苏联为了解决这一问题，不得不安排大学生第一年学俄文，第二年开始正式的大学学习。研究

---

① 周尚文，李鹏：建国初期留苏学生国外学习生活情况。《历史教学问题》，2008 年 5 期，第 13-19 页。

② 周尚文，李鹏：一种新的留学模式的开端——新中国首批（1951 年）派遣留学生的历史考察。《历史教学问题》，2007 年第 6 期，第 11-16 页。

生可以借助英文开始研究训练。窦国仁初到苏联，真的是听不懂、看不懂、说不出，他在写给母亲的信中，说自己是"又聋又瞎又哑"。从第二批留学生开始，留苏模式有所调整，他们先统一在北京俄语专科学校学习一年俄语后再出国。即便如此，语言困难也一直是困扰留学生的大问题。

语言上的困难不仅给学习带来影响，也给留学生的日常生活带来极大的不便。很多留苏学生不敢出校园，因为他们出去乘坐公共汽车和地铁既看不懂站牌，也不敢开口问路。必须乘坐公共交通时，他们就一站站地数，来时多少站，回去时还是多少站。吃饭也成了初到苏联的留学生们的大问题，进食堂看不懂菜单。苏联饭菜分三道：第一道是汤，第二道是肉食和蔬菜，第三道是饮料，菜单最下方一般都写有餐厅主任的名字。初到苏联的中国学子经常闹这样的笑话：要么一口气点了三份汤，要么把餐厅主任当作"美食"指给了服务员。[①] 于志鸿回忆："食堂的菜单其实很简单，但也只有乱点。第一次吃了豌豆汤，觉得不错，第二次看见汤就点，拿回来一看，却是难吃的牛奶汤，因为豌豆和牛奶写在汤后面，不认识。有一次看到卖中国的黄豆罐头，就指着要两盘，不料却说成了两个'女人'，回来一查字典，不由得脸红到耳根。"[②]

面对语言困难，窦国仁采取的方法是坚持硬学，投入大量的时间，强记硬背，但起初效果也不是太好。关于这段学习情况，他曾在第一学年结束后有过自我"学习鉴定"：

> 到苏后就开始了俄文学习。由于来时对学习的困难性没有充足的思想准备，又缺乏克服困难的勇气，所以当遇到学习俄文的困难时，就失去了信心。再加上到这里后在生活上的不习惯等，就不能很好地安心学习了。由于心情不好，不能安心，就使得在学习时不能专心。虽然每天仍坚持很长时间的自习，学习效率还是非常低。这就使得刚到苏联的前一时期的俄文学习受到很大影响，学得很不好。时间渐长

---

① 周尚文，李鹏：建国初期留苏学生国外学习生活情况．《历史教学问题》，2008 年 5 期，第 13–19 页。

② 朱训：《希望寄托在你们身上——忆留苏岁月》．北京：中国青年出版社，1997 年，第 103 页。

后，在生活上和同志们比较接近了，比较熟悉了，也就得到了同志们的帮助，自己渐渐认识到一个青年团员应该不怕任何苦难，并且克服一切困难来完成党和祖国人民交给的任务，也认识到自己的错误。其中之所以不能安心，也是因为考虑到个人得失而忘记了自己所担负的任务，觉得这里的学习这样困难，学也学不好，觉得还不如不来。所以这些都是个人主义在作祟。个人主义时刻都在妨碍自己的进步和自己的学习。在同志们的帮助下，渐渐克服了错误，学习也比以前稍好了一些。①

和那个时代所有的自我鉴定文件一样，窦国仁难免对自己过分苛责、上纲上线，但材料所反映的学习俄语的困难却是客观的。这个困难以至于让窦国仁有些后悔到苏联留学。窦国仁当时思想压力很大，很害怕自己学不好被送回国。加上鼻窦炎时常发作，严重影响学习，使他更加焦虑。他

图 3-1　1956 年窦国仁（左一）和室友的合影（照片背面用俄文写着"铁哥们寝室"和每个人的名字）

---

① 窦国仁人事档案·学习鉴定，1952 年 9 月 3 日。存于南京水利科学研究院档案室。

后来对家人说，当时下定决心"就是死也要死在这边，如果我学不好，我没有脸回去"。① 好在窦国仁的室友积极提供帮助，他们为窦国仁买来俄语的小人书，让他从更简单的语言学起，生活上给他更多关照，让他渐渐摆脱焦虑。

窦国仁学俄语的劲头一直没有松懈。他的宿舍离学校较远，当时每天从学生宿舍到学校上课可以乘车，也可以步行，但步行至少要花 40 多分钟。为了利用这段时间，他总是步行去学校，一边走一边背俄语单词。有一天他照常边走边背单词，当他到达学校，准备在更衣室换下大衣和帽子时，却发现帽子不知何时被风吹跑了，他竟然没有察觉到。②

苏联的冬天来得很早，寒冷的空气使窦国仁的鼻息肉常常发作，每每头痛欲裂，他就通过更加努力地学习来忘掉疼痛。到 12 月时，病情更加严重，窦国仁不得不住院，动手术将息肉切除。在入院手术时，窦国仁还只能说几句简单的俄语，而一个月后出院时，他发现自己突然能听懂别人的讲话和广播了。这个神奇的经历让他印象极为深刻，之后他曾多次对人讲起他在医院"鼻子通了，语言也通了"。③

学习与研究

窦国仁被派到列宁格勒水运工程学院学习港口航道工程，完全是交通部的安排，数理基础很好的他，放弃了更感兴趣的专业，选择服从国家需要。这种情形在留苏学生中是比较常见的。国家的需要就是命令，不少留苏学生将个人兴趣放下，投入到分配专业的学习上，并且多数取得了杰出成就。窦国仁也是如此，对于陌生的水利、港航专业，他毫不犹豫地全力

---

① 窦希萍访谈，2018 年 12 月 20 日，南京。资料存于采集工程数据库。

② 李樟苏：窦国仁同志留苏学习生活片段回忆。见：胡又主编，《高山仰止——窦国仁院士诞辰八十周年纪念》。2012 年，第 41 页，内部资料。

③ 同①。

投入，努力学好。

在初步解决语言障碍后，到第二学期时，窦国仁一边随大一的班级旁听，一边补第一学期的作业。期末时，他通过了大一的全部考试，并取得全优的成绩。学校因此允许他下学年直接进入大二学习，比预定计划提前了一年。在1952年9月的学习总结中，记录了窦国仁大一下学期的学习情形：

> 第二学期开学后，就开始技术课的学习。当时决定在半年内完成大一的学习任务。当时感觉这是个比较困难的任务，并且由于俄文太差，觉得不特别努力就很难完成。因之，确定在俄文的学习上要着重关于政治方面和技术课方面，文艺方面则未动。因为集中力量在这两个方面上，在听课上也就感觉不太困难了，在记笔记上，一般的课目还可以记下来，记马列主义笔记实在是太困难，到现在为止，还记不来。所以在这学期的俄文学习中除了继续努力以求得减少上课的困难外，可能范围内要学习关于文艺方面的东西。因只有这样才可能更好地吸收俄国及全苏的文化。

> 在正课学习上也是遇到了很多困难。开始时俄文程度低，生字太多，进度又快，很难听懂，所以全靠自习。由于自己不能主动求得同志们的帮助，看不懂也就自己硬看，这样在时间上就要用很多，而事实上时间是没有的，所以也就更觉困难。后来受到同志的启发，让我主动去求得同志们的帮助，并且同志们又非常主动地来帮助我，因之使我在困难方面逐渐减少。但是由于功课太多，考试也就跟着来了，这样在学习上就形成了"应付考试"。对功课没有做过很深入的学习，而只是皮毛。虽然考试全得到了五分，但是这和实际学习的程度距离得还是很远。显然这样的学习是不正规的。照这样学下去，也就是很难完成任务。因为这样学下去，以后就不能很好地进行工作。当然对这学期的这样特殊情况来说，我的学习还不算坏，也就是说今后一定要更加努力。[1]

---

[1] 窦国仁人事档案·学习鉴定，1952年9月3日。存于南京水利科学研究院档案室。

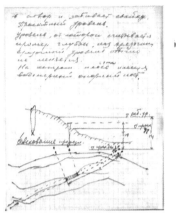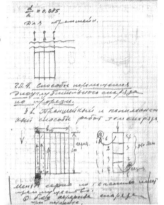

图 3-2　1954 年窦国仁留苏时的学习笔记

　　应该说，这个阶段的学习还是有很大困难的，但窦国仁在同学的帮助下，都努力克服了。他每天苦学 14 个小时以上，除了吃饭、睡觉，其余时间都在学习。苏联同学在午餐后会有一段休息时间，窦国仁则是继续学习。

　　中国的留苏学生进行超强度的学习是普遍现象，由于久坐、熬夜，休息少、锻炼少，很多人出现了健康问题。中国驻苏联使馆曾调查发现，有接近十分之一的人患有头痛、神经衰弱、肠胃不适、关节炎和心脏病等各类疾病，因此加强了对这方面的关注。留苏学生徐世平回忆："出国学习期间，不论是补文化课，还是专业学习，全体同学都废寝忘食、拼命学习，弦绷得很紧，不分白天和黑夜，也很少过星期天。后来校方规定，星期天必须休息，命令图书管理员不准借给笔记本，让中文翻译带我们出去参观游览，以调节情绪。"当时一些东欧国家和朝鲜的留学生与中国留学生在同一所大学学习，校方对他们的

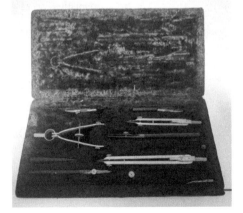

图 3-3　20 世纪 50 年代窦国仁在苏联留学期间使用的作图工具

规定却不一样：对东欧、朝鲜学生，学校规定考试成绩不合格的学生，周末一律不许出去玩；对中国学生则规定，每个周末所有学生不许再看书，必须休息，还指派专人进行陪同和监督。①

窦国仁在留苏学生中属于最用功的一批，因此大一结束时，所有课程都得到了最高分——5分。这在中苏学生中都是很优秀的成绩。苏联同学看到他各门功课都考5分还在用功学习时，就对他说："国仁，我们苏联最高分只有5分，你再努力也是得不到6分的。"②

窦国仁对自己的学习情况并不满足，他清楚认识到了应试学习的缺点。苏联大学的考试和国内有很大的不同。所学课程的正式考试全是口试，每学期一般要考4—5门，时间长达一个月。每个学生自己决定了考试时间后到教研室登记。每门学科都有100张考卷，考试前就对学生公开，把该学科的全部内容包括了。考试时，学生进入考场在桌子上任意抽取一张考卷。在考场内稍作准备，等待应考。考试除按考卷回答外，老师还会随机提问。这样口试的好处是，主考老师能知道考生对课程掌握的程度。考生只要掌握了全部题库内容，就相对容易考高分。窦国仁认识到这种考试方式即便考了满分，但对知识的真正掌握和应用还差得很远，因此他对自己提出了更高的要求，不限于追求满分，而是要深刻理解所学内容，以便将来应用到实际中。

到大二时，窦国仁对学习生活更为适应，有了清晰的规划和明确的方向。从窦国仁第一学期期末的总结来看，其在学习方面颇有如鱼得水之感：

> 由于上级给了我们明确的指示，不断地对我们进行教育，使自己在思想上更加明确地认识到学习任务的重大，因此在学习上克服每个困难的时候，就显得有力量并且也有信心。这样创造了学习上有利的

---

① 周尚文、李鹏：建国初期留苏学生国外学习生活情况。《历史教学问题》，2008年5期，第13-18页。

② 李樟苏：窦国仁同志留苏学习生活片段回忆。见：胡又主编，《高山仰止——窦国仁院士诞辰八十周年纪念》。2012年，第41页，内部资料。

条件，使得这一学期末，思想上是稳定的，情绪上是愉快的。

……学习方面，一般来说，学习成绩还不算太坏，对一般功课内容有较深刻的了解。其中尤其对数学及应用力学更好。但是，水的测量和机械制备等功课还缺乏更进一步的了解，这就决定了这学期在这方面要更加努力的学习。

这学期在听课上、记笔记上都有了提高。听讲时一般的可以全听懂，当然还不是很深刻。记笔记上，最主要的可以记下来，对记马列主义笔记上还存在着一定的困难，还不能很好地把所有应当记下来的东西记下来。在回答问题时还受到很大程度的限制，不能很好地说出自己想说的东西。这也就联系到这学期的俄文学习了。在课堂上，每周四小时，可以说是很少有收获。当然一方面是由于先生没有认真教，但另一方面却是自己在俄文的学习上根本没有用时间。因开学后技术课学习比较忙，时间较少，就放松了俄文的学习。因之在俄文的提高上受到了严重的阻碍，这学期要用较多的时间来学习俄文。

在学习方法上自己是一直注意的，但直到现在还未找到较好的方法。上学期一学期，在学习方法上是注意到以下几点的：

1.基本上以上课听讲为主，下课后看参考书为辅。因之上课用心听讲，这样就省下了较多的时间，能够更好地复习。看参考书能更好地提高对课程内容了解的深度。但这学期做得还是不够好。

2.注意理解，不死记硬背，这样才提高了学习效率。

3.定期补习，每隔一个月做一次补习，使得对功课的内容始终有较深刻的了解。这学期只在某几门课上做得较好，有的功课未能做到或较少，也不够认真。

4.绝不让小考试打乱计划。即在订计划时估计到这些情况，同时要把功课内容都弄懂，也就是说在小考前不用现准备。

5.不拖功课，尽可能地提前做完。因为留的习题都是刚讲完的东西，如及时做，又快又帮助了对课程的深入与理解。

6.需要花时间较多的习题，留在星期日做。

7.主动帮助同学。一方面这是每个人的责任，同时在这其中能够使自己了解得更全面、更深刻、更牢固扎实。这学期在这方面用的时间太多了，很多苏联同学喜欢问习题等，因为这样总好过自己动手去做。我想只给说出一个原则就够了，这样还能使同学们自己有机会更好地思考。同时也就省出了时间。

8. 注意吸取所有同学的帮助，也注意到个别同学对自己的更好帮助。即要善于发现他们在功课上的每一点特长，争取得到他们的帮助。

9. 注意到了请先生的帮助，和先生搞好关系。

以上就是这学期在学习方法上自己的体会。[①]

图 3-4　20 世纪 50 年代窦国仁在苏联教室的留影

此时窦国仁对自己各方面的学习情况有了清楚的了解，已经掌握了有效的学习方法，还能够给苏联同学提供帮助。字里行间也能看出他对学习充满了信心。

大学二年级暑假，窦国仁开始自学水力学。等到开学后，老师通过他提出的问题，对他掌握的知识感到惊讶。当时苏联大学高等数学使用的教材是斯米尔诺夫的《高等数学教程》[②]，一般学生仅学习第一卷或第二卷，窦国仁自学完了全五卷，这在留学生中是没有的，在非数学专业的苏联学生中也是很少见的。

数学对于研究自然科学的重要性不言而喻，正如杨振宁曾说"自然界似乎倾向于用数学中漂亮的基本结构去组织物理的宇宙"，物质世界的秘密藏在数学之中。古往今来，无数伟大的科学家都是依靠数学上的优势立下不世之功。牛顿发明了微积分，并以《自然哲学的数学原理》揭示了宇宙运行的规律。爱因斯坦借助黎曼几何建立了广义相对论。薛定谔在尝试

[①] 窦国仁人事档案·总结，1953 年 1 月 21 日。存于南京水利科学研究院档案室。

[②] 该教程系苏联科学院院士斯米尔洛夫著，曾获得 1948 年斯大林奖金，经苏联教育部批准，作为大学物理、数学系教科书，是一套优秀教材，共五卷，分十一册。

建立后来被称为薛定谔方程的量子力学基本公式时曾发出这样的感慨："此刻我正在为建立新的原子理论而挣扎。如果我拥有更多的数学知识有多好！"窦国仁在数学上的精进和修为，为他的科研生涯装上了强有力的翅膀，也使他的水利研究具有典型的个人风格。数学从此成为他解释物理现象，推导水流、泥沙运动公式，解决各种疑难问题的最有力的工具。

窦国仁的表现和才华引起了他的水力学老师、苏联泥沙学研究的权威、泥沙扩散理论的奠基人马卡维耶夫教授的注意，后者开始利用业余时间指导窦国仁进行紊流研究。1953 年，在马卡维耶夫的指导下，窦国仁对输水管道中的紊流流速分布问题进行过研究，完成了《圆形管道中的紊流运动》一文，发表在苏联《列宁格勒水运学院科研论文集》上。1954 年，他又对同心圆筒中水流的运动情况进行了理论和试验研究，完成论文《同心圆筒中的紊流运动》，再次在《列宁格勒水运学院科研论文集》上发表。窦国仁以这篇论文参加苏联大学生科研成果竞赛，获得苏联高等教育部一等奖。

1954 年，交通部部长王首道访问苏联期间到列宁格勒看望了留苏同学。王首道特地对窦国仁说，中国港口航道淤积严重，要多学一点泥沙方面的知识。马卡维耶夫教授听闻后，即指导窦国仁开展泥沙方面的研究。此后，窦国仁的研究课题和本科毕业论文便更多地关注河流泥沙问题。1955 年，他分析了河流中的流速分布规律，完成论文《沙质河床中底流速的确定》，发表在《苏联水运学院学报》上。1956 年，他结合毕业论文，研究了河流稳定问题，完成论文《可冲积河床稳定性的确定》，发表在中国的《水利学报》创刊号上，并以此文参加苏

图 3-5　1954 年窦国仁的论文《同心圆筒中的紊流运动》获苏联高等教育部一等奖

联大学生科研成果竞赛，又一次获得苏联高等教育部一等奖。

窦国仁作为大学生就已接受研究生的训练，在当时的中苏大学生中都是出类拔萃的。他专注科研近乎痴迷，据他身边的同学回忆，他平常玩的时候，有时会突然陷入沉思，随手拿起一张纸，就推导起公式来，把周围的世界全然忘记。

由于学习好，窦国仁很受苏联女同学的欢迎，她们在课程实习时都想和窦国仁组队。有一次，五位女生和他组成了实习小组，在野外测量时，姑娘们跳入水中推着船，窦国仁却坐在船上指挥、记录、写报告，最后大家都得了优秀。女同学们对他关照有加，和他的友谊延续了许多年。

1956 年 6 月，窦国仁以全部课程满分的成绩从学校毕业，并荣获"优

图 3-6　1956 年窦国仁的毕业成绩单，各门功课全优

图 3-7　窦国仁在列宁格勒水运工程学院的本科毕业证书

秀工程师"称号。马卡维耶夫教授坚持要把他留下来当自己的研究生，学校破例向中方提出了申请。窦国仁于 7 月回国，被分配到交通部实习，年底他就接到国家通知，返回列宁格勒水运工程学院，当了马卡维耶夫教授的副博士研究生。[1]

技术科学博士

在交通部实习期间，窦国仁想利用已学习的知识，结合国内具体问题做一些研究工作，"为国家出力"。当时天津新港的淤积问题非常严重，交通部航务工程局的技术领导高原[2] 到新港考察，窦国仁也一同前往。

天津新港位于海河口，原系日军侵华时为掠夺运输华北物资所建，背靠京津，交通方便，但在港口的选址、设计施工方面很草率，存在淤积问题。日本投降后，该港被国民政府接管，因淤积碍航，曾有扩筑港口的计划，未能完成。中华人民共和国成立后，新港的地位更加重要，通过疏浚港池和航道恢复了通航，周恩来总理曾为新港题词："庆祝新港开港，望继续为建港计划的完成而奋斗。"因人工疏浚泥沙的成本太高，泥沙淤积的问题依然是困扰天津新港的瓶颈。国家 1956 年制定的《1956—1967 年科学技术发展远景规划纲要》中也提到要解决天津新港回淤的问题。

窦国仁在天津新港进行了细致的考察，收集了一些水文资料，回来后经过分析，写成了《试论风波与潮流对新港回淤的影响》一文。此文在当时新港尚未有足够测量数据的情况下，从理论上分析了风波与潮流对新

---

① 副博士是苏联、东欧学位制度的一个阶段，级别高于其他国家的硕士，低于苏制的博士。中华人民共和国教育部和人事部曾联合发文："获得苏联及东欧国家副博士学位人员回国工作后，评聘专业技术职务的任职条件，与国内获得博士学位人员相同"，即副博士学位（俄制）被认定相当于国内大学或欧美日各国大学授予的博士学位。

② 高原（1915—2007），河北省永清县人。早年参加抗日，中华人民共和国成立后历任中央交通部航务工程总局副局长、水运设计院院长、技术局局长。1959 年调中国科学院工作，先后任长春精密机械所所长，新技术学部、数理化学部副主任等职务。1973 年任交通部科学技术委员会负责人。1979 年任交通部科学技术局局长。1982 年离休。

图 3-8　20 世纪 50 年代窦国仁（左二）在苏联与老师（左三）和同学合影

港回淤的影响，回答了新港回淤的原因和泥沙来源等关键问题，提出了一个计算回淤量的方法，并初步计算了新港的回淤量。计算的结果是新港从横堤口入沙量巨大，达到惊人程度。窦国仁据此提出，要缩小入口的宽度，以此减少港内入沙量。后来由严恺院士领衔的新港回淤研究工作组通过大量的现场实测，同时苏联专家也参与研究，得出"回淤泥沙量与港内纳潮量密切相关"的认识，提出的解决方案包括缩小港内水域面积、堵北堤缺口、整修横堤口以内南北外堤，以减少进港潮水和泥沙。[①] 这些解决方案与窦国仁提出的整治方向是完全一致的。该文 1957 年在《水运》第 1 期上发表。这是窦国仁第一次着手解决国家经济建设中的实际问题。

　　1956 年 12 月，窦国仁在接到赴苏读副博士的通知后重返苏联，跟随马卡维耶夫读副博士，继续从事河流泥沙问题的研究。

　　当时苏联的副博士学制是三年，中国派出的副博士研究生一般要读四

----

① 刘小湄、吴新华：《严恺传》。北京：人民出版社，2020 年，第 128–133 页。

到五年才能完成。窦国仁只花了几个月时间就完成了别人要用一年半时间才能通过的专业考试，其后便可以专心做研究、写论文了。

1957 年，窦国仁对航道整治问题进行了一些研究，完成论文《治导线宽度的确定》，发表在《土木工程》上。他还对河床稳定问题作了进一步研究，在全苏第三次水文会议上作了题为《河床稳定问题》的报告，文章发表在会议的学报上。

窦国仁留苏期间最为突出的工作是对泥沙起动流速的研究。泥沙起动流速是指河床上泥沙开始移动时的水流流速，在研究底沙输沙率、河床稳定等问题时需要知道泥沙的起动流速。这是泥沙运动最基本的问题，具有很重要的现实意义，许多学者都很重视这个问题。在窦国仁之前，苏联的许多水利大家，如维利卡诺夫、岗恰洛夫、列维、克诺罗兹、耶格阿扎罗夫等，以及中国的水利科学前辈沙玉清、李保如等都对泥沙起动问题提出过各种解释，不少人提出了以自己名字命名的泥沙起动公式。在众多公式中，有的是经验公式（公式中的参数是根据试验获得，只适合某些特定的河段），有的是半经验半理论公式；有的公式只适用于粗沙，有的只适用于细沙，有的只适用于黏土。根据观察，细沙的起动速度是随粒径的增大而增大的，而黏土的起动流速是随粒径的减小而增大。对不同粒径泥沙的运动要用不同公式表达，缺乏统一的理论解释，而已有的各种解释又充满矛盾，且按照各人的公式给出的结果也相差甚大，常与实测数据不符。泥沙起动流速的问题成为困扰学界的一个难题，围绕它的争论一直未停歇。

窦国仁对许多专家学者在这个问题上的研究成果和优缺点都很熟悉。产生分歧的一个重要原因是对泥沙颗粒的受力情况认识不足。窦国仁也从泥沙颗粒的基本受力情况入手，分析了前人关于泥沙受到水流推力、上举力、下压力的认识、试验和思考。他指出，附着在泥沙颗粒周围的薄膜水对泥沙受力作用的影响应当引起重视。"现代的薄膜水理论已经确认在颗粒周围有一微薄的附着层，这层薄膜水与颗粒紧密相连，用力学的方法很难使它同附着体分离。看来，这层薄膜水应当具有与普通水不同的特性，

图 3-9　1958 年窦国仁在杰列金实验室进行交叉石英丝试验

其差异首先突出表现在层内压力的传递上。"[1] 窦国仁猜想，薄膜水不符合巴斯喀尔静水压强定律，因此在利用阿基米德原理计算水的浮力时，要增加一项水的下压力。窦国仁提出了下压力公式，式中的一项也需要根据薄膜水的性质确定。当时学界对薄膜水的性质还不是很了解，需要通过试验探其究竟。

这对试验精度有极高的要求，用误差较大的一般水力学试验是不行的。为此，窦国仁于 1958 年年初到苏联科学院化学物理研究所杰列金实验室进行试验。在杰列金院士、涅尔平教授及试验员的帮助下，窦国仁设计并进行了精巧的交叉石英丝试验。试验表明，薄膜水确实具有特殊性质，刷新了人们对泥沙受力情况的认识——泥沙颗粒的受力不仅有重力、水流推力、水流上举力，还有水流对颗粒的下压力。泥沙之间的接触面积也由试验得以推导出来。由此，窦国仁又经过一系列的力学分析和公式推导，使不同粒径的泥沙起动规律得到统一，并得到一个可以反映卵石、粗沙、细沙、淤泥等全部泥沙的起动流速公式。[2]

为了检验这个公式的可靠性，窦国仁利用广泛搜集到的前人试验资料及河流实测资料与公式推导结果进行了对比，结果表明理论曲线与实测数据极为符合。后来，窦国仁还到位于北京的水利水电科学研究院做了起动流速试验，结果也表明，公式对各种粒径的泥沙的起动流速都非常适应。

窦国仁的试验研究将泥沙研究推向微观层面，为泥沙运动现象的描

① 窦国仁：论泥沙起动流速。《水利学报》，1960 年第 4 期，第 44-60 页。
② 窦国仁：论泥沙起动流速。《水利学报》，1960 年第 4 期，第 44-60 页。

述建立了可靠的物理基础，这成为他在苏联留学期间最重要的发现之一，他据此完成的论文《论泥沙起动流速》先后在《水利学报》和 *Science in China*（《中国科学》）上发表。在中国国内泥沙专业的大学课堂上，老师们热情地将这一成果介绍给学生，对窦国仁所做的工作赞不绝口。[①] 1979年，钱宁在总结泥沙运动力学的发展历程时，将窦国仁的泥沙起动公式称为"窦国仁公式"，成为水利界广泛使用的公式。[②]

由于窦国仁的这项工作涉及对诸多苏联水利权威既有工作的分析和评价，包括岗恰洛夫、列维等名家，尤其是最终成果冲击了有重要影响的列维的解释，因此曾招致一些学者的质疑。有一次窦国仁在会议上做完报告后，列维当场提出许多尖锐的问题。苏联学术界很讲究教授等级和权威，鲜有学术后辈敢于公开挑战权威。窦国仁当时毫不退缩，与列维展开了辩论，一众教授在旁观战。这成为窦国仁在留苏期间的高光时刻之一。[③]

1959年3月，窦国仁完成副博士论文，前后只用了两年零四个月。在论文答辩时，评审论文的教授们对他的工作一致给予高度评价，认为已经达到博士论文水平。学位委员会除同意授予他副博士学位外，又罕见地决定向苏联国家学位委员会申请其进行博士学位答辩。

苏联学制与欧美不同，其副博士相当于欧美国家的博士。20世纪80

图 3-10　1959年，苏联交通部颁发给窦国仁的副博士学位证书

---

① 在采访胡春宏院士、王光谦院士时，他们不约而同地回忆起在武汉水利水电学院（今武汉大学）求学时老师们介绍窦国仁泥沙起动流速公式时的场景。

② 钱宁：泥沙运动力学的发展与前瞻.《力学进展》，1979年第4期，第1—13页。

③ 林炳尧访谈，2020年8月6日，杭州。资料存于采集工程数据库。

年代末，经国务院批准，我国留苏研究生凡获副博士学位者，一律等同于博士。苏联的博士标准远远高于欧美，它是授予那些在科学上有重大突破和突出贡献的杰出学者，数量非常少。一般来说，苏联的副博士在毕业后，平均要继续奋斗 15—20 年才有机会升级为博士。[①] 所以，博士学位是许多苏联学者一生致力获取的头衔。从苏联国家学位委员会同意窦国仁进行博士学位答辩的决定，可见其对窦国仁科研成就的肯定。

窦国仁于 1959 年 5 月回国，先后到郑州的黄河水利委员会和北京的水利水电科学研究院实习，并到各地收集有关河流、河口、港口方面的泥沙资料。经交通部介绍，窦国仁还到南京水利科学研究所（以下简称"南科所"）拜访，了解所里的专业方向和研究课题。在南科所，他到各个研究室和研究组，与科研人员交谈，对他们正在做的水利枢纽闸坝下游冲淤、挡潮闸闸下淤积及河道、航道、沿海港口泥沙冲淤演变规律等课题情况都有了深入了解。南科所的同志还引荐他与天津新港回淤站总工程师徐选和杭州钱塘江河口研究站总工程师戴泽蘅相识，并收集泥沙资料。[②]。

图 3-11　1959 年列宁格勒水运工程学院允许窦国仁申请博士学位答辩的证明

实习结束后，水利水电科学研究院对窦国仁实习的评语是："积极认真，干劲大，常工作到深夜方回家，工作中表现重视理论研究，并常强调自己所做工作的重要性。"[③] 这次实习走访实际上也在为他以后选择工作单位探路。在几家单位中，南科所的科研条件和研究氛围给窦国仁留下了深刻印象。

---

① 俄罗斯学者 Vlad 致窦希萍的邮件，2019 年 12 月 18 日。资料存于采集工程数据库。

② 孙海宁：音容笑貌绕心间。见：胡又主编，《高山仰止——窦国仁院士诞辰八十周年纪念》。2012 年，第 51 页，内部资料。

③ 窦国仁人事档案·窦国仁同志在本所工作期间表现，1960 年 6 月。存于南京水利科学研究院档案室。

1959 年 12 月，经教育部批准，窦国仁返回列宁格勒成为博士研究生，准备博士论文。此前，他的论文《论河流紊动与流速分布》在《水利学报》10 月号上发表，这是他研究河流紊动结构的一篇成果。1960 年三四月份，窦国仁完成了博士论文《泥沙运动与河床稳定》。论文对河流动力学中的基本问题——水流结构、起动流速、底沙运动、悬沙运动、河床稳定性及河床变形计算等问题进行了系统研究，发展了马卡维耶夫的理论，提出了诸多新的认识成果。

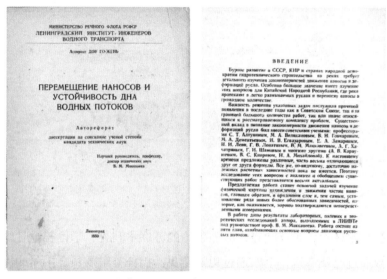

图 3-12　1959 年窦国仁的论文《泥沙运动及河床稳定》简本扉页及摘要页

接下来就进入答辩程序。学校发布了窦国仁的博士学位论文答辩公告，将论文摘要精印后寄往各学术机构。校方组成答辩委员会并预先审查反馈回来的评审意见。

窦国仁虽然是经校学位委员会推荐进行博士学位答辩，但这类答辩绝非走过场，而是一场严格的考验，答辩通不过是常有的事。实际上，窦国仁在国内实习期间就为此产生过一些焦虑。[1] 答辩会安排在 6 月，现场非常隆重，会堂坐满了人。在苏联，完成副博士学位仅 1 年后就参加博士答辩的，在理论物理或数学等纯理论研究领域很少见，而在技术科学领域更

———————————
① 窦国仁人事档案·自我检查，1960 年 5 月。存于南京水利科学研究院档案室。

是绝无仅有，大家都想亲眼见证。由 50 位专家教授组成的答辩委员会先是听窦国仁作汇报，之后进行提问和投票。窦国仁表现出色，最终获得了答辩委员会全票通过。

图 3-13　1960 年窦国仁完成博士学位答辩的证明

图 3-14　1960 年窦国仁获得的技术科学博士认定书

在学派林立、相互间经常激烈争论的苏联水利界，学位答辩时能够超过半数通过已属幸运，全票通过更是罕见。担任答辩委员会主席的岗恰洛夫教授是泥沙运动研究动力学派的领袖，与马卡维耶夫的扩散理论学派长期竞争，但他在听完窦国仁的答辩后举双手赞成他获得博士学位。在场旁听的中国留学生见证了当时的盛况。[1]岗恰洛夫在回去后，还向中国留学生张定邦和赵业安感慨说"窦国仁是天才的、杰出的！"[2]这样的词在苏联一般只用在列宁或斯大林等最高领袖身上。

窦国仁以 28 岁的年龄获得苏联技术科学博士学位，在苏联水利界引起了不小的轰动。当时同在苏联留学的曾庆华后来回忆道：

---

① 李樟苏：窦国仁同志留苏学习生活片段回忆。见：胡又主编，《高山仰止——窦国仁院士诞辰八十周年纪念》。2012 年，第 42 页，内部资料。

② 张定邦访谈，2018 年 11 月 19 日，北京。资料存于采集工程数据库。

记得 1960 年春，窦国仁博士论文已答辩完毕，他到莫斯科水利工程学院来过。当时我和王明甫到格鲁吉亚的梯彼里斯去参加全苏河床演变会议，未能与他相遇，但窦国仁在苏联泥沙界已名声大振。当时我们见到了 80 多岁的维利卡诺夫（苏联科学院院士），他一见面就问我们："你们认识我吗？我是维利卡诺夫，中国人是好样的，窦国仁是好样的！"出席这次会议的有很多苏联泥沙界的元老和权威，我们拜会了耶格阿扎罗夫教授（他兼任法国科学院院士），他是窦国仁博士论文的评阅人，他也向我们称赞窦国仁，说他是好样的。[①]

窦国仁的研究生、新加坡南洋理工大学教授杨树清也曾回忆：

　　在一次国际会议上，我遇到一位苏联泥沙界权威人士，叫 Vladimir I. Nikora，他亲口对我说："我们苏联人都非常尊敬你的老师，他的学术成果对我们影响至今。到现在，都没人能像他一样在四年内拿下副、正两个博士。窦国仁不仅是中国的状元，也是苏联的状元。是多少年难得一见的状元。"[②]

　　自 1951 年起，至 1965 年结束的 15 年间，中国向苏联派出 8310 多名留学生。这些留学生中，获得博士学位者总数不到 10 位。[③] 获得技术科学博士的仅

图 3-15　1960 年窦国仁留苏时期的留影

　　① 曾庆华：沉痛悼念好友窦国仁同志。见：胡又主编，《高山仰止——窦国仁院士诞辰八十周年纪念》。2012 年，第 46 页，内部资料。

　　② 杨树清：不尽的回忆　无限的怀念。见：胡又主编，《高山仰止——窦国仁院士诞辰八十周年纪念》。2012 年，第 59 页，内部资料。

　　③ 综合各方面记述，留苏获得博士学位的有高景德、窦国仁、宋健、张启先、谷超豪（数学）、吴昊（医学）、张鹤宇（生物学）、侯云德（医学）、杨福愉（生物学）9 位。

图 3-16　1960 年窦国仁（左一）在苏联与中国同学合影

4 人，他们是高景德、窦国仁、宋健和张启先。窦国仁是四人中年龄最小的、唯一以高中生身份出国留学而获得技术科学博士学位的学生，[①] 当时中国驻苏使馆工作人员都称他为"泥沙博士"。

对窦国仁来说，留学苏联的这几年时间，是他一生中学术成长最关键的时期，他从一名高中生化茧成蝶，蜕变为苏联的技术科学博士。

政 治 学 习

政治学习是贯穿留苏学习生活始终的。新中国每年派出的大批留苏学生，是连接两国科技、文化、外交的纽带之一，他们的思想、言行直接关系到苏联人民对中国人的印象，同时也关系到留学的质量和成效。因此，

① 窦国仁是唯一以高中生留苏获得博士学位的学生。从 1956 年开始，中央严格明确了选拔留苏学生的方针，"争取多派研究生，少派或不派高中生"。

中国政府除制定了详细的留学纪律外，还非常注重留学生的思想政治教育。教育主要有三种方式：一是学好政治课，积极参加学校组织的各种政治活动和义务劳动；二是过好党团组织生活，认真开展批评与自我批评，进行经常性的思想教育，组织时事学习，介绍国内形势；三是每年暑假用10天到两周时间进行集中的政治学习，也就是一年一度的小整风。①

教育部1952年发布的《留学生守则》，要求留学生按照所在地区及保送部门建立学习小组，定期举行小组会议，对思想、学习、生活进行检讨，发扬团结互助精神，开展批评与自我批评，加强组织性与纪律性，并以学习小组为单位，于每学期末最后一个月内做一次思想、学习、生活总结报告。1957年，国内开展了"反右"运动。苏联留学生中没有开展"反右"运动，但也组织学习了相关文件，并发起红专辩论，纠正只专不红的观念；暑期学习时又有向党交心运动，鼓励留学生主动暴露自己的思想问题。1958年，留学生管理处也提出要加强留学生政治思想工作，核心目标是把留学生培养成又红又专的人才。

在窦国仁的档案中，保存了较多留苏时期的"自我鉴定""学期总结""组织鉴定""自我检查""毕业鉴定"之类的材料。通过这些材料，可以看出窦国仁在留学期间的思想状况。

总的来说，窦国仁是以积极的态度参加政治学习，在留苏期间还提交了入党申请书，追求政治进步。组织经过讨论，认为他"接近"党员要求，留待继续考察检验完全合格后再吸收入党。

图3-17 20世纪50年代窦国仁（右一）与苏联同学留影

① 李鹏：《留学与建设——新中国初期留苏教育研究》。上海：上海交通大学出版社，2016年，第124页。

难忘的时光

窦国仁到苏联之初，忙于学俄语，适应环境，学习时间紧张，加之有一定压力，几乎不参加学校活动。像音乐会、歌舞剧之类的娱乐活动，更是与他无缘。他将全部精力都投入学习中。

在消除语言障碍后，窦国仁逐渐适应了苏联的生活和学习环境，与苏联同学之间彼此熟悉起来，关系相处得也很融洽：

> 以前因为是光上课，与苏联同学接触还较少，在实习期间和苏联同学一起实习，他们对我的帮助很大，如在俄文的学习方面等。我在测量的理论和操作上对他们也有些帮助，把自己所知道的都尽量地告诉他们。所以我们之间的团结关系很好。现在一起上课，在记笔记等方面他们都很好地帮助我。由于自己的性情和习惯，在开始接触到新同志时，因比较生而觉得没有什么话可说，显然这样很容易给苏联同学的印象就是不热情，而使其对中国人有一种不好的感觉。这是要努力来克服的。因为我能够比较诚恳地来对待同学们，所以时间稍一长，我们的关系就能够达到比较好的地步。[1]

图 3-18　20 世纪 50 年代窦国仁在圣彼得堡的河上划船

窦国仁等人出国前，周总理曾指示他们要搞好与苏联同学之间的关系，促进两国人民的友谊，既是现实需要，又是一项政治任务。窦国仁以他的坦诚赢得了苏联

---

① 窦国仁人事档案·学习鉴定，1951 年 9 月 3 日。存于南京水利科学研究院档案室。

图3-19　20世纪50年代窦国仁（前排蹲姿左五）在"阿芙乐尔"号巡洋舰上留影

同学的信任，与他们结交为要好的朋友，与同宿舍的4个苏联学生也成了"铁哥们"。窦国仁跟着这些同学学会了游泳、打乒乓球、下国际象棋。他与同学们在列宁格勒的涅瓦河上泛舟，在"阿芙乐尔"号巡洋舰上留影，在海边的沙滩上晒太阳、看书。这些都是他繁忙学业之外的生活点缀。

　　与同学混熟后，相互间也喜欢开一些玩笑。当时窦国仁宿舍有个同学每天很早就上床睡觉，同宿舍的几个人就想捉弄他一下。有一天晚上，当那位同学熟睡的时候，他们突然惊慌失措地喊道："不好了，上课要迟到了！"又摇摇那位睡着的同学说："快起床去上课，不然就来不及了！"然后就都躲到别的房间去了。由于冬季的列宁格勒在白天也是开着路灯的，这位同学迷迷糊糊中分不清白天还是晚上，就急急忙忙爬起来去学校了，等到了校门口才发现大门紧闭、空无一人。他回来后看到窦国仁他们却在呼呼大睡，气得把他们一个个从床上拉了起来。

　　苏联人喜欢饮酒，窦国仁在留学期间也学会了喝酒。他去苏联前很少喝酒，不知道自己的酒量。到苏联后，遇到喝酒的场合同学们就把他这个来自中国的小伙子归到女生群里，让他和女生们一起喝红酒，其他男生则

图 3-20　20 世纪 50 年代窦国仁（左一）与同学泛舟河上

图 3-21　20 世纪 50 年代窦国仁（左一）与同学一起在沙滩上看书

喝伏特加。后来他们发现窦国仁喝红酒竟是"千杯"不醉，就把他也拉过去一起喝白酒。窦国仁从此发现自己真实的酒量，也养成了伴随他一生的对酒的喜好。

马卡维耶夫教授十分喜欢窦国仁，在生活上也很关照他。马卡维耶夫教授夫妇没有子女，对待窦国仁像自己的孩子一样，经常把他叫到家中，用丰富的美食招待他。这让离家万里的窦国仁在异国他乡也能感受到家庭般的温暖。窦国仁回国后，也喜欢叫上自己的朋友、学生到家里聚会，多的时候每周家里都有饭局，自己炒些家常菜，大家喝酒聊天，欢声笑语不断，这可能是受留苏时马卡维耶夫教授的影响。

窦国仁到苏联后，由于生活条件改善，营养供应充足，不仅身体强壮了，个子也长高了，加上学习成绩优秀，看上去气宇轩昂、风华正茂，但窦国仁始终坚守一条，不能在国外谈恋爱。[1] 他深知将来一定是要回国的，与苏联女生恋爱会造成很多麻烦。实际上，驻苏使馆和高教部注意到留苏学生与当地女生谈恋爱的现象及对学业造成的干扰，曾在留学生注意事项中明确规定：为了集中全力完成学习任务，对恋爱问题应自觉约束，正确处理，在留学期间不准结婚。[2] 窦国仁在这方面始终保持着清醒的认识，严格遵守留学纪律。

---

① 窦希萍访谈，2018 年 12 月 20 日，南京。资料存于采集工程数据库。

② 李滔：《中华留学教育史录：1949 年以后》。北京：高等教育出版社，2000 年，第 237 页。

图 3-22　1956 年窦国仁在留学时期给董凤舞寄的贺卡

　　其实，窦国仁在国内就早已心有所属，他出国后一直和董凤舞保持着书信往来，几乎每周一封，持续了四五年。1956 年，窦国仁毕业后第一次回国，8 月 18 日与董凤舞在北京结婚。他们的儿子窦希滨在 1958 年出生，当时窦国仁正在苏联读副博士。马卡维耶夫知道消息后，专门订制了一个刻有窦希滨名字的小银勺，以及座钟、狗熊毛绒玩具等送给窦国仁。

图 3-23　2019 年《中国科学报》对窦国仁留苏事迹的整版报道

　　在繁重的专业学习之余，窦国仁在苏联的生活是愉悦的，不仅是因为苏联有更好的物质生活条件，有旖旎的山水风光，更是因为他在这里与苏联的同学和老师结下了深厚的友谊。这种友谊也是新中国留苏学生共同珍视的记忆。

第四章
回国初期：南科所先进个人

回国后，窦国仁在北京经过短暂的政治学习，便到南京水利科学研究所报到。在这家历史悠久、科研氛围良好的单位，窦国仁很快进入工作角色。从钱塘江河口到射阳河口，他蹚泥地、涉滩涂收集一手资料，提出河床最小活动性假说为河相关系研究补齐了短板，制定射阳河口水闸调度方案解决闸下淤积的难题。他还编讲义、写教材、为泥沙培训班的学员授课，撰文将马卡维耶夫的学说介绍到中国。窦国仁像一团升腾的火焰，满怀激情地投入工作，成为单位里的先进工作者。

回国初的政治学习

窦国仁完成博士答辩后，于 1960 年 7 月 14 日回国。这年暑期，国家决定让留学生回国进行一次集中的思想政治教育。国务院专门成立了由蒋南翔、范长江负责的回国留学生工作领导小组，负责留学生政治学习的组织工作。回国休假的学生要学习 10—15 天，毕业生回国要学习 1—2 个月。

窦国仁回国后，被安排到北京外国语学院进行了为期两个月的政治学习，于9月完成政治学习小结。这次回国后的集中学习使窦国仁有机会对国内的形势和问题作深入的观察和思考。在学习总结中，他重点就人民公社、教学改革和技术革命等问题提出了看法：

一、有关城市人民公社的一些问题

1.城市中成立了人民公社，有很多的家庭妇女参加工作，这是很好的，但是我不知道还有什么其他好处。

2.我感觉机关企业加入公社与否差别不大，到底有些什么本质上的差别？使全民所有制的机关和企业加入集体所有制的人民公社的意义究竟在什么地方？

二、有关教学改革和技术革命

1.学生在学校学习，我觉得应当对设计有全面了解，现在用"真刀真枪"来代替毕业设计，必然使学生只能进行某一小构件的设计，这样是否会影响学生掌握全面知识？

2.听说现在有的大学用学术批判来代替考试，这样是否也会影响学生们对功课的全面复习和掌握？如果高年级学生对一些专业课进行一些批判还较容易，低年级学生对基础课如何进行批判？

3.科学技术人员为了更好地工作必须有一定的自修时间来阅读。现在工作较紧，刚毕业的学生是否有自修时间？

4.劳动下放对知识分子的思想改造是很有好处，但要仔细安排。例如有一位翻译，大学毕业后下放一年，俄文几乎全忘光了，给工作带来了损失。

5.回国后听了很多关于应用超声波的传说，我不了解超声波有这样大作用的原理是什么？是否真的是由超声波引起的，还是有其他原因？

6.在参观高教展览馆时，曾介绍说其脉动流速仪是超世界水平的，并由于这个仪器的帮助，使其院师生彻底推翻了泥沙运行中的错误理论。我当时在思想上觉得这是缺乏谦虚谨慎、实事求是的精神的。

7.参观清华大学水利试验室时，模型做得不够仔细，看起来没有遵守泥沙比例，但介绍人硬说这个可以解决定量问题，我也感觉这是缺乏谦虚谨慎和实事求是的。

三、两个不了解的问题

1. 以前曾反对"马鞍形"的生产情况，现在又得出结论说跃进是按波浪式的规律前进的，如何理解"马鞍形"和"波浪式"的原则？

2. 现在我们说农业是国民经济的基础，如果今年农业歉收，明年如何实现国民经济的跃进？[①]

窦国仁提出这些问题，表明他不但在科学研究上训练有素，而且对社会问题也有敏锐的观察和独立思考，富有实事求是的精神。当然，这些问题都是有"标准答案"的，政治学习的目的就是要打消他们的疑虑，从正面理解这些现象。窦国仁将这些思考和"答案"写进了政治学习小结，并总结了六点学习收获：必须树立不断革命的思想，做革命的促进派；必须对群众运动有正确认识；要进一步肃清重专轻红的思想；必须进一步肃清自己的骄傲自满情绪；必须全心全意相信党；要严格要求自己，加强原则性。

组织上在给窦国仁的政治学习鉴定中，一方面肯定了他"积极靠近党组织""在政治学习中态度积极，努力参加学习，主动带头改造自己""生活上能和同志们打成一片，容易接近人"；另一方面也指出他"在接受新生事物时敏感性不够，对党的新的方针、任务常提出某些怀疑看法，不能很快接受下来，说明在感情上和党、工人阶级密切得不够"。[②]

窦国仁在这次学习中的表现，体现出较好的灵活性和适应性，说明他在某些问题上并不是钻牛角尖、认死理的"书呆子"，他已为适应国内环境做好了准备。

---

① 窦国仁人事档案·毕业回国留学生政治学习小结，1960 年 9 月 7 日。存于南京水利科学研究院档案室。

② 窦国仁人事档案·关于窦国仁同志回国前后的政治思想情况，1960 年 8 月 11 日。存于南京水利科学研究院档案室。

图 4-1　1960 年左右，窦国仁与董凤舞在母亲家中

来到南科所

　　1960 年 11 月，窦国仁在北京完成政治学习后，董凤舞也办理好调离交通部运河工程局的手续。他们告别了两边家里的亲人，带着 2 岁多的儿子到南科所报到。单位给他们在虎踞关 43 号宿舍安排了一套两居室的房间，带有厨房和卫生间，条件还算可以。由于宿舍是在山坡上，周围也没有商店，买菜都要跑老远，生活很不方便。不过窦国仁不在乎这些，他更看重的是单位的科研条件，对即将开始的生活充满了期待。

　　报到后，窦国仁被分配到河港研究室任工程师。早在 20 世纪 50 年代末，南科所所长严恺到苏联列宁格勒访问时就见过窦国仁，对他的情况有所了解，很欣赏他，想着将来邀请他到南京来工作。窦国仁在 1959 年回国实习期间，到南科所收集资料时，对该所有很好的印象，认为这里科研气氛好，专业上也有对口的方向。窦国仁获得博士回国后，严恺又亲自去找他，动员他到南科所工作。钱正英也代表水电部找窦国仁谈话，按照他本人的意愿将他介绍到了南科所。钱正英后来回忆说："他的才华和对水利事业的热情都给我留下了深刻印象，我为水利队伍又增加了一位青年才俊而感到庆幸。"[1]

南京水利科学研究所是中国最早成立的水利科学研究机构，其前身是始建于 1935 年的中央水工试验所，直属于全国经济委员会，坐落在南京清凉山下，1942 年更名为中央水利实验处，是中国水利科学现代化的重要标志性机构之一。南京解放后，该所被新政府接管，于 1950 年更名为南京水利实验处，由华东军政委员会水利部代管，后改由中央水利部领导。1956 年更名为南京水利科学研究所，1957 年交通部水运科学研究院筹备处所属的港工及航道部分并入，改由水利部和交通部共同领导。南科所与我国诸多水利机构都有着密切的渊源关系，除抗战时期西迁，在地方与大学合作设立了多所水工试验所外，还在中华人民共和国成立后将水工仪器试验工厂划出，成立了南京水工仪器厂；1956 年又抽调员工 95 人及部分设备、图书资料援建北京水利科学研究院。[2] 足见其资历之老、实力之强。窦国仁到来时，全院主要业务方向有水工研究室、河港研究室和土工研究室，另有材料结构研究、仪器研究与制造辅助研究部门，有职工 369 人，其中行政干部 59 人、技术干部 199 人、工人 111 人。[3] 窦国仁所在的河港研究室是我国最早的河流和海岸试验研究部门，由黄胜领头。黄胜比窦国仁大十余岁，中央大学水利系毕业，是一位有着丰富经验的从事潮浪及河口物理模型试验工作的专家，也是力邀窦国仁到南科所工作的人。

南科所的所长由严恺兼任。严恺在任期间，南科所的硬件科研条件、人才队伍、科研项目、专业方向、职工数量、办院规模都得到了长足发展，成为响当当的部级大院，行业翘楚。

为发展水利事业，严恺广泛延揽人才，提携后学，培养新锐，组建队伍。在学术与工作中，他严谨认真、一丝不苟，日常交往中虚怀若谷，善于识才又爱才。窦国仁作为他相中而引进的人才，在之后一直与他有着很

---

[1] 钱正英：《窦国仁论文集》。北京：中国水利水电出版社，2003 年，第 1 页。

[2] 1966 年又抽调员工 60 人援建西南水利水运科学研究所。

[3] 胡又：《南京水利科学研究院建院五十周年发展概况纪事（初稿）》。1985 年，第 35 页，内部资料。

好的合作。从天津新港到葛洲坝工程、从三峡水利枢纽到长江口深水航道整治，从科研到行政，严恺都以领导和前辈的身份给予窦国仁大力支持，窦国仁也一直很敬重他。

钱塘江河口与射阳河河口研究

窦国仁到南科所后，最先开展的两个科研课题是钱塘江河口与射阳河河口研究。两项课题都与河口潮汐水流环境下的泥沙运动有关，也是治理河口、解决生产实际问题的迫切需要。

钱塘江河口以汹涌澎湃的大潮闻名于世，"八月涛声吼地来，头高数丈触山回""怒声汹汹势悠悠，罗刹江边地欲浮"等无数诗句描写了江潮的壮观与雄奇，而历史上潮水毁塘陷地，冲入两岸平原，漂没田庐、人为鱼鳖的事件也频繁发生。钱塘江河口的泥沙随潮水进出，在河口段河床上淤积成深厚的沙坎，粉沙易冲易淤，使得河床主槽南北大幅摇摆不定，极大增加了河口治理和涌潮防御的难度。历史上钱塘江南岸的萧绍平原、北岸的杭嘉湖平原是重要产粮区，尤其是杭嘉湖平原，自唐代以后就是国家赋税重要源地，到了明清时期更是"赋税当天下之半"。人们为了护卫两岸平原的安全，沿江修筑了各式各样的海塘作为被动防御江潮的手段，但也是屡修屡毁、屡毁屡修。乾隆皇帝六下江南，有四次亲临海宁钱塘江海塘一线，视察海塘修筑，谋划御潮方略，钱塘江河口之重要性由此可见一斑。

中华人民共和国成立后，设立专门机构对钱塘江河口开展系统、持续的科学研究。1957 年 5 月，经水利部批准成立钱塘江河口研究站，由南科所和浙江省水利厅共同领导。1958 年 2 月，国务院批准成立钱塘江河口研究委员会，严恺任主任委员。南科所既是钱塘江河口研究站领导单位，又深入参与河口的研究。[①]窦国仁一到南科所，便参与到钱塘江河口的研究中。

---

① 1962 年 3 月，钱塘江河口研究站改由浙江省水利厅领导，南京水利科学研究所提供技术指导和协助。

为掌握一手资料，窦国仁多次与钱塘江河口研究站的同志到河口实地考察，卷起裤腿在江滩上跋涉，对钱塘江河口强劲的涌潮和易冲易淤的粉沙有了直观的认识。他首先抓住钱塘江潮水的输沙能力这一关键问题开展工作。因为"在进行滩地围垦、江道整治等工程措施时，必须对河道演变和河床变形等一系列的问题有一较为清楚的认识。这些问题能否得到满意的解决，在很大程度上取决于我们对江流输沙能力是否有所了解"。[①]所以，要了解河口的特性，做好整治工作，首先要了解潮流搬运泥沙的规律。

钱塘江河口受江水和潮水的双重作用，潮水随着潮位涨落往复流动，属于不稳定流，水流结构极为复杂。对于潮流输沙的理论研究，当时几乎是一片空白。窦国仁等人利用钱塘江闸口和七堡两处的观测资料，比较简化地推求出该河口的潮流输沙量近似公式。这项工作是在数据资料和前期研究基础极有限的条件下，对问题进行"简略处理"，"以期在最短时间内获得成果，来满足生产实践的需要"。窦国仁并不满足于此，他继续收集资料，进一步探讨潮汐水流中泥沙运动更普遍的规律。1963年，窦国仁完成《潮汐水流中的悬沙运动及冲淤计算》一文，从理论上对潮汐水流中的悬沙运动规律进行探讨，也是最早的一维河道泥沙数学模型雏形，相较于学界以往都是基于实测数据建立经验公式的研究途径，是一次质的提升。

钱塘江河口宽浅，江道主槽来回摆动，治理难度非同寻常。民国时期首次提出了缩窄江面、束水归槽、稳定江道作为钱塘江河口的治本之策。中华人民共和国成立后，继续发展深化了这一理念，1952年提出缩窄江流、稳定江槽、减少潮量、进占围垦作为钱塘江河口治理的主要方案。20世纪60年代初，进一步明确提出减少河口进潮量、增大径流与潮流比值，实施全线缩窄河口的治江战略。这样不仅可以削减潮势，还可以增加围垦土地，发展农业。但问题是，缩窄到何种程度最合适，正如窦国仁指出："如果束窄不足，不独减少可围滩地，而且江道也难于稳定。如果束窄过多，则江道改变过巨，不仅整治工程不易稳固，河床也将发生强烈变形，

[①] 河研75，窦国仁，钱塘江潮流输沙能力的初步探讨，1961年3月。存于南京水利科学研究院档案室。

其后果不堪设想。"[1] 因此，如何选择规划河槽的尺寸，是整治工程设计中的关键问题之一。

确定最合理的河槽尺寸，需要了解河流形态演变的规律，其中最重要的是搞清楚河相关系。所谓河相关系，严恺主编的《水利词典》中解释为："在平衡状态下河床形态尺度与水力泥沙因素之间的关系。"[2] 后来水利学家谢鉴衡作了更为详细的解释，是指"能够自由发展的冲积平原河流的河床，在水流长期作用下，有可能形成与所在河段具体条件相适应的某种均衡的水力几何形态，在这种均衡形态的有关因素（如水深、河宽、比降等）和表达来水来沙条件（如流量、含沙量、粒径等）及河床地质条件的特征物理量之间，常存在某种函数关系，这种函数关系称为河相关系或均衡关系。"[3] 早在 19 世纪末 20 世纪初，人们就发现了河相关系的存在，但当时除了纯经验分析外，还没有建立这种关系的理论途径和力学基础。经过半个世纪的发展，尤其是河流动力学的形成，对河相关系的研究不断提出新的认识，但仍有较大局限性，最突出的问题是河相关系的方程不是封闭的。"由于未知数（河宽、水深、流速）数目多于方程式数目（水流连续方程式和挟沙能力方程式），只有在已知三未知数中之一时，才能求得其余二值。"因此限制了河相关系方程的应用，也导致许多学者仍沿着经验途径探寻河床形态的变化规律。

窦国仁尝试从基本理论上展开分析。他从流域、河流和河口的整体观点出发，应用河流动力学的基本规律和方法，分别分析了决定无潮河流河床形态的主要因素和潮汐河口河床形态的主要因素，创造性地提出了河床的最小活动性假说，并给出了一个新的公式，使河相关系方程中的未知数与方程式数目相等，封闭了河相关系方程。窦国仁利用长江、黄河、新安江、淮河、赣江、辽河、伏尔加河、阿姆渠系等国内外十余组河流实测水深、河宽、断面面积与公式计算结果进行比较，均非常符合。[4] 尽管最小

---

① 河研 136，窦国仁，钱塘江整治规划河槽的计算方法，1963 年 12 月。存于南京水利科学研究院档案室。

② 严恺：《水利词典》。上海：上海辞书出版社，1994 年，第 257 页。

③ 谢鉴衡：《河床演变及整治》。武汉：武汉大学出版社，2013 年，第 25 页。

④ 窦国仁：平原冲积河流及潮汐河口的河床形态。《水利学报》，1964 年第 2 期，第 1—13 页。

活动性假说也是基于经验提出，当时还不能做理论上的阐明，但它能够完美地反映河相关系的真实情形。"这就是窦国仁的创造性，是他的天才之处"，钱塘江河口研究与治理专家韩曾萃如此评价窦国仁的这一创造性贡献。[1] 河床的最小活动性假说（或最小活动性原理）后来也被写进多种水利学教材和专著，[2] 被学界同行广泛接受并使用。

窦国仁将上述研究成果写成《平原冲积河流及潮汐河口的河床形态》，发表在《水利学报》1964 年第 2 期上，成为河流动力学研究领域的一篇经典文献。他进而根据河相关系方程提出了钱塘江规划河槽的计算方法，并分析了河道曲率的确定、规划河槽的特性。[3] 沿着这些方向的研究，一直是钱塘江河口治理开发与保护中最核心的工作。此间，窦国仁还分析了钱塘江赭山湾的围垦问题，并完成初步研究报告。

短短几年间，窦国仁对钱塘江河口开展了大量研究，提出了诸多创造性的见解，与一群从事钱塘江河口研究与治理的水利学家，包括戴泽蘅、李光炳、余大进等结下了毕生的友情。为了了解窦国仁的研究成果，浙江省水利河口研究院派出专家前往南京，当面向他请教，并将他开展潮汐水流中泥沙运动和平原冲积河流及潮汐河口的河床形态研究的论文档案及相关原始数据全部抄回去研究。"他的这两篇文章，我们当时反反复复地读，作了仔细研究，前后起码读了 4 年。"韩曾萃对窦国仁的这两篇文献印象深刻，时过五十多年后，仍清晰地记得文章内容。[4] 后来，浙江省水利河口研究院成为钱塘江河口研究的主要力量，将强涌潮河口研究做到世界一流水平，但每遇到河口治理的重大方案论证或决策，常请窦国仁参与咨询和讨论。

窦国仁在同一时期还开展了关于射阳河河口泥沙问题的研究，系统阐

---

① 韩曾萃访谈，2023 年 8 月 20 日，杭州。资料存于采集工程数据库。

② 例如中国水利学会泥沙专业委员会主编的《泥沙手册》、钱正英著《中国水利》、严恺主编的《海岸工程》、谢鉴衡著《河床演变及整治》《江河演变与治理研究》、武汉水利电力学院河流泥沙工程学教研室编著《河流泥沙工程学》、成都水力发电学校编《陆地水文学》、沈祖诒主编的《潮汐电站》、芮孝芳等著《河流水文学》，等等。

③ 河研 136，窦国仁，钱塘江整治规划河槽的计算方法，1963 年 12 月。存于南京水利科学研究院档案室。

④ 韩曾萃访谈，2023 年 8 月 20 日，杭州。资料存于采集工程数据库。

述了闸下淤积的动力机制，提出了相应的解决措施。

射阳河古名潮河、射陂，位于江苏省中部，发源于宝应县东北的射阳湖，由西向东经建湖、阜宁、滨海、射阳等县注入黄海，河长198千米。1937年以前，淮河洪水常由射阳河排出，每三五年开归海坝或决口一次，对河床冲淤影响显著，河床变化较剧烈。1950年后，淮河洪水不再经射阳河下泄，河床比较稳定。1956年，作为淮河治理工程的一部分，在射阳河入海口上游28千米处的射阳县海通镇通兴村西南建成了射阳河闸，以挡潮御卤、防汛灌溉，这也是江苏省第一座挡潮闸。然而，由于水闸落成后，射阳河上游来水减少，闸下河段从此发生严重淤积，自闸至入海口段河床普遍淤高2—3米，使中潮位下河床容积缩小了近一半。如此一来，反倒严重妨碍射阳河的防汛、排涝和船只通航。

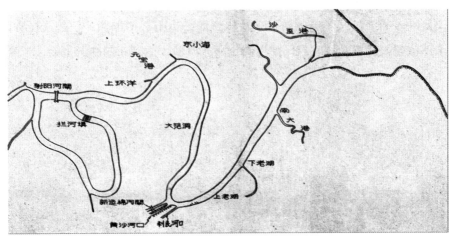

图4-2 射阳河闸下河段示意图（图片来源：窦国仁《射阳河闸下淤积问题分析》，1963年）

在窦国仁之前，已有科技人员对射阳河淤积问题进行了调查研究，但由于水沙运动过程复杂，难以弄清闸下淤积的原因，也没有提出有效的防淤减淤措施。1961年，窦国仁来到射阳河，进行了为期数月的实地考察。与在钱塘江一样，他非常重视现场踏勘，坚持用脚丈量河滩，获得真实的一手资料和现场感受。闸下游的河滩是一片烂泥地，他卷起裤腿在上面蹚行。当时窦国仁脚气严重并溃烂，脚和鞋子一摩擦，疼痛难忍，他只好把鞋子绑在脚底继续走，就这样收集了建闸前后的详细水文观测资料。

通过整理与研究，窦国仁完成了《射阳河闸下淤积问题分析》报告。[①]在这篇报告中，窦国仁在介绍了射阳河闸下河段冲淤概况后，首先分析了建闸对双向水流的影响，包括建闸前后潮汐要素的变化，建闸对河水径流的影响，建闸前后潮量的改变和涨落潮流速比值的变化。接着分析了建闸对泥沙运动的影响，包括闸下河段泥沙的来源，建闸前泥沙的搬运，建闸后闭闸期间闸下河段泥沙的搬运，建闸后开闸期间闸下河段泥沙的搬运，等等。如此分析了一定条件下水流、潮汐、泥沙运动的变化，相当于在原型上进行了一系列试验。基于以上周密的考察，窦国仁查清了影响闸下河段进出沙量的主要因素、闸下淤积的主要原因、淤积过程和淤积趋势。他还对以往错误的观点进行了辨析。最后，窦国仁提出的解决方案是用水力冲淤，并根据径流量的季节变化制定了详细的闸门控制方案。这一方案既满足冲沙需要，又不会耗费过多淡水资源，也不必增加额外工程或投资，全部依赖闸门按季按时启闭便可冲走河床淤沙，达到新的冲淤平衡，十分巧妙。

图 4-3　射阳河闸今貌（射阳河闸工程管理处提供）

---

① 河研 132，窦国仁，射阳河闸下淤积问题分析，1963 年 10 月。存于南京水利科学研究院档案室。

通过对钱塘江和射阳河两处河口的研究，窦国仁还从个别到一般，从具体到抽象，在理论上探讨了潮汐水流中的泥沙运动规律和河口变形规律。他于 1962 年 10 月完成了《潮汐水流中的悬沙运动及冲淤计算》，分析了潮汐水流中悬沙的变化规律，推求出潮汐河口河床冲淤计算基本方程式，并分析了无潮河流中含沙量的沿程变化。这种善于从实际应用问题中提炼科学问题的风格，是窦国仁科研生涯的重要特点之一。

当窦国仁忙于射阳河河口研究时，家里又添了一位新成员。1961 年 11 月 21 日，女儿窦希萍出生，给家中增加了许多幸福和快乐。

泥沙理论研究与传播

窦国仁在回国后，继续对博士论文中涉及的各个专题进行深入研究。1961 年，他对水流结构，特别是水流的脉动结构问题做了进一步研究，完成了《泥沙运动理论》中的第一篇《水流结构》。1962 年，他与唐存本一同通过水槽试验开展了水流紊动结构的研究。[1] 1963 年，又对河流泥沙特性、泥沙规律等问题做了进一步研究，完成第二篇《泥沙的水力特性》。随后又完成了《底沙运动理论》和《悬沙运动理论》等专题研究。这些内容后来都被编入《泥沙运动理论》（油印本）。窦国仁在该书的序言中介绍了泥沙研究的重要意义和内容梗概：

> 中国许多河流和许多沿海地区都有大量泥沙运移，因此在进行河道与港口的整治和建设时，对泥沙问题就不能不给予严重的注意。在某些情况下，水利建设的成败甚至完全取决于泥沙问题解决的好坏，许多河道的整治，潮汐河口的治理，挡潮闸下游及一些港区的回淤都是这种情况的实例。

---

① 4014-003-0268，1962 年上半年科学研究工作进行情况表。存于南京市档案馆。

河道及其下游河口的演变，可以认为是泥沙搬运结果的反映。如果对泥沙运动规律没有比较明确的认识，就不可能对河床演变规律（包括河床变形数量）进行深入的分析，更不可能对河床演变趋势作出真实的预报。近年来的实际工作也表明，不加强这方面的工作就不可能更好地满足生产实践的需要。因而对泥沙运动理论的学习和研究就具有很大的实际意义。

泥沙问题的重要性也正是近年来国内外学者对泥沙运动规律进行了大量研究的原因。应当指出，苏联科学家已经在这方面作出了重要贡献，中国许多学者在这方面也做了不少工作。然而由于中国河流之多，泥沙问题之严重，已经完成的工作还远不能满足生产的需要，因之摆在我们面前的是宏伟而艰巨的任务。

由于泥沙运动规律异常复杂，到目前为止，泥沙理论中的许多基本问题都还没有得到满意的解决，各家学者所提出的理论和公式，相互之间还有很大分歧，有时甚至是相互矛盾的。看起来，足够可靠的泥沙理论还没有建立起来，泥沙运动的真正规律还没有很好地被认识。因而对现有各家理论进行较为深入的分析和概括，就显得十分迫切了。

本讲义的主要任务就是对各种泥沙理论做一简短的介绍和分析，借以帮助初学泥沙问题的同志能够比较全面地熟悉和掌握现有的理论。为了引起初学者研究泥沙理论的兴趣，讲义内也提出了作者本人对这些问题的一些观点和研究途径，借以达到抛砖引玉的效果。

讲稿内容包括五部分，第一部分用来讲述与泥沙运动有密切联系的水流的紊动理论，并着重阐述紊动水流的内部结构。对水流的运动规律缺乏深入的认识，也就不可能对水流内所挟带之泥沙的运动规律有清楚地了解，因之这一部分是泥沙理论的基础，占的篇幅略长一些。第二部分讨论泥沙的水力性质，即泥沙沉降速度和起动流速的一些问题。第三部分讲述底沙运动及与其相联系的沙坡运动。第四部分介绍悬沙理论，其中包括含沙量的分布和输沙率等问题。最后一部分用来阐述与河床变形数量计算有关的一些问题。[1]

当时泥沙研究作为一个热门研究领域，一方面尚未成熟，在国际上正处在蓬勃发展阶段；另一方面它是中国急需的研究领域，但在国内传播和发展得远远不够。因此，窦国仁将国际上的泥沙理论，尤其是先进的苏联泥沙理论介绍到中国，旨在推动这一研究领域在中国的发展。事实上，窦国仁还特地另外撰文介绍了马卡维耶夫教授的河流紊动理论。[2]虽然窦国仁声称该书是面向泥沙初学者的一本"入门"之作，便于人们在接触泥沙研究时能快速熟悉和掌握现有的理论，但实际上也并非简单的科普，而是包含许多他自己新的研究成果。例如，关于推移质泥沙运动规律的研究，窦国仁首先全面介绍了学界在不同理论前提和研究方法下所取得的已有成果。其中包括杜保艾根据其底沙运动规律假说提出的底沙运动经验公式，维利卡诺夫、岗恰洛夫、列维等人从水动力学理论出发提出的系列公式，爱因斯坦、卡林斯基、维利卡诺夫等从统计理论出发而分别提出的公式，耶吉阿扎洛夫根据尺度分析理论和相似原理提出的研究成果，等等。对这些不同研究思路、方法和认识成果进行分析后，窦国仁总结道："从理论的严密性和发展前途看，统计分析途径具有很大的优越性；从目前所得结果，特别是从与试验资料的符合程度看，用水动力学分析方法所获的成果是突出的。各个学派的研究成果中都有很多合理的部分。"[3]窦国仁并未在

图4-4 《泥沙运动理论》七卷书影

---

① 窦国仁：《泥沙运动理论》。1963年，内部资料。

② 窦国仁：马卡维耶夫河流紊动理论简要述评。《水利水运专题述评》，1962年第1期，第1-9页，内部资料。

③ 窦国仁：底沙运动规律的研究。《水利水运专题述评》，1964年第1期，第1-12页，内部资料。

这里止步，他以此为起点，从推移质泥沙的运动机理入手，将数学统计理论和力学分析相结合，提出了新的推移质流量（输沙量）公式。《泥沙运动理论》即是这样一本既有学术史回顾，又有研究前沿，学术内涵深厚的著作。

《泥沙运动理论》是国内最早系统全面地论述泥沙运动的著作。在其之前，钱宁等对泥沙运动也有深入研究，但尚未提出系统论述。水利水电科学研究院在 1963 年出版了《泥沙运动问题译丛》，但它是一本编译西方和苏联专题研究成果的著作。沙玉清撰写的《泥沙运动学引论》则是在 1965 年出版。因此，窦国仁的这部书稿在中国泥沙研究史上具有开创性地位。

1963 年左右，钱宁、严恺等有影响力的水利学家鉴于泥沙问题的重要，决定开设一个全国性的泥沙培训班，把全国水利、水运交通部门的科技人员集中起来进行培训。经过一段时间的准备，第一届泥沙培训班于 1964 年 3 月至 7 月开班讲学，有来自全国几十个水电设计院、高等院校及泥沙问题较多的省市的代表共 100 多名学员参加学习。

泥沙培训班的阵容非常强大，班主任为张子林[1]，副班主任为钱宁，教研室工作人员有朱鹏程、张启舜、张定邦。授课者有清华大学水利工程系的夏震寰、余常昭，中国科学院地理研究所的沈玉昌、龚国元、郑威，黄委花园口河床测验队的武伦偕，官厅水库水文实验总站的龙毓骞，水利水电科学研究院河渠所的尹学良、朱鹏程、钱宁、李保如、丁联臻、候晖昌、范家骅、严镜海、杜国翰、万兆惠，武汉水利电力学院治河工程系的谢鉴衡，交通部内河航运局航道处的俞嘉澄，以及南科所河港研究室的黄胜、陈子霞、李昌华和窦国仁。[2] 皆是一时之选。

在讲授内容方面，钱宁介绍欧美的泥沙运动理论，讲河床演变、水库淤积等问题，内容十分广泛。南科所的黄胜讲河口泥沙问题，陈子霞主讲海港泥沙问题，李昌华主讲模型试验技术和理论，窦国仁主讲泥沙

---

[1] 张子林（1914—1998），河北阳原人。1947 年起从事水利工作，曾担任农业部、水利部的农田水利局局长，1958 年牵头组建了北京水利水电学院并兼任首任院长。

[2] 泥沙培训班通讯录。1964 年，内部资料。

运动理论，并介绍苏联最新成果。① 窦国仁为准备授课，还特地编写了一本《泥沙运动讲义》供学员使用。由于钱宁对泥沙理论已有全面讲授，这本讲义只限于对若干问题进行补充，其内容包括：河流泥沙的一般概念；泥沙的沉降速度；泥沙的起动规律；底沙运动；悬沙运动的规律五章。②

泥沙培训班取得了巨大的成功，有效地传播了泥沙学知识，推动了泥沙研究在中国的发展，还培养了一批泥沙研究工作的骨干力量。张启舜认为，"为期三个月的培训班，造就了各行各业的泥沙研究的带头人"。后来担任华东师范大学河口海岸研究所教授的恽才兴回忆道：

> 1964 年 3—7 月，我有幸作为水利电力部泥沙培训班的成员聆听窦国仁同志关于《泥沙运动基本理论》的系统讲学，他的讲学深受全体学员的赞赏，当时的教本与已故的著名泥沙专家钱宁同志的著作并驾齐驱，他俩辛勤的教学培养了我国一代泥沙研究和泥沙工程专家，可谓功及天下，绩传千秋。③

图 4-5　窦国仁《泥沙运动讲义》书影

由于《泥沙运动讲义》油印本数量有限，学员将其带回各单位后被广泛传阅，上面通常布满了不同颜色的笔记和画痕。曾担任浙江省水利河口研究院总工程师的韩曾萃当时得到这本书后十分珍视，他求知若渴，几乎将整本讲义抄录到笔记本上。

---

① 张定邦访谈，2018 年 11 月 19 日，北京。资料存于采集工程数据库。

② 窦国仁：《泥沙运动讲义》。1964 年，内部资料。

③ 恽才兴：继承和发展窦国仁院士的泥沙运动理论。见：胡又主编，《高山仰止——纪念窦国仁院士诞辰八十周年》。2012 年，第 49 页，内部资料。

获评先进工作者

窦国仁在回国后的几年里忘我地投入到泥沙研究和生产实践项目，作出了许多成果，赢得了同事们的认可。1964 年，窦国仁被评为南科所先进工作个人。所总支办公室对他充分肯定，将他的先进事迹广泛宣传。先进事迹的材料很好地概括了窦国仁回国后几年来取得的成就：①

回国以来短短的三年中，窦国仁理论联系实际，刻苦钻研，干劲十足，做了不少工作，取得突出成绩，不但较好地解决了生产问题，而且在学科方面有所提高和发展，其主要成绩有以下几个方面：

1. 在泥沙起动流速方面，前人都是从时间平均流速考虑的，只能推导出公式的结构。他在研究工作中，考虑到细颗粒泥沙本身的物理性质，并把粗细颗粒统一起来，对粗颗粒的也作了补充，使泥沙起动流速的研究从半经验、半理论阶段向理论阶段迈出了很有意义的一步。

2. 写出了《泥沙颗粒沉降的统一规律》论文手稿。过去在这方面对于很粗和很细的颗粒解决较好，相对于过渡区的，只有一些经验公式，没有很好解决。他在论文中导出了过渡区的沉降规律，把粗、细、中等颗粒都统一起来，较前人的成果提高了一步。

3. 1961 年射阳河闸下淤积严重，影响到里下河地区的防洪排涝并造成土壤盐碱化。窦国仁同志理论联系实际，认真分析了大量的第一性资料后，找出了问题的关键，明确了闸下淤积的原因，提出了切实可行的防淤措施。

4. 找到了潮汐水流悬沙的冲淤计算方法，这一计算方法在稳定流中同样解决了问题。过去，在潮汐水流中含沙量的变化和河床的冲淤

① 4014–002–0217，窦国仁先进事迹介绍。存于江苏省档案馆。

是无法计算的，在稳定流中实际上也没有得到解决。

5.在完成钱塘江规划河槽设计原则报告的同时，研究了河相关系，写出了《平原冲积河流及潮汐河口的河床形态》论文，从基本理论出发，把含沙量的因子也全面考虑了进去，对河道整治有很大价值，在国内外已有成果的基础上跨进了一步。

6.编写了《泥沙运动理论》讲义1至7章，不但总结前人的成就做得好，而且有批判、有分析，有自己独特见解，很有学术价值，可以作为有关人员的良好读本。

材料对窦国仁的研究风格也有较好的总结：

在学习科研十四条[①]政策时，有人主张先搞理论研究，搞一般问题以期解决一片问题，窦国仁同志则首先重视研究生产实际问题，并认为在研究生产实际问题的过程中，应当注意联系解决理论问题，从中提炼出理论来。他主张应该搞那些与生产任务密切相关的理论问题，应该以多快好省地解决生产问题为标准。他也认为离开了实际问题的解决单纯去搞理论，则是无的放矢，实际上也很难搞好的。他说："如果不是搞射阳河闸下淤积，我写不出《潮汐水流悬沙冲淤计算》一文，如果不是搞钱塘江工作，我写不出《平原冲淤河流及潮汐河口的河床形态》报告。"

窦国仁同志在科研工作中，十分重视感性认识，狠抓第一性资料，搞射阳河闸下淤积任务时，能克服身体不好的困难，深入现场实地查勘，认真地搜集并分析了许多宝贵的第一性资料，终于明确了闸下淤积的原因，提出了防止淤积的措施。在钱塘江的实地查勘中，也不辞辛劳地沿江步行，看到雨水沟涨潮以后很快就被填满这一现象，引起了他的注意，认真地思索其原因，得出了涨潮带进的泥沙多的结论。另外，窦国仁也并不以一般地介入生产问题为满足，搞任何工

---

① 笔者注：即"科学十四条"，文件全称为《关于自然科学研究机构当前工作的十四条意见（草案）》，是1961年7月19日由中共中央批准试行的指导全国科技工作的纲领文件。

作，总要尽力把感性认识提高到理论上来，因而总是既解决了生产实际问题，又对学科的发展有所贡献。

窦国仁在学术上不拘泥于前人成果，任何问题总是在刻苦钻研了前人成果的基础上大胆地提出自己的看法，例如关于闸下淤积问题，窦国仁同志并不被前人的一些看法所束缚，在分析了大量实测资料的基础上，大胆提出了新的看法，在研究钱塘江河床形态时，也不拘泥于前人所习用的经验河相关系式，大胆地从理论上跨进了一步。

窦国仁在科学研究中，充分发扬了敢想敢干的精神，敢于设想，敢于实现，同时科研态度又十分严肃。许多琐碎的具体计算工作他都能亲自动手进行，对于辅助人员计算的资料，能够认真地进行校核，因而许多错误都能及时发现。在他的研究报告中，连一个错别字都不轻易放过，一定要仔细更正。

在对河相关系式进行验证计算时，由于资料的限制，只能利用每个测站的资料来代替相应河段的情况，对于这样一个设计河渠近二十条、数值幅度非常大的宏观问题，这样做，一般说来是无可非议的了，而他却很认真地用长江等河流的资料做了充分的比较，直到证实了河段与测站的情况确实出入不大时才放心。

材料还对窦国仁的工作状态、乐于助人的精神和事迹做了梳理：

窦国仁同志在业务工作中，干劲十足，不怕困难，埋头苦干，完成任务。

1961 年，在研究射阳河闸下淤积问题的工作时，许多细小的事他都亲自动手，跟大家一道干，经常加班加点。在出差苏北查勘时，他身体不好，脚也烂了，肿得很大，他就把鞋子绑在脚上，坚持跟大家一道步行，有时还要冒雨前进。他常常到一个地方一坐下来就忙着推导计算公式。

1963 年，仅一年中，他就完成了《平原冲积河流和潮汐河口的河床形态》《钱塘江江道规划设计原则》两篇报告，修改和补充了《论泥沙沉降的统一规律》论文，完成了编写《泥沙运动理论》讲义的部分工作，出席了北京、杭州的两个会议，还做了不少其他的琐碎工作。

在出席全国水利会议之前的一个阶段，几个报告挤在一起，都要及时提出来，时间紧迫，他不但在上班时抓紧时间，分秒必争，经常伏案苦干到深夜，假日也很少休息，有时吃饭、走路都在思考问题，他自己说，有许多问题实际上是在路上想出来的，如潮流输沙中的关键问题就是在路上想出来的。他有肝肿大的毛病，有段时间身体非常虚弱，医生曾建议休息几天，但他为了完成任务仍带病坚持工作。

窦国仁同志来所工作以后，虽然学习成绩优异，基础较好，但他谦虚谨慎，毫不自满，继续坚持学习，密切结合工作，边干边学。例如他在国外并没有学过潮汐，但回国后分配他搞钱塘江、射阳河口的研究工作，要天天与潮汐打交道，他每次都愉快地接受任务，然后就刻苦地钻下去，并向有经验的同志虚心请教。他平时也能克服家务多的困难，刻苦顽强地学习，晚上经常学到十一点多钟，连中午的一点休息时间有时都用上了。

窦国仁同志来所以后，不骄傲、不自满，对同志和蔼可亲，平易近人，并能关心同志，热心帮助同志，承担射阳河闸下淤积任务时，热心指导共同工作的同志，计算工作复杂麻烦时，他就先算出个样子给大家看，在对钱塘江江道进行整治时，也能热心帮助共同工作的同志。例如杨鸿明同志是中等技术学校毕业，来所后由于长期不搞技术工作，业务生疏，在调来跟窦国仁做辅助工作时，从基本原理到点绘曲线、拉计算尺等，窦国仁都很详细耐心地给窦国仁讲解，当杨鸿明翻译出一小段俄文请教他时，他就逐字逐句地修改，详细讲解给他听，后来发现杨鸿明在俄语方面有了一些进步，就主动推荐他翻译《水利学报》上卡拉乌舍夫的一篇文章，译出以后，又利用出差到杭州开会期间挤出时间帮他逐字逐句修改，细致到不放过一个标点符号，对杨鸿明有很大帮助。

窦国仁同志帮助别人不是限于本专题、本小组的同志，其他各组经常有同志来找他请教问题，讨论问题，他都热情相待，从不推脱敷衍，并虚心地共同探讨问题。他还经常主动参加其他组的学术讨论会，积极发表意见。

由于窦国仁同志生活作风艰苦朴实，毫无架子，对自己要求严格，对同志满腔热情，因而能与周围群众打成一片，团结协作搞得很好。

1964 年，中苏论战进入高潮，两国关系也十分紧张，窦国仁却以留苏博士身份被推为先进工作者，对其个人事迹作典型宣传，这也更加说明他回国后所做的工作是有目共睹的，获得了同事们和组织的高度肯定。

另外，窦国仁在苏联的学术氛围熏陶下成长，对苏联学者之间激烈的质疑辩难习以为常，他们虽争论激烈却不伤害友谊的风格感染着窦国仁，使他也养成了坦率而直接的表达习惯。在回国最初几年，由于窦国仁没有及时调整适应国内的人际环境，因此造成一些误会和人际关系的紧张。

南科所的学术氛围很浓厚，时常举办一些学术报告活动，促进同事之间相互交流。在这些交流会上，窦国仁总是直截了当地发表自己的观点。他后来意识到："常常未能首先肯定别人的成绩，就直接指出报告中存在的问题，给一些同志造成压力，引起了这些同志的反感。虽然主观上是想帮助别人提高成果质量，但在客观上却常常使人感到下不来台，造成了不好的影响。"[1] 有一次，所内一位资历很深的前辈作完报告后，窦国仁评价时提出了许多问题，几乎完全推翻了报告的结论，报告人十分尴尬，愤而当场撕毁了报告讲义。窦国仁的这种风格导致有一些同事认为他恃才傲物、骄傲自大。

尽管窦国仁后来认识到这一"缺点"，但他的这种学术态度一直都没有改。在生活中，他很好相处，一旦涉及科学问题，他就非常较真，毫不含糊。在学术讨论会上，只要是他认为有问题的地方，就一定要指出来，不管对方职位或资历高低深浅，是长辈还是晚辈，都一视同仁。有人提醒

---

① 窦国仁人事档案，入党志愿书，1984 年 4 月 27 日。存于南京水利科学研究院档案室。

他，"怎么不给前辈留些面子"，他却不以为然"讲面子还怎么讲科学？"由于窦国仁"较真"的名声在外，很多未见过他的人以为他很骄傲，不好打交道，可一经深入接触就会发现，他实际是对科学研究要求严格，就事论事，所以许多年龄相仿的同行或者年轻人都很喜欢他。[1]

工作数年，单位的同事和组织上对窦国仁的评价还是很不错的。与大多数留苏归国人员一样，窦国仁为国家工作的心情是迫切的。这一张小小的先进工作者奖状，也是对他的鼓励和认可。

---

[1] 谢葆玲访谈，2023 年 8 月 19 日，武汉。资料存于采集工程数据库。

第五章
"解剖"麻雀：吴淞口水道与青山运河研究

20世纪60年代中后期到70年代初，在"文化大革命"期间，窦国仁所在的水利行业和其所供职的单位也受到较大影响。这一时期大型水利工程虽然不多，但生产实践中需要的研究任务仍在继续。窦国仁此间承担了上海吴淞口水道演变研究和武汉青山运河防淤分析，项目虽小，他却热情不减，从收集资料到进行分析、试验，他进行了解剖麻雀式的研究，问题不留死角，工夫下到极致。

吴淞口水道演变分析

1960年前后，长江口河道在吴淞口附近发生了两个显著的变化：一是上游来水冲出了一条新宝山水道，二是吴淞检疫锚地严重淤浅。这两个变化对油轮进江和外轮停泊检疫有很大影响，有关方面要求分析发生两个变化的原因，并对今后的发展趋势作出预测。

1965年，南科所组成了以窦国仁为首的研究小组，顾佩玉、沈忠元、葛志瑾等同志及上海航道科研所部分人员参加，共同对此问题开展研究分析，最后由窦国仁在 1967 年执笔完成科研报告的编写。[1] 他们利用历史资料和近期实测数据分析了 1915—1965 年长江口南支河段的演变过程，分别提出了新宝山水道的形成原因和吴淞锚地的淤积原因，指出二者之间存在密切的因果关联，即新宝山水道的大量冲刷，使来沙量超过了当地水流的挟沙能力，这是造成 1963 年以后吴淞锚地严重淤积的主要原因。

河道发展趋势的预测更为重要，关系到下一步生产安排。窦国仁等人基于新宝山水道形成原因的考察总结指出："本河段各水道和沙洲之间，相互影响和相互制约。新宝山水道的形成，就是有关沙洲水道演变的结果。因此在分析新宝山水道的发展趋势时，必须从分析新宝山水道本身以及附近的水道和沙洲的变化入手。特别要了解在促使新宝山水道形成过程中起主要作用的那些因素的变化动向。"随后，他们具体分析了那些因素，给出了基本判断和预测：

没有任何迹象能说明新宝山水道会变坏。相反，这些因素促使新宝山水道在最近一两年内还将有些发展，然后渐趋稳定。新宝山水道本身的情况也表明，目前还在发展阶段。随着中央沙头部的冲刷，新宝山水道口门还可能有些扩大。新宝山水道流路内的冲刷范围还未稳定，也还将继续向下扩展。下段过水断面还没有上段断面大，所以下段将进一步扩大。从新宝山水道的发展过程看，它剧烈发展的时期已快过去，冲刷量再过一段时期后将显著减少，水道将渐趋稳定。所以新宝山水道作为一条深水航道将在今后若干年内存在下去。

关于吴淞锚地的发展趋势，窦国仁等人指出：

分析表明，吴淞锚地处于新宝山水道的流路范围内，直接受新宝山水道的影响。1963 年以后吴淞锚地的严重淤积，主要是由于新宝山水道冲开后将大量床沙带到吴淞锚地引起的。因此总的来说，新宝山

---

[1] 河研 175，窦国仁等编，新宝山水道和吴淞锚地演变趋势的分析。1967 年，存于南京水利科学研究院档案室。

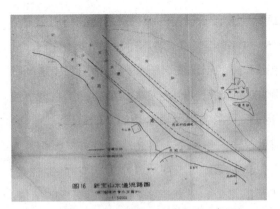

图 5-1　新宝山水道流路图（图片来源：窦国仁
《新宝山水道和吴淞锚地演变趋势的分析》，1967 年）

水道流路内的河床是处于发展过程。像吴淞锚地这样在发展过程中发生的淤积，是由于发展的不平衡而引起的，这种淤积必然带有局部的和暂时的性质。随着时间的推移，一定会从淤积转变到冲刷而建立起新的平衡……今后吴淞锚地将自上而下逐步转入冲刷。由于目前新宝山水道还将有些发展，吴淞锚地上段又将开始冲刷，所以吴淞锚地下段的泥沙来量还是很多。因此吴淞锚地下段还将继续淤积，沙咀将继续向下延伸……[1]

这项研究成果为相关部门进行决策提供了科学依据。事实的发展正如窦国仁等人预测的那样，新宝山水道后来成为长江口南支分流南港的主要通道，吴淞锚地的冲淤变化趋势也基本如其所料。

青山运河淤积严重

吴淞口河床变化和泥沙淤积问题被解决后，从吴淞口沿长江上溯水路 1100 千米到达武汉，有一条与长江相通的不起眼的运河，唤作青山运河，成了窦国仁接下来的研究对象。

青山运河位于长江中游汉口河段天兴洲南汉道青山峡内，距离汉口 20 千米，是为沟通长江与龙角湖的接引运河，全长约 2710 米。龙角湖是

---

[1] 河研 175，窦国仁等编，新宝山水道和吴淞锚地演变趋势的分析。1967 年，存于南京水利科学研究院档案室。

一个集水面积仅 0.8 平方千米的内湖，原计划作为武汉钢铁公司青山工业港的港址，通过运河运输工业原料和产品。武汉钢铁公司是当时苏联对口援建的 156 项重大工程之一，作为其运输通道的青山运河是由苏联列宁格勒水运设计院设计的，当初设计时估算年淤积量为 7700 立方米，在可以承受的范围内。与此同时，交通部为了利用青山运河，将青山船舶修造厂的码头及船台滑道均设在了运河中，拟建设成华中地区船舶修造的基地。

由于龙角湖别无河流相通，所以青山运河连同湖区基本上形似长江上的一段小"盲肠"，构成了有利的淤积条件。运河自 1959 年开挖以后，仅一个汛期就淤积 24 万立方米，河床逐年抬高，淤积量累年增加，河床容积越来越小，到 1963 年 11 月，累积淤积量达到 74 万立方米，河口附近淤积厚度竟高达 10 米，中枯水期就不能通航了。从 1964 年起，虽然每年进行疏浚，年挖泥量 20 余万立方米，但由于回淤快，一个汛期可以淤高 4—5 米，每年枯水季仍有三四个月的断航时间。

武汉钢铁公司鉴于港区和运河淤积严重，放弃了这条运输通道，直接在长江边建了码头，修了一条铁路直连到港区，解决了运输问题。交通部的青山船厂却无法搬出，每逢遇到淤积严重时，待修船舶无法及时驶入船台修理，修好的船舶也不能及时下水投入生产，给船厂的生产带来巨大损失，船厂的扩建工程也迟迟不能进行，严重影响了长江水运工业的建设和发展。

为解决青山运河的淤积问题，从 1963 年起，交通部第二水运工程设计院（现中交第二航务工程勘察设计院有限公司）派出缪寿田等人会同青山船厂进行了大量的现场观测。南科所派出金德春参加，对现场资料进行分析。

为了查明青山运河淤积的原因和各种条件下的淤积规律，缪寿田等人于 1963 年 8 月至 11 月、1964 年 5 月至 12 月两个时段对青山运河及周边的水文泥沙进行了系统观测。在运河部分，观测了运河的水位、水面比降、水文断面、地形断面和口门回流分界线等项目。在水文断面中，进行了垂线流速、流向、含沙量、水温、悬沙粒径和底沙粒径等项目的测量。

为了了解水流含沙量沿程变化情况，还在运河深泓处沿程选了 14 条垂线进行测验。在长江部分，进行了运河口长江水文断面、长江青山峡流速流向、青山峡崩岸和青山峡水道地形的观测。

金德春和缪寿田等人随后对资料进行了整理和分析。他们发现，青山运河的悬沙粒径和口门长江悬沙粒径基本相同，表明造成运河淤积的泥沙确实来自长江。然而，实测泥沙年淤积量多达十余万立方米，远远大于过去估算的由长江浑水灌入运河造成的淤积量，说明长江的泥沙必定有另外的形式进入运河。他们进一步分析了运河断面和垂线的水力泥沙因子，发现了一个比较特殊的现象，即运河河水的流动呈现上层水体流向长江，下层水体流向运河的双向水流现象。在水深大、含沙浓度较大时，这种现象更为明显，在水深小、含沙低时才会消失。含沙量的分布是上部小，底部大。在排除了风力剪切和温差等原因后，他们判断是长江的浑水引起的浑水异重流。青山运河淤积的主要原因也便清楚了：因运河是一段"盲肠"，河内静止的水体重率接近于清水，而江水为浑水，挟有一定浓度的泥沙，两种水体重率上发生差异，形成压力差。口门处的含沙量越大，水越深，则浑水与清水间的压力差就越大，由于底部的压力差远较水面大，因此长江重率较大的浑水便沿着河底向运河流去，浑水的潜入必然导致运河内的水面抬高，从而使清水以相反方向流入长江，浑水潜入运河内流速降低，一部分泥沙便沉积在河段中，通过沉积作用逐渐变清的潜流，转而上升到上层并流向长江。这样，浑水不断流入运河，清水不断流向长江，促使运河发生大量淤积。这种由异重流引起的淤积，数量一般都很大，分布范围也较广。因此，他们得到认识，青山运河的淤积是由回流造成的局部淤积及灌水、异重流所形成的普遍淤积所致。在此认识的基础上，他们进一步计算了淤积构成，即回流的淤积占淤积总量的 16% 左右，限于口门附近；灌水的淤积占淤积总量的 12%，其余的则为异重流的淤积，约占 72%。浑水异重流是青山运河淤积的主要原因。

基于以上研究，金德春和缪寿田等人初步分析了几种防淤减淤方案，包括水力防淤方案——通过加大运河流量，减小异重流；空气屏防淤方案——在河口底部铺设有孔管道，吹送压缩空气，阻拦异重流从底部流入运河；活动潜坝挡淤方案——在河口建造一定高度的能够随水位升降的活动潜坝，阻拦河底异重流。另外，还提出了改善运河口门形式、减小口门断面面积、辅以挖泥疏浚等方式，短期内维持运河的一定通航能力。[1] 这些观测和分析为解决淤积问题做了重要的前期工作。[2]

青山运河的观测和分析完成后，国内政治运动也一浪高过一浪，最终以"文化大革命"的爆发为高潮，青山运河泥沙淤积的研究陷入停滞。到了 1967 年，运动形势稍缓和一些后，交通部提出做青山运河的模型试验研究。为此成立了"三结合"小组，即由交通部、南科所和施工单位组成的研究小组，窦国仁担任技术负责人。

泥沙模型试验

接到任务后，窦国仁便到青山运河做了详细的现场勘查，收集了观测资料，为模型试验做准备。按照试验要求，模型需要复演异重流和由异重流造成的淤积，因此需要进行浑水试验。由于运河较短，窦国仁决定采用水平比尺和垂直比尺都是 1∶100 的正态模型进行试验。模型于 1967 年 7 月开始在南科所建造，11 月放水进行预备试验。

为了保证模型上的水流、回流、异重流、淤积数量等都能与天然情况基本相似，窦国仁提出模型上各量的比尺需满足重力相似、阻力相似、异重流相似、异重流输沙量相似、运河上游来水量相似等条件，而选用何种模型沙进行试验，是实现各量比尺相似的重要因素。

当时参与试验的韩乃斌到南京中华门一带游玩时，发现了一个滑石粉

---

① 河 6503，金德春，青山运河淤积分析报告，1965 年。存于南京水利科学院档案室。

② 据缪寿田回忆，以上青山运河的分析工作是在窦国仁的指导下进行的，但笔者目前尚未发现文字材料证据，而金德春先生已经去世，其当时是否与窦国仁合作研究已无从知晓。这部分工作是青山运河研究的重要前期基础，故在此作详细介绍。

厂，在该厂的门前门后有一片白色粉末覆盖。韩乃斌回去后就向窦国仁汇报，推荐用滑石粉作为试验用沙。窦国仁让他去取样做颗粒分析试验，通过筛分研究得知了滑石粉颗粒大小。窦国仁根据模型相似律计算，决定用滑石粉作为模型沙。[1] 同时还根据预备试验确定了模型时间比尺为 1∶24，即模型上 1 小时相当于原型的 1 天。为了反映一般年份大约三个半月的洪水期，每组试验需要日夜连续放水 108 小时。

模型验证试验于 1968 年 4 月进行，验证结果表明，模型上的回流情况、含沙量情况和淤积情况与原型基本相似。5 月，开始正式试验。10 月全部完成。通过多种方案的试验效果对比，窦国仁等人最终推荐在口门处修建挡至水面的防淤帘作为最佳减淤方案。

为了寻找有效的减淤措施，在试验准备期间，窦国仁还到河北省河间考察了一个橡胶坝。据缪寿田回忆，1967 年冬季，当时正值"文化大革命"中学生搞大串联，坐火车不要钱。他们一行十几个人挤上火车，一路走走停停，到北京时已是后半夜。因为去河间要转车，他们在北京下车住进了地下室，窦国仁则赶往母亲家，第二天早上再返回同他们一起出发去河间。他们到河间看了橡胶坝，之后又到北京颐和园考察了一个橡胶坝，回来后开始做试验，重点试验了防淤帘方案。[2]

通过试验，窦国仁等人确定了防淤帘作为解决青山运河淤积问题的最佳方案。

现场防淤试验

模型试验证明防淤帘具有显著的减淤效果，但在实践中是否真的有效，还需要到运河上去作实地检验。为此，窦国仁在 1968 和 1969 年指导了两次现场试验。第一次试验时，由于条件限制，他们用废旧麻袋布等材

---

[1] 韩乃斌，谢瑞：《河道泥沙淤积问题研究》。北京：海洋出版社，2016 年，第 260 页。

[2] 缪寿田访谈，2018 年 11 月 19 日，北京。资料存于采集工程数据库。

料拼接成简易的浮式防淤帘，于 1968 年 5 月 13 日安装下水。7 月 10 日，因帷帘材料腐烂，不得不将防淤帘全部取出，重新赶制，经抢修后于 7 月 29 日再度下水使用，直至 10 月底予以拆除。

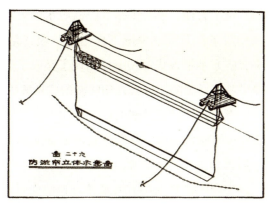

图 5-2　浮式防淤帘立体示意图（图片来源：窦国仁《青山运河的淤积及其防淤措施》，1969 年）

在具体操作中，他们根据模型试验取得的认识，确定了口门布置防淤帘的位置和高度，并制定了防淤帘的管理和运用方式。试验期间，采用的提升及铰锚装置均由人工操纵，为此共配备了 8 人分别负责操纵升降设备、铰锚、帘附近的测深及观读水位等工作。

防淤帘放入水后，可以清晰地看到帘外及帘内的水体有着明显的清浑水的分界线。他们将 1968 年设帘后的淤积数据与 1966 年和 1970 年没有设帘的数据进行对比，发现在极其简易的措施下，仍可减少 60% 左右的淤积量。设防淤帘后，淤积部位也有显著改变，帘外淤积增多，帘内因淤积急剧减少而形成一个跌坎。这些现场试验情况与模型中所见的结果极为相似。

1969 年再次进行现场试验，这次帷帘采用聚氯乙烯绳编织而成，不容易腐烂。试验期间，武汉钢铁公司在运河区取土作业，破坏了地形，未能进行固定断面测量，淤积量因此无法计算。根据青山船厂常年在水上作业的工人反映，这次减淤试验效果比前一年好得多。

防淤帘不但减少了总淤积量，而且使淤积部位发生改变，淤积范围缩短，既节省了疏浚运河所需的挖泥量，又提高了挖泥效率，节约了挖泥费用，同时也减少了因疏浚而碍航的时间，提高了运河的通航期。据估算，仅 1968 年、1969 年两次试验过程，就以 5 万元的投入，节省了 20 余万元的清淤费用。

模型试验和现场试验都证明防淤帘是一种投资少、结构简单、节约材料、施工方便、航行安全并能适应水位大幅度变化的有效防淤措施。这是在物质条件有限的情况下作出的一项"花小钱办大事"的技术创新。后来，南方某挖入式军用港口出现了类似于青山运河的异重流淤积，也同样是借鉴了后者防淤经验，用防淤帘成功解决了问题。

青山运河的泥沙研究以及防淤帘的发明和使用，大大减少了运河的淤积程度和疏浚成本，保障了运河的通航和青山船厂的运营与发展。青山船厂后来作为中国长江航运集团的大型骨干企业，也是中国最大的内河船厂，在全国造船业中占有重要地位。经过数十年的发展，厂区面积达 100 万平方米，工作码头 10 座，年生产能力 16 万综合吨，屡屡取得技术突破，研制出各类先进的运输船只，创下了多项纪录。例如，1981 年建造出口新加坡的"银星"轮，是我国第一艘在英国劳氏船级社注册的船舶；1996 年建造出口德国的 818 箱集装箱船，开创了我国内河船厂承接万吨级出口船的先河；2002 年完工交付的出口比利时 18500 吨双相不锈钢化学品船，属于中国首制船舶。据克拉克松 2006 年数据统计，在全球化学品船建造 50 强的排名中，青山船厂曾经名列世界第七位、中国第一位。青山船厂的船舶一度出口至新加坡、荷兰、比利时、英国、德国等 10 多个国家和地区，在国际船舶市场上建立了有影响力的品牌。

2018 年，因国际市场变化和国内资源整合，青山船厂交付所有在手船舶订单，退出造船业务，主动"弃船上岸，转型改制"。然而，那些从青山船厂开出的航行于全球各地的船只，是一批水利人风雨无阻的测量、昼夜不停的模型试验以及因陋就简的现场摸索实践，促成了它们从船厂驶入长江，驶入蓝色海洋。

对窦国仁而言，青山运河在他的科研生涯中也扮演着重要角色。这是他回国参加工作以来第一次主持服务于生产的物理模型试验研究，从模型相似律的分析，到模型沙的选择；从模型设计制造，到验证试验、正式试验，全程都熟悉了一遍。就全部研究过程来说，也实现了数据观测、模型试验和现场试验的结合。这些对窦国仁虽算不上挑战，但过程中积累了一些操作和认识经验，在之后的工作中发挥了重要作用。其中，对青山运河异重流的认识便是一例。按照当时的一般认识，异重流常发生在黄河这样含沙量大的河流里，长江里不太可能有异重流。青山运河的异重流打破了这一传统认识，正是基于这一经验，窦国仁后来在葛洲坝模型上复演出异重流现象时才不会觉得奇怪，能够坚信试验结果的可靠性。

　　与窦国仁后来从事的大江大河上的巨型水利工程相比，区区 2.7 千米长的青山运河无异于一只小小的麻雀，但窦国仁并没有嫌弃它小，对它进行了认真细致的"解剖"式研究。事实证明，这样"解剖"的工夫没有白费，给他带来了丰厚的回报。

第六章
解决葛洲坝工程难题：首创全沙模型试验

葛洲坝工程是长江上兴建的首个大型水利枢纽，开工于"文化大革命"后期。由于上马仓促，研究不充分，工程遇到问题不得不停工。窦国仁受钱正英之托，临危受命，承担泥沙问题研究，并在周恩来总理亲自指示下开展模型试验攻关。他提出了全沙模型相似理论，首创高难度的全沙模型试验，不仅为葛洲坝枢纽布置、航道设计提供了充分科学依据，更将泥沙试验理论与技术提升到一个新高度。

葛洲坝工程动工兴建

葛洲坝水利枢纽是长江干流上的第一座大型水利枢纽，位于湖北省宜昌市境内，上距长江三峡的出口南津关 2.3 千米，再往上 35 千米即是三峡大坝。在葛洲坝水利枢纽所在的江段，葛洲坝和西坝两个小岛把长江自南向北分隔为大江、二江和三江，枢纽因坝轴线穿过江心小岛葛洲坝而得名。葛洲坝工程是作为三峡工程的附属工程提出的，却早于三峡工程实施，其论证和上马过程也较为仓促。

20 世纪 50 年代中期，国家在进行长江流域规划时，研究了以三峡水利枢纽作为长江规划的主体，通盘解决长江的防洪、发电、航运、南水北调等一系列问题。与此同时，即开始了三峡水利枢纽设计工作。三斗坪最终被确定为三峡工程坝址，该坝址以下至宜昌段河道地形十分复杂，三峡的出口南津关峡谷段河宽 200—500 米，两岸峭壁陡立，岸线曲折，流态险恶，出南津关后，河道向右转 90 度弯后，至葛洲坝附近骤然放宽到 2.2 千米，河底高程自南津关处的 –40 米上升至老虎石处的 35 米，河床呈一个巨大的倒坡状。为了满足航运要求，必须在峡谷出口处的下游加设一座航运梯级。因此，以三斗坪坝址为代表的三峡水利枢纽本身包括两项工程：一是三峡大坝，二是作为航运梯级的葛洲坝工程。葛洲坝工程的主要任务也因此确定：调节三峡电站在日调节时下泄的流量，保证在枯水期下游通航水位相对稳定；渠化三斗坪至宜昌间峡谷航道，保持有良好的水域；利用三斗坪至宜昌的 20 米天然落差发电。①

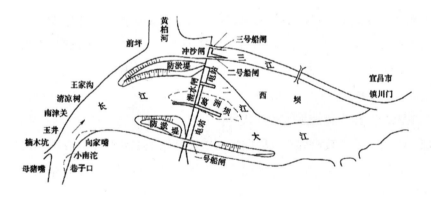

图 6-1　葛洲坝工程坝区河势示意图（《葛洲坝枢纽工程泥沙问题研究成果汇编》，1984 年）

葛洲坝工程作为三峡工程的航运梯级，它是附属于三峡工程的，在开发程序上，自然应该是先建三峡，后建葛洲坝。因此在 1960 年完成三峡水利枢纽第一次初步设计时，葛洲坝工程只做了一个规划性设计。

① 黄宣伟：葛洲坝工程从提出到开工。见：中国人民政治协商会议湖北省委员会文史资料委员会编，《湖北文史资料》。武汉：湖北人民出版社，1993 年第 1 辑，第 73 页。

1969 年，湖北省革命委员会成立不久，省领导就一再建议中央进行三峡工程建设。该年 10 月，武汉军区司令员、湖北省革命委员会主任曾思玉和副主任张体学[①]向在武汉视察的毛泽东汇报三峡问题，毛主席认为战备时期不宜作此设想。于是参加研究的长江流域规划办公室（以下简称"长办"）技术员邱忠恩便向水电部副部长钱正英提议，先兴建葛洲坝水利枢纽，并介绍了设计方案。钱正英和张体学对此很重视，要求抓紧时间进行设计工作。12 月 5 日，水电部军事管制委员会根据国家计委主任余秋里批转的邱忠恩建议兴建葛洲坝水利枢纽的信，正式通知长办，要求 1970 年 4 月底前提出葛洲坝水利枢纽设计要点报告。其后，葛洲坝的上马论证进入了快车道。

1970 年 10 月 30 日，周恩来总理主持国务院会议，讨论葛洲坝问题。武汉军区、湖北省革命委员会向毛主席、党中央和国务院呈送《关于兴建宜昌长江葛洲坝水利枢纽工程的请示报告》（以下简称《请示报告》），报告称"我们在现场进行了水工试验和研究。试验结果：泥沙虽有淤积，但人工完全可以调节、控制，对大坝影响不大，保证不淤塞，不断航。""经过反复勘察、模型试验，认真研究，均认为切实可行"，建议兴建宜昌长江葛洲坝水利枢纽工程。[②] 11 月 1 日，三三〇工程指挥部成立。因毛泽东主席曾在 1958 年 3 月 30 日乘"江峡"轮自重庆东下视察长江三峡，故将"三三〇"作为葛洲坝工程的代号。三三〇指挥部下设一、二、三指挥分部。同月，中央政治局会议原则批准兴建葛洲坝水利枢纽。12 月 16 日，周恩来总理主持会议，听取葛洲坝工程设计汇报，24 日致信毛泽东主席汇报情况，其中写道：

---

① 张体学（1915—1973），原名张体照，河南省光山县（今属新县）人。1932 年加入中国共产党，8 月参加红军。参加了艰苦卓绝的抗日战争和解放战争。中华人民共和国成立后历任湖北省大冶县书记兼大冶军分区政委，湖北省委组织部部长，湖北省人民委员会副主席，湖北省委副书记，湖北省省长、省委常务书记、代理第一书记，武汉军区党委副书记，省军区党委书记兼政委等职。中国共产党第九、十届中央委员，全国第一、二、三届人大代表。

② 刘一是：《葛洲坝工程丛书：工程文献》。北京：中国水利水电出版社，1998 年，第 8 页。

我和国务院业务组，与曾思玉、张体学、林一山①等和水电部负责人经多次研究和讨论，认为在"四五"计划中兴建葛洲坝水利工程是可行的，他们所提出的资料和数据，也是经过十年来的现场地质勘查、水工试验和历史水文记录的积累和分析得来，基本可靠。而在施工过程中，还可精心校正，精心设计，力求避免20年来修水坝的许多错误。②

1970年12月25日，中共中央对《请示报告》草拟出批复送审稿。其中说："中央同意你们关于兴建宜昌长江葛洲坝水利枢纽工程的报告。修建葛洲坝水利枢纽，是有计划、有步骤地实现伟大领袖毛主席'高山出平湖'的伟大理想的实践准备。"责成武汉军区和湖北省革命委员会主持，水电、交通、一机部和长办有关方面组成施工指挥部，"进行现场设计，在今年年内提出设计方案报国家建设委员会审定"。③而此时离年底只有6天时间。

1970年12月26日凌晨，毛泽东在中共中央对《请示报告》的批复件送审稿上批示："赞成修建此坝。现在文件设想是一回事。兴建过程中将要遇到一些现在想不到的困难问题，那又是一回事。那时，要准备修改设计。"一锤定音，标志着葛洲坝工程上马。27日，中共中央发出关于兴建葛洲坝水利枢纽的文件，其内容包括：毛泽东主席"赞成兴建此坝"的批示；周恩来总理为兴建葛洲坝工程写给毛泽东主席和林彪副主席的报告；《中共中央关于兴建宜昌长江葛洲坝水利枢纽工程的批复》；武汉军区、湖北省革命委员会《关于兴建宜昌长江葛洲坝水利枢纽工程的请示报告》及附件《长江葛洲坝水电工程说明》。④30日，举办葛洲坝工程开工典礼，

---

① 林一山（1911—2007），山东文登人。早年参加革命，投身抗日战争和解放战争，中华人民共和国成立后致力于水利事业，先后担任中南军政委员会水利部副部长、党组书记，中南军政委员会财经委员会副主任，长江水利委员会主任、党委书记，长江流域规划办公室主任、党委书记，长江流域规划办公室顾问，水利部顾问，被称为新中国的"红色水利专家"。

② 刘一是：《葛洲坝工程丛书：工程文献》。北京：中国水利水电出版社，1998年，第4页。

③ 刘一是：《葛洲坝工程丛书：工程文献》。北京：中国水利水电出版社，1998年，第7页。

④ 长江葛洲坝工程局志编纂委员会办公室编，长江葛洲坝工程局大事记1969—1991。1993年，第11页，内部资料。

参加的工人、干部、技术人员、解放军指战员、民兵和学生达 6 万余人，现场炮声隆隆。

这样一个截断长江的大工程，从动议到开工只有一年多时间，在科研和设计都不充分的情况下就开始施工了，成为"边勘察、边设计、边施工"的"三边"工程。这也为后面停工又复工的曲折埋下了隐患。

从宜昌到武汉

葛洲坝工程开工时，正值"文化大革命"时期，来自五湖四海的水利人员和施工队伍聚集在葛洲坝工地上，一派热火朝天的景象。在工程施工的同时，工地现场的水工模型试验研究也在继续进行。这座按照 1∶100 制成的正态模型长 120 米、宽 50 米，是当时国内最大的水工模型之一。参加试验的技术人员按照部队编制进行管理，泥沙试验小组属于设计团 – 试验连 – 泥沙班，张瑞瑾担任泥沙班班长，负责技术指导。然而，在当时极"左"氛围下，技术人员并不能完全决定试验内容，经常受到外部因素的干扰。[①] 这座模型在开工前进行了几组葛洲坝枢纽布置方案的对比试验，得出的初步认识作为设计施工的依据，接下来仍需作进一步深入研究。

为支援葛洲坝工程的研究工作，交通部指派窦国仁参加工地现场的试验。窦国仁于 1971 年正月初三抵达宜昌，独自一人扛着行李到工地，成了泥沙班的一员，与模型上的科研人员成了"战友"。安顿好后，窦国仁跟着试验人员乘船到野外实地调查，了解情况。

起初，他们并没有告诉窦国仁模型试验结果与原型是否相符合。一个多月后，窦国仁经再三询问才得知试验用的模型沙是天然沙，没有按比例缩小，由此做的试验必然是不准确的。试验人员明知其弊端，却无法做主，只能听从外行指挥。窦国仁掌握这一情况后，隐约感到一些问题，提

---

① 林炳尧访谈，2020 年 8 月 10 日，杭州。资料存于采集工程数据库。

出不能用天然泥沙做试验，否则无法做到与实际情况相似。没想到第二天工地上就出现了大幅标语："打倒洋奴主义！""打破洋框框！"窦国仁知道，这是冲他来的，内心未免有些忐忑。

设计团的团长梁应辰（时任交通部水运规划设计院主任）[1]看到形势不妙，连忙打电话找到交通部军事管制委员会副主任俞侠，请他打电报到工地，叫窦国仁回交通部汇报工作。俞侠是位老革命，在接到电话后立刻发了电报。窦国仁便收拾好行李，用同事帮忙削的一根扁担挑着，赶上了去北京的列车。当时工地不让他带行李走，交通部的同事帮着出主意说是回去换被子，他才顺利离开。

到了北京，窦国仁向交通部和水电部领导汇报了葛洲坝工程研究存在的问题，并提出自己对泥沙淤积研究的设想。俞侠对他说："本来希望你去那里能在技术上把好关，现在看来不行了，你先回南京吧！"1971 年 4 月初，窦国仁又从北京回到了南京家中。[2]窦国仁这次宜昌之行，虽然没有在技术上发挥多大作用，但对葛洲坝作了现场调查，认识了一批住在芦蓆棚的"战友"。

另一边，随着施工的推进和研究的深入，葛洲坝枢纽布置方案的问题也凸显出来。前述长江中的葛洲坝和西坝将江流分为三股，但每条江道的自然条件各不相同。大江宽 800 米，二江宽 300 米，三江宽 200 米。在自然情况下，大江过流 80%，中水位时二江过水，高水位时三江过水。葛洲坝拦江枢纽兴建后，水位抬升，三股江道过流情况势必随之改变。因此，在工程设计阶段需研究三条江道的功能，统筹考虑枢纽电站、船闸、冲沙泄洪等装置的部署方案。根据前期现场设计和试验研究，最初按照电厂位置的不同，提出两个方案：方案一是在大江和三江布置发电机组；方案二是将三江的发电机组移至二江，三江则新增泄水闸。最终上报国务院讨论

---

① 梁应辰（1928—2016），河北保定人，水道与港口工程专家。1952 年从清华大学毕业后被分配到交通部塘沽新港工程局。1954 年赴苏联敖德萨海运工程学院海港专业学习深造，回国后长期从事水运工程的规划、设计和技术管理工作。1994 年当选中国工程院院士。

② 窦国仁：回忆葛洲坝研究。1986 年 12 月 10 日，未刊稿。资料存于采集工程数据库。

且经批准的是方案一。① 为了保障通航水深，该方案将大江、三江的电站都布置在河床外侧，使船闸尽量靠近河槽。这便是施工所依据的方案。然而，1971 年年初，交通部直接参与设计后，对通航条件提出更高要求，认为在三江布置电站会使船闸前横向流速加大，船只很难做到顺水停船，方案一不可行。

1971 年 4 月，经过进一步研究发现，两个方案都存在问题。方案一难解决通航水流问题，方案二又会造成三江航道淤积问题，各方在方案问题上争论不休。为此，钱正英、张体学等组织人员在北京集中学习讨论了一个月无果，5 月 21 日决定将学习班全部人马立即拉回工地，进一步进行模型试验。经过半个多月的试验研究，一个修改方案提出：将三江的 4 台发电机组移至二江，在三江上增设 1 座小船闸，将 6 孔泄水闸置于两座船闸之间，大江布置变化不大。②

1971 年 6 月 12 日，张体学、张震等一行到北京向周恩来总理汇报葛洲坝工程的这一设计方案。23 日下午，在国务院会议厅，周恩来总理及中央有关部委负责人听取葛洲坝水利枢纽布置修改方案汇报。他指出，"长江是一条大河流，葛洲坝是一个大工程，很复杂，毛主席批示很重要，要准备修改设计，要实践，认识，再实践，再认识。"周恩来总理强调了保护长江航运的重要性："长江不能出乱子。长江水运断了还得了，100 多亿度电，哪个支流上都可以搞，航运要是中断，就得拆坝。两利相权取其重，两害相权取其轻。长江和黄河不同，重点是保护航运。""修个坝，能发电，还要能通航，第一是航运。"③ 他最后指出，原则上同意修改方案，但还需具体化，回到工地再修改设计。

这次会上还讨论了泥沙淤积问题，由于研究材料不多，并没有充分展开。直到这时，人们才发现对葛洲坝的科学认识还是很粗浅的。正如后来

---

① 即大江布置 8 台电站、1 座船闸、30 孔泄洪闸；二江布置 24 孔泄洪闸；三江布置 4 台电站、1 座船闸、6 孔泄洪闸。

② 黄宣伟：《葛洲坝工程从提出到开工，湖北文史资料 1993 年第 1 辑·葛洲坝枢纽工程史料专辑》。武汉：湖北人民出版社，1993 年，第 76 页。

③ 黄宣伟：《葛洲坝工程从提出到开工，湖北文史资料 1993 年第 1 辑·葛洲坝枢纽工程史料专辑》。武汉：湖北人民出版社，1993 年，第 77 页。

有人总结道:"问题的实质是近两年时间的设计工作缺乏对一系列前所未遇的重大技术问题的科学研究。这些重大技术问题不落实,自然对方案选择胸中无数,难于抉择。"[①]泥沙问题关系到通航,汇报结束后,泥沙模型试验也更加受到重视。

1971 年 6 月底,窦国仁突然收到一封电报:"速来宜昌"。他来不及多想,带着不安的心情登上了轮船,溯江而上。等待他的会是什么呢?数月前工地上的大幅标语在他眼前闪过,焦虑的情绪使他几天都没有睡好觉。轮船快靠码头时,听到广播里传来"南科所的窦国仁有车接",他不禁感到疑惑,之前是自己挑着行李去工地,这次怎么会有车接呢?接站的小轿车在码头很显眼,窦国仁走近后,报了姓名,警卫员向他敬了个礼,请他上车。一问方知,是张体学派来的人。到招待所后,窦国仁见到了钱正英和张体学等人,受到了热情的接待,这时他不安的心情才平静下来。[②]

这一次,钱正英让窦国仁担任葛洲坝坝区泥沙模型的技术负责人,并对他说"不要有顾虑,该怎么样就是怎么样。"窦国仁提出,在工程现场附近做试验当然很好,但那里条件太差,有诸多不便,希望到武汉去做。钱正英说:"那就在长办做吧!"为此,武汉特地在九万方为长办征了一块地,供窦国仁做泥沙模型试验之用。

主持汉口悬沙模型试验

九万方在武汉郊外,试验场所是一块方地,试验厅用竹子、芦苇等搭建成芦蓆棚,周边都是农田和菜地,一下雨满地都是泥。工地上没有食堂,到了饭点会有人送饭到芦蓆棚。长办给窦国仁安排住招待所,为了方便他从驻地去试验地,林一山还特地为他向武汉市委申请了一辆自行车,

① 黄宣伟:《葛洲坝工程从提出到开工,湖北文史资料 1993 年第 1 辑·葛洲坝枢纽工程史料专辑》。武汉:湖北人民出版社,1993 年,第 77 页。

② 窦国仁:回忆葛洲坝研究。1986 年 12 月 10 日,未刊稿。资料存于采集工程数据库。

这在当时是难得的优待。然而，窦国仁为节省往返时间，不畏酷暑和蚊虫，经常住在芦蓆棚内。

参加该项模型工作的除南科所外，还有交通部水利规划设计院、第二航务工程设计院、武汉水利电力学院、长江航道局等。在用了一两个月时间进一步收集和分析水文地形资料后，到了1971年9月，葛洲坝悬沙模型开始了设计制模。鉴于葛洲坝坝区河段的复杂河势和试验场地条件的限制，窦国仁决定采用垂直比尺为1：100、水平比尺1：250、变率为2.5的变态模型进行试验。模型的边界上起南津关以上的青石嘴，下至宜昌以下的宝塔河，模拟出全长17千米的河段地形。

为了保证模型的准确性，窦国仁对所有原始资料都要亲自分析研究，不放过任何细节。据参加试验的缪寿田回忆："在制模时，有个年份坝区上游前坪地区的实测地形图出现了星罗棋布的土堆及深坑、高差达10余米的不正常现象，完全不符合边滩的淤积形态。为弄清这一情况，窦国仁立即派我及长委的另一同志前往现场查勘，并去测量单位进行调查研究，得知是一些单位挖沙所致。为此，我们逐一进行了堆挖方平衡计算，恢复了地形原貌。为了使水面线及流速分布与原型相似，窦国仁对河段内各区间、各个断面都要做到相似，直到完全达到要求为止。"[1] 由于窦国仁一丝不苟的精神，大家对待试验也都非常认真。12月中旬，模型建成，进行了清水验证试验。

1972年1—5月，试验小组在模型内加沙进行了浑水试验。试验用沙选定南京石粉厂的滑石粉作为模型沙。验证试验表明，模型在水位、流速、流态、地形淤积等方面与天然情况基本相似。同时，模型的重复性较好，因此可以用来预测枢纽兴建过程中及建成后坝区航道、电站和宜昌港区的水流和淤积变化情况。

值得一提的是，在验证试验阶段，交通部和水利部多次派专家检查试验情况，每次都是由窦国仁汇报试验进展。在一次检查会上，有专家就这座模型的准确性提出质疑，认为模型上不可能复演出三江航道的回流和异

---

[1] 缪寿田：良师益友。见：胡又主编，《高山仰止——纪念窦国仁院士诞辰八十周年》。2012年，第49页，内部资料。

重流，是模型本身有问题。这等于从根本上否定了模型的价值和试验人员的所有前期努力，使会议气氛骤然紧张起来。会上出现两种截然对立的意见，争论非常激烈。最后，窦国仁就变态模型变率与回流、异重流相似的问题作了长篇发言，在近两个小时的发言中，他拿一支粉笔，在手无片纸的情况下，一气呵成推导出相关公式竟达满满的五六块黑板，以扎实的理论基础和严谨的科学分析说服了在场的多数人。①

模型验证试验通过后，从1972年7月开始，进行了正式试验。时值"文化大革命"后期，试验场地经常停电，一旦停电就会造成试验中断，需从头再做。这一问题向钱正英汇报后，她出面找到张体学，专门给模型工地拉了一根电线，才解决了停电问题。

试验时，窦国仁凡事亲力亲为。滑石粉运到现场后，他和试验人员一起搬卸，上百斤一袋的滑石粉，他左右胳膊各夹一袋，健步如飞，满身的灰尘也毫不在乎。② 很多人见到窦国仁之前，想象这位留苏回来的博士一定是文质彬彬的白净书生，当看到他和民工一样赤着脚干活时，不免惊奇地感慨"这个博士了不得"。③

每组试验需要连续放水十五个日夜，窦国仁与值班人员经常通宵达旦地守候在模型上。窦国仁作为项目负责人，肩上的任务更重，每次试验数据出来后，其他人可以短暂休息一段时间，他要在第一时间开展分析研究，部署下一次试验，并向有关部门及时汇报。

悬沙模型是按照当时工程设计方案进行的枢纽布置，④试验小组按照此设计方案做了10组浑水试验，分别研究了工程二期导流和正常运转期间坝区上下游的淤积情况和三江防淤堤的合理长度，并对三江的冲沙效果和减轻大江淤积的途径进行了相应的研究。⑤

① 缪寿田访谈，2018年11月19日，北京。资料存于采集工程数据库。
② 陆长石访谈，2018年12月20日，南京。资料存于采集工程数据库。
③ 谢葆玲访谈，2023年8月19日，武汉。资料存于采集工程数据库。
④ 具体如下：三江设置2座船闸和6孔冲沙闸；二江设置6台发电机组和16孔泄水闸；大江设置7台发电机组、15孔泄水闸、1座船闸和3孔冲沙闸。
⑤ 叶秋森，葛洲坝水利枢纽汉口悬沙模型试验研究。见：唐日常编，《葛洲坝枢纽工程泥沙问题研究成果汇编》。1984年，第232-238页，内部资料。

试验中，枢纽建成正常运转后，坝上水位壅高，水域扩宽，深水加大，流速变缓，改变了原有河床与水流的相互作用。试验表明，江道不同位置新出现的缓流、回流和异重流造成了坝区和大江、三江航道上、下游不同程度的淤积。由于交通部门对引航道的长度和弯曲半径、直线段长度以及航道口门的流速、流态等条件都提出了较严格的要求，所以在试验模型中他们设置了三江防淤堤800米、1300米、1550米和1800米四种不同长度进行了试验，分别观察淤积和水流条件。

当时为了解决三江航道泥沙淤积和水流条件问题，葛洲坝工程研究和设计人员提出汛期利用洪水冲沙防淤，其余时间利用平静水面行船的设想。张瑞瑾教授将其精辟地总结为"静水通航，动水冲沙"，成为解决航道问题的指导原则。那么，冲沙效果究竟如何，窦国仁也在悬沙模型上进行了试验。

由于葛洲坝三江下游引航道的水文条件与青山运河很像，为了分析其淤积原因及规律，窦国仁让缪寿田按青山运河的方法，结合当地水沙条件对天然状态下以及模型中枢纽建成后的三江淤积量及其分布进行分析计算，结果表明，天然和模型的淤积量大致相当，淤积分布惊人相似。之前在青山运河研究上下的工夫，在这里得到了回报。

试验还模拟了大江上设置不同孔数的冲沙闸，不同长度的上下导航墙，电厂和泄水闸位置互换等情况对上下游航道淤积的影响。

通过以上试验研究，窦国仁领导的试验小组将葛洲坝枢纽的研究推向了深入和具体，并对枢纽初步设计方案中水流与泥沙问题有了初步认识。

向周总理汇报试验情况

由于葛洲坝工程违反了基本建设程序，采取边设计、边施工，必然会出现问题。工程开工时，只有一个很不成熟的初步设计要点，来不及技术设计，往往一面出图纸，一面施工，正式图纸来不及就先画草图。前期工作仓促导致总体布置方案不断变化。1972 年 6 月上报方案二江布置 19 孔泄水闸，4 台机组；8 月审查会改为 16 孔泄水闸，6 台机组；10 月又通知恢复原方案。设计修改后，原来挖的地方要填，填的地方要挖，没有设计，施工计划无法做，现场管理混乱。当时流传着"计划不如变化，变化不如电话，电话不如领导一句话"的说法。[①]

在这种形势下，工程施工还急于进行主体工程建设。1971 年截断了二江、三江，接着进行基础开挖。1972 年开始浇筑三江泄水闸底板及二江泄水闸导墙。由于在施工中受到"左"的思想严重干扰，混凝土浇筑不按程序操作，废除质量控制，导致已浇筑的约一万立方米混凝土到处是"蜂窝狗洞"。施工现场工伤事故频发，施工材料和设备短缺，也影响到工程质量。由此造成的结果，正如林一山所说"质量差，进度慢，浪费大"。

更为严重的是，随着"边研究"的深入，还发现了坝址地质问题、坝轴线问题、泥沙问题、通航问题、二江泄水闸消能防冲和导流截流、大型机电设备问题等诸多问题，任何一个问题处理不好都会对工程造成致命的后果。这些情况都随时汇报到中央，工程的前景蒙上了一层厚厚的阴影。

1972 年 11 月初，周恩来总理决定听取葛洲坝问题的汇报，详细了解工程的设计、施工和试验研究情况。在接到通知后，为使总理能直观地看清模型试验中各方案的淤积情况，窦国仁与同事为了赶制试验图纸，连续三天三夜没有合眼。为了驱除困意，他们就你一支我一支不停地抽烟，后来牙齿全都熏黑了，窦国仁就是这样学会了抽烟。

汇报材料快准备好时，窦国仁突然接到通知：武汉军区司令及空军司令已在武汉军用机场等候，立即带上有关资料一起进京汇报。于是窦国仁带了大部分资料先去机场，向司令员们说明情况，请求延后一小时起飞，待同事将其余资料整理完后，长委立即派专车疾驰送去。参加绘图的缪寿田等人这时才感到疲惫至极，他们可以回家睡觉了，而窦国仁还要飞往北京，接下来还要汇报。

周恩来于 1972 年 11 月 8 日、9 日和 21 日连续三次听取了葛洲坝工

---

① 黄宣伟：《葛洲坝工程从提出到开工，湖北文史资料 1993 年第 1 辑·葛洲坝枢纽工程史料专辑》。武汉：湖北人民出版社，1993 年，第 109 页。

程情况的汇报。参加汇报的有中央领导、国家计委、国家建委、水电部、交通部、一机部、农林部、湖北省的负责人和窦国仁等有关专家与技术人员。在 9 日听取汇报时，周恩来指出，施工队伍的整顿比较好办，主要问题是设计，要把方案搞出来。他说："我第一担心的是通航，第二是泄洪。现在不能头疼医头，脚疼医脚了。如果说不行了，我们马上停下来。长江如果出了问题，这是国际影响问题。建国二十九年了，在长江修一个坝，不成功，垮了，要载入党史的问题。……我对这个问题是战战兢兢，如临深渊，如履薄冰。"[①] 通航是周总理最为关心的问题，他对林一山说："林一山同志，我给你一个任务，如果船闸不通航或减少航运效益，葛洲坝工程要停下来。一条长江抵多少条铁路呵，一条铁路也不许中断，何况长江！"[②] 他指定由林一山主持，钱正英、张体学等人参加，讨论修改葛洲坝水利枢纽设计方案的问题，并说："给你们三天时间讨论，三天不够，五天。"[③]

会后，林一山主持了连续五天的讨论，并形成了《关于修改葛洲坝工程设计问题的报告》，报告内容节选如下：

> 到会同志一致认为，总理关于认真审查修改葛洲坝工程设计的指示是正确的，很及时，很重要，抓住了葛洲坝工程当前建设的要害。……由于我们对毛主席的批示学习不够，领会不深，没有作出初步设计、技术设计，而根据一个规划性设计文件就开工，造成了边施工、边设计、边勘测试验的被动局面，给设计和施工都带来了很多困难，在设计、施工领导中也存在很多问题。
>
> 中央负责同志担心葛洲坝工程重犯三门峡的错误，特别是担心航道淤塞，不能通航，给我们敲起了警钟。
>
> 经过几天的反复研究，总的看法是一致的，从一般规律讲，都认

---

① 黄宣伟:《葛洲坝工程从提出到开工，湖北文史资料 1993 年第 1 辑·葛洲坝枢纽工程史料专辑》。武汉：湖北人民出版社，1993 年，第 79—81 页。

② 林一山:《河流辩证法与葛洲坝工程》。武汉：湖北科学技术出版社，1984 年，第 93 页。

③ 同①。

为在葛洲坝建坝是可行的，采取一定的工程措施，做到防止航道淤塞，保证通航是可能的。

工地正在进行的设计方案，是两年来边暴露矛盾、边解决矛盾，不断修改发展出来的。总的看来是可行的。但许多技术问题，特别是航道防淤问题，比较复杂，我们缺乏经验，还可能出现想不到的困难。拟将现行方案深入作下去，取得科学试验数据，进一步暴露矛盾、解决矛盾，不断修改完善。大江的设计，如大江截流和船闸通航等的勘测、科学试验工作，要做到与二江、三江设计同样的深度，要弄清大江、二江、三江枢纽布置的相互关系，并解决好黄柏河的干扰。

初步设计着重解决合理的枢纽布置、主要建筑物型式、施工方案、工期、造价，以及重大技术问题的合理解决，特别是不断航、不碍航的措施。为此，对一些关键问题，如泥沙淤积、消能防冲、大江截流……的规律与处理措施等，要分专题进行试验研究。

要严格按照基本建设程序办事。初步设计和技术设计一定要十分抓紧，做到确实可靠，力争早日完成。初步设计进行期间，主体工程暂停施工。不影响主体工程的各项准备工作抓紧进行。[①]

从报告可以看出，三门峡泥沙淤积问题的前车之鉴，是中央领导最关心的，这时开始考虑葛洲坝整体的河势规划，提出要对各项问题开展专题试验研究，抓紧修改初步设计。这份报告随即上报给周恩来总理和国务院。

1972 年 11 月 21 日，周恩来总理及国务院其他领导人继续听取葛洲坝工程情况汇报，这也是周总理最后一次听取汇报。会议一开始，周总理就说："二十年来我关心两件事，一个上天，一个水利，这是关系人民生命的大事，我是外行，也要抓。水利抓了二十年，而我国水利至少有三千年的经验。都江堰算个科学，有水平，有创造，这是两千多年前的事。现在我

---

① 刘一是：《葛洲坝工程丛书：工程文献》。北京：中国水利水电出版社，1998 年，第 53 页。

们水平应该更高。"① 会上，林一山汇报了一系列重大技术问题的解决措施和科研协作问题，各方进行了讨论。会议决定，成立葛洲坝工程技术委员会，由林一山、钱正英、张体学、王英先、马耀骥、沈鸿、谢北一、袁宝华、廉荣禄9名负责人组成，林一山任主任，主持委员会工作，对国务院全权负责。同时还决定：成立葛洲坝工程委员会，对葛洲坝的施工及质量负责；成立三三〇工程局，负责日常施工；修改初步设计，设计工作由长江流域规划办公室负责；葛洲坝主体工程暂停施工，施工队伍进行调整，民兵退场。

窦国仁全程参与了这三次汇报会议。再次见到周总理，窦国仁内心感慨万千，当年正是周总理亲自为留苏学生设宴饯行，现在自己正参与国家最大的水利工程研究，向总理汇报情况。只见总理比以往明显憔悴和消瘦了许多，后来他才知道，此时总理已确诊患有膀胱癌，所以每次开会到深夜，都有护士为他送药，并提醒他休息。总理最为关心的通航问题，正是窦国仁研究的内容。在这次汇报中，窦国仁将他们连夜赶制出的图纸摊开，汇报了当时进行的悬沙模型试验情况。总理问："建坝后底沙的淤积情况怎么样？"窦国仁回答："试验中还没包括底沙，进行悬沙和底沙的综合试验还存在着技术难关，这种试验国内没做过，国际上也没有这种经验可供参考。"总理说："那就不科学了"，沉思了一会儿后又说："实际上泥沙淤积情况也还不明了。"② 总理提出，要把底沙也考虑进来，进行综合性试验。

首创全沙模型试验

从北京回来后，窦国仁一直在思考，怎样解决周总理提出的问题。现实中，天然河道中泥沙的颗粒分布很广，小的可以达到0.005毫米以下，

---

① 中国科学院三峡工程科研领导小组办公室：《长江三峡工程争鸣集总论》。成都：成都科技大学出版社，1987年，第38页。

② 窦国仁：在向科学进军谈话会上的发言，1977年，未刊稿。资料存于采集工程数据库。

即一根头发丝的十分之一，大的又可超过 10 厘米，如鹅蛋或苹果大小。这些泥沙在水中的运动形式也很不相同，有的是悬浮在水中移动，有的是紧贴河底滚动或跳动，在某些情况下还会有异重流形成。在河道中，各种粒径泥沙的冲淤是一个统一的整体，彼此相互影响、相互制约。如果在模型中单独试验某一部分颗粒的泥沙，只复演某一种运动形式，就不可能准确反映实际情况。即便在模型上分别试验悬沙、底沙和卵石，那么所得到的试验结果也很难综合分析和使用。要想更好地解决工程实际问题，确实需要在一个模型上同时复演各种粒径泥沙的运动。

然而，由于泥沙运动规律极为复杂，这种综合试验在国内国际上均没有人做过，不仅在实践上无经验可循，理论上能否实现也没有依据。钱正英知道这项研究的难处，她鼓励窦国仁："大胆搞，成功了，是个突破；失败了，也莫怕，再来，一定让总理放心。"[1] 窦国仁想，既然天然河道中多种泥沙综合运动的事实是客观存在的，那么模型上一定可以复演出来，他决心迎难而上，攻克这个难题。

窦国仁首先研究了全沙模型中各要素与原型相似的规律。他从水流和泥沙运动的基本规律出发，通过一系列力学分析和公式推导，提出了模型中满足水流条件相似公式、底沙运动相似公式、悬沙运动相似公式和异重流相似公式。试验中单个要素的相似还不够，悬沙与底沙，包括异重流和卵石在内，能否在同一个模型上复演，关键在于各粒径泥沙的冲淤时间比尺能否一致。即在试验的某一时间点，不同粒径泥沙是冲还是淤，要与原型相同。那么，要满足哪些要素，才能使得模型中底沙、悬沙、异重流和卵石运动的时间比尺相同呢？窦国仁通过进一步推导分析后提出：

在正态模型或变率较小的模型中，只要水流能够同时满足重力相似和阻力相似，底沙和悬沙均能满足起动相似、沉降相似和输沙率相似，各种粒径的泥沙均用同一种模型沙模拟，且保持模型浑水和原型浑水的容重相同，则底沙和悬沙和异重流的冲淤时间比尺就相同或接

① 窦希萍：一片冰心在玉壶，2018 年，未刊稿。资料存于采集工程数据库。

近，从而可以在一个模型中全面复演各种泥沙的运动及其冲淤变化。[1]

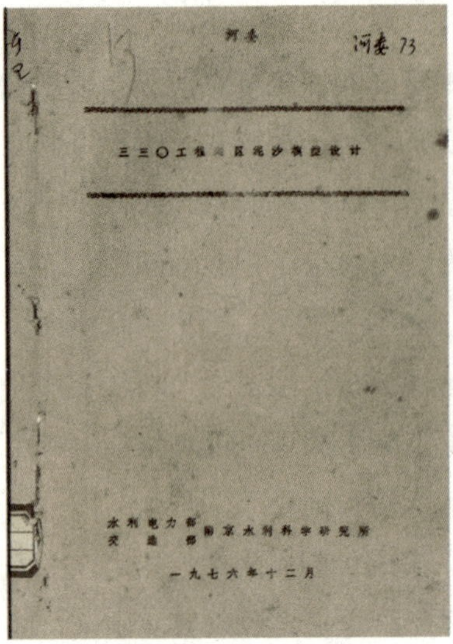

图6-2　1976年窦国仁作的《三三〇工程坝区泥沙模型设计》报告（南科院档案室提供）

这就是全沙模型相似律。窦国仁揭开了全沙模型试验的基本规律，为开展试验提供了理论依据。但是，要把这个规律落实到具体的模型设计上，还有很多问题需要解决。例如，模型沙的选择，模型比尺、水流要素比尺和泥沙比尺的确定等。其中模型沙的选择尤为关键，要用一种模型沙同时模拟悬沙、底沙和卵石，以便满足多个相似条件，非精心比选不可，事关试验成败。

通过对原型河段泥沙属性的分析和对数种模型沙进行比较试验后，窦国仁决定选用工业上的再生电木粉作为模型沙。电木粉是一种常见的合成化工材料，用于制造电子电器和日用工业品及汽车部件等。再生电木粉是利用工业生产的尾料加工而成，其中值粒径为 0.14 毫米，级配分布广，粗的可达 10 毫米以上，细的可以做到 0.01 毫米，起动流速小，糙率系数低，可以用来模拟包括悬沙、底沙、卵石在内的全部泥沙。电木粉易获取、易加工、硬度大、性能稳定、水力特性指标良好，还可以重复使用，价格低廉，是十分理想的试验材料。

选定了电木粉作为模型沙后，窦国仁根据导出的水流、泥沙各相似判据，决定采用平面比尺为 1：200、垂直比尺为 1：100、变率为 2 的变态模型，并导出了水流要素比尺和悬沙、底沙、卵石的沉速比尺、起动流速比尺、粒径比尺和加沙量比尺，以及最重要的冲淤时间比尺。最终确定模型时间比尺为 1：96，即模型上一昼夜相当于原型 96 天，模型上 15 分钟相当于原型 1 天。

---

① 河委 73，窦国仁，三三〇工程坝区泥沙模型设计，1976 年 12 月。存于南京水利科学研究院档案室。

在理论上解决了全沙模型试验的所有难题之后，接下来就要到模型上去验证试验的可行性和准确性。为此，来自水电和交通系统六个科研、设计、施工单位的工人和技术人员组成的葛洲坝工程全沙模型试验小组（以下简称"试验小组"）①在窦国仁的带领下，开始了泥沙模型研究工作。1973 年 11 月，南科所在虎踞关基地开始了泥沙模型的建造，到年底完成制模工作。模型模拟的河段上起南津关以上约 7 千米的平善坝附近，下至宜昌市大公桥附近，全长约 16 千米，模型全长约 80 米。

在试验过程中始终保持要求的悬沙级配是全沙模型试验的技术关键。为此，模型配置了悬沙循环系统和两座清水库，用以调节含沙量。底沙在模型进口处加入。通过模型的底沙，使其沉降在尾门后边的沉沙池中，以免参加循环。底沙和卵石均按要求的级配和数量均匀加入。悬沙在回水槽中加入，并根据模型中实际含沙量情况加沙或加清水。由于循环过程中悬沙中较粗颗粒部分落淤较多，需要经常补充。悬沙含沙量用比重瓶称重法并辅以光电测沙仪控制。每 15 分钟测量进口、出口含沙量一次。悬沙的级配用光电颗粒分析法，在试验过程中经常测验，以保证悬沙级配符合要求。②试验中的水、沙投放与循环系统的设计，以及含沙量和泥沙级配的测量技术均属巧妙的、创造性的发明，是在反复摸索和尝试中形成的，凝聚着全体试验人员的智慧，保证了试验的准确性。

1974 年 3 月，开始进行验证试验，试验小组根据 1971 年长江宜昌河段水、沙和地形资料，对模型进行了严格验证。其间，他们斗志高昂，突破重重试验技术困难，"战严寒斗酷暑，星期天不休息，五一、十一不放假，日夜连续奋战。"③到 11 月，一共进行了 29 组预备试验和 2 组正式试验，完成了全部验证试验工作，并修改和完善了模型设计，建立了操作规程。④

验证结果表明，模型可以全面复演水流、悬沙、异重流、底沙和卵石

---

① 参加人员来自南京水利科学研究所、长江流域规划办公室、三三〇工程局、交通部水运规划设计院、交通部天津水运工程科学研究所、交通部第二航务工程局设计研究院。

② 河委 74，窦国仁，三三〇工程坝区泥沙模型验证试验，1974 年 12 月。存于南京水利科学研究院档案室。

③ 窦国仁：在向科学进军谈话会上的发言，1977 年，未刊稿。资料存于采集工程数据库。

④ 同②。

的运动情况。沿江两水位、流速沿河宽分布、回流的范围和泡漩的高度等都与原型基本相同。含沙量的分布、底沙和卵石输移部位和输移量与原型基本一致。模型中各淤积部位、淤积数量和淤沙粒径均与原型相似。淤积地形的定量测量，模型与原型误差在 10% 以内。出现异重流的部位和异重流淤积的分布规律也与原型一致。每一项指标，模型与原型都高度相似。全沙模型试验成功了！这不仅意味着解决葛洲坝工程泥沙问题有了新的准确可靠的试验手段，也标志着中国的泥沙试验研究技术走在了世界的最前沿。

全沙模型试验解难题

葛洲坝主体工程停止施工后，工地上仍有 3.5 万名干部和施工队伍原地等待复工，这给试验研究和修改初步设计都带来巨大压力，要求他们尽快完成。多家科研单位经过近两年的努力，除交通部外多数认定泥沙问题可以解决，并调整了工程整体布置方案，经中央同意后，葛洲坝主体工程于 1974 年 10 月恢复了施工。

实际上，关于工程通航和泥沙等一系列重大技术问题的具体方案，此时仍需要进一步研究，"三边"模式并没有改变。作为技术决策组织的葛洲坝工程技术委员会，需要及时对许多重大技术问题作出决策，以不误工程施工，而每一项决策又需要可靠的试验研究结果来支撑。此时南科所的全沙模型试验刚完成验证试验，准确性得到了验证，随后就迅速投入各种难题和技术方案的试验研究中来。

葛洲坝的问题究竟难在哪里呢？首先是其复杂的坝区地形和水沙条件。南津关到宜昌段复杂的河势地形前文已经介绍，长江的水沙条件也让问题更加复杂。长江不仅水量大，沙量也多，当时测算的多年平均输沙量达 5.2 亿吨，其中大于 0.1 毫米的泥沙达 7000 万吨，且有近百万吨大于 10 毫米的卵石。在这样多水多沙的大江上而且是在紧靠南津关出口的复杂河

图 6-3 20 世纪 70 年代葛洲坝的模型试验（胡又提供）

段内修建径流式电站，使得通航和泥沙淤积的矛盾非常突出。预计工程建成后，上游水位会抬高 12—26 米，泥沙必将大量落淤，如果处理不当，随时都有可能堵塞航道，破坏发电，甚至影响泄洪。其次与工程本身的要求有关。众所周知，长江被称为中国的"黄金水道"，是我国东西交通运输的大动脉，兴建葛洲坝工程，要求满足万吨级船队顺利航行，且要有两条航线。由于航道上必须保持水流平稳，只能把航道布置在远离主要泄水建筑物的区域，在无调节水沙能力的径流电站条件下往往会引起严重的淤积。也就是说，既要通航水流平稳，又要不能淤积严重，这是一件难以兼顾的事，所以解决航道泥沙问题十分困难。再次是施工程序方面也增加了解决泥沙问题的复杂性。由于长江水量很大，一期工程中需要布置大量泄水建筑物进行泄洪。按照设计方案，二江布置大量泄水闸和少量机组，大江主要布置发电机组，泄水设施空间被挤压，给解决电站泥沙问题增加了困难。

1974—1978 年，窦国仁领导的试验小组按照葛洲坝工程技术委员会第六次会议上通过的工程设计方案，[①]在模型上进行了清水、浑水试验各 100 余次，放水共约 400 水文年，积累了大量资料。先后提出试验研究报告 15 篇，对各种有关泥沙问题进行了探讨，并对各种工程布置方案进行了检验

① 葛洲坝主体工程恢复施工后，又经过数月的研究讨论，确定了初步修改设计方案：三江布置 1 大 1 小船闸、6 孔冲沙闸；二江 7 台机组和 28 孔泄水闸，葛洲坝全部挖除；大江 10 台机组、5 孔泄水闸、1 个大船闸和 6 孔冲沙闸。此后模型试验的布局基本是按照这一设计进行的。

和提出修改方案。[①] 通过全沙模型试验，主要解决了坝区河势问题、南津关河段整治问题、三江和大江通航问题，以及电站泥沙问题。

坝区河势研究。葛洲坝工程坝区河势的规划，是关于泄洪、通航、冲沙、发电等建筑物的位置和水流、泥沙、消能防冲、大江截流等问题的整体布局，本应在施工之前就研究和确定，但为了赶进度，在"三边"方针的影响下，起初对这方面考虑得较少。葛洲坝主体工程停工后，在1973年3月29日至4月9日召开的葛洲坝工程技术委员会第三次会议上，第一次提出了河势规划的任务，明确了需要研究的相关问题，并决定成立河势规划小组，抓紧进行工作。[②] 此后，葛洲坝河势规划问题就成为研究和讨论的重点。

1975年7月，葛洲坝工程技术委员会第七次会议上提出，"河势研究要考虑枢纽的整体性，加强模型试验，研究改进建筑物和运用方式，作出有利于通航、排沙、泄洪和发电的河势规划"。[③] 8月，在宜昌召开的葛洲坝工程泥沙科研会议对河势研究工作进行了协调安排，决定对于枢纽建成后的河床演变规律，一方面由南京的全沙模型立即进行长系列泥沙模型试验，另一方面对国内类似枢纽的坝区河床淤积形态进行调查研究。

1976年3月19日，葛洲坝工程技术委员会第八次会议对河势规划进行了专题研究，提出"必须考虑工程的整体性，对大江、三江航道，工程各个部位以及上下游河段的水流泥沙条件进行妥善的安排"，要求年底提出河势规划初步报告。[④] 3月26日在汉口召开的葛洲坝工程泥沙科研会议再次强调"河势规划是葛洲坝工程的重大技术问题，如考虑不周，将严重影响工程的正常运用。河势规划不仅关系到大江的初步设计，也影响二

---

① 葛洲坝模型试验期间，芦席棚经历了一次火灾。当时葛洲坝厅隔壁的试验厅先着了火，大风把火星吹到了葛洲坝厅的芦席棚上，整个棚顶就烧了起来。窦国仁当时正带着团队在做试验，芦席棚着火后，大家先抢救试验资料，后一起参与灭火，棚顶全烧没了，所幸无人员伤亡，但试验因此中断，不得不重新开始。

② 长江葛洲坝工程局志编纂委员会办公室：《长江葛洲坝工程局大事记1969—1991》。1993年，内部资料。

③ 刘一是：《葛洲坝工程丛书：工程文献》。北京：中国水利水电出版社，1998年，第81页。

④ 刘一是：《葛洲坝工程丛书：工程文献》。北京：中国水利水电出版社，1998年，第84页。

江、三江工程以及南津关整治工程的设计和施工，必须继续抓紧研究"。[1]会上各单位交流了试验初步成果，并进一步安排了试验研究工作，要求南科所进行单、双槽河势试验，为进一步研究河势规划提供依据。

1975—1976年，试验小组根据葛洲坝工程技术委员会和泥沙科研会议的要求，对葛洲坝坝区泥沙淤积和河势规划方案进行了针对性研究。为了预报葛洲坝工程坝区淤积平衡后的河床形态和淤积平衡时间，他们在模型上进行了长系列试验，试验时间相当于原型14年。通过试验发现，以悬沙为主的淤积区和以底沙为主的淤积区，达到平衡的时间是不同的。南津关以下以悬沙淤积为主，约在4年达到平衡；南津关以上主要是推移质淤积区，12年后达到平衡。淤积平衡后，左右岸都会有庞大的边滩形成，但淤积泥沙的粒径是不一样的。左岸淤积的是细沙，右岸淤积的是粗沙和卵石，泥沙粒径从左至右逐渐增大。这说明底沙出南津关以后，主要沿右侧凸岸向下游运动，通过大江泄水闸和大江航道下行。底沙的运动规律在全沙模型试验中首次得到了清晰的揭示。

为了解决通航水流和泥沙淤积问题，以及防止大洪水冲刷导致河床变动不定，就有必要控制河势，稳定主槽，规划成一定形式的河型。当时葛洲坝工程技术委员会提出了单槽方案和双槽方案两种河型布局方案。单槽方案是将河道两岸的淤积边滩固定下来，使江水主要走中路。双槽方案是在江心设置分流鱼嘴，将河道规划

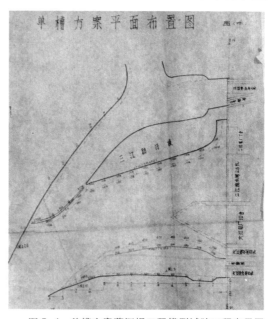

图6-4　单槽方案葛洲坝工程模型试验工程布局图
（《三三〇工程坝区河势试验阶段报告》，1976年）

---

① 三三〇工程河势泥沙科研计划座谈会纪要。见：唐日常编，《葛洲坝枢纽工程泥沙问题研究成果汇编》。1984年，第23页，内部资料。

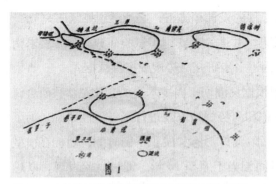

图 6-5 南津关河段水流形势图（《葛洲坝枢纽工程泥沙问题研究成果汇编》，1984 年）

成分汊河型，江流分两股，一股走大江，一股走二江。试验小组在模型中模拟研究了两种方案的影响和优缺点。1977 年 3 月，葛洲坝工程技术委员会第九次会议根据试验成果，最终决定采用单槽方案。

南津关航道整治研究。南津关河段是长江三峡的出口，左岸自上而下经过母猪咀、楠木坑、玉井、南津关、清凉树，右岸有米罗子、巷子口、小南沱和向家咀。两岸山高岭峻，岸线凹凸不平，地形变化剧烈，单是从这些地名上就可以看出。该河段水流紊乱，回流、环流、泡漩、剪刀水、拐子水并存，流态极为复杂。由于大江和三江航道口门紧靠南津关出口的左右岸，下行船队通过这一河段后即进入较窄的航道口门，因此南津关的复杂流态给航行造成很大困难。需要采取措施改善南津关河段的流态，以满足安全航行的要求。

自 1973 年起，长办和西南所就分别在水工模型上对南津关河段的整治问题进行了一系列试验研究，提出了左岸整治方案，但对于如何消灭泡漩以及全面改善南津关河段的流态问题却未能很好地解决。为了研究解决右岸整治问题以及验证左岸整治线的效果，1976 年 3 月在汉口召开的河势泥沙会议要求南科所的全沙模型也对南津关河段整治问题进行研究。

窦国仁接到任务后，带领试验小组于 1976—1977 年上半年着重研究右岸整治以解决小南沱的泡漩问题；1977 年下半年在右岸选定方案基础上研究左岸的改进方案；1978 年在选定的左右岸整治线条件下研究向家咀的整治和减弱大江口门的泡漩问题。由于水流流态问题是两岸崎岖凹凸的地形造成的，因此，"解决问题的途径是切削两岸凸嘴，平顺岸线，消除凹塘，以便调整水流方向，削弱冲岸底流，减弱泡漩强度，借以达到改善流态的目的"。^①试验的主要内容便是比较验证两岸整治工程不同的岸线设计、开挖宽度、开挖高程对水流的影响，找到既能改善水流，又经济合理的方案。

在固定整治线上下顶端后，试验小组对于右岸巷子口段，拟定了 4 条平滑整治线、3 种高程平台的 7 组岸线方案进行了试验比较，发现按巷 II 线整治到 45 米高程时，改善水流效果最好，且经济效益良好。左岸则试验了 7 条整治线和 3 种高程，包括兄弟科研机构已经试验过的长办线、工程局线和西南所线。通过试验比较，确定了新设计的左 III 线工程量最小，效果最好。

试验还表明，在选定左右岸整治线的条件下，当坝区淤积平衡后，右岸向家咀和大江口门边滩之间会形成新沱，使泡漩显著增强，影响航行。适当开挖向家咀，使地形平顺，可以削减大江口门的泡漩。为此，试验小组在全沙模型上试验了开挖高程为 50 米的三种不同整治线，观察对泡漩的影响。试验中还发现，由于凸岸含沙量大，水流缓慢，开挖部分会很快回淤，影响工程效果。为了解决这个问题，他们在开挖平台上铺设冲沙管道，用恒定水头的高压水从孔口喷射，起到了良好的防回淤效果。后来试验小组还为此作了专门试验研究，探求经济合理的水头、管嘴形式、流量及冲沙方式的组合方法。^②

几年里，通过大量组次的模型试验，试验小组加深了对南津关河段复杂流态及成因的认识，明确了各种整治措施的效果，提出了经济有效的具体方案，为葛洲坝工程中南津关整治的设计施工及时提供了试验数据。

三江和大江航道通航研究。三江上游航道长 2.2 千米，下游长 3.9 千米。在坝区河势确定采用"单槽"规划方案后，江水主要走二江，由于三江上航道远离主流，在回流和缓流作用下迅速淤积。对此问题的解决办法是在船闸右侧修建防淤堤，将含沙水流隔在堤外，减小回流和缓流区。在

---

① 窦国仁，柴挺生，张仲南：长江葛洲坝工程泥沙问题的试验研究。《泥沙研究》，1981 年第 2 期，第 1—15 页。

② 柴挺生，祁茂文：管流冲沙减淤试验报告。1980 年，未刊稿。存于南京水利科学研究院档案室。

汉口的悬沙模型上，窦国仁对防淤堤的长度及其效果做过对比试验，发现堤越长，减淤效果越好，但航道水流条件越差，反之则防淤效果差但水流条件较好。在全沙模型上，再次对此问题进行了研究，并增加了防淤堤形状的比较。试验表明，防淤堤头越尖，口门横向流速越小；堤头开孔越多，横向流速也越小。对各种堤头形状和各种开孔方式进行了很多组次的试验，因考虑设计、施工和管理的方便，决定采用鱼嘴型堤头，不开孔。在这种堤头形式下，试验小组先后对四种不同长度的防淤堤进行了试验，最终决定选用防淤堤长 1750 米。

对于三江航道上游口门的宽度，试验小组也在模型上进行了三组比较试验，并结合施工要素，确定了防淤堤头处的口门宽度。对三江航道上游的河底高程也进行了试验，将航道底高程定为 52 米。鉴于三江航道口门会有回流淤积成拦门坎，航道内有异重流潜入，模型中还对三江下游航道的三种走向、不同宽度和多种口门进行了试验，研究了口门流态和冲淤规律。为了明确"动水冲沙"的效果，还做了一系列放水冲沙试验，研究了冲沙持续时间、冲沙流量和冲沙时机等问题。[1]

大江航道处于弯道的凸岸，泥沙问题更为严重，口门外边滩泥沙粒径较三江更粗，淤积更快，同样是采用防淤堤防淤。试验小组在模型上试验了 6 种长度的防淤堤，结果表明堤长与水流、泥沙的关系与三江相同，因此大江防淤堤的长度应适宜，尤其不能过长，因为过长将会增加三江的横向、纵向流速。试验还表明，大江防淤堤头的位置很关键，每向左移 1 米相当于堤长增加 5 米的减淤效果，且对船舶进入航道有利。根据地形和水流条件，试验小组决定将防淤堤头左移 76.6 米，堤长为 1000 米，这样就取得了比在原来位置上堤长 1350 米的方案还好的效果。试验小组还对大江下游导航墙的长度以及大江机组的布置进行了试验研究。

电站泥沙问题研究。葛洲坝是径流电站，运行后将有大量泥沙淤积在电厂前影响进水，泥沙通过机组磨损叶片，也将影响发电能力。如何既保障电站进水处不淤积，又避免粗沙过机，需要在摸清水沙运动规律后精心

---

[1] 河 780，窦国仁，三三〇工程坝区泥沙模型三江航道试验小结报告，1978 年 3 月。存于南京水利科学研究院档案室。

设计。试验小组进行了多组试验，详细测取了机组、底孔、泄水闸所通过的含沙量和泥沙粒径。试验表明，大江防淤堤的外形和宽度对电站前淤积情形和机组及底孔进沙粒径都有一定的影响。防淤堤过宽或过窄都不好，过宽则厂前流速增大，流态混乱，导致粗沙过机；过窄则电站前淤积严重，呈漏斗形进水，粗细沙混杂进入电站，底孔不起排泄沙作用。中等宽度防淤堤呈流线型时，水流平顺进入电站，既减少回流淤积，又能保持正常泥沙分布，有利于底孔排沙。

二江电站处于凹岸，过机的沙量和粒径都相对较小。试验小组在模型中对二江电厂前的防淤堤形状和导沙坎形式均进行了试验。结果表明，如果二江电厂前防淤堤边线为直线，则厂前淤积较多，形成漏斗，水流加快，容易导致粗沙过机；如果将堤线设计为凸曲线，则可使表流清水进入机组，底流浑水走泄水闸排出，所谓"侧向进水，正向排沙"，水沙分流，巧妙解决电站泥沙问题。如果电厂前的防淤堤线过于凸出，则电站前将成为一个窄胡同，进电站的水流较急，厂前基本不淤，粗沙也进入机组。通过多方比较试验后，试验小组决定二江电站前的防淤堤采用适中的凸曲线形式。关于导沙坎的形式和高程，也在模型上进行了多组试验。

在整个研究过程中，试验小组根据葛洲坝工程技术委员会的指示和要求进行试验，试验结果又为技术委员会的决策提供了科学支持。在同步开展比较试验的模型中，南京全沙模型表现出显著的优势。例如，南京全沙模型与汉口悬沙模型在试验条件基本相同，枢纽布置差别不大的情况下，进行了对比试验。结果发现，从坝区边滩和航道的淤积形态及冲沙效果来看，在以悬沙淤积为主的部位，两模型的成果试验基本一致；而在以底沙淤积为主的部位，两模型差别较大。[1]造成这种结果的原因是多方面的，但最重要的一条是南京是全沙模型，能够揭示出底沙的运动情形。因此它所反映的水沙形态更接近于实际，以此为基础提出的具体技术方案，绝大部分被技术委员会采纳。

---

① 叶树森，葛洲坝水利枢纽汉口悬沙模型试验研究。见：唐日常编，《葛洲坝枢纽工程泥沙问题研究成果汇编》。1984年，第232页，内部资料。

荣获国家科技进步奖特等奖

图 6-6　1985 年窦国仁获得的国家科技进步奖特等奖证书

图 6-7　1991 年窦国仁等人的研究报告《葛洲坝枢纽通航水流和泥沙问题的试验研究》（南科院档案室提供）

葛洲坝工程坝区全沙试验在 1981 年之前基本完成。因为对河势、通航、发电、冲沙等水沙冲淤规律有了清楚的认识，相应的设计和施工都进展得比较顺利。1985 年 4 月，二江、三江工程通过国家竣工验收，验收鉴定肯定了二江、三江工程设计是合理的，工程质量达到了设计要求，工程建设是成功的。①同年，窦国仁因"葛洲坝二江、三江工程及其水电机组"项目获国家科技进步奖特等奖。南京水利科学研究院作为主要完成单位之一荣获该奖，其所承担的航道泥沙淤积问题的研究列为关键技术突破的第一项。

1991 年 11 月，葛洲坝大江工程通过国家竣工验收，验收鉴定意见认为"工程设计合理，施工质量优良，主要机电设备制造质量优良，工程实际运行正常，发电工程完全达到设计效益指标，

---

① 长江葛洲坝工程局志编纂委员会办公室：《长江葛洲坝工程局大事记 1969—1991》。1993 年，第 2 页，内部资料。

航运工程也达到设计要求"。[1] 这一年，也是葛洲坝枢纽船闸通航十周年，长办举行了一次纪念学术研讨会。窦国仁撰文系统总结回顾了工程通航水流和泥沙问题的全沙模型试验研究。

葛洲坝工程的成功建成与运行，是多家研究机构共同参与、密切协作的结果，汇聚了全国水利专家的智慧与心血。为了获得可靠的认识成果，确保万无一失，当时有多家单位同时进行模型试验，以供相互对比验证。

在参加完成葛洲坝工程的研究后，窦国仁在国内水利界的声誉也更高。尽管他在此前已经参与了一系列水利工程的泥沙研究，但葛洲坝无疑是他回国以来最重要的一项工作。然而，与三峡工程相比较，葛洲坝工程只是他在长江水电建设史上的一个序曲。

---

[1] 长江葛洲坝工程局志编纂委员会办公室：《长江葛洲坝工程局大事记1969—1991》。1993年，第2页，内部资料。

第七章
奋进在科学的春天：创建紊流随机理论

随着"文化大革命"的结束和"拨乱反正"的深入，科学的春天到来了，科学家们在尊重知识、尊重人才的环境下，也迎来了事业的春天。窦国仁作为科学家代表参加了 1978 年全国科学大会，从一名工程师快速跃升为南科所副所长。在学术上，他进入了创造力的爆发期，综众家之长而独树一帜，创建了紊流随机理论，在水流泥沙研究领域开宗立派，自成体系。此间，他作为第二届河流泥沙国际学术讨论会组委会的秘书长，成功组织筹办了这次国际盛会，促成中国泥沙研究在国际舞台上又一次精彩亮相。

科学的春天

"文化大革命"期间，窦国仁对花样繁多的政治运动和山头林立的派系斗争不感兴趣，属于"逍遥派"，但在一些人眼里，只做科研不问政治也要划入另类。窦国仁在 1974 年前后有一段时间感到政治上受压抑，还曾一度想过离开南科所，去交通部新成立的天津水运工程科学研究所工作。

"文化大革命"结束后，科学家科研工作的环境日益宽松。进入 1977

年，接连的好消息像一股股暖风吹进科学界。7月22日，邓小平恢复工作；8月4日到8日，在邓小平主持下，中共中央召开科学和教育工作座谈会，决定恢复高考制度；9月18日，中央作出恢复技术职称，建立考核制度，实行技术岗位责任制的决定。尊重知识、尊重人才的风气重新回归社会，科学界也渐渐活跃起来。

1977年9月20日下午，南京市人民大会堂举办了一场与青少年的谈话会，主题是"向科学进军"，窦国仁应邀作主题发言。起初，南科所想派其他人参加，但省里指定要求窦国仁作为代表发言。窦国仁当时并无任何职务或官位，只是一名普通的工程师，为何被指定作为代表，他本人亦不得而知。不管怎样，窦国仁很重视这次发言，事前做了认真准备，手写的发言材料四易其稿。

向科学进军，是中共中央1956年提出的口号，后来随着政治气氛的极"左"化，这个口号便很少再提。"文化大革命"结束后，拨乱反正，科学研究得到应有的尊重，又可以"向科学进军"。面对青少年朋友，窦国仁讲述了自己为建设国家而留苏求学，学成归国后参加葛洲坝工程研究的经历，讲到了周总理的教导和指示。他还和同学们分享了中学时期学习的经验和体会，最后以叶剑英元帅在《攀登科学高峰贵在有心》中的四句话："攻城不怕坚，攻书莫畏难。科学有险阻，苦战能过关"勉励同学们抓紧时间努力学习，为攀登科学技术高峰打好基础。

1978年2月，在全国科技大会召开前夕，水电部先召开了科学大会。这次水利部科学大会是为全国科技大会做准备。据窦国仁描述，参会者一起愤怒揭批"四人帮"对水电科研工作的破坏和摧残，畅谈大好形势，交流经验、制定规划，人人心情舒畅，斗志昂扬。窦国

图7-1　1977年9月20日窦国仁在南京市人民大会堂面向青少年的发言稿

仁作为科技工作者代表在大会上发言，讲述了自己从早年一路求学成才，到回国后参加工作的经历和体会。在这次发言中，窦国仁旗帜鲜明地论述了科学实验和基础理论研究的意义和价值，这在当时解放思想、"万物复苏"的环境下具有时代意义。[1]

1978年3月18—31日，全国科学大会在北京召开。这是新旧交替时期历史的转折点上的一次重要大会，也是科学界规模空前的大会，有5000多人参加。窦国仁应邀参加了这次盛会，他和所有参会者一样感到十分激动、兴奋和振奋，他不断写信给家人讲述会议期间的见闻。邓小平在开幕词中强调科学技术是生产力，指出为社会主义服务的脑力劳动者是劳动人民的一部分。在大会闭幕式上，中国科学院院长郭沫若作了题为《科学的春天》的书面发言，[2]宣布"科学的春天来了！"窦国仁在这次大会上被授予先进工作者。

科学大会后，窦国仁受邀到多所中学作报告，宣传大会精神，鼓励青少年致力于科学事业。他的科研经历也见诸报纸报道，《江苏文艺》杂志社对他进行了专访，以《探索长江泥沙的奥秘》为题发表了长篇报道。窦国仁的工作任职和社会任职也多了起来，1978年10月，被选为江苏省第五届人民代表大会代表；12月，担任南科所河港研究室副主任。1980年6月30日，江苏省委任命窦国仁为南科所副所长。随着国家科学环境的好转，窦国仁迎来了个人工作和科研上的新的春天。

图7-2 1978年在全国科学大会上窦国仁被授予先进工作者

然而，在这个让人倍感温暖的春天里，窦国仁也遭遇了失去亲人的创痛——他的母亲于1980年7月8日在北京去世。此前窦国仁因获评劳动模范被安排到北戴河疗养，他特地绕道北京去看望了母亲。没想到那是他见母亲生前最后一面，在他回南京后不久，就收到母亲突发脑出血、生命垂危的消息。窦国仁如遇晴天霹雳，连夜赶往北京，可母亲还是永远地离去了。回想起母亲从小把他们拉扯长大的经历，窦国仁悲伤难抑。母

---

① 窦国仁：在水电部科技大会上的发言。1978年，未刊稿。资料存于采集工程数据库。
② 发言稿由中央人民广播电台播音员王琦宣读。

亲还没到过南京，他曾打算接母亲到南京家中待一段时间，多陪陪老人，但一直未能成行，如今老人离去了，也成了他心中无法弥补的遗憾。

窦国仁的母亲晚年生活应该说是幸福的，她住在北京一处四合院内，大女儿石弘和大儿子窦国兴都在北京工作，小儿子窦国祯在天津，也不远，窦国仁到北京出差一般也都住她那儿，还常有孙子、孙女陪伴，窦希萍小时候就曾在奶奶家住过一年多。老人家爱养花，四合院内摆满了花花草草，都生长得很好。为了让花晒到太阳，她常把花搬到窗前的床上，随着光线的移动不时挪动花盆，等到阳光没了再把花搬下来。老人热爱生活、喜欢小孩，

图 7-3　喜欢养花的石素清

图 7-4　20 世纪 70 年代窦国仁（左）和母亲（中）及侄女（右）在北京小四合院合影

孙子、孙女也都喜欢这位慈祥的祖母和她待弄的那些花草。

窦国仁处理完母亲的后事，从母亲屋里抱了一盆茂盛的石榴花带回南京，寄托对母亲的思念。在之后的日子里，窦国仁时常会想起母亲，尤其是当他又取得一些新的成就，想要和母亲分享喜悦的时候。

创建紊流随机理论

紊流又称湍流，是流体的一种流动状态。当流速很小时，流体分层流

动，互不混合，称为层流，或称为片流；随着流速增加，流体的流线开始出现波状的摆动，摆动的频率及振幅也相应增大，此种流况称为过渡流；当流速增加到很大时，流线不再清楚可辨，流场中有许多小漩涡，称为湍流，又称为乱流、扰流或紊流。紊流是自然界中广泛存在的流体运动形式，许多技术领域，如水利、水运、水电、气象、航空、造船、机械、化工、环保等，都直接或间接地涉及紊流问题。紊流是近几十年来国内外流体力学专家致力于研究的最热门的学科之一。在水利工程中，紊流更是一个关键性的问题。

窦国仁早在留苏求学时期就认识到，泥沙运动规律的研究与紊流密不可分。河流泥沙是随着水流运动的，要掌握泥沙运动的规律，就必须了解水流运动的内部规律，从表面看江河中的水流是由高处向低处平稳地流动，但其实质是杂乱无章的紊流运动。窦国仁的导师马卡维耶夫教授在紊流研究领域多有建树，他指导窦国仁在这个方向继续探索。窦国仁1959年就在《水利学报》上发表了第一篇专论《论河流紊动与流速分布》。回国后，他将马卡维耶夫的河流紊动理论介绍到中国，还把紊流规律作为科研启动课题之一。

回顾学术史，自19世纪Reynolds（雷诺）通过管流试验明确了流体的两种不同运动状态，即层流和紊流后，就有许多学者持续对紊流问题进行试验和理论研究。至20世纪30年代以后，著名的学者如普朗特、泰勒、卡门，以及马卡维耶夫、维利卡诺夫、岗恰洛夫等都厕身其中开宗立派，沿着不同路径开展研究，一时风云际会。总体而言，科学界可分为两种研究路径，即统计理论和所谓的半经验理论。两种研究路径各有长短。统计理论派采用较为严格的数学统计途径对水流内部结构进行分析，研究各随机变量的相关矩和谱函数，理论意义重大，并不断发展。由于紊流结构复杂，虽然统计理论经过几十年的发展，仍局限于研究均匀各向同性紊流这一最简单的情况。现实世界的紊流要复杂得多，尤其是具有广泛意义的剪切紊流，其中就包括河床紊流，统计理论在这些问题面前就束手无策了。半经验理论的研究路径对水流内部结构分析得较少，只着重研究时均水流的运动规律，常常是知其然而不知其所以然。

更大的问题是，半经验理论的前提假定已经与最新的试验资料不相符，有很多问题难以解释。

进入 20 世纪 70 年代，一些新的试验技术开始应用于紊流研究，如高速摄影技术、脉动流速测试技术的发展，为观察和研究紊流内部结构提供了条件，并积累了一定的试验资料。各种紊流理论也仍然在发展，为研究河床紊流提供了新的可能。

窦国仁一直对紊流的研究持续关注，经过近 20 年的科研工作实践，深感紊流的问题如果不从根本上弄清楚，泥沙研究便很难更进一层。新的技术手段预示着紊流研究新突破的可能，窦国仁开始了紊流理论研究的新征程。1978—1983 年，葛洲坝工程论证进入收尾阶段，新的生产性任务还不多，窦国仁刚好有较充足的时间探索基础理论。

窦国仁的总体研究路径和马卡维耶夫的大方向是一致的，但又有原创性的发展。他从河床紊流的内部结构入手，对水流紊动物理过程进行详细的描述，分析紊动机理：

> 在紊动水流内部充满着大小不同的涡漩。这些涡漩的大小和轴向，在空间上的分布是随机的，在水流内部的运动速度也是随机变化的。涡漩不断产生、发展、衰减和消失。由于这些涡漩在紊流内部做随机运动，不断平移或转动，使得紊流各点的速度随时间不断变化，即形成流速的脉动。一个涡漩的转动，常常引起相邻水体做相反方向的转动，一个涡体离开后必由另一个或一些涡体所补充，瞬时水流的连续方程式仍然成立。因而尽管紊流系由各种不同尺度的涡体组成，紊流内部各点间的瞬时流速变化仍可认为是连续的。高速电影资料表明，涡体在运动过程中，其轴心的速度变化远较其他部分变化为缓，在一定时间内，即在一定距离内，其变化很小，基本上保留着原来的速度。因此可以近似认为，涡漩在运动过程中，其轴心的速度在某段长度内保持不变。当然，此段长度的大小也是随机变化的。[①]

---

① 窦国仁：河床紊流的随机理论。《水利水运科学研究》，1979 年第 1 期，第 52—66 页。

基于这种认识，窦国仁将紊流过程用数学语言进行了定义和表达。由于紊流规律非常复杂，其内部结构具有明显的随机性，只服从统计规律，窦国仁便将概率统计方法引入研究，建立了一个随机模型以封闭紊流运动方程组，成为研究紊流这个复杂问题的新工具。为了验证这一新工具的可靠性，窦国仁应用其求解了二元光滑河床中的紊流规律，导出了包括附面层在内的统一的时均流速分布公式和脉动流速强度分布公式，结果与实测资料一致。随后，窦国仁使用紊流随机理论，为原先看似纷乱、分隔的紊流现象找到了统一的解释规律和公式表达。

首先是明渠和管道中紊流各流区的统一规律。明渠和管道中的紊流结构问题，是水力学中的基本问题，近百年来许多学者对此问题进行了研究。20 世纪 30 年代初期，以 Nikuradse（尼库拉兹）为代表，在试验上取得了重大进展，明确了管道紊流阻力的基本特征，区分了光滑区、过渡区和阻力平方区（即紊流区），并根据试验点据绘制了阻力系数图。这幅图后来成为紊流水力学的基础，被科学界冠以"尼库拉兹阻力系数图"之盛名。其后几十年里的工作，一般都是按照这三个流区分别进行的。在窦国仁的研究之前，所有理论成果几乎都局限于光滑区和阻力平方区，而且在光滑区的研究中没有获得一个包括边界层在内的完整公式。由于过渡区的紊流机理异常复杂，其流速和阻力的变化规律不仅没有得到理论上的概括，甚至也没有一个完整的经验公式可供使用，仍需用几个经验公式分成几段才能近似予以表述。窦国仁已经利用紊流随机理论导出了河床和管道中的紊流在光滑区的运动规律公式，现在要进一步打通过渡区和阻力平方区的规律。他从壁面附近的紊流结构着手，仍然是从物理运动现象的基本事实和各种受力作用进行分析推导，纠正了关于出现光滑区、过渡区和粗糙区原因的传统概念，提出了糙率绕流机理。

绕流机理是窦国仁紊流随机理论的一个重要发现，他指导研究生万声淦作了专题研究。根据万声淦回忆，关于绕流机理的研究，当时做了专门实验。

窦院长是从他的理论出发，什么叫作层流呢？水绕过糙粒没有分离就叫作层流，分离了，而且变成漩涡了，就是紊流。他从绕流理论来解释。实际上就是流体动力学。但是有人不相信。我们就做了一个实验，用钢球模拟糙粒，放在水槽的底部，用光线投影，当时液体用的是甘油，甘油的黏结系数大，水的黏结系数小，一点点小流速马上就变成紊流了，甘油的黏结系数大，有一定的流速还没有分离。我就拍这个照片，当时条件差，连照相机都还是从院里借的，设备也没有，投影光线都没有。国际上来讲最先进的是把气泡放到水流里，看气泡的绕流情况。我们那时候还到中国科学院力学研究所去过，他们没有这套设备，那时候只有美国有。我们就是自己用土办法搞了这个东西。那时候拍了好多照片。窦院长亲自来看，用黑布把头蒙上去看，要不然看不到那个漩涡，要把那个漩涡找出来，费了好大力气。[①]

图 7-5　窦国仁、万声淦拍摄到的壁面绕流照片（《关于泥沙和紊流的研究》，1982 年）

　　窦国仁进而利用紊流随机理论导出了包括光滑区、过渡区和阻力平方区在内的统一的时均流速分布公式，并得到了与试验资料一致的结果。又通过对流速公式的积分，分别导出了明渠和圆管中适用于紊流各流区的统一阻力系数公式。根据公式画出的曲线与尼库拉兹和舍维列夫等获得的试验资料完美重合，著名的尼库拉兹阻力系数图问世数十年后，终于得到了理论上的描述。在 1980 年 3 月召开的河流泥沙国际学术讨论会上，窦

---

① 万声淦访谈，2018 年 11 月 29 日，南京。资料存于采集工程数据库。

国仁以《河床紊流的随机理论及各流区的统一规律》为题，报告了这一成果。

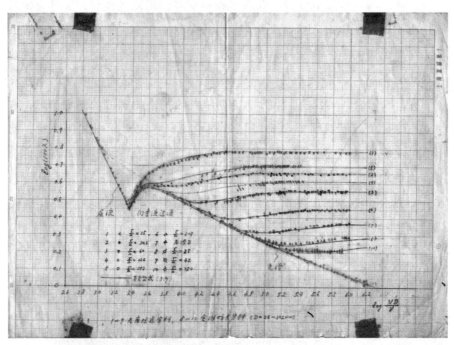

图 7-6　窦国仁手绘的尼库拉兹阻力系数图

在统一了紊流各流区的规律后，窦国仁又进一步找到了明渠、管道中层流和紊流的总规律。前述雷诺的管流试验仅是区分了层流、紊流和过渡流，而尼库拉兹的管道试验则系统给出了从层流到紊流的全部阻力情况，其中包括层流、层流到紊流的过渡、紊流（包括水力光滑区、过渡区和粗糙区）。也就是说，尼库拉兹的工作从试验上明确了从层流到紊流的总规律。其后的试验都与尼库拉兹的试验结果基本一致，但由于这个规律极为复杂，一直没有得到理论上的全面阐释和概括。窦国仁既已找到了明渠和管道中的紊流在三个流区中的统一规律和公式，那么距离提出层流、紊流的总规律，在理论上完整地解释尼库拉兹试验结果便只有一步之遥。他从层流和紊流的流速分布、层流向紊流过渡时的水流结构展开分析，推导出了层流和紊流流速分布统一公式、圆管中水流阻力系数的统一公式和明渠中阻力系数的统一公式，在更高层次上揭示了统一规律。正如他后来在一篇论文中写道："这些公式适用于各种流态（层流、过渡、紊流）和各种流区（光滑、过渡、粗糙），并得到了现有试验资料的验证。"用简洁的公式描述宇宙万物纷繁复杂的现象，是以揭示自然规律为己任的科学家的不懈追求。

窦国仁还对减阻流进行了研究。减阻紊流是 20 世纪 60 年代发展起来的一个边缘学科。由于在水流中加入少量高分子聚合可以使紊流阻力大幅度降低，因此在国防、工业、水利、水运等许多领域有广泛的应用。20 世纪 80 年代，窦国仁依据他的紊流随机理论，从黏弹性流体基本方程出发，全面概括并描述了减阻流的时均结构和脉动结构，导出了适用于黏弹性流体层流、层流向紊流过渡和紊流各流区的时均流速和阻力总规律。发表的主要研究成果有"高分子聚合物减阻流的紊动结构""含高分子聚合物的紊流及其减阻规律""黏弹性流体的阻力规律"等。

1978—1983 年这五年时间里，窦国仁创立了紊流随机理论，在多个方向上不断发展，连续发表多篇重要论文，多次在国际会议上报告研究成果。紊流随机理论的研究成果也先后获 1980 年度交通部科技成果奖二等奖[①] 和 1987 年度国家自然科学奖二等奖。[②]

1980 年 10 月，窦国仁完成了第一部专著《紊流力学》（上册）书稿，1981 年 11 月，该书由人民教育出版社出版。上册共八章，阐述了紊流的基本概念、方程式和各种理论，其中包括紊动产生的不稳定理论、紊流的统计理论、各向同性紊动、紊流的半经验理论，以及窦国仁自己提出的紊流随机理

图 7-7　1988 年窦国仁获得的国家自然科学奖二等奖证书

---

① 获奖题目：《河床紊流的随机理论及各流区的统一规律》。

② 获奖题目：《河床紊流的随机理论及其应用》。

论。为了知识体系的完整和方便读者理解，上册还介绍了层流运动的主要规律。由于窦国仁自 1983 年以后政务繁忙，《紊流力学》（下册）直到 1987 年才由高等教育出版社出版。《紊流力学》（下册）也分八章，阐述各种紊流运动规律，其中包括明渠和管道紊流、边界层紊流、分离流、自由紊流、紊动扩散、分层流、双相流和减阻流等，在讨论这些紊流运动时，除了前人研究成果外，还着重说明了应用紊流随机理论所取得的进展。窦国仁的《紊流力学》被列为高等学校教学参考书。

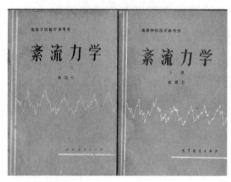

图 7-8　窦国仁《紊流力学》（上、下册）书影

《紊流力学》在当时的影响不止于河流泥沙界。2022 年，窦希萍随部分全国人大代表到无锡调研，其间有一位教授看到她桌牌上的姓名就问她是否认识窦国仁，窦希萍说那是家父。这位教授听后颇为激动地对窦希萍说，自己是复旦大学流体力学专业的，年轻时读到《紊流力学》钦佩不已，被书中简明流畅的公式推导深深吸引，就想报考窦国仁的博士，后来因老师不让考才作罢。他说，《紊流力学》他一直保存至今，当时用张量去写紊流的，窦国仁是第一人。很多学者用公式写运动方程一般要用三个，再加上一个连续方程，一写就是"几层楼"高，但窦国仁用张量去写，只需要一个方程，对后面的推导、运用都非常简便。窦国仁数学功底之深厚、公式表达简洁之美令其震撼，所以他一直收藏着这本书。

窦国仁关于紊流的研究，并不是阳春白雪的理论，而是对泥沙运动研究有着基础性作用。正如李义天教授指出，仔细研读窦国仁关于泥沙运动理论的研究，都能在他的紊流理论研究中找到依据。[1]

王光谦院士对于窦国仁的紊流理论也有深刻的评述。他在清华大学做的博士论文题目是《固液两相流与颗粒流的运动理论及实验研究》，毕业

---

[1] 李义天访谈，2023 年 9 月 1 日，杭州。资料存于采集工程数据库。

后曾到中国科学院力学研究所做了两年博士后。这一学术经历使他对紊流力学的价值有独到体会：

> 力学界用"湍流"，我们水利、河流界习惯用"紊流"。因为力学解决传统力学的问题，到江河里面，很多问题是纯力学理论解决不了的。因为河流有很多不确定因素，泥沙淤积过程非常复杂，这时就要靠水利的经验参数。但如果都靠经验参数，又制约了水利的发展水平。窦院士的《紊流力学》，我看到时就觉得眼前一亮，他使用最基本、最前沿的湍流的通用理论，瞄准水利、泥沙运动中的难题，提出了一般的解决方法，提供了整个泥沙学科的理论基础。它的价值在于，既有传统力学的高深，又适配河流里最经典的问题。我是有力学研究背景的，我就觉得这是有工程应用背景、有力学功底的高手，专门为泥沙运动做的一套理论。真是很佩服。[①]

　　1980 年前后几年是窦国仁创造力集中喷发的一个时期。他连续在紊流研究领域取得重大突破，不断在更大范畴上揭示自然现象的统一规律和秩序，绘制出紊流世界的整体图景。科学史上有两个著名的奇迹年，即牛顿奇迹年和爱因斯坦奇迹年。1666 年，牛顿为了躲避瘟疫而从剑桥回到家乡林肯郡乌尔索普，在乡下的一年多时间里，他发明了微积分，发现了牛顿三大运动定律、万有引力定律，并且通过光的色散实验揭示了光的本性。这一年被称为牛顿奇迹年。1905 年，爱因斯坦发表了 5 篇划时代的论文，包括《分子大小的新测定》《论动体的电动力学》《关于光的产生和转化的一个试探性观点》等，提出了光量子假说、布朗运动、狭义相对论以及质—能关系学说，开创了物理学的新纪元。这一年因此被称为爱因斯坦奇迹年。对于窦国仁而言，1980 年前后也作出了系列开创性工作，可以说是他个人科研生涯中的"奇迹年"。

　　窦国仁的研究在国际国内都产生了广泛的影响。1984 年，他被推荐为

---

① 王光谦访谈，2024 年 4 月 2 日，北京。资料存于采集工程数据库。

有突出贡献的中青年专家，推荐表中介绍道：

> 最近几年在中国科学上发表的有关紊流和聚合物减阻流的几篇文章，引起了国内外学者的极大兴趣，已有英、美、法、日等20多个国家来信索要这几篇文章，其中除水利界和泥沙界学者外，还有宇航、化工、热工、生物、医学、农牧等领域的学者。已有一些学者在其论文中引用了这些理论成果，他所著的《紊流力学》一书已经出版，被许多高等学校用作研究生教材。

当时担任中国水利学会副理事长的林秉南教授，作为同行专家撰写了学术评价：

> 窦国仁同志对流体力学有较深的造诣，同时又能应用流体力学原理解决实际工程中存在的水流问题，这是不可多得的。葛洲坝工程枢纽泥沙研究即是一例，他在这一研究中运用对泥沙运动的深刻认识，推出全沙模型设计方法，据此设计了模型进行了试验，并得到了基本验证。
>
> 窦国仁同志学术思想活跃，有独创性，例如他根据随机过程观点提出的不平衡输沙方程即为文献中所未有，关于聚合物减阻流的研究也是相当大胆的。[1]

紊流研究是窦国仁引以为傲的领域，研究成果达到了国内、国际领先水平。而且它是一个不断发展和完善的研究体系，在后来处理黄河小浪底高含沙水流问题时，又有许多新成果出现。这个复杂难解的领域，最大限度地激发了他在数学和物理方面的突出才能，以统一的规律和清晰的秩序，让泥沙运动的世界变得更简单。

---

① 窦国仁人事档案·有突出贡献的中青年专家呈报表，1984年9月。存于南京水利科学研究院档案室。

图 7-9　1980 年窦国仁获评为交通部劳动模范、江苏省劳动模范的证书

图 7-10　1980 年江苏省先进集体、劳动模范及先进个人代表合影照片（前排右二为窦国仁）

筹备河流泥沙国际会议

改革开放以后，科学界对外交流逐步恢复，举办大型国际会议标志着中国科学大门的重新打开。1980 年 3 月，首届河流泥沙国际学术讨论会在北京顺利召开，本次会议向世界展示了中国在泥沙研究领域的丰富实践和成就，推动了国际交往与合作，获得巨大成功。为进一步推动我国河流

泥沙研究工作的开展，加强国际交往，水电部、国家科委、教育部、外交部、外经部五部委于 1982 年 7 月 6 日联合向国务院提出关于申办"第二次河流泥沙国际学术讨论会"的报告，国务院 7 月 9 日批准决定在南京举办此次会议。鉴于第一次会议的顺利举办，联合国教科文组织、联合国开发计划署等国际组织也积极支持和赞助这次会议。

1982 年 7 月 23 — 25 日，在中国水利学会理事长、国际水文计划中国国家委员会主席严恺的主持下，在北京召开了第一次筹备会议，成立会议组织委员会和论文评审委员会，议定了 15 项筹备工作内容。经水电部党组批准，大会组委会主席由严恺担任，副主席为窦国仁、林秉南、张瑞瑾、钱宁、张泽祯 5 人，大会秘书长为窦国仁。[①] 会议具体筹备工作由南科所和华东水利学院（即河海大学）负责。会议内外联系由组委会负责，组委会秘书处设在南京市广州路 223 号南科所内。

秘书处是具体操办大会事务的中枢，举凡文件草拟、材料寄发、信息收集、论文整理、协助评审、论文集出版、会议议程安排、会场后勤保障，以及外事沟通、信件电报往来、外宾签证办理、在华旅行、会后考察安排，乃至出入境接送、机票确认，等等，千头万绪。在接下来的一年多时间里，窦国仁和他带领的秘书处陷入了十分繁重的会议筹备事务中。秘书处下设内事组和外事组，前者设在南科所科研处，负责国内事务；后者设在南科所情报室，负责涉外事务。各组下面又设专人负责不同事务，各司其职，紧张有序。

据外事组负责人葛九峰回忆，从 1982 年六七月份起，也就是第一次筹备会开过以后，就非常繁忙，几乎天天有干不完的事等着去处理：

> 每天处理由所通讯员李伟军带来的经窦副所长阅示过的国外来信，根据窦副所长的意见草拟英文回信，落款"大会组委会秘书长窦国仁"，然后交由鞠明芳同志打字，我再校对无误后亲自去所部窦副所长的办公室请他审阅并签名发出。窦副所长做事非常认真，对外方

---

① 委员有赵传绍、丁联臻、龙毓骞、黄瑾、黄胜、潘名嵩、梁瑞驹、戴定忠、孙海宁、邹幼兰、李纯熙、张海等。

信中提出的有关意见、建议或各种涉会事项都会在来信的边角空白处写上回信内容要点，我的任务就是忠实无误地在草拟的回信中将其用英文表述清楚。这段时间对我的帮助特别大，使我有机会阅读了大量的英文信件，逐步了解、熟悉各国学者书写英文信件的一些习惯和手法。起初窦副所长还能在我拟的信稿中找出一些错误，甚至连一个标点符号都不放过，我就事先更加认真地校对，后来请他阅签的信件就基本可以免检了。随着外联工作的逐渐展开，国外来信越来越多，回复过的信件全部由我保管，每个"老外"一个大牛皮纸信封，封面写上外国学者的姓名和所在国家名，每一封来信都存放在里面。当时还没有电脑，有关信息全靠手工记录。窦副所长和我各有一个笔记本，我们定期核对信息，主要核对拟参会人数的变化和论文收到情况，后期重点核对外国代表来华时间、航班、签证要求等情况。会后我统计了一下，前后与近 200 位国外学者进行联系，参会外宾及夫人 80 余人，平均每位外宾 10 封信左右，有的因修改论文和图片，多次书信来往交换意见，保守估计发往国外各类信件不少于 2000 封。[①]

出版会议论文集又是一重要事项。中国水利学会于 1982 年 5 月 31 日发出会议征文第一轮通知，8 月 6 日发出第二轮通知，要求中国论文作者于同年 12 月底前提交中文版论文全文，英文提要于 1983 年 1 月中旬前提交，论文内图标一律用英文。1983 年 1 月 9—18 日，窦国仁参加了在南京召开的国内论

图 7-11 《第二次河流泥沙国际学术讨论会论文集》及续编书影

① 葛九峰：硬仗磨砺，协力同心——筹办"第二次河流泥沙国际学术讨论会"的回忆。见：南京水利科学研究院建院八十周年纪念文集编委会编，《碧水丹心——南京水利科学研究院建院八十周年纪念文集》。南京：河海大学出版社，2015 年，第 36 页。

文评审和编辑出版工作会议。会上从 83 篇国内作者的论文中评审选定其中 48 篇作为参会论文，同时审定了国外学者提交的参会论文 47 篇，对部分中外论文提出了修改意见。会议决定全部入选论文在会前正式出版，窦国仁、李昌华任论文集出版学术顾问，另有论文编辑、编务、英文翻译、英文校对等 20 余人以及中国水利水电出版社责任编辑 2 人参与其事。经过全体人员一丝不苟、连续加班加点的高强度工作，《第二次河流泥沙国际学术讨论会论文集》于大会召开前一天才完成装订并运到南京。[①] 论文集为 16 开本，厚达 1158 页，185.2 万字，是一部沉甸甸的大部头，在当年全国出版物评比中，获得水电系统唯一优秀奖。[②]

1983 年 10 月 11—16 日，大会在刚刚营业的南京金陵饭店召开，会议规格之高、影响之广、学术讨论之热烈，在当时中国科学界亦不多见。参加会议的有 25 个国家近 200 位代表。中央有关部委以及江苏省和南京市领导都参加了会议。国内正式代表只批准了 100 人左右，但要求参加的人很多，不得已增加了上百名的列席代表。联合国教科文组织水学司司长 S. 杜米特列斯库偕夫人，国际水力学研究协会（IAHR）前主席、美国衣阿华大学教授 J.F. 肯尼迪，苏联河流动力学著名学者、窦国仁的老师之一 A. 卡拉乌舍夫，日本水力学泰斗、中央大学教授林泰造等世界顶级知名专家学者前来参会或致辞、发言。水电部总工程师冯寅先生代表钱正英部长到会致辞，江苏省两位副省长分别到会致辞，国内泥沙界重量级专家学者几乎悉数到会。参会总报告 11 篇，论文 107 篇，中外代表针对河流泥沙的 5 个重要方面进行了热烈讨论。[③] 国内外参会论文经过论文评审委员会严格评

---

① 关于论文集的运输，还有一个小插曲。据南京水利科学研究院科研处朱琳回忆，会议还有一个星期就要召开了，论文集还在北京印刷，且因火车车皮紧张，论文集无法运回南京。窦国仁让朱琳去北京落实此事，给了他国家科委主任方毅的批文。朱琳坐火车到了北京，直接找到北京站站长，告诉他论文集的重要性，站长当即批条，论文集跟火车行李车走。随后朱琳又赶到印刷厂，要求印刷厂加班，最终论文集在会议开幕的前一天运到南京，拿到论文集时，装订用的糨糊还没有干。

② 会后，他们又将 11 篇会议总报告和未能编入前集的 10 篇论文，以及在这次会议上的部分讨论发言和会议有关材料汇编，出版了《第二次河流泥沙国际学术讨论会论文集续编》（水利电力出版社，1984 年）。

③ 会议的 5 个中心议题与论文集一致，即"冲积河流水力学""泥沙运动""河床演变""河道整治""河流模型试验及原型观测技术"。

审筛选，国内学者论文每篇只给一个正式代表名额。窦国仁以《河床紊流的脉动结构》为题，报告了他基于紊流随机理论的最新研究成果。

图 7-12　1983 年第二次河流泥沙国际学术讨论会集体照（前排右七为窦国仁）

　　会间，大会组委会组织代表参观了南科所、华东水利学院以及南京长江大桥、中山陵等景点，会后还组织赴葛洲坝、三峡坝址、重庆等地进行技术考察。有 13 位外国学者受邀会后赴国内 8 个单位讲学。本次会议为中外泥沙界的学者提供了一个良好的交流平台，为促进中国水利、泥沙学科的进步与发展作出了积极的贡献，同时也极大地提高了南科所在国际水利界的知名度。南科院的同志对此感慨尤深："通过国外专家在我院的参观考察，我院在国际学术界名声大振，为以后的国际科技交流和合作打下了坚实的基础，这是我院会后的最大收获。"[1]

　　这次国际大会也进一步证明了中国泥沙研究在国际学术界的重要地位。实际上，举办这次会议的一个重要目的，就是为了扩大中国泥沙研究在世界上的影响，为在中国筹建国际泥沙研究与培训中心助长声威。五个部委在给国务院的申办会议的报告中特别提到了这一目标。这个目标是中国水利界多年的梦想，并作了持之以恒的努力。[2] 在 1980 年 3 月北京首次召开河流泥沙国际学术讨论会期间，中国学者就提出了在中国建立国际泥沙研究和培训中心的想法，得到中外与会代表的积极响应。联合国教科文组织之后做了可行性研究的准备工作。

　　① 葛九峰访谈，2023 年 5 月 12 日，南京。资料存于采集工程数据库。

　　② 胡春宏主编，谭颖等编撰，国际泥沙研究培训中心编：《探索与发展——国际泥沙研究培训中心 20 年历程》。郑州：黄河水利出版社，2004 年。

作为大会组委会主席的严恺和副主席、秘书长窦国仁以及许多学者在会议筹备期间也非常关心此事。窦国仁特别关注联合国教科文组织水学司司长 S. 杜米特列斯库博士的来信，并一一回答杜米特列斯库博士来信中提到的问题，对其偕同夫人赴会的愿望表示热烈的欢迎。窦国仁多次对外事组负责人葛九峰提到要做好与杜米特列斯库博士的联络工作，并特邀其作大会开幕式致辞。杜米特列斯库博士代表联合国教科文组织在其致辞中说："在北京召开第一次河流泥沙国际学术讨论会期间，提出在中国建立国际河流泥沙研究培训中心。随后，根据这一提议做了可行性研究的准备工作。在这一基础上，目前正把它作为正式提议交给联合国教科文组织总部大会，有关的专题会议两周以后就要召开，研究培训中心将由联合国教科文组织赞助。我们衷心希望大会批准这一提议，并拨出更多的资金以利于这个中心各项活动的开展。"[①] 他还指出，会议"体现了中国对河流泥沙问题的不断关注，也表明了这次大会在中国科学事业的全面发展中所起的重要作用。我们非常高兴地注意到，这已成为中国政府诸项现行政策中的一个特点"。实际上，在大会开始前，杜米特列斯库博士就对各项组织工作很满意，他称赞严恺教授和组织委员会成员的卓越工作，为大会做了很好的准备，并且对"中国东道主以其伟大民族的传统方式热情好客地款待"表示非常感谢。

中方各层面有关人员都以自己的方式在外国代表中积极宣传在中国筹建国际泥沙研究和培训中心和常设秘书处的必要性。国际水力学研究协会前主席、美国衣阿华大学教授 J.F. 肯尼迪在讲话中也给予了积极的支持。南科所是国内建立最早的水利研究机构，也是泥沙研究的重镇，国际国内专家在参观了铁心桥试验研究基地后，无不称赞其试验研究水平之先进。严恺和窦国仁也殷切希望这个常设秘书处能够花落南京，并积极争取。据葛九峰回忆，泥沙会议结束后不久，在南京设秘书处的事初步有了眉目，后因种种原因，国际泥沙研究和培训中心于 1984 年 7 月 21 日在北京成立。不管怎样，该研究中心最终落户在中国，是中国水利界和多方面力量共

---

① 第二次河流泥沙国际学术讨论会组织委员会：《第二次河流泥沙国际学术讨论会论文集续编》。北京：水利电力出版社，1984 年，第 416 页。

同持续努力的结果。

通过这次会议，窦国仁的英文水平又有很大进步。窦国仁在解放之初上的高中是不设英语课的，去苏联留学后是学的俄语，所以一直没有机会接受英语教育，他的英语全凭自学。陆长石曾对人说，20世纪70年代他和窦国仁出差从重庆坐船，开船时看窦国仁开始学英语，上岸后就见他写英文论文，"两个打字员都跟不上"。这当然太过夸张，但对于已经精通俄语且记忆力极强的窦国仁来说，学英语确实不是什么难事，他似乎就是翻翻词典就把英语学会了。葛九峰介绍，窦国仁有一部《俄中词典》和一部《俄英词典》，早年经常见他在俄文、英文之间来回倒，这次国际会议的英文材料交给他时，一开始他遇到生词还要去翻词典，再后来瞥一眼就迅速了解材料内容。会议期间，他自由切换用中文、俄文、英文与同行交流。

还有一件事让窦国仁非常高兴——苏联有三位代表参加会议，其中就有当年他在列宁格勒求学时期的老师卡拉乌舍夫。三位学者都提交了论文，于12日从莫斯科乘飞机到北京，辗转到南京时已是16日晚上，大会已近尾声。窦国仁经过多日劳累，嗓子已十分嘶哑，但仍然十分高兴地和董凤舞一起去机场迎接他们。卡拉乌舍夫一见到窦国仁就热情地拥抱他，自窦国仁毕业后，两人已阔别20多年，卡拉乌舍夫的眼里闪烁着激动的泪花。

接下来一周多时间里，窦国仁一家最重要的事就是接待和陪同卡拉乌舍夫。卡拉乌舍夫既不懂中文，又不会说英语，这些天里多是窦国仁充当翻译。当时中苏关系正在缓和，窦国仁与卡拉乌舍夫的这次相聚实属难得，彼此都十分珍视。二十多年没见，都有说不完的话。时光流转，已经年逾古稀的卡拉乌舍夫仍然工作在科研一线，窦国仁也利用所学为国家建设作出突出贡献。他们怀念中苏友好曾经有过的蜜月期，也共同希望两国关系能够尽快重归于好。

图 7-13　卡拉乌舍夫教授

第八章
长江三峡工程科研论证：
驾驭最长的泥沙模型

　　三峡水利枢纽工程是当代中国水利史上争议最大、争议最久的水利工程，其中防洪问题、航运问题、泥沙问题又是争议的核心科学问题。窦国仁基于科学认识，坚定地支持兴建三峡工程，但在具体科研论证上却十分慎重。1986年，国务院决定重新开展三峡工程论证，窦国仁担任泥沙专题论证专家组副组长，参与该专题的技术论证把关。他还在南科院建造了长达八百多米的三峡水库变动回水区物理模型，开展水动力和泥沙冲淤试验，同时还开展河道二维全沙数学模型研究，回答了一系列重要的技术问题，为三峡工程的兴建提供了坚实的科学支撑。

三峡工程再兴论证

　　建设三峡水利枢纽，是几代中国人孜孜以求的梦想。早在1919年，孙中山先生在《建国方略之二——实业计划》中就提出了建设三峡工程的设想。①其后，国民政府派出勘测队勘测坝址，美国垦务局设计总工程师萨凡奇到三峡实地勘查并提出《扬子江三峡计划初步报告》，即著名的"萨凡奇计划"。1945年，国民政府资源委员会与美国垦务局签订合约，由该局代为进行三峡大坝的设计，中国派遣技术人员前往美国参加设计工作。有关部门初步进行了坝址及库区测量、地质调查与钻探、经济调查、规划及设计工作等。随着国民政府的崩溃，该计划也终止了实施。

中华人民共和国成立后，长江流域接连发生大洪水，长江中下游特别是荆江河段的防洪问题十分严峻。因此，1955年有关部门在编制长江流域规划时提出以三峡枢纽作为长江流域规划的主体工程，集防洪、发电、灌溉、航运等诸多功能于一体。由于三峡工程是截断中国第一大江，影响甚巨，牵涉面甚广，又存在很大争议，因此中央对兴建三峡工程也十分慎重，基本上按照毛泽东提出的"积极准备，充分可靠"方针开展工作。②

葛洲坝工程是作为三峡工程的附属工程提出的，当葛洲坝工程开工以后，"三峡工程就是弦上之箭了"。1974年10月，葛洲坝主体工程复工后，葛洲坝工程技术委员会在讨论中也涉及三峡工程问题。1975年，国家建设委员会决定召开三峡水利枢纽工作会议，研究坝址选择、水库水位等问题，长办与有关方面组成调查组，对库区经济社会情况进行重新调查。③1978年，李先念、谷牧、方毅、李井泉先后视察葛洲坝工地，听取了三峡工程问题的汇报。水电部在宜昌主持召开了三峡水利枢纽坝址准备工作讨论会；在武汉召开了三峡水利枢纽设计洪水讨论会。长办编写完成《长江三峡水利枢纽坝址选择补充设计阶段报告》，吸收了水库排沙防淤等方面研究的新成果。三峡工程迎来了又一次研究论证的高潮。

1982年，中央领导人指示，三峡工程拟列入近期国家计划。长办及湖北省就兴建三峡水利枢纽问题向国务院写了报告。10月，国务院副总

---

① 孙中山在该书第二计划第四部分提出"改良扬子江之现存水路与运河"设想："自宜昌而上，入峡行，约一百英里而达四川之低地……改良此上游一段，当以水闸堰其水，使舟得溯流以行，而又可资其水力。"

② 李锐，丁东，李南央：我知道的三峡工程上马经过。《炎黄春秋》，2014年第9期，第22—27页。

③ 林广：长江三峡工程大事年表。《民主》，1992年第1期，第26-28、40页。

理万里视察了葛洲坝工程和三峡工程坝址，听取了关于三峡工程勘测、设计工作进展情况汇报。长办于是开始按蓄水位 150 米，以三斗坪为坝址编制三峡工程可行性研究报告，开展勘测、设计、科研各项工作。[①] 蓄水位高程是三峡工程研究论证的重大问题，它对工程的施工、移民、生态、航运、防洪、泥沙问题、经济效益等有重要影响。萨凡奇曾提出 200 米蓄水位方案，20 世纪 50 年代还提出 235 米蓄水位方案，这些都被称为高坝方案。80 年代初，为了减少淹没损失和投资规模，从发电出发，提出了蓄水位 150 米的低坝方案，并作为重点研究。

1983 年 3 月，长办完成了《三峡水利枢纽可行性研究报告》，报告中采取的便是 150 米正常蓄水位、坝顶高程 175 米的低坝方案。

反对 150 米蓄水位方案

1983 年 5 月 2—13 日，国务院责成国家计委在北京丰台京丰宾馆召开了"长江三峡水利枢纽工程可行性研究报告审查会"，主要任务是审查长办提出的三峡工程可行性研究报告。这次审查会阵容强大，规格很高，有国务院 16 个部委，川鄂湘三省，58 个科研设计施工及生产单位，11 个大专院校的专家、工程技术人员和领导干部 350 多人参加会议。南科所派出窦国仁和柴挺生参会。

5 月 3 日，姚依林副总理发表大会讲话，还就审查的任务和方向提出了要求：

> 我们这次对三峡工程的可行性研究报告是围绕低坝方案进行审查。高坝发电多，防洪效果好，这是显而易见的。但是淹没太多，投资太大，上游的群众不能同意，国家的财力也负担不起，而有关部门和地区又不甘心于低坝，因此争论多年，不能下决心。如果我们继续

---

① 林广：长江三峡工程大事年表.《民主》，1992 年第 1 期，第 26-28、40 页。

争论下去，我看我们这辈人就不能在这个问题上有所作为了。这次政治局常委一致赞成低坝，长办也赞成了低坝方案，上游和下游各省市的领导同志也都大体上取得了一致，这是总结了多年争论经验的结果，是一个良好的时机。所以我们主张把低坝建设起来，把我们将来如何进一步开发长江水利水电的事业留给我们的子孙后代去，相信他们那时的科学技术一定会比我们现在进步，他们一定会比我们高明，他们一定会有更多办法来进一步开发长江。所以，我向会议建议，我们的审查工作，要针对长办提出的 150 米水位方案进行研究，不要再争论高坝低坝了。[1]

接下来是分组讨论。三峡工程坝区和变动回水区的泥沙问题是三峡工程的关键问题，也是大家关注的重点。张瑞瑾对三峡坝区和变动回水区泥沙淤积问题表示担忧，指出应该认真对待，求得解决，不可掉以轻心。[2] 交通部代表也针对长办报告，提出了"变动回水影响段航道将恶化""葛洲坝下游河床下切，水位下降，造成葛洲坝船闸水深不够"等问题。[3] 窦国仁在 5 月 8 日的小组会上作了题为《"可行性研究报告"对泥沙淤积问题过分乐观》[4] 的发言，直截了当地指出了 150 米方案对解决泥沙问题带来的困难，实际上他对这个方案是有不同意见的。鉴于会议的任务是审查 150 米方案的研究成果，他没有从根本上反对该方案，但明确指出了由此造成的泥沙淤积问题很大，报告对此"过分乐观"，建议加强科研，保障三峡工程早日兴建。

窦国仁等人的意见对会议结果造成了一定影响。在闭幕会上，宋平作了总结性发言，在肯定推荐的坝址、坝型、装机等方案可行性之后，指出：

<hr>

[1] 陈夕:《中国共产党与三峡工程》。北京: 中共党史出版社，2014 年，第 113 页。

[2] 中国科学院三峡工程科研领导小组办公室:《长江三峡工程争鸣集专论》。成都: 成都科技大学出版社，1987 年，第 9 页。

[3] 中国科学院三峡工程科研领导小组办公室:《长江三峡工程争鸣集专论》。成都: 成都科技大学出版社，1987 年，第 34 页。

[4] 中国科学院三峡工程科研领导小组办公室:《长江三峡工程争鸣集专论》。成都: 成都科技大学出版社，1987 年，第 9—10 页。

"由于编制可行性研究报告时间比较紧，三峡工程涉及的问题又比较广泛、复杂，因此也存在一些不足之处，主要是泥沙、航道等方面的问题，还需要在下阶段工作中认真研究解决。"①

会议讨论的内容在每天开完会后都形成会议简报发放，对三峡工程持反对意见的李锐详细阅读了简报，对窦国仁的发言作了长段摘编，摘编的部分，对长办报告的批评意见很直接。李锐认为"这次会议是开得很好、很成功的。举行这样一次审查会来研究三峡工程，仅仅这件事本身就是令人鼓舞的。像这样一个重大的国家建设项目，这样一件关系到整个长江千年大计的大事，不是根据主观愿望、少数人的意见来作决定，而是真正集思广益，让众多人都来说长道短，议论纷纷，而且不只是由负责干部来议论，还有许多学者专家都来议论，这样作出的结论，就比较有可能建立在科学基础之上。有了这样一种工作方法，我们不但对于搞好三峡工程的建设，而且对于全面开创社会主义现代化建设的新局面都会充满信心。"②

李锐是反对兴建三峡工程的，他主张即便不得已开建，也应坚守150米低坝方案，将影响降到最低。他坚决反对高坝方案，还提出这次审查会上应当明确水库蓄水位150米，将来不再加高。他可能没有意识到，窦国仁的发言实际上更多是指出蓄水位150米的低坝方案造成的"解决难度更大"的泥沙问题，其暗含逻辑是倾向于抬高正常蓄水位。

图 8-1　三峡工程泥沙问题研究相关成果

① 水利部科技教育司，三峡工程论证泥沙专家组工作组：《长江三峡工程泥沙研究文集》。北京：中国科学技术出版社，1990 年，第 859 页。

② 李锐：《论三峡工程》。长沙：湖南科学技术出版社，1985 年，第 135-149 页。

提出 173 米蓄水位建议

三峡工程可行性研究报告审查会议召开后，主管部门要求争取 1984 年完成初步设计并上报审查。为此，1983 年 6 月 10—14 日，水电部委托张瑞瑾教授在武汉主持召开了长江三峡水利枢纽工程泥沙问题科研工作协调会。会议主要是为配合三峡工程设计工作，讨论有关泥沙研究的课题和分工，还重点研究了变动回水区的泥沙模型试验和坝区泥沙模型试验有关问题。

南科所派出的参会代表是柴挺生和杨志龙，窦国仁未参加此次会议。当时南科所与长江科学院共同承担了坝区河势泥沙模型试验，包括枢纽布置与河势研究、施工通航泥沙淤积和解决措施、坝区上下游引航道泥沙及水流条件、电站泥沙问题研究等研究任务。关于三峡工程的变动回水区，会议决定由交通部天津水运工程科学研究所、武汉水利电力学院、长江水利水电科学研究院和清华大学分别承担王家滩、青岩子、丝瓜碛、蓝竹坝四个河段的泥沙模型试验研究。根据会议纪要，在讨论中，部分同志提出进行整个库尾变动回水区的长模型试验的建议，但"由于对这种长模型在实践中的现实性如何，看法上还不够一致，只好留待以后再议"。①

协调会确定的任务下达后，各有关单位都抓紧进行研究工作。南科所的杨德昌、李伯连等人在窦国仁的指导下，开展三峡工程坝区模型试验，于 1984 年 12 月分别完成了《三峡水利枢纽坝区泥沙模型设计与初步验证》《三峡水利枢纽坝区泥沙模型施工通航方案试验阶段报告》两份报告。三峡水利枢纽的坝区模型是按照全沙模型相似律设计的，采用与葛洲坝坝区模型同样的水流泥沙比尺，通过清、浑水验证试验与坝区天然河段情况一致，首先对施工通航方案作了试验研究。其后，坝区模型试验团队也开展

---

① 水利部科技教育司，三峡工程论证泥沙专家组工作组：《长江三峡工程泥沙研究文集》。北京：中国科学技术出版社，1990 年，第 649 页。

图 8-2　20 世纪 80 年代南科所三峡坝区模型（胡又提供）

了多项试验研究，包括 150 米、170 米、175 米蓄水位方案下坝区泥沙淤积规律研究，优化安全合理的枢纽工程布置方案，为工程设计提供了重要科学依据。[①]

另外，水电部也在积极推动兴建三峡工程的审批工作。1984 年 2 月 15 日，水电部向国家计委、国务院提出《建议立即着手兴建长江三峡水利枢纽工程的报告》，列出蓄水位 150 米、160 米、170 米、180 米、200 米的主要指标，请中央研究决定。2 月 17 日，国务院财经领导小组开会讨论水电部所提的这份报告，会上决定三峡工程的正常蓄水位不改变，仍为 150 米。[②] 4 月 5 日，国务院批准长江三峡工程可行性研究报告，指示"三峡工程按正常蓄水位 150 米、坝顶高程 175 米设计""今明两年可先进行前期

---

① 相关试验报告有《三峡枢纽 150 米蓄水位方案坝区泥沙问题试验报告》《三峡工程 170 米蓄水方案水库运用前期坝区泥沙淤积试验报告》《三峡工程 175 米方案坝区泥沙模型试验报告》《长江三峡工程坝区泥沙模型试验研究报告——技术设计阶段成果》《三峡枢纽泥沙淤积、施工通航、永久通航及枢纽防御减淤措施的研究（总报告）》等。

② 童崇德：《百年三峡 三峡工程 1993-2003 年新闻选集》。北京：中国三峡出版社，2005 年，第 400 页。

准备工作"。^① 4 月 18 日下午，李鹏副总理在国务院主持了三峡工程筹备领导小组第一次会议，宣读了中共中央办公厅、国务院办公厅转发《关于开展三峡工程筹备工作的报告》的通知，宣布三峡工程筹备领导小组正式成立。^②

鉴于三峡工程山雨欲来、呼之欲出的架势，反对的声音也越来越大。1984 年 5 月召开的全国政协二次会议及次年召开的政协三次会议上，有些委员对三峡工程提出意见和提案，建议推迟建设。5 月 12 日，李锐也给中央领导人写了"关于三峡工程的意见"的信，信中提到，泥沙淤积、航运、移民等重大技术问题还未落实，这些问题"去年专家会议上都着重提出来过，但水电部的报告并未作出可靠回答"。他建议三峡工程推迟到"八五"期间考虑为宜。^③

针对三峡工程蓄水位，也有不同的声音。1984 年 10 月，重庆市向国务院提交了《重庆市对三峡工程的一些看法和意见》的报告。报告一方面论证了 150 米方案回水变动段存在的泥沙、航运问题及其对重庆和大西南的影响，认为"150 米方案的回水末端恰恰放在重庆市以下的洛碛与忠县之间长约 180 千米的河段，实际上把作为西南水陆交通枢纽的重庆港置于库区之外，使重庆市以下较长一段天然航道得不到改善，万吨级船队难以直达重庆。在回水变动段内还可能因泥沙淤积出浅碍航，造成新的'卡口'，使川江航道有可能比现在恶化"。^④ 另一方面推荐 180 米方案，将其与 150 米方案从航运、防洪、发电等综合效益及移民投资方面进行比较，认为前者优于后者。

重庆市的报告引起中央高度重视，邓小平、胡耀邦、赵紫阳、李鹏等均作了批示。赵紫阳明确指出："三峡工程如不与改善航道结合，甚至造成航运条件更趋恶化，将铸成大错，如一定要上中坝，与高坝方案利弊仍可再认真对比论证后作出选择，特别是现在高坝方案重庆表示拥护，更值得

① 林广：长江三峡工程大事年表。《民主》，1992 年第 1 期，第 26—28、40 页。
② 中国三峡建设年鉴社：《中国三峡建设年鉴 2002》。宜昌：中国三峡建设年鉴社，2002 年，第 43 页。
③ 李锐：《论三峡工程》。长沙：湖南科学技术出版社，1985 年，第 160 页。
④ 陈夕：《中国共产党与三峡工程》。北京：中共党史出版社，2014 年，第 132 页。

重视。"[1] 1984 年 11 月 28 日，水利水电科学研究院泥沙专家韩其为致函水电部，提出"关于开展三峡水利枢纽 160 方案研究的建议"。[2]

1985 年 1 月 19 日，邓小平在听取了李鹏关于专家论证的汇报后，指示 180 米方案，万吨船队可以开到重庆，比 150 米方案增加 700 万千瓦装机，是件了不起的事，说"低坝不好，要认真考虑中坝"。[3] 因此，三峡工程的水位问题需要重新研究论证。

1985 年 5 月 3—8 日，国务院三峡工程筹备领导小组第三次扩大会议在北京举行。出席会议的除领导小组成员外，还邀请三峡省筹备组及为三峡工程进行筹备的各有关部委、省、市设计科研机构、高等院校专家、负责同志和新闻单位代表等。其中，钱宁、窦国仁、张瑞瑾、石衡、谢鉴衡、陈济生、惠遇甲、刘建民、韩其为等国内一流泥沙专家悉数出席。会议由领导小组组长李鹏主持，主要是听取三峡工程蓄水位和泥沙淤积影响的试验和论证报告，专家们对蓄水位方案均提出了意见。

窦国仁的发言内容是"三峡工程水库变动回水区的泥沙问题和蓄水位方案"。他进一步分析了 150 米蓄水位方案的弊端，提出了新的蓄水位方案。[4]

窦国仁和交通部是最为明确地提出 150 米方案弊端的，认为在该方案条件下，回水变动段的泥沙淤积会严重影响航道通航。窦国仁所提出的建议正常蓄水位 173 米或 172 米，与后来三峡大坝实际采用的正常蓄水位 175 米最为接近，是一个富有远见的提议。会上除交通部和重庆市外，多数专家对于变动回水区航道淤积问题都偏乐观。会后，贾蔚文写出《十几位泥沙专家对三峡工程下一步泥沙方面科研工作的意见》，于 5 月 24 日报送国务院三峡工程筹备领导小组。

---

① 杨彪:《三峡工程水位论证集》。重庆：重庆出版社，1994 年。

② 水利部科技教育司、三峡工程论证泥沙专家组工作组:《长江三峡工程泥沙研究文集》。北京：中国科学技术出版社，1990 年，第 860 页。

③ 陈夕:《中国共产党与三峡工程》。北京：中共党史出版社，2014 年，第 135 页。

④ 水利部科技教育司、三峡工程论证泥沙专家组工作组:《长江三峡工程泥沙研究文集》。北京：中国科学技术出版社，1990 年，第 736 页。

担任泥沙专家组副组长

1985年6月25日，国家科委组织成立三峡工程泥沙及航运专家组，并召开科委泥沙专家组第一次会议。窦国仁任国家科委泥沙专家组副组长。

在专家组第一次会议上，通过大会发言和小组讨论，对三峡工程的泥沙问题，尤其是变动回水区的泥沙淤积与水位之间的关系问题有了进一步认识，缩小了很多看法上的分歧。窦国仁根据会议讨论的结果，执笔完成了《对三峡枢纽水位选择的意见（初稿）》。7月19—26日，国家科委主持召开了三峡工程泥沙与航运问题专题论证会，重点审查了泥沙专家组《对三峡枢纽水位选择的意见》等报告，补充修改后予以通过。10月14日，三峡工程水位论证补充报告阶段泥沙科研协调会在武汉召开。戴定忠主持会议，南科院派柴挺生、杨德昌二人作为代表参加。会议商讨了科研工作计划。四个变动回水区泥沙模型1985年至1986年底的科研任务是，配合三峡枢纽水位补充论证对正常蓄水位160米、170米、180米方案分阶段提出试验研究成果。南科院的任务是完成坝区模型150米方案结尾工作，继续开展170米、180米、160米方案的试验。11月12日，国家科委提出倾向高水位方案，明确了"150米方案不宜采用"的初步意见。至此，争议了数年的150米方案基本出局。

随着三峡工程论证的持续推进和抬高水位方案的提出，质疑和反对的声音一直没有停过。1985年7月，全国政协经济建设组编写了《关于三峡工程问

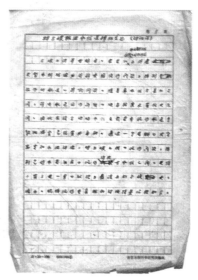

图8-3　窦国仁对三峡枢纽水位选择的意见（初稿）

题的调查报告》，反对兴建三峡工程，提出了包括泥沙淤积在内的七个问题。9 月，水利水电科学研究院泥沙所方宗岱教授发表文章《泥沙处理是水利工程成败的关键》，指出泥沙虽小，危害甚大，往往是水利工程成败的关键。"泥沙危害有两个特征，一是慢性病，二是并发症。问题出现时，为时已晚，而且会连带造成其他问题。"[1] 文章列举了历史上因泥沙导致水利工程失败的实例，认为修建三峡工程会出现库尾变动回水区碍航、重庆港恶化等问题。在防洪、移民、环境、地质等方面也出现了许多批评的声音。

鉴于当时的形势，1986 年 6 月 2 日，中共中央、国务院印发了《关于长江三峡工程论证工作有关问题的通知》，这个通知的发布，标志着三峡工程重新论证的开始。

1986 年 6 月上旬，水电部根据中央、国务院通知要求，成立了三峡工程论证领导小组，钱正英为组长，陆佑楣为副组长，潘家铮为副组长兼技术总负责人。6 月 23—24 日，三峡工程论证领导小组在北京召开了第

图 8-4　20 世纪 90 年代窦国仁在三峡查勘

---

① 方宗岱：《方宗岱论江河治理》。重庆：重庆大学出版社，2010 年，第 210 页。

一次会议，会议就进一步论证三峡工程的有关问题进行了认真研究。决定分地质地震与枢纽建筑物、水文与防洪、泥沙与航运、电力系统与机电设备、移民、生态与环境、综合规划与水位、施工、投资估算、综合经济评价等 10 个专题，14 个专家组开展科研论证。组织吸收专家 412 位。[①] 8 月20—23 日，长江三峡工程泥沙专题论证专家组成立，与国家科委泥沙专家组成员一致，窦国仁仍为副组长。同时成立工作组，组长为戴定忠，副组长张启舜，工作组成员包括张仁、韩其为、潘庆燊、陈志轩、张光树、吴仁初、马翠颜，联络员为长江水利水电科学研究院副总工程师潘庆燊。专家组、工作组第一次会议在北京召开。这次会议着重讨论了长江三峡工程泥沙专题论证工作纲要，确定了泥沙论证的主要内容以及专家组的工作安排。此后，泥沙专题论证专家组成为三峡工程泥沙与航运问题研究论证的最高学术权威组织，对下统筹协调科研分工，对上提供决策支持。

建造三峡水库变动回水区长模型

三峡工程变动回水区的泥沙淤积情况关系到通航大事，需要认真研究和解决。由于变动回水区上下长达 200 多千米，模型试验只好分段来做。蓄水位方案调整后，交通部天津水运工程科学研究所、武汉水利电力学院、长江水利水电科学研究院和清华大学分别承担王家滩、青岩子、铜锣峡、重庆四个河段的泥沙模型试验研究，彼此相互独立。南京水利科学研究院提议建设完整模拟变动回水区的长模型，但并没有引起重视。

关于分段模型试验是否可靠，以及是否需要建造一个变动回水区整体的长模型，也曾有过讨论。在 1985 年 1 月召开的三峡工程泥沙科研工作协调会上，钱宁对此发表过系统的观点，指出了长模型试验的种种困难。[②]

---

① 王显刚：《重庆三峡移民志·第三卷 论证与规划》。北京：中国三峡出版社，2008 年。
② 水利部科技教育司、三峡工程论证泥沙专家组工作组：《长江三峡工程泥沙研究文集》。北京：中国科学技术出版社，1990 年，第 659-661 页。

这些困难无疑是客观存在的，在这么大一个模型上开展试验，技术上、组织实施上都有不小的挑战，而且当时数学模型发展前景良好，大家也在探索通过数学模型模拟整个变动回水区的泥沙淤积情形。总之，在研究技术手段和研究方式的选择上大家还未形成统一意见。

尽管存在种种困难，但长模型在理论上比分段模型有显著的优势。三峡水库变动回水区内上、下游河段之间有着内在联系：下游河段的淤积将影响上游河段的水位，从而影响上游河段的淤积量，而上游河段的淤积又将影响进入下游河段的泥沙数量，从而影响下游河段的淤积量。当进行整治试验研究时，这种上、下游之间的相互影响将更为强烈。分段模型是无法体现这种相互影响的，所以进行变动回水区全河段长模型试验，可以较好地解决这个问题。这种长模型的进口可以置于变动回水区之上，不受回水影响，其来沙量与天然情况下相同，模型出口可以做到变动回水区之下，位于常年回水区中。在常年回水区中由于水面比降较小，对河床糙率不敏感，因而可以由数学模型比较准确地确定。

对三峡工程这样一个影响千秋万代的大工程来说，多做一个模型，多一个研究手段，将研究成果相互对比验证，取长补短，谨慎分析，无疑是有利于技术决策的。因此，水利部最终决定建造一个变动回水区全河段的长泥沙模型，以期对整个变动回水区的泥沙淤积问题及其对航运的影响作出全面深入准确的回答。在取得国务院领导批准后，1985年对变动回水区全河段模型试验项目在全国范围内公开招标，经评标专家组审议，国家科委宣布南科院中标，并委托交通部三峡工程航运领导小组办公室进行归口管理。

在签订任务书后，窦国仁组建了一支泥沙试验团队，包括参加过葛洲坝模型试验的陆长石、李百连、胡又等经验丰富的技术骨干，有研究生毕业留院的万声淦、佘明富，分配来的大学生王建中、韩信、汤晓峰、谢瑞、高亚军、周良平、耿雷、吴素华、陈晓真、王向明、竺耀芳等，交通部三峡办李永恒和胡锡润，研究生黄亦芬、王国兵等技术人员20人，临时工58人。通过葛洲坝模型试验的训练，南科院当时在试验理论、试验技术和操作经验方面都有坚实的积累，成为泥沙试验方面首屈一指的力量。然而，葛洲坝模型模拟的河段毕竟是比较短的，对于三峡水库变动回水区这样长河段泥沙模型，除了工作量更大外，在技术上的主要困难是对模型的相似条件要求非常严格。只有各种相似条件都得到较好满足时，才有可能达到全河段各个部位的冲淤相似。因此，为了使长泥沙模型试验取得成功，必须进一步提高泥沙模型试验理论和操作技术。

为此，窦国仁领导团队一边分析三峡水库原型观测资料、完善模型理论和技术，一边搭建试验厅，进行模型建造。1986年年底，在南科院铁心

图 8-5　三峡变动回水区物理模型断面制作（胡又提供）

图 8-6　像一条小河一样的三峡变动回水区模型（胡又提供）

桥试验研究基地建成了 800 米长的试验厅和近 800 米长的模型。模型上起江津附近的青草背，下至涪陵附近的剪刀峡，河段长约 175 千米，以及嘉陵江 18 千米，模拟天然河段总长近 200 千米。另外，还完成了模型水沙循环系统的安装和调试。接着，他们要做难度更高的全沙模型试验。

1986 年 12 月 4—10 日，长江三峡工程泥沙与航运专题论证泥沙专家组在北京召开了第二次会议。代表们听取了有关三峡工程泥沙问题十个研究项目的成果汇报，同时还听取了南京水利科学研究院承担的变动回水区长河段模型试验的进展情况汇报，对于南科院的长模型在短时间完成这么大的工作量所取得的进展感到满意。

1986 年 12 月 6 日，泥沙专家组顾问钱宁教授在北京医院病逝。这位中国泥沙研究的代表人物，在 1979 年查出患有癌症后，与病痛顽强抗争了八年之久。钱宁一生致力于推动河流动力学和泥沙研究在中国的发展，在科学研究和江河治理实践领域都取得了卓越成就。窦国仁回想起三十年来与钱宁交往的点点滴滴，不禁悲从中来，挥笔写下一组诗，寄托对他的悼念。

悼钱宁 [①]

（一）

海外苦读十余年，风华正茂故园还。

甘以毕生献华夏，一腔热血荐轩辕。

（二）

三十年前与君识，彻夜畅谈未思眠。

羡君胸有鸿鹄志，指点江山不曾闲。

（三）

群英集会话春天，唯有君在病榻间。

昨夕探君君似睡，谁知今晨噩耗传。

---

① 《纪念钱宁同志》编辑小组：《纪念钱宁同志》。北京：清华大学出版社，1987 年，第 212 页。

呜咽难行黄河水，悲痛欲阻长江澜。

痛惜日后少挚友，更忧治沙少英贤。

主持 800 米长的全沙模型试验

泥沙与航运专家组召开第二次会议后，南京长模型抓紧进行验证试验。1987 年 2—6 月进行了清水验证试验，7—10 月进行了浑水验证试验。验证结果表明，模型上的冲淤变化过程基本和天然一致，冲淤量误差都在 20% 以内，是相当准确的，可在模型上进行三峡水库正常蓄水位 150—180 米各方案变动回水区河段冲淤规律的试验。

此间，重庆市提出了三峡工程坝顶高程 185 米，正常蓄水位 175 米，第一期运用到 156 米的"一级开发、一次建成，分期蓄水，连续移民"的分期蓄水方案。这个方案得到大多数专家的赞同和水电部高度重视。经过多次会议讨论及现场考察，在 1987 年 4 月中旬召开的三峡工程论证领导小组第四次会议上，审议通过了《三峡工程论证阶段初选水位方案报告》，同意采用重庆市方案作为下一步论证工作的初选方案。会后，水电部将这个方案正式报告李鹏、薄一波、王任重、程子华等，并上报中共中央书记处、国务院、人大常委、政协常委。[①] 争论多时的水位问题基本敲定下来。之后，南科院在长模型上试验了 175 米蓄水位方案。正式试验从 1987 年 11 月开始，到 1988 年 1 月完成。

1988 年 2 月，窦国仁、万声淦、陆长石根据试验成果完成了《三峡工程变动回水区长模型 175 米方案试验阶段报告》。报告详细介绍了三峡工程 175-145-155 米方案在水库蓄水运用后前期（30 年）、中期（50 年）和后期（80 年）变动回水区河段泥沙冲淤规律及其对航道和主要港区的影

---

① 杨彪：《三峡工程水位论证集》。重庆：重庆出版社，1994 年，第 10 页。

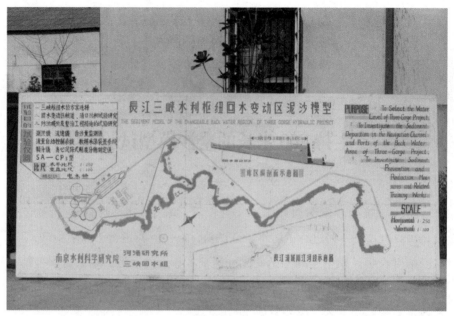

图 8-7　三峡变动回水区泥沙模型示意图（胡又 提供）

响。试验河段内水库运用 28 年共淤积泥沙 4.1 亿立方米，80 年内共淤积 9.9
亿立方米，主要淤积部位在缓流区、回流区、边滩和弯道凸岸。对试验河
段内主要浅滩的冲淤演变规律作了详尽的分析，明确了三峡水库建成蓄水
后主要碍航河段、碍航时间和航道水力因子的变化，初步探讨了碍航河段
防淤和减淤措施的可能性，为三峡工程库尾区航道和码头的整治提供了依
据。报告在详细分析淤积物粒径分布的基础上，着重研究了全沙在河段内
的落淤规律，阐明了全沙在试验河段内的沿程分选规律、横向分选规律以
及和水库运行年限有关的时间分选规律，从而明确了施放全沙的必要性和
不施放某粒径范围内的来沙量对淤积量和淤积部位的影响。最后简要总结
了三峡工程变动回水区各类型河段如宽浅顺直河段、分汊河段、弯曲河段
和干支流交汇河段的一般冲淤规律，并为同类型的变动回水区河床整治提
供经验。[①] 这些研究为三峡工程 175–145–155 米方案的论证提供了坚实的
科学依据。

---

① 河 8918，窦国仁、万声淦、陆长石，长江三峡工程变动回水区河段长模型 175 米方案试验
报告，1989 年 10 月。存于南京水利科学研究院档案室。

图 8-8　三峡变动区回水模型正在进行试验（胡又提供）

　　1988 年 2 月 5—10 日，泥沙专家组第五次会议在南京市举行。在早前召开的泥沙专家组第三次会议上，①曾明确了泥沙专题论证问题及成果评议工作的分工，其中，水库及变动回水区的实物模型成果评议由窦国仁领衔，数学模型由林秉南领衔，原型实测由王锦生领衔。由于第五次会议主要任务是总结所有物理模型试验成果，形成一份代表泥沙专家组意见的结论性报告，且南科院长模型刚刚完成试验，取得了令人满意的成果，所以会议在南京召开，由南科院承办这次会议。

　　会议在听取了有关单位新近完成的科研成果简要介绍后，着重讨论、修改并通过了《三峡工程泥沙专题论证报告》。报告介绍了三峡工程泥沙专题论证的基本情况和对几个主要泥沙问题的论证意见，最后对每个问题都给出了结论，"专家组认为，三峡工程可行性研究阶段的泥沙问题经过研究，已基本清楚，是可以解决的。"在报告所附的泥沙专题论证报告顾问、专家名单上，除了已逝世的钱宁外，其余 4 位顾问和 27 位专家均郑重签

---

　　① 这次会议由许星煌代表窦国仁参加。

下了名字。① 这是他们对三峡工程泥沙问题研究可靠性的承诺，也是对全国人民的庄严承诺。这份报告作为 14 个专题论证成果中的一份，提交三峡工程论证领导小组审查。

会议期间，代表们还参观了南京水利科学研究院三峡水库变动回水区泥沙模型和三峡枢纽坝区泥沙模型。

1988 年 2 月 23 日—3 月 1 日，三峡工程论证领导小组第七次扩大会议在北京召开。会议审议三个专题论证报告：移民、泥沙、生态与环境。经过三个专家组组长关于专题论证的报告和大会讨论，领导小组成员、特邀顾问和学会理事长开会对三个专题论证报告集中进行审议，并取得了一致意见。审查组认为，三个专题都是三峡工程的关键问题，其中泥沙专题的特点是技术难度大，是三峡工程可行性研究中的主要技术关键问题。对于泥沙专题论证报告的具体审查意见是：

> 泥沙专家组在过去工作的基础上集中了全国最优秀的泥沙科研力量，组织有关单位密切合作，共同攻关，针对泥沙专题中的主要问题，理论与实践相结合，数学计算与模型试验相结合，进行了大量的工作，其研究程度之深和规模之大，是国内外罕见的。经过各有关单位的通力合作和专家组的努力，论证报告对三峡工程 5 个方面的主要泥沙问题取得了比较一致的认识，作出了严肃认真的结论。三峡可行性研究阶段的泥沙问题经过研究已基本清楚，是可以解决的。提交的论证报告的质量是高的，其研究深度已能满足可行性研究阶段宏观决策的需要，赞成原则上予以通过。②

窦国仁在这次会议上作了一个较长的发言，谈了很多具体的技术问题。在发言中，他肯定了泥沙专题组所做的工作，指出："国外是没有可

---

① 三峡工程论证领导小组办公室：《三峡工程专题论证报告汇编》。1988 年 12 月，第 89-93 页，内部资料。

②《中国三峡建设年鉴》编纂委员会：《中国三峡建设年鉴（2001）》。北京：中国三峡出版社，2001 年。

能进行这样大规模的试验工作的。我们又有物理模型，又有数学模型，又有大量的现场测量和资料分析工作。在这样基础上提出的论证报告是可信的，有基础的。"他认为，这次报告重点论证的175-145-155米方案，从泥沙问题方面来说，是一个比较好的方案，关键问题已经研究清楚，泥沙问题和航运问题能够得到妥善的处理。

窦国仁还分析了南科院长模型的试验结果与一维数学模型计算和其他分段物理模型试验结果之间存在差异的原因，也表明了全沙模型试验的优势：

> 南京长模型的成果，跟一维数学模型作了一些对比，其结果是越靠近坝区两个结果差别越小，越往上游差别就比较大。……这差别也容易理解，因为南科院的模型包括卵石、底沙在内，一维数学模型计算没有考虑卵石和底沙。
>
> ……有同志提出几个模型有些差别，这个差别与模型的试验方法和采用的模型沙有关。从设计原理讲是大同小异，但使用的模型沙不同，模拟的级配不一样，有的只模拟悬沙中较粗的部分，不模拟细的部分，有的模拟细的部分多一些，级配比较均匀一些，也有的只模拟了悬沙，没有底沙和卵石，也有的把全部泥沙都包括进来。南科院的长模型是全沙模型，既包括全部悬沙，也包括底沙和卵石。所以在淤积量上有些差别。①

窦国仁还具体举出了南科院模型中所观察到的从红花碛到大渡口再到朝天门、剪刀峡等江段的泥沙淤积量出现由多到少，再由少到多的变化趋势，指出这种现象只有在包括卵石在内的全沙模型中才能反映出来，"如果我们单纯地作悬沙试验，肯定不会出现上述规律，而只能是上游淤得少，下游淤得多"。②这些都证明在长模型上进行全沙模拟试验的必要性。

当然，长模型因为比尺无法做到很大，对于细节部分的反映还需要与分

---

① 水利部科技教育司、三峡工程论证泥沙专家组工作组：《长江三峡工程泥沙研究文集》。北京：中国科学技术出版社，1990年，第790页。

② 同①。

图 8-9　20 世纪 90 年代窦国仁（前排右三）和三峡变动回水区部分试验人员合影（胡又提供）

段模型进行对比印证，将各个模型的试验结果包括数学模型计算结果放在一起综合分析。这样多管齐下的研究也是贯穿三峡工程科研论证的一个特色。[1]

　　泥沙专题的研究成果仅供科学决策之用，至于三峡工程最终是否兴建，需要综合考虑多方面因素，作为泥沙专家，应尽量把泥沙问题研究清楚。窦国仁最后说：

　　　　总的感觉到，下阶段如果三峡上马，还有大量泥沙工作要做。如果不上马，也应趁着这个时候把这些工作收尾，不应半途而废。因为大家花了很大力气，做了很多模型，收集了很多原始资料，希望都能把这些工作完成。希望在这次会议上研究一下，看还有哪些要做，由谁来做，这样我们回去后把需要我们做的工作尽量做好。我想其他单位也是这样，大家一鼓作气把三峡泥沙问题研究得透一些。[2]

　　① 王桂仙访谈，2023 年 9 月 21 日，北京。资料存于采集工程数据库。
　　② 水利部科技教育司，三峡工程论证泥沙专家组工作组：《长江三峡工程泥沙研究文集》。北京：中国科学技术出版社，1990 年，第 793 页。

严恺在这次会议上也作了发言。他对三峡工程泥沙问题的研究也予以高度评价，认为"像这样规模和深度的泥沙研究工作在国际上确实是空前的。我国的泥沙研究水平在国际上也是处于领先地位的。""这次提出的论证报告，就三峡工程泥沙的五个主要问题进行了论证，都作出了结论，我认为都是有根据的。三峡工程泥沙问题已基本清楚，并且是可以解决的，论证报告已能够满足可行性研究阶段的要求。"

泥沙专题论证报告既已通过审查，标志着论证告一段落，但关于泥沙问题的研究仍在持续深入。窦国仁带领的团队正如他在会议上呼吁的那样，后续又做了大量试验研究，把问题研究得更透彻。

1989 年 3 月，窦国仁与万声淦、陆长石完成《长江江津至涪陵河段水沙条件和河床冲淤演变分析》报告，这些分析均有助于研究川江河道的整治以及研究和解决三峡枢纽建成后变动回水区河段的泥沙淤积问题。①

1989 年 5 月，窦国仁等人又完成了《长江三峡工程 175 米方案重庆地区洪水位试验报告》。针对此前物理模型试验和数学模型计算成果所反映的三峡工程建成后可能对重庆市造成的洪水威胁，他们按照三峡工程论证领导小组的要求，于 1988 年 9 月至 1989 年 2 月，在三峡工程变动回水区长河段全沙模型 175 米正常蓄水位方案淤积 80 年的地形上又连续放水试验，得到了成库 100 年的淤积地形，并模拟了重庆市遭遇 100 年一遇洪水位的情形。② 10 月，窦国仁等完成了《长江三峡工程变动回水区河段长模型 175 米方案试验报告》，在阶段性报告的基础上，增补了一些新的内容形成定稿。③ 12 月，窦国仁指导陆长石等完成《长江三峡工程变动回水区长河段泥沙模型 180 米方案试验研究报告》，总结了三峡工程 180–150–160 米蓄水位方案变动回水区河段 80 年长系列试验成果。④ 窦国仁还指导

① 河 8909，窦国仁、万声淦、陆长石，长江江津至涪陵河段水沙条件和河床冲淤演变分析，1989 年。存于南京水利科学研究院档案室。

② 河 8924，窦国仁、万声淦、陆长石，长江三峡工程 175 米方案重庆地区洪水位试验报告，1989 年。存于南京水利科学研究院档案室。

③ 河 8918，窦国仁、万声淦、陆长石，长江三峡工程变动回水区河段长模型 175 米方案试验报告，1989 年。存于南京水利科学研究院档案室。

④ 河 8970，陆长石等，长江三峡工程变动回水区长河段泥沙模型 180 米方案试验研究报告，1989 年 12 月。存于南京水利科学研究院档案室。

陆长石、王建中等人完成了《水库变动回水区港口淤积和改善对策的探讨》，根据前期试验结果，探讨已建港口的防淤减淤措施，提出新港址选择优化河段。[1]

接着，为进一步了解三峡工程施工期间和初期运用阶段变动回水区泥沙淤积对航运可能造成的影响，以及研究改善对策，按照交通部三峡工程航运领导小组的要求，窦国仁主持了三峡工程175米蓄水位方案初期156-135-140米蓄水位运用阶段30年系列试验研究，并于1990年8月完成试验研究报告，详细分析了30年间变动回水区各个分河段的河床演变特点，从而明了整个变动回水区河床演变的趋势，提出"三峡水库按156米运用的时间不宜太长"，为水库运用、航道和港口的维护与建设提供了科学依据。[2]

二维全沙数学模型研究

数学模型是研究泥沙问题的另一种重要途径。当时国内外对一维泥沙数学模型的研究已取得较大进展，并且在解决一些工程实际问题方面发挥了作用。然而，由于一维泥沙数学模型只能给出某一河段的冲淤数量，无法回答这些冲淤变化沿河宽的分布，从而使解决问题的广度和深度受到很大的限制。[3]

1985年年初，在三峡工程泥沙问题科研工作协调会上，批评者同样提到"数学模型还没有用二维计算"，[4] 说明这是迫切需要解决的问题。钱宁也在会上说："我们总是希望数学模型逐渐有所前进，从一维到二维，从二

---

① 河8974，陆长石、王建中、吴素华，水库变动回水区港口淤积和改善对策的探讨，1989年12月。存于南京水利科学研究院档案室。

② 河9047，窦国仁、陆长石，长江三峡工程变动回水区长河段泥沙模型175米方案前期运用阶段试验研究报告。存于南京水利科学研究院档案室。

③ 李锐：《论三峡工程》。长沙：湖南科学技术出版社，1985年，第135-149页。

④ 水利部科技教育司、三峡工程论证泥沙专家组工作组：《长江三峡工程泥沙研究文集》。北京：中国科学技术出版社，1990年，第667页。

维将来有可能到三维"，甚至有一天可以代替物理模型，因此"拿出一点钱来做数学模型的改进工作，我觉得是值得的"。[1] 当时开展数学模型研究的主要是水利水电科学研究院和长江水利科学研究院，两家计算的结果有较大出入，且采用的都是一维数学模型，在可靠性方面也有不同看法。韩其为此时也建议，下一阶段进一步发展计算方法，从一维拓展到二维。他的建议得到了钱宁的肯定。

窦国仁早在 20 世纪 60 年代就开展过潮汐水流悬沙运动及冲淤计算的研究，当时建立的是一维数值计算方法。鉴于二维数学模型相较一维数学模型在解决实际问题上有显著优势，而且国内外对此问题仍处于探索阶段，尚无成熟经验，窦国仁决定一探究竟。

1986 年 9 月，窦国仁与赵士清、黄亦芬完成了《河道二维全沙数学模型的研究》，为三峡工程论证增添了一个新武器。他们在原一维悬沙冲淤方程基础上，给出了反映级配变化的二维悬沙冲淤模式，又在吸取全沙物理模型经验的前提下，进一步提出了模拟悬沙、底沙包括卵石在内的全沙计算模式，从而可以给出悬移质含沙量和级配以及由悬沙和底沙（包括卵石）的泥沙运动引起的河床冲淤变化和级配变化。也就是说，他们给出的数学模型不仅是二维的，还是模拟全沙的。针对川江砖灶子河段进行的水沙计算结果表明，他们提供的二维全沙数学模型能够较好地复演复杂河道的水位、流速分布和流态、悬沙和卵石作用下的河床冲淤规律和冲淤数量。[2]

这项工作得到了交通部的重视。1986 年 12 月，受交通部三峡通航办公室的委托，他们利用二维全沙数学模型计算了重庆港附近区域内 180 米方案和 170 米方案的 1 年淤积情况。[3]

1987 年 9 月，"三峡工程中的二维泥沙数学模型的研究"列入三峡工程"七五"攻关项目"泥沙数学模型及糙率"专题。该专题的主持部门是国

---

① 水利部科技教育司、三峡工程论证泥沙专家组工作组：《长江三峡工程泥沙研究文集》。北京：中国科学技术出版社，1990 年，第 656 页。

② 河 8631，窦国仁、赵士清、黄亦芬，河道二维全沙数学模型的研究，1986 年。存于南京水利科学研究院档案室。

③ 河 8701，窦国仁、赵士清、黄亦芬，三峡变动回水区二维动床数学模型的研究和初步应用，1987 年。存于南京水利科学研究院档案室。

图 8-10　窦国仁等人所写《河道二维全沙数学模型的研究》报告（南科院档案室提供）

际泥沙研究培训中心，承担单位是南京水利科学研究院。至 12 月，窦国仁带领赵士清、黄亦芬等完成了这项研究。他们将计算范围进一步扩大，从重庆港区扩大到重庆河段，计算时间也从 1 年延长为 16 年，提出了 180 米方案和 170 米方案中由全部悬沙引起的河道冲淤变化，进一步阐明重庆河段航道和港区的淤积问题。①

在物理模型试验基本完成后，窦国仁又指导赵士清继续开展数学模型研究，于 1989 年 4 月提出了一种新的一维全沙数学模型。这种一维数学模型能够解决泥沙的冲淤变化在横断面上的分配问题，可以得到准二维的结果。他们用这个模型对三峡工程 175 米方案航道泥沙冲淤变化进行了长期预测。计算的结果与南科院三峡物理模型的试验结果基本一致。

图 8-11　1991 年窦国仁获得的国家"七五"科技攻关荣誉证书

---

① 河 8767，窦国仁、赵士清、黄亦芬，三峡枢纽二维全沙数学模型的研究及在重庆河段高水方案计算的初步成果，1987 年。存于南京水利科学研究院档案室。

为三峡工程发声

三峡工程的科学论证与反对声音是相伴始终的。早在 20 世纪 50 年代提出建设三峡工程的规划建议时，就有人提出反对意见，其后围绕三峡工程的争论一直持续不休。随着 1986 年水电部主持的又一次全面论证的启动，反对的力量也聚集起来形成更大的声势。如果说修建三峡工程有多少好处，批评者也同样会提出多少批评和质疑，他们从防洪、通航、移民、生态、投资、设备、泥沙淤积、经济效益、军事安全、干支流开发顺序等方面提出一个又一个问题，其中不乏很有声望和影响力的科学家、社会学者、政治家。

到 20 世纪 80 年代后期，受当时特殊政治气氛的影响，这种争论已经达到白热化的程度，以致有人形容，反对者已经扔出了一双白手套，要求支持者出来应战。双方大有剑拔弩张、形同水火之势。在某些时刻，争论已超出科学范畴，成为意气之争，如有的批评者在会上发完言后扬长而去，不愿听另一方的答复；有的批评者指责泥沙论证小组弄虚作假，故意淡化淤积问题。一些支持三峡工程上马的领导视反对者为麻烦。客观来说，反对与批评的声音促使三峡工程的论证更为严谨认真，将研究逼向深入透彻，提高了科研论证的质量。在一次三峡工程新闻发布会上，有记者问三峡论证领导小组副组长兼技术总负责潘家铮，谁对三峡工程贡献最大，他郑重地说道："是那些反对者"。[①]

窦国仁也曾是泥沙研究群体中的一个"反对者"。他对 1983 年长江流域规划办公室提出的正常蓄水位 150 米方案的可行性研究报告提出了直率的批评，认为正常蓄水位太低，会给航道带来难以解决的问题。在论证组内其他泥沙专家也有同样意见。正是他们这种基于科学认识的批评，以及在无数次讨论会上激烈的争论，才使各项问题逐渐查明，水位和泥沙问题

---

① 鲁顺民：《潘家铮传》。北京：中国电力出版社，2016 年，第 586 页。

解决方案也趋于最合理的水平。

然而，在总体上窦国仁是坚定地支持兴建三峡工程的。他深知三峡工程在防洪中能够发挥的作用，对泥沙问题的解决抱有坚定信心，并通过高水平的试验给出了科学支持。只是在 1988 年之前，窦国仁身为三峡工程论证泥沙专家组副组长，同时又要主持具体泥沙模型试验研究，全部精力投入到了具体的科学问题和解决方案中，对外界的争论较少发言。在泥沙专题论证报告完成后，他更多参与宏观决策的讨论，并在专业问题上对外界的相关批评和质疑作出澄清和回应，表明对三峡工程的支持立场。

1988 年 11 月下旬，窦国仁在北京参加了三峡工程论证领导小组第九次扩大会议。这次会议的任务是审议综合规划与水位、综合经济评价两个专家组提出的专题报告，这也是 14 个专题论证报告中的最后两个。两个报告是综合性的报告，论证了一些原则性的重大问题，因此，这次会议成为历次领导小组扩大会议中历时最长、出席人数最多的一次。会议讨论的内容也超出两个专题之外，地质地震、泥沙、枢纽建筑物等专家组组长就各专题成果再一次作出说明。

窦国仁在这次会议上作了发言。他在听取了综合水位论证和经济评价论证报告后，认为从投资效益上看，也是应该建设三峡工程的："很多同志指出，三峡工程前 12 年是净投入，没有产出，确实是个问题，但我觉得从国家来考虑，也不能只着眼于眼前利益，稍微长远一些项目也应当安排，只不过是这些长远项目不应安排得太多。三峡工程的论证表明，三峡工程应当成为这些少量重点项目之一。一方面要讲经济效益，使投资尽快发挥效益；另一方面也要有长远的考虑，远近结合。如果只投资于见效快的项目而不做长远打算的话，就会永远处于被动局面。……像三峡这种大工程，确实短期不会有效益，需要经过一段时间的投资，然后才能取得效益。这就要看将来的效益大不大。如果项目的长远效益大就应该考虑。从目前的论证来看，它在防洪、发电、航运上都有很大的效益……"

窦国仁认为"争论的焦点，还是技术可靠性问题，到底能否发挥效益？"他从泥沙和航运的专业角度，总结回顾了三峡工程库区泥沙、变动回水区泥沙淤积、重庆港区泥沙淤积、重庆市洪水位等问题的研究成果，认为这些问题基本上是研究清楚的，问题都是可以解决的。他在最后说道："从我个人参加泥沙专家组的论证工作以来深深感到工作越做越细，工作的态度是严肃认真的。尽管目前的泥沙试验中还存在这样那样的问题，有待于深入研究和解决，但大家都是本着科学态度办事的，正准备实事求是地——加以解决，使我们的试验研究水平不断得到提高。"[①]

此后，窦国仁在科研方面将泥沙研究继续推向深入，以科学试验回答学术界和社会上的疑虑，同时也坚定支持兴建三峡工程。

1989年3月7日，在三峡工程论证领导小组第十次扩大会议上，审议并原则通过了根据各专题论证报告重新编写的、对工程可行性持积极肯定态度的《长江三峡水利枢纽可行性研究报告》，标志着历时两年零八个月的重新论证工作全部结束。按照预定程序，报告需先通过国务院审查，再经党中央政治局讨论，并提交全国人民代表大会审议通过。

1991年8月，窦国仁在《水利水运科技情报》第4期发表了《三峡工程泥沙问题的研究》，从7个方面论述了三峡工程泥沙问题的研究结论。文章总结道：

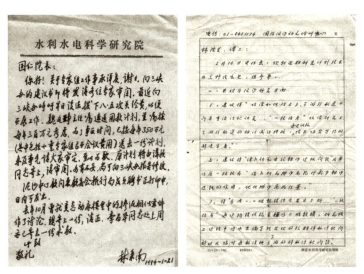

图8-12　1994年林秉南、窦国仁关于三峡科研问题的信件往来（胡又提供）

[①] 水利部科技教育司、三峡工程论证泥沙专家组工作组：《长江三峡工程泥沙研究文集》。北京：中国科学技术出版社，1990年，第822页。

我国主要从事泥沙研究的科研单位和高等院校几乎都参加了三峡泥沙研究工作。1983年以后对三峡150—180米各方案进行了大量的数学模型计算和物理模型试验，仅物理模型就建造了11个，其中包括一个长约800米的变动回水区全河段泥沙模型，也是世界上最大的泥沙模型。据不完全统计，1983年以后围绕三峡泥沙问题已提出科研成果报告300多篇，编入三本论文集的就有124篇。在三峡泥沙研究工作中，动用人力、物力之大，积累资料之多，研究水平之高，在国内是空前的，在国外也很少见。通过这些工作，三峡工程的泥沙问题已基本清楚。……存在的一些问题，在下阶段经过进一步研究后均可得到解决。

作为泥沙专题论证组副组长和研究的实际参与者，窦国仁想让批评者和社会公众知晓，泥沙问题的研究是下了功夫的，问题是清楚的，且都能够解决。1991年12月，窦国仁接受《中国水利报》记者采访，专门谈了三峡工程的泥沙问题，他再一次强调，"我们能解决三峡泥沙问题"，列举了三条理由：专家组掌握了大量一手资料；科学研究取得了令人鼓舞的成果；中国在处理泥沙问题方面有大量成功的实践经验，包括成功解决三门峡水库的泥沙淤积问题。[1]通过媒体，他将泥沙专家的研究成果和意见向社会广为传递。不只如此，窦国仁在出国参加学术交流时，也利用多种机会向海外华人和外国记者介绍三峡工程研究情况，促进他们的了解，打消他们的疑虑。

1992年3月16日，在国务院三峡工程审查委员会通过了三峡工程可行性研究报告后，李鹏总理代表国务院向全国人民代表大会提请审议兴建长江三峡工程的议案，"建议将兴建三峡工程列入国民经济和社会发展十年规划，由国务院根据国民经济的实际情况和国家财力物力的可能，选择适当时机组织实施"。

---

[1] 刘辅义："我们能解决三峡泥沙问题"——访著名泥沙专家窦国仁教授。《中国水利报》，1992年1月22日。

1992年3月20日，第七届全国人民代表大会第五次会议在北京开幕。这次会议的一项重要议程，是审议国务院关于兴建三峡工程的议案。在小组发言中，窦国仁作为江苏省代表团成员发言，肯定了论证研究的可靠性，表达了对三峡工程的支持：

图 8-13　1992 年《中国水利报》为三峡泥沙问题采访窦国仁的报道

　　我有幸参加了三峡工程可行性论证的全过程。我认为，在我国的一条主要河流上建设世界上最大的电站，将大大提高中华民族的自信心和在世界科技领域中的地位。三峡工程的论证建立在大量科学研究基础之上，共有 300 个单位，三四千科技人员参与，动用的人力、物力之大，积累的资料之丰富，研究水平之高，在国内是空前的，在国外也是少有的。主管部门还邀请不同意见的专家学者始终参加了论证过程。当然，为了解决技术设计和施工阶段的问题，还需要继续进行科学研究。①

　　1992 年 4 月 3 日下午，在人民大会堂，全体参会代表就兴建长江三峡工程议案进行表决。赞成票占多数，万里委员长宣布，议案通过。台上台下顿时响起一片热烈的掌声，参加泥沙研究的代表们心情十分激动，漫长论证过程中的种种辛苦都烟消云散。

　　1994 年 12 月 14 日，三峡工程正式开工。

　　1997 年 11 月 8 日，三峡工程实现大江截流。

　　2003 年 6 月 1 日，三峡工程正式下闸蓄水；6 月 16 日，三峡永久船闸试通航取得成功；7 月 10 日，三峡工程第一台发电机组发电。

---

　　① 窦国仁：工程论证科学全面，七届全国人大五次会议小组发言摘要。《人民日报》，1992 年 3 月 29 日。

2006 年 5 月 20 日，三峡右岸大坝将浇筑到海拔 185 米设计高程，三峡大坝将全线到顶。

2010 年，三峡水库首次蓄至正常蓄水位 175 米。

2020 年 11 月 1 日，水利部、国家发改委公布，三峡工程完成整体竣工验收全部程序。当日新华社电：

根据验收结论，三峡工程建设任务全面完成，工程质量满足规程规范和设计要求，总体优良，运行持续保持良好状态，防洪、发电、航运、水资源利用等综合效益全面发挥。

三峡工程是迄今为止世界上规模最大的水利枢纽工程和综合效益最广泛的水电工程。监测表明，拦河大坝及泄洪消能、引水发电、通航及茅坪溪防护工程等主要建筑物工作性态正常，机电系统及设备、金属结构设备运行安全稳定。

防洪方面，从蓄水至 2020 年 8 月底，三峡水库累计拦洪总量超过 1800 亿立方米。2010 年、2012 年、2020 年入库最大洪峰均超过 70000 立方米每秒，经过水库拦蓄，削减洪峰约 40%，极大减轻了长

图 8-14　1997 年 11 月 8 日窦国仁（左）与严恺（中）、王家柱（右）在三峡工程大江截流现场

江中下游地区防洪压力。

发电方面，三峡电站是世界上总装机容量最大的水电站，输变电工程承担着三峡电站全部机组电力送出任务。截至 2020 年 8 月底，三峡电站累计发电量达 13541 亿千瓦时，有力支持了华东、华中、广东等地区电力供应，成为我国重要的大型清洁能源生产基地。

航运方面，三峡工程显著改善了川江航道通航条件，三峡船闸自 2003 年 6 月试通航以来，过闸货运量快速增长，2011 年首次突破 1 亿吨，2019 年达到 1.46 亿吨。截至 2020 年 8 月底，累计过闸货运量 14.83 亿吨，有力推动了长江经济带发展。

水资源利用方面，三峡水库每年枯水季节下泄流量提高到 5500 立方米每秒以上，为长江中下游补水 200 多亿立方米。截至 2020 年 8 月底累计补水 2267 天，补水总量 2894 亿立方米，改善了中下游地区生产、生活和生态用水条件。

生态与环境保护方面，至 2020 年 8 月底，三峡电站发出的优质清洁电力能源相当于节约标准煤 4.30 亿吨，减少二氧化碳排放 11.69 亿吨，节能减排效益显著。

三峡工程建设中的移民工程共搬迁安置城乡移民 131.03 万人。验收结论显示，移民生产生活状况显著改善，库区基础设施、公共服务设施实现跨越式发展。移民迁建区地质环境总体安全，库区生态环境质量总体良好。[1]

三峡工程的成功兴建和综合效益的出色发挥，离不开泥沙专家群体团结一致的努力和呕心沥血的奉献。虽然在论证过程中试验结果有差别，专家内部有争论，但他们以大局为重，尊重科学、实事求是，不计个人得失，凝聚共识，最终取得了满意结果。后人将三峡工程论证、建设的事迹提炼出三峡精神，其核心内涵是"科学民主、求实创新、团结协作、勇于担当、追求卓越"，这也正是泥沙研究群体的真实写照。

---

[1] 新华社："国之重器"三峡工程完成整体竣工验收。中国政府网，2020-11-01.

第九章
科学家当院长：主导南科院科技体制改革

从事科研与行政，需要不同的才能和气质，能精其一已属不易，两者兼优更属可贵。1983 年，在改革之风方兴未艾，科技体制管理困局亟待破解之际，窦国仁披挂上任，担任南科院院长。在他的带领下，南科院在全国水利科研机构中敢为天下先，大刀阔斧推动科技体制改革，面向市场和社会需求，破除大锅饭、推行课题组制度、创新激励办法，极大激发了全院活力，使这所部级大院重新焕发青春，进入持续快速发展的轨道。窦国仁担任院长的十年，是南科院迅猛腾飞的十年，基础建设、科研实力、对外交流、成果水平迈上数个台阶，书写了改革风云年代中浓墨重彩的一笔。

出任院长，担当重任

南科所在"文化大革命"中遭受了一定程度的影响，老所长严恺一度被迫停止工作。"文化大革命"结束后，南科所经过拨乱反正，迅速重整干部队伍。1978 年 12 月，窦国仁担任河港研究室副主任。 1979 年 11 月

27 日，江苏省委宣布严恺继续兼任南科所所长。① 1980 年 6 月 30 日，窦国仁被任命为南科所副所长，12 月 8 日免去其河港研究室副主任职务。窦国仁在短短一年半时间内从普通职工快速晋升为副所长，与他突出的科学成就和日益广泛的学术影响力有关，也离不开严恺、钱正英等人的大力支持。

钱正英作为水利部部长，通过葛洲坝工程对窦国仁有了更多了解，很欣赏他的才华，对他信任有加。严恺作为一手招揽窦国仁到南科所工作的领导，也很关心他在各方面的成长。1983 年，严恺已年届 70，为了单位的长远发展，需要考虑下一任的所长人选，窦国仁刚满 50 岁，正值壮年，学术成就、工作经历、精力体魄相结合，群众基础也不错，是最佳候选人。唯一让严恺担心的是，担任所长后行政事务繁忙，会挤占窦国仁最宝贵的科研时间。现实中可以看到许多很有才华的科学家一旦担任行政职务，科研成果便急剧下降，甚至逐渐淡出科研一线，这无疑是对科研人才的巨大浪费。为此，严恺找窦国仁进行了一次长谈，提醒他领导岗位上应注意的事项，并希望他能够兼顾行政与科研。钱正英也找窦国仁作了谈话，希望他能发挥自己的才智，既不丢专业，又能将南科院管理好。

图 9-1　20 世纪 90 年代钱正英（左）、严恺（中）与窦国仁（右）在开会现场

---

① 1979 年 7 月已恢复华东水利学院院长职务。

1983 年 12 月 30 日，水电部和交通部联合下达任命文件，任命窦国仁担任南科所所长。1984 年 1 月 4 日，南科所改所为院，窦国仁为院长，严恺为名誉院长，柴恭纯为院党委书记，实行党委领导下的院长负责制（半年后改为院长负责制）。此后，窦国仁担任了十年院长，直到 1993 年改任名誉院长。这十年，是改革风云激荡的十年，是南科院奋进腾飞的十年，窦国仁以科学家的身份担任院长，是南科院快速发展与蜕变的亲历者，更是改革的引领者和推动者。

20 世纪 80 年代的中国，如果用一个关键词来概括的话，那就是改革。"文化大革命"结束不久，大乱甫定，从庙堂到民间，人们所关心和讨论的热点话题之一，就是如何改革旧的政治体制和管理体制，提高全社会的活力和效率。南科院的体制改革，实际上早在 1978 年就开始了，当时中央开始提倡科研单位要探索增收机制，调动大家的积极性，南科院就派出院办公室、财务科、科研处和业务处的代表到上海调研取经。他们在上海走访了中国科学院的机械所、光纤所、化学所等单位，学习他们在增收机制、收入流程等方面的先进做法，回来后也制定了一个"增收机制收入流程的管理办法"，探索下达年度增收指标，并实行相应的分配和奖励方案。这个方案是南科院科技体制改革的先声，但它比较简单原始，对促使全院的改变显得微不足道。

窦国仁初任院长时，全院的现状和整个国家的发展形势都使得推动南科院的科技体制改革迫在眉睫。全院的科研经费靠水利部和交通部拨给，院里吃国家的大锅饭，职工吃院里的大锅饭，科研人员承担科研任务的动力不足。正如有人指出当时的情形是：

> 没有改革以前，整个南科院相当于是一个实验处，所谓的经费、收入，基本上是依靠拨款。横向上是你让我做什么，你就给我点钱，多退少补。做一个模型，大概给多少钱，实验做完了可能还有剩余，再退回去。如果有的模型修改比较多，原来的经费不够，那就再补经费。当时对横向单位的经费是实行多退少补，相当于义务劳动。[1]

---

[1] 方庆明访谈，2018 年 11 月 28 日，南京。资料存于采集工程数据库。

按照当时的体制和人们的认识，科研人员拿着国家的工资，付出的科研劳动和产生的科研成果也自然是国家的，行政手段是调配科研资源的主要途径。科研成果没有市场转化的途径和空间，分配制度上也不允许个人从中获利。

人才晋升机制的僵化也使人压抑，有本事的人缺少施展空间："多年来，由于分配上的平均主义，吃大锅饭，干多干少、干好干坏、干与不干一个样，干部终身制，职工铁饭碗，论资排辈，一层压一层，严重束缚了全院职工的积极性。"①

由于分配和管理体制上的种种问题，不少社会单位迫切需要解决的生产课题，甚至有些是主动送上门来的横向任务也被拒之门外。② 作为国家级的部属大院，南科院的科研工作缺乏主动为国家经济建设服务的活力。南科院的体制当然不是个例，随着全党工作重点转移到经济建设上来，对科学技术的需求越来越多、越来越迫切，陈旧的科技管理体制显然已经无法适应发展需要，到了"非改不可"的程度。

窦国仁曾负责分管全院的科研业务和学术交流工作，对旧的科技管理体制束缚科技生产力发展有深刻感受。他清楚地认识到，南科院虽然在过去承担了多项国家项目，为水利、交通发展作出了突出贡献，但面对未来，躺在功劳簿上故步自封是没有机会的。1984 年年初，部领导到南科院宣布所改院的决定时，明确南科院是水电部水利水电研究南北两个中心之一，是交通部港口航道科学研究的中心。这个定位是对南科院在新时期的改革中寄予厚望，要求它在科学研

图 9-2　20 世纪 90 年代窦国仁在办公室的工作照

---

① 001-0275-0006，南科院改革试点意见。存于南京水利科学研究院档案室。

② 胡又:《南京水利科学研究院年报 1985–1989（三）》。1990 年，第 54 页，内部资料。

究、服务社会方面发挥更大的作用。实际上，任命窦国仁为院长，就是要他在南科院挑起科技体制改革的重担。改革从来都不是容易的事，窦国仁站在时代的风口浪尖，感到肩上的担子有千钧之重。

从外部环境来看，1984 年也是科技体制改革的春风密集吹拂的一年。当时全国农村改革已初见成效，城市改革也在各地迈开步伐，有关科技体制改革的政策和文件更是频频出台。

1984 年 4 月 10 日，国家科学技术委员会、国家经济体制改革委员会《关于贯彻开发研究单位由事业费开支改为有偿合同制的改革试点意见》获国务院批准通过，拟在全国先选择少数具有一定条件的开发研究单位进行改革试点，将事业费开支改为有偿合同制，扩大单位自主权，对试点单位实行优惠政策。实行试点就是为了"使科研任务与经费直接挂钩，明确科研单位的技术责任和经济责任，克服吃大锅饭的弊病，增加研究单位的动力、活力，提高科研单位的素质，促进科研与生产的密切结合，多出成果，多出人才"。文件就试点的具体内容，如设立科技发展基金、合同的签订与履行，以及试点实施方法步骤等做了具体的说明，要求各部委和省级行政单位对照条件选择有代表性的研究单位进行试点。这个文件为科研单位的改革指明了具体路径，成为南科院制定改革方案的重要参考依据。

1984 年 5 月 10 日，《国家科委关于当前整顿自然科学研究机构的若干意见》公布实施，要求对科研机构进行整顿，要有利于贯彻科学技术面向经济建设的方针；要有利于发挥、调动科研单位和科技人员的作用和积极性，坚持以科研为中心，提高工作效率，缩短从科研到生产的周期，多出成果，多出人才，多出经济、社会效益；提高研究所的素质，增加科研单位的动力、活力，为四化多作贡献。文件就改革科研机构领导体制、调整领导班子、建立科研责任制、扩大研究院所自主权、科研队伍整顿和建设、组织实施等问题作了详细的要求。

1984 年 5 月 15 日，在第六届全国人民代表大会第二次会议上，国务院总理赵紫阳做的政府工作报告中指出，今后在经济工作中，要着重抓好体制改革和对外开放这两件大事。……为适应经济建设的需要，各级政府应当把教育体制和科研体制的改革列入重要议事日程，作为一项战略任务来抓。

改革的春风吹动着旧体制的藩篱，搅动着人心；改革的号角一声声奏响，振奋着人们的情绪。天时、地利、人和，南科院三者皆备，科技体制改革的大幕徐徐拉开。

运筹帷幄，布局谋篇

中央有关科技体制改革的一系列指示和决定，为科研单位改革指明了方向，勾画了一幅美好的蓝图，但要付诸实施，还要考虑各单位和部门具体情况。改革事关全院发展，不可不动，亦不可盲动，窦国仁和院领导班子一起，一遍又一遍学习、讨论中央有关改革的文件，吃透改革方向及精神，听取群众提出的各种意见，分析院内面临的具体问题，研究改革办法，力争将南科院打造为改革试点的样板。

1984 年 7 月 9 日，经过半年多的精心谋划和编制，南科院将数易其稿的《科研改革试点办法（试行稿）》呈报至水电部和交通部。全文共有五大部分，包括改革试点的目的和原则；改革试点内容；扩大单位自主权；争取国家优惠政策；考核与奖惩办法等，总计 3907 字。[①] 这份文件是窦国仁带领班子反复研究讨论和修改后的成果，奠定了南科院科技体制改革的基石，具有历史性意义。

文件首先明确，南科院的定位是"以应用研究为主，兼有基础研究和开发研究的科研单位"，在这个基础上拟定改革试点办法。

第一条，明确改革试点的目的和原则：

逐步改革我院现行不适应经济发展的科研管理体制，把经费与科研任务直接挂钩，试行有偿合同制和科研基金制。在奖金分配上坚持

---

① 001-0275-0004，《科研改革试点办法（试行稿）》。存于南京水利科学研究院档案室。

按劳分配原则，克服吃大锅饭的弊病，取消终身制。其根本目的是保证科学技术面向经济建设的方针的贯彻，通过明确单位和各级人员的技术经济责任和岗位责任，充分调动全院职工的积极性，坚持以科研为中心，提高工作效率，缩短科研周期，提高科研质量，多出成果，多出人才，提高经济、社会效益，加速精神文明建设；树立良好科研道德，提高我院素质，增加院的动力、活力，为水利、水电、水运工程建设多作贡献。

在改革试点中必须坚持下述原则：

1. 必须始终把多出成果，多出人才，提高经济、社会效益为根本出发点，把保证完成国家和两部下达的科研任务、保证水利、水电、水运工程建设的安全经济放在首位。同时充分挖掘潜力，努力承担其他方面的科研任务。

2. 要认真贯彻国家科委关于我院应充实和加强方向性和综合性的科学试验研究，以及管理和理论研究工作的指示精神。注意比较长远性的课题研究，做好技术储备。坚持以科研为主的方向，在组织收入中，技术性收入是我院收入的主要来源。

3. 按照科研规律和经济管理的办法管理科研。

4. 加强思想政治工作和精神文明建设。坚持按劳分配原则，实行责、权、利相结合，处理好国家、单位和个人三者之间的关系。

以上内容综合了国家改革要求、精神和指示，并体现了南科院的科研定位，把握住改革的战略方向。

第二条，改革试点的核心内容是以"合同制"代替原来的"大锅饭"和"义务劳动"。

水利部和交通部把原先的事业费改为科研发展基金下达。南科院对于应用开发研究课题实行有偿合同制，对技术储备性课题实行科研基金制管理。经费由部下达，科研任务与经费直接挂钩，避免了院里吃部里"大锅饭"的问题。考虑到改革的渐进性，基建费、大型仪器设备购置费，仍按原渠道由两部拨付。

国家和单位之间要签有偿合同，这在当时也是新鲜事。试点办法中对合同签订也作了具体说明：有偿合同包括纵向合同和横向合同，与国家和两部签订的合同为纵向合同，经费由国家或两部拨付。合同内容大体包括研究内容、技术、经济指标，提交成果期限，研究经费，双方承担的责任和义务等。与部内外兄弟单位签订的合同为横向合同，经费由委托单位支付。合同内容除应包括纵向合同内容外，还应包括成果归属及收益分配等。从此，横向项目也要签订合同，明确委托经费和权利收益，多退少补的"义务劳动"成为过去。

科研项目接进来后，为保证质量，在院内部也实行合同制和责任制。改革办法规定：院、所签订的各项科研合同都必须按时保质保量完成；院内逐步实行科研项目合同制，各科研项目实行课题经费核算，在纯收入中提取一定比例资金作为研究所的科研发展基金和所长基金。

对于院职能部门、后勤服务部门管理的改革，也以实行合同制和责任制为主。仪器工厂实行承包制，在院内与课题组签订承包合同，约定工作量、工期，经费及奖惩办法。要求其在保证完成本院科研工作中的试制、加工及制模任务的前提下，充分挖掘潜力，增加小批量生产，扩大对外加工，试行独立核算，自负盈亏。技术情报研究室、机关各职能部门实行岗位责任制，进行以定人员、定岗位、定职责、定考核标准为主要内容的"四定"。电子计算机、文印、复制室实行责任制和定额管理，定人员、定基本工作量、定奖惩。车队参照工厂办法实行承包制。食堂、幼儿园、招待所、浴室等后勤部门分别实行经济责任制。

这样一来，无论是院内科研人员还是职能部门及后勤人员，都有明确的责任、权益和奖惩措施，往日"干与不干一个样，干多干少一个样"，个人吃单位"大锅饭"的现象一去不复返。个人工作成绩直接与收益和奖惩挂钩，有了工作压力，更有了工作动力。科研人员也有更大的积极性将科研与社会需求相结合，主动到市场上寻找项目，服务国家经济建设。

第三条，改革的关键保障措施是扩大自主权，包括干部任用、人才招聘、人才内部流动、资金使用、福利发放等。具体改革措施如下：

1. 实行干部任期制。院级干部任期四年，处、科级干部任期两年，可以连任。不称职的干部按部管理权限经批准可随时免职。院有权择优录用、招聘所需人员，招聘和聘用合同工、临时工，可以拒不接受不适宜在院工作的人员。

2. 支持按国家规定合理的人才流动。各研究所（室）实行所长（室主任）负责制，所长由院任命，副所长由所长提名，院审批。业务组长应经群众酝酿推荐由所长确定，报院核备。研究所享有规定范围的人、财、物的支配权。

课题组长经群众酝酿由业务组长提名，所长批准。课题组人员组成可实行自愿结合，领导批准；或领导与群众协商确定。课题组长享有支配本课题的核定经费及奖金分配权。

3. 院各项经费除职工离退休费、基建、大型仪器、设备购置费应专项使用外，其余各项费用可按国家规定自主管理、合理调剂使用，各研究所可调配核定给该所的经费。

4. 院收益提取 2% 作为院长基金。其余部分的 50% 用于建立本院科技发展基金，50% 用于建立集体福利基金和奖励基金。

5. 院除按国家规定进行调资外，可给贡献突出的职工晋升工资，每年晋升面掌握在 3%。

6. 院实行岗位津贴制。岗位津贴的数量应随干部对岗位职责的履行情况实行浮动。

7. 院试行浮动工资制，给工作努力、成绩卓著的职工工资向上浮动一级，浮动工资由奖励和集体福利基金支付。

这些扩大自主权的改革措施，瓦解了旧有"统得过死、管得过细"的僵化体制，极大地释放了院内职工活力。其中最为显著的一条是采取课题组长负责制。科研人员可以根据自己的兴趣爱好或专业所长自主组建或选择课题组，课题组长有权支配组内经费和奖金分配。实际上是研究所和课题组两级承包、单独核算的承包责任制，责、权、利相统一，使课题组在科研业务活动中成为最基本的战斗单元，取得显著效果。

"这一措施实施几年后，课题组已具有了很大的活力。由于实行自由组合的办法，人员可以根据任务需要自由流动，灵活搭配组合，从而优化了配置，提高了效率。课题组在任务承接、技术路线选取、课题经费支配及仪器设备购置等方面享有较大的自主权，因而增强了课题组面向经济建设渗透的能力，可以适应技术市场信息迅速决策，更好地服务国家经济建设。"①

第四条，争取国家优惠政策。具体包括：国家对院收入一律免税；银行给予低息贷款，作为科研流动资金；院外汇收入全部留用；院需添置的仪器设备和少量元器件、材料等，两部在外汇上给予照顾。

第五条，为了保障以上改革措施的顺利推进，制定了相应的考核和奖惩办法。

交通部、水利部对南科院的考核内容包括南科院与国家、两部签订的科研合同完成情况；职工培训计划完成情况；每年科研增长指标；科研论文、报告的完成数量和研究水平；以及制度建设、管理水平、安全生产、精神文明建设等。南科院对下属各研究所的考核内容也大致如上。另外，对工厂及其他技术、生活后勤部门进行考核的主要依据是按合同进行考核。对职能部门则是按照精干的原则进行必要的整顿，对其考核的依据是岗位责任制的执行情况。把工作能力、办事效率、工作作风作为考核的重要内容。

奖惩措施是每个人都关心的大事，是推动改革的重要抓手。南科院实行奖金上不封顶、下不保底的奖励办法，奖金从奖励基金中开支，并针对不同奖励区间制定了相应的提取比例，转入院科研发展基金。②

试点办法中两部对南科院考核的奖惩措施比较严格：

院未完成部对院考核指标，部应对本院领导进行处罚。对考核指

① 《企事业改革家列传》编委会：《企事业改革家列传·水利水电卷续集》。沈阳：辽宁人民出版社，1990年，第73-81页。

② 奖金额超过2.5个月平均工资时，提取一定比例的奖励基金转入本院科研发展基金。奖金额在2.5—4个月，超过部分按30%提取；在4—6个月，按100%提取；在6个月以上，超过部分按300%提取。

标中的各条有一条未完成，应酌情扣发岗位津贴 10%—15%。如第 1—4 条考核指标均未完成，部对本院领导予以必要的批评，扣发全年奖金和岗位津贴，如连续两年不能完成，免除院领导职务。

南科院对各研究所、后勤、管理部门的考核也是赏罚分明：

院内取消综合奖以后，坚持按劳分配原则，实行与科研、生产和工作好坏直接挂钩的奖励办法，各研究所、室、后勤、管理部门的奖励不搞平均主义，个人奖金上不封顶下不保底。

研究所、室完成院的各项考核指标，由院根据各所、室合同的经济效益、成果质量、推广应用、安全生产等情况将奖金发到各单位，各研究所、室有权根据各课题组纯收益、合同执行情况、科研进度、成果质量、研究工作难易程度以及劳动强度自主地把奖金发到课题组，各课题组负责人有权根据贡献大小合理分配核定给本课题组的奖金，不搞平均主义，课题组长的奖金应高于组员。

研究所完不成任务应减发、免发所领导的岗位津贴。完不成考核相关指标，应减发所领导相应比例的奖金，直至扣发全部奖金和岗位津贴。

院机关管理部门之间的奖励不搞平均主义，各单位的奖励水平按岗位责任制进行考核，用计分计奖颁发确定奖金额。完成考核指标，可以按科研人员的平均奖金额提取奖金。各级管理、后勤部门领导的奖金额为本单位获奖人员的平均奖金额。

在技术、生活后勤部门有条件实行承包合同制或经济定额管理的单位应实行承包合同制、经济定额管理制，根据承包合同或经济定额兑现奖金。

这些奖惩措施像准绳一样指引着全院员工努力奋进的方向。

总之，这套改革办法通过有偿合同制、科研基金制、权责划分、竞争、分配及奖惩等改革条款，打破了旧有低效的科技管理体制，引导科研人员走出去，解决国家建设中迫切需要解决的科技问题，鼓励多承接项目，激发了全院活力。

窦国仁对改革是有通盘考虑的，各项措施可能导致的结果和相互之间的影响他都会多考虑几步。有人评价："窦院长的改革像搞科研一样，比较谨慎，也很细致，在很多事情上推敲的也比较多。"[1] 例如，许多人担心，改革提倡科研面向经济，会不会影响基础研究和技术储备。窦国仁认为，改革应该更加促进基础研究和技术储备的发展，他结合自己多年的科研经验，深感应用研究和理论研究关系之密切，只要认真处理好这两者之间的关系，便可以收到相辅相成的效果，但这不能仅靠个人的自觉，需要有制度上的保障。因此他特别重视院科技发展基金的设置，将经费收入按一定比例提成作为全院科研基金，用于资助基础理论和技术储备研究，防止因改革而导致基础研究偏废。

又如，改革会不会导致个人收入和单位收入之间的失衡，或者个人之间收入差距过大。在这个问题上，窦国仁发明了一个分配公式，反映出来就是一条对数曲线，越往上增幅越小。他当时的想法是，当下科研经费还不充足，有限的经费收入要用到科研上去，不能改革以后把钱都转到个人口袋里去，所以奖金达到一定高度后要进行控制。改革总体上鼓励多接任务，多分奖金，但是任务太多了以后，分配曲线要控制。后来有人打趣说，南科院奖金分配方案是又一个"窦国仁公式"。

改革试点中的每一条内容，几乎都是经过这样反复斟酌和推敲后确定的。

方案上报后，很快得到批复。1984 年 8 月 1 日，水电部和交通部批准南科院为科研体制改革试点单位，同意其改革试点办法。[2] 批复中明确南科院领导体制由党委领导下的院长负责制改为院长负责制，成立党组，明确党组和院长的权责。党组主要负责实现党的方针政策，团结非党干部和群众，完成党和国家交给的任务，指导院党组织工作。院长对水电部和交

---

① 方庆明访谈，2018 年 11 月 28 日，南京。资料存于采集工程数据库。

② 001-0275-0004，关于南京水利科学研究院科研改革办法的批复。存于南京水利科学研究院档案室。

通部负责，对院负有全面领导责任。[①] 另外，南科院于 11 月 12 日撤销党委一级组织，成立院党组。窦国仁是在 1984 年 4 月递交了入党志愿书，6 月转为预备党员，1985 年 6 月预备期满转为正式党员，8 月增补为院党组成员。[②]

狠抓落实，成效卓见

改革方案通过后，窦国仁更加忙碌了，他一边继续研究制定具体的方案实施细节，一边推动改革措施的落实。事情千头万绪全部涌来，有开不完的会，处理不完的事，见不完的人和签不完的字。每日的繁忙和劳累，从董凤舞的日记里可窥一斑。

10 月 13 日

8 月份国仁去部里汇报改革问题，部里批准实行院长负责制，以后国仁就一直很忙了。最近这两个来月主要是讨论加落实改革措施。

10 月 21 日

这是一个星期日，国仁十分累，他很想多睡睡，补补平时的劳累而无时间休息，但 9 点过后就有一个人来找了，这个人走以后，（窦国仁）吃过早饭又睡了，他几乎是粘在床上了。中午吃过以后，又睡。一直睡到下午 3 点多，总算稍精神些。

---

① 扩大院、所长权力，是这轮体制改革的重要内容。《国家科委关于当前整顿自然科学研究机构的若干意见》第一条就指出，应改善党委领导下的院、所长负责制，明确党政分工。要进一步加强院、所长的责任，扩大院、所长的权力；除重大方针和决策要经党委集体讨论决定外，院、所行政业务工作概由院、所长负责。院、所长拥有行政、业务工作的人权、财权、物资调配和计划决策权等。一些单位可实行院、所长负责制试点，院、所长对主管上级部门负责，对院、所负有全面领导责任。

② 窦国仁人事档案·入党材料，1985 年。存于南京水利科学研究院档案室。

这样高强度的行政工作是窦国仁担任院长前未有过的，但却是他此后10年院长生涯的常态。

这样的付出和努力促使南科院的整个工作氛围为之一变，各项工作都按照改革设计的方向步入正轨。

面向经济建设，开门服务社会的研究很快多了起来。在窦国仁的引导和组织下，南科院的科技人员深入生产实践渐成风气，推动改革的数年中，他们多次有计划地组织研究所的所长和一些学术带头人，深入有关规划院、勘测设计院、工程局和港务局等单位，了解生产信息，主动承接生产任务。南科院还与有关设计、施工及工程管理单位，以参股、技术入股、联营、转让技术和协作攻关等形式建立了多种联合体，以发挥科技优势，加速科研成果的推广，增加经济效益。

院内科研活力也因竞争机制的引入，尤其是课题组制度的实施而受到激发和调动。改革中，窦国仁主张扩大课题组的自主权，大刀阔斧地推行研究所和课题组两级承包、单独核算的承包责任制，课题组成员的奖金与经费结余提成挂钩。一系列有利于课题组实行责、权、利相结合的措施，使课题组在科研业务活动中发挥了最基层的实体作用。由于实行自由组合的办法，人员可以根据任务需要自由流动，灵活搭配组合，从而优化了配置，提高了效率。课题组在任务承接、技术路线选取、课题经费支配及仪器设备购置等方面享有较大的自主权，因而也增强了课题组面向经济建设渗透的能力，可以适应技术市场信息迅速决策，更好地服务国家经济建设。例如，材料结构研究所材料二组，共有科技人员 16 名，1984 年仅承接纵向合同 5.48 万元，横向合同 1.25 万元，但 1985 年他们先后到生产建设部门出差 65 人次，承接纵、横向任务 17 项，科研经费增加到 40 多万元，1987 年承接任务 18 项，经费 57 万元。

课题组负责制，还保证了研究质量，形成长期竞争力。据院内职工回忆："课题负责人都努力及时、高质量地完成任务。经常到工程所在城市去，除积极与有关部门沟通，收集资料，有时还亲自组织、参加现场水文测验等。由于在当地有关领导和部门建立了良好的信誉，并已建成了当地的模型，形成独霸一方的局面。例如：窦国仁在葛洲坝和三峡，李昌华在南京港，唐存本在西江，蔡树芝在淮河，陈志昌在长江口，李浩麟在温州，刘家驹在连云港、深圳，喻国华在北仑，张镜潮在厦门，黄建维在汕头，罗肇森在广州等。此外，三室还开展了海岸带开发、保滩促淤等项目；四室做了大量港口波浪掩护和防波堤稳定试验……"[1]

总之，随着改革措施的落实，南科院从管理体制到科研人员的观念、科研的积极性、市场竞争力，以及人才培养、经费收入等方面都与改革前不可同日而语。

在改革过程中，南科院还注意不断修改、制定和完善各种改革办法。改革以后，每年年终都发动全院职工认真进行总结，提出问题和意见，使得改革的措施、办法不断得到充实，以便符合形势发展需要和南科院的实际情况。从研究所管理、课题承包、奖金分配、财务管理、人才流动到工厂、食堂、车队、文印组、幼儿园等后勤管理，各项改革措施都在不断完善。为正确处理改革中的矛盾，南科院制定了解决这些矛盾的八项规定，包括处理横向合同与纵向合同、生产任务与理论研究、横向合同与咨询合同等矛盾关系，坚持观测按劳分配，兼顾各方面利益，减少了内部管理上的矛盾，促进科技工作发展，也保护了人们支持改革的积极性。改革遇到困难时，窦国仁就组织大家学习《中共中央关于科技体制改革的决定》和中央一系列改革指示，进一步深化认识，明确改革的目的意义，坚定改革信念，摆正国家、集体和个人三者利益的关系。[2]

改革取得了显著成效，这从以下数字对比中可以得到证明：

项目数量上，改革前的 1983 年，南科院有院科研项目共 135 项，其中国家攻关项目 3 项、横向课题 48 项。1987 年，全院科研项目增加到 402 项，其中国家攻关项目 36 项、横向课题 225 项。

科研经费上，1983 年全院事业费、三项费和横向合同经费总和 491.5 万元，其中横向合同经费 110.6 万元。1987 年签订纵、横向合同额 1430 万元，其中横向课题经费 898.7 万元。

科研成果上，1983 年共提出科研成果报告、论文 121 篇，1987 年提

---

① 徐基丰：对我院发展影响较大的两件事。南京水利科学研究院网站，2015-06-18.

② 胡又：《南京水利科学研究院年报 1985-1989（三）》。1990 年，第 6 页，内部资料。

出科研成果报告、论文 208 篇。改革后的四年里，产出了一批高水平科研成果，仅 1986 年和 1987 年两年就获国家、部和江苏省重大科研成果奖 27 项。1983 年全院收益 59 万元，1987 年收益达到 380 万元，院经济实力显著增强。①

值得一提的是，南科院在实行改革后，基础研究依然保持强势，每年都申请到稳定数量的科技基金项目，且都能按时完成任务，实现了应用与理论相得益彰的初衷。当年水利部的一位科技司司长曾对南科院有个评价："北科院（即中国水利水电科学研究院）理论比较强，长江科学院比较能实干，南科院既有理论又能实干。"

经过数年的改革探索，南科院到 1986 年、1987 年时，各项改革措施落实后取得显著成效，并继续保持良好发展势头，改革取得阶段性成功。但改革远未结束，是一个动态持续的过程。1988 年 5 月，国务院下发了《关于深化科技体制改革若干问题的决定》，明确若干条改革方向和措施，将改革推入新阶段。其后窦国仁继续带领全院总结改革经验，研究实际问题，坚持正确的、被实践证明行之有效的做法，又根据形势需要调整部分改革措施，并探索创新更多的发展模式，确保改革稳步推进，不断深化。其间，大量具体的补充或配套改革工作条款相继发布和实施。到 1993 年，在全院职工人数基本稳定的情况下，②承担科研项目 582 项，科研合同总经费 2320 万元，提出科研成果 254 篇，各项指标相较 1987 年又有大幅提升。

科技体制改革，是 20 世纪 80 年代、90 年代中国科技界的主题，更是南科院发展的主题。通过改革创新，南科院这样一个具有五十多年历史的部级大院重新焕发青春，迸发活力，至今仍走在全国水利科研机构的前列。

南科院作为水利部改革试点单位，其改革举措和成效也在社会上得到广泛关注。先是《人民日报》以《在正确的轨道上搞活——南京水利科学研究院改革纪实》为题报道了南科院的改革措施、典型案例和总体成效。

---

① 003-0005-0001，改革科技管理体制　促进科技与经济结合。存于南京水利科学研究院档案室。

② 南京水利科学研究院 1984 年职工总人数为 861 人，其中科技人员 550 人、行政人员 52 人、工人 259 人。到 1993 年，职工总人数 869 人，其中科技人员 632 人、行政人员 22 人、工人 215 人。

图 9-3　1989 年联合国可持续发展集团开发计划署长雷里莱弗尔（右一）到南科院与窦国仁（左二）、须清华（左一）谈关于世界银行贷款事宜（南科院档案室提供）

其后又有《新华日报》以《科技体制改革一席谈》为题发表了记者对窦国仁的专题访谈，介绍南科院在改革中遇到的问题和经验。窦国仁还作为企事业改革家的突出代表，入选了《企事业改革家列传》。①

改革永远在路上，世纪之交时，窦国仁回顾那段南科院的改革历程，针对新一轮深化改革的要求，再一次系统地提出对于深化科技体制改革的几点思考：

在这次深化改革中，第一，要解放思想，更新观念，勇于创新。只有彻底打破长期以来计划经济体制下形成的传统思维模式，摒弃照搬照套的习惯做法，才能建立起适应 21 世纪发展需要的科研院所，为增强综合国力作出应有的贡献。

第二，要对不同科研院所，以及院所内部情况进行具体分析，实事求是地加以区分。研究成果可以转化为产品的科研是真正开发型的，研究解决水利工程中重大技术问题的科研，虽属于应用研究，但其成果只能是论文和报告，无法通过成果转让取得应有的经济收益，

①《企事业改革家列传》编委会：《企事业改革家列传·水利水电卷续集》。沈阳：辽宁人民出版社，1990 年，第 73—81 页。

图 9-4　1986 年 1 月 11 日《人民日报》对南科院改革的报道

图 9-5　1986 年 4 月 27 日《新华日报》对南科院改革的报道

应将其与开发型研究等同对待。事实上，这种性质的研究与应用基础研究关系密切，互为依存，应在一定范围内实现人才交流，切勿将此二者完全隔离，并均应视为社会公益型。

第三，要改革不合理的人事制度。科技发展以人为本，要从制度上落实尊重知识、尊重人才的重要理念，培养和造就一批在国内外有影响的学科带头人，特别是青年科技精英，为水利事业的持续发展奠定人才基础。

第四，要精简行政后勤人员，改善和提高管理水平，使其更有利于发挥以知识为核心的管理要素的作用，更好地调动科研人员的积极性。

第五，要加大科研投入力度。社会公益型的水利科研院所是国家不可缺少的科技力量，只有国家对其加大投资力度才能达到多出成果和多出人才的目的。①

这篇文章发表在《中国水利报》上，既是窦国仁对南科院科技体制改革的经验总结，又是他对于 21 世纪国家深化科技体制改革的期待。

----

① 窦国仁：对科技体制改革的浅见。《中国水利报》，2000 年 10 月 14 日。

十年甘苦，冷暖自知

窦国仁以科学家的身份出任南科院院长，在十年时间里，除推动院科技体制改革外，还着力提升了全院基础设施建设、建立完善诸多规章制度，促进了学术活动、人才培养、对外交流的快速发展，从硬件到软件系统升级了这个有着五十余年历史的部级大院，重塑了院所文化。

1984年，窦国仁出任南科院院长时，该院下设业务部门有水工研究所、河港研究所、土工研究所、材料结构研究所和技术情报研究室、计算中心、勘测设计院，行政管理部门有院长办公室、科研管理处、人事处、科研条件处、基建处、行政处和铁心桥试验研究基地办公室，这些部门都上对院长负责。另外，院设学术组织有咨询委员会、学术委员会、学位评定委员会、技术职务评定委员会和基金委员会，由院长直接领导。

面对千头万绪的工作，窦国仁首先建立起院长办公会议制度——每周一的上午开院长办公会，院长在时亲自主持，不在时由副院长主持。全院大小事情都在院长办公会上讨论决定，所有院长、副院长、党委和院办、人事、党办、科研管理等几大处室固定参加，涉及其他处室事务时，相应处室也需参加。工作问题经院长办公会公开商议，当场形成决议，由此构成一周内的工作安排。为了保障民主决策，窦国仁开会前从来不私下运作、安排、打招呼，事情都是直接摆到桌面上讲，参会人员均可发表意见，知无不言言无不尽，"经常有人在会上放炮"，有时候还会发生激烈的争论。起初有些人很不适应，这跟中国的传统开会方式差别很大，觉得不可思议，也有人私下议论窦国仁"毕竟是书生"，但他都不以为意，坚持这样开，逐渐形成新的惯例，使会场真正成为大家发表看法、讨论问题、达成共识的地方。

通过院长办公会议制度，全院工作有条不紊、忙而不乱，各项事务公开透明，大家目标一致、思想统一，提高了办事效率。1986年11月，为进一步加强民主管理，南科院还建立院务委员会。[①] 该委员会由院领导，院党政工团和院学术委员会负责人，各研究所党政主要负责人，各处、室、科、院、中心主要负责人及财务科长组成，每季度召开一次会议，讨论、审议院内科研和管理中的重大问题，经院长决策后贯彻执行或报请上级审批。这些行政制度建设使南科院在面对错综复杂的问题时始终能够保持决策管理的公开、透明和民主，为全院稳定发展提供了坚实保障。

十年间，随着科技体制改革带来的院经费收入的增加，以及国家加大对科技的资金投入，南科院有更多的资源用于基础设施建设。此间建成了综合办公楼和职工住宅、试验厅多处，极大地提高了院办公条件和试验条件（表9-1）。

表9-1　1984—1993年竣工的主要试验厅

编号	名称	竣工年份（年）	建筑面积（平方米）
1	土工试验楼	1984	3038
2	大三轴试验厅	1984	861
3	淮河试验厅	1985	3072
4	水弹性振动试验楼	1985	1184
5	三峡回水试验厅	1986	13710
6	多汊河口试验厅	1987	3762
7	三峡坝区试验厅	1987	2452
8	潮汐河口试验楼	1987	7000
9	汉江试验厅	1988	2736
10	综合工作楼	1989	10443
11	上海路、罗廊巷等住宅楼	1989	4000
12	铁心桥变电间	1990	328
13	铁心桥试验研究基地配套用房	1990	2111

---

① 胡又:《南京水利科学研究院年报1985-1989（一）》。1990年，第20页，内部资料。

编号	名称	竣工年份（年）	建筑面积（平方米）
14	通航模型试验厅	1991	3102
15	铁心桥基地食堂	1991	543
16	职工宿舍	1992	5577
17	水电枢纽模型试验厅	1992	4939
18	新材料中试车间	1992	1208
19	南湖长虹路宿舍	1993	2116

在这些项目中，铁心桥试验研究基地的建设最令人瞩目。它位于南京市南郊风景秀丽的秦淮新河南岸，隶属于南京市雨花台区铁心桥街道，距离院总部约 15 千米。铁心桥试验研究基地是在水利部、交通部、电力工业部和江苏省、南京市的大力支持下开建的，于 1983 年完成一期征地 270 多亩，1984 年破土动工。开始建设的第一座试验厅是淮河试验厅，其后一边建设一边使用，每个试验厅的名称均按专业或第一个进入该厅试验的工程项目来命名。表 9-1 中的淮河试验厅、水电枢纽模型试验厅、通航模型试验厅、三峡回水试验厅、三峡坝区试验厅、汉江试验厅等都坐落在铁心桥试验研究基地。①

除了表 9-1 中已建成的项目外，还有一些是在 1993 年以前谋划并获批的项目：1993 年 11 月开工的清凉新村职工宿舍和培训用房，建筑面积 17800 平方米；1993 年 2 月开工的针对港口、航道建设所需材料研究的新材料试验室，建筑面积 2184 平方米；1996 年 11 月开工的海岸工程试验厅，建筑面积 5881 平方米。

大型仪器设备是提高科研水平的重要物质基础。1984 年以后，随着南科院科研规模的扩大，也购置了许多大型仪器设备。其中，价值 10 万美元以上的设备见表 9-2。

---

① 铁心桥经过二期、三期征地，总占地 400 多亩，截至 2021 年，已建成并投入使用的试验厅、室等建筑物为 33 座，现为亚洲最大的水工程试验基地。

表 9-2　1984—1993 年购置的 10 万美元以上重大科研仪器设备

编号	设备名称	国家	金额	购置年份（年）
1	港池不规则波造系统	美国	135.8 万元	1984
2	M340S 计算机	日本	60.77 万美元	1985
3	水槽式不规则波造波系统	丹麦	29.06 万美元	1985
4	空化空蚀研究设备	中国	约 200 万元	1986
5	二维激光流速仪	丹麦	15.18 万美元	1988
6	50g.t 土工离心机		10 万美元	1989
7	定点流速仪 174 型	美国	14.44 万美元	1991
8	400g.t 大型土工离心机	中国	439.63 万美元	1993

这类大型科研设备技术先进、科技含量高、价格昂贵，更新换代快，使用成本高。南科院通过合理配置大型科研仪器设备资源，加强管理，提高使用效率，让它们充分发挥了作用，成为南科院保持科研竞争力的制胜武器。

1984 年以后，南科院的科学研究事业迎来了繁荣发展的新时期。十年间，南科院先后承担国家攻关任务 88 项，提出科研成果 2430 项，在国内外公开刊物和国际学术会议上发表论文 1211 篇，出版学术专著 19 部，100 多项科研成果通过国家和省部级鉴定，达到较高水平，有不少达到国际先进水平或国际领先水平。有 108 项科研成果获国家科技进步奖和部、省级科技进步奖。这一时期，南科院还创办了 *China OceanEngineering* 期刊，举办了第二届发展中国家海岸及港口工程国际会议和亚太地区河口航道整治会议，成为水利部大坝安全监测中心挂靠单位和水利部基本建设工程质量检测中心，人才培养规模逐步扩大，对外交流也打开了更广阔的局面。南科院与多家国外科研机构建立起合作关系，包括罗马尼亚布加勒斯特水工试验所、美国陆军工程兵团水道实验站、澳大利亚西澳大利亚大学土木系、保加利亚船舶动力研究中心、荷兰德尔夫特水工研究所、丹麦水工研究所等。同时每年都接待大批国外专家到院里参观、访问、讲学、洽谈交流，并派出院内人员赴国外考察、进修、培训、参加会议及留学。

图 9-6　20 世纪 80 年代南科院邀请美籍华人王书益（右一）讲学，窦国仁（右三）致开场辞

随着全国改革的深入推进，相同专业院所之间的竞争也日益加剧，面对这种情况，南科院决定根据工程建设需要，发展新兴学科，发挥多学科、多专业综合配套优势，加强综合性、方向性的技术开发与应用研究，以此形成自己的特色优势与核心竞争力。为此，他们及时调整专业方向，从"六五"期间的 18 个专业方向发展到"七五"期间的 30 个，涵盖了科学研究、技术研发、标准制定、技术经济、宏观决策、科技情报、科技战略等多个领域。

为适应深化改革的形势，进一步解放科技生产力，加速高新技术科研成果的推广应用、增加经济收入，也为适应调整结构、人才分流的需要，南科院此间还创办了若干公司，包括江苏南水土建工程公司、南京瑞迪高新技术公司和南京运达科工贸公司。江苏南水土建工程公司创办于 1988 年，由南科院选调工程技术人员、管理人员、技术工人为骨干，并调拨资产、设备组建，是集科研、施工、监测、评估于一体的科技先导型企业。南京瑞迪高新技术公司创办于 1992 年 9 月，经营范围包括水利、能源、交通、海洋及土建工程新技术、新材料、新仪器的研究、开发、生产、销售、技术咨询和技术服务等，兼营电脑技术及自动化系统的开发销售。南京运达科工贸公司于 1993 年 1 月登记成立，是为加快南科院科研管理及后勤服务改革而建，经营范围主要包括建筑材料设备销售、土建水电修缮安装等。在这些公司中，以南京瑞迪高新技术公司最能体现"科技工作面向经济建设主战场"的发展需要，成为南科院在融合"开发研究、高新技术及其产业、基础性研究这三个方面力量"的战略工具。"瑞迪"即 Research & Development 的中文简称，是窦国仁亲自拟定的。

江苏南水土建工程公司在 1993 年实现产值 1100 万元，创造利税 97 万元；南京瑞迪高新技术公司在 1994 年实现产值 2761.5 万元，创造利税 202.6 万元。南科院在科研产业化的道路上迈出了成功一步，并且锻炼出一支科技开发经营队伍。

南科院这些骄人的改革成绩都离不开窦国仁的辛苦付出。可以毫不夸张地说，窦国仁担任院长期间，是南科院历史上发展最快的时期之一。这当然有时代的因素、有全体职工的共同努力，但窦国仁无疑是最关键的那个人。

改革也不是一帆风顺的，各种有形无形的困难和阻力，几乎是所有改革者都要面对的宿命。窦国仁在推动改革的过程中也曾遇到过种种无谓的事情纠缠，为复杂的琐事操心。也有人擅长使用手段，拉帮结派，对他施予冷枪暗箭，孤立排挤，设置障碍。他为此曾专门找一位院领导正面长谈达四个小时，摆出一条条事实，希望其讲团结、顾大局，少行暗事。他甚至萌生过退意，1986 年 5 月，窦国仁曾与妻子董凤舞谈及行政工作中遇到的苦恼，想要辞去院长职务。当时董凤舞也支持他辞任，一方面是担心他继续这样高强度的工作，身体会累垮；另一方面也觉得改革大政方针既以确定，今后不必把大好的光阴"浪费在无关的纠缠"，而应花更多时间在研究工作上，"为子孙后代留些精神和技术食粮"。[①] 后来在水利部领导的要求下，窦国仁还是坚持了下来，这于南科院的改革事业是一件好事，而对其个人的科研时间却不能不说是一大牺牲。

窦国仁在承担了繁重的行政事务的同时，并未放弃科学研究工作。担任院长期间，他承担了长江三峡工程泥沙问题的论证、黄河小浪底枢纽工程的科研，出版了专著《紊流力学》（下册），发表多篇研究论文，指导多位研

---

① 董凤舞日记，1986 年 5 月 28 日，未刊稿。资料存于采集工程数据库。

究生在泥沙运动领域沿着不同方向深入探索，参加学术会议或出国讲学。

到过窦国仁办公室的人都会注意到，他的办公桌左右两边放着两摞不同的材料，一边是要处理的行政类的文件，一边是科研资料和演算稿纸。他在办公室的状态经常是前脚刚送走来谈事的人，后脚就搬出科研资料，钻进自己的一亩三分地。白天留给他的自由时间毕竟极其有限，他只能更多地利用夜晚从事专业研究工作。窦国仁好喝酒是出了名的，他酒量好，又喜欢喝，习惯每天晚上喝上几杯，一方面是为了驱散白天工作的疲倦，另一方面是借酒让自己兴奋起来，以便开始下半场工作。多少个酒后的夜晚，窦国仁沉浸在公式的推导中，进入简单纯粹的世界，身心松弛下来，精神安然自在，烦心事都抛却到九霄云外。回过神时，往往是下半夜两三点钟，窦国仁带着更深的疲惫睡去，夜复一夜，他的许多成果都是这样拼命作出来的。

窦国仁在任院长期间，向来是严于律己、公私分明。南科院经费条件改善后，给院领导配置了汽车，窦国仁从未因个人私事使用过公车。制定改革试点的奖惩办法时，院领导中正职和副职按同一系数核算奖金，有人提出是否要区分正副职，院长理应多拿一些，也被窦国仁否决。在窦国仁的带领下，南科院在改革中严守财务规范，廉洁奉公，牢牢守住了底线，保障了改革的成功。当时担任南科院办公室主任的光富根说，南科院的科技体制改革历程中，没有一人犯过经济错误，这也是改革的成功之处。[①]

窦国仁当时虽已是名满天下的水利学家，又高居院长之位，但他毫无领导架子，能和院里普通的职工打成一片。无论是课题组同事、学生还是车队师傅，都和他很亲近，有时还会到他家里蹭饭。窦国仁与胡又的交往便是其中一例。胡又是下乡知青，高中生，"文化大革命"后期被招到南科所，因为家庭出身问题（地主），一直被歧视，比较自卑。后来胡又被分配到葛洲坝工程泥沙试验模型上，由于做事用心、勤奋好学，引起了窦国仁的注意。窦国仁积极鼓励他自学水利知识和高等数学，并没有因为他基础不好而忽视他。有一次胡又向窦国仁请教"最小二乘法"的用法，窦国

---

① 光富根访谈，2018年9月，南京。资料存于采集工程数据库。

仁随即放下手头工作，给他讲解原理并一步步将公式推导出来。胡又进步很快，对窦国仁更是从学识到人品都非常钦佩，成为他最为忠实的追随者。窦国仁任院长后，胡又担任院办秘书科科长，做事尽心尽力，帮窦国仁处理各类杂务。窦国仁卸任后，胡又成为他的院士秘书，协助处理工作事务，为他节省了大量时间和精力。胡又很崇拜窦国仁，积极钻研他的学说，为他写传记、写报道，用心珍藏他的论文手稿、笔迹、照片，也与他的家人结下了深厚的情谊。窦国仁虽然身为院长，但没有把自己当个"官"，他的平易随和赢得了众人的亲近，生活和工作中有很多忠诚的朋友。

　　窦国仁是以科学家的身份在科研生涯的巅峰期担任院长职务，挑起繁重的改革重担的。作为一线科研人员，他非常清楚旧有科技体制的弊端，了解科研人员的需求，尊重科研规律，更好地把握了改革的方向，制定出了切实有效的改革办法。窦国仁以一颗科学家的赤子之心，目标专一、坚持不懈地推动办法落地生根，但他最宝贵的科研时间却被大量行政事务占用。尽管夜里加班做研究，并完成了一些重大科研项目和科学发现，但对于他这样一位顶级科学家来说，如果这十年时间未曾受行政事务分散精力，结果又会怎样？这已是无法回答的假设。窦国仁并不后悔，这十年是一段难得的生命历程，他全力以赴，与改革时代同行，在科研之外也大放异彩，结出累累硕果。

第十章
科研攻关：黄河小浪底工程与高含沙水流研究

　　小浪底工程是黄河干流上的控制性工程，在前期论证阶段，窦国仁积极支持兴建小浪底工程，并指出工程的主要功能应是防洪，兼顾其他效益。为了研究并解决小浪底枢纽泥沙淤积问题，窦国仁对高含沙水流运动规律开展了系统攻关，进而提出了能够同时满足清水和高浓度含沙水流的模型相似律，并开展模型试验。在小浪底全沙物理模型上，窦国仁针对 5 项问题开展了多组试验研究，预测了工程建成运行后水沙环境的变化，为工程建设提供了依据。1991 年，窦国仁当选中国科学院学部委员，大江大河上的一座座水利工程是他在工程建设领域的丰碑。

支持兴建小浪底水利枢纽

　　黄河是中华民族的母亲河，是"四渎"之宗、百水之首，以奔腾不绝的河水与其所滋养的两岸肥沃的土地孕育了中华文明。黄河又是一条多灾多难的河流，历史上频繁的泛滥、决堤、改道，留下了一幕幕农田荒芜、城池湮没、难民载道的惨景。中华人民共和国成立后，毛泽东主席考察黄河时指示："要把黄河的事办好。"其后经过持续治理，到 20 世纪 80 年代初，黄河连续 30 多年安澜，为国家建设和人民生活提供了安定环境。

然而，黄河的水患、泥沙问题并没有得到有效控制，下游河床继续抬高，洪水威胁仍然很严重。九曲黄河万里沙，河水携带着黄土高原的泥沙顺流而下，淤积在中下游河段，千百年来，形成著名的地上悬河。当时黄河滩面已比新乡市地面高出 20 米，比开封市地面高出 13 米，比济南市地面高出 5 米，利害攸关自不待言。1963 年的海河大暴雨、1975 年的淮河大暴雨及引发的大洪水，为黄河防洪敲响了警钟，倘若类似暴雨降在黄河三门峡到花园口，造成的后果将是灾难性的。

黄河大堤是防洪的重要屏障，但堤身隐患、险点难以根除，年年处理、年年出险，每到汛期，大堤管涌、塌陷等险情时有发生。由于下游河床逐年淤积抬高，即使不考虑提高防洪标准，下游堤防也需 10 年左右加高一次，修堤负担很重。根据黄河下游第四期堤防加固、河道整治设计，概算投资达 35 亿元，工期长达 10 年，被群众戏称为"十年修一次，一次修十年"。随着堤防日益加高，一方面工程越来越艰巨，投资越来越大；另一方面堤防越高越险，决口的危险也越大。单纯采取加高堤防的方案来防洪，下游地上悬河形势将更加险恶，防洪局面将更为严峻。

1982 年 9 月，在中共第十二次全国代表大会上，河南省代表提出加快修建小浪底水利枢纽工程的建议。小浪底水利枢纽坝址所在地南岸为孟津县小浪底村，北岸为济源市蓼坞村，是黄河中游最后一段峡谷的出口，控制流域面积 69.4 万平方千米，占黄河流域面积的 92.3%，控制黄河 87% 的天然年径流总量及 100% 的黄河泥沙。在该处修建水利枢纽工程，可有效控制上游洪水，并可发电、供水、灌溉综合兴利，这一建议得到中央领导的高度重视。[①]十二大以后，经赵紫阳总理亲自批示，国家计委和中国农村发展研究中心在北京组织召开小浪底工程论证会，召集相关专家和领导专题讨论小浪底工程。窦国仁参加了论证会，支持小浪底工程并就泥沙问

① 实际上，早在 1955 年全国一届人大二次会议一致通过的《关于根治黄河水害和开发黄河水利的综合规划的决议》中，按照规划，在黄河干流由上而下共布置的 46 座梯级工程里，就包括小浪底工程。随后二十余年，小浪底工程作为解决黄河下游防洪和水资源开发问题的重大措施，先后开展了坝址勘测和前期论证工作，黄河委员会和河南、山东等省则积极推动工程落地实施。

题发表看法。

1983 年 2 月 28 日至 3 月 5 日，为期 6 天的小浪底工程论证会在北京召开。窦国仁应邀作为南科院专家代表参加会议。会议规格很高，国家计委主任宋平，副主任何康、吕克白，国家经委副主任李瑞山，中央书记处农村政策研究室主任杜润生，中国农村发展研究中心副主任郑重、杨珏、吴绍文，水电部部长钱正英、总工程师冯寅，黄河水利委员会顾问王化云，长江流域规划办公室顾问林一山，以及国务院有关部委、科研单位、高等院校，陕、晋、豫、鲁四省水利部门负责人，知名水利专家、教授、学者等近百人参加了这次会议。

在参会前，窦国仁收到了中国农村发展研究中心寄来的文章《开发黄河水资源为实现四化做贡献》，[1] 并要求他对小浪底工程提出书面意见。文章的作者叫王化云，是推动小浪底工程上马的关键人物，[2] 这篇文章写好后即呈送给赵紫阳总理并获得批示，因此会务组将它作为此次会议的基本材料供大家讨论。

王化云在文章中回顾了新中国成立以来的治黄成就，分别从防洪、供水、发电、引水灌溉和泥沙利用等几个方面论述了兴建小浪底水利枢纽的必要性，可谓面面俱到。关于泥沙淤积问题，王化云认为小浪底水利枢纽建成后，"可以利用它七十多亿立方米的死库容调节拦蓄泥沙，在小浪底坝下引用清水，一个时期（十五）内，不须解决沉沙问题"。

窦国仁结合这篇文章，首次就小浪底工程提出系统看法，撰写了《对修建小浪底水库的几点意见》。窦国仁旗帜鲜明地支持修建小浪底水库。他指出，虽然中华人民共和国成立后治黄工作已取得巨大成就，但由于黄河泥沙在下游不断淤积，持续抬高"悬河"河床，华北广大地区仍然面临洪水的严重威胁，"因之解决下游防洪问题，应当放在治黄工作的首位"，而单纯依靠加高大堤防洪是行不通的，所以要修建以防洪为主要功能的小浪底水库。

窦国仁认为，小浪底水库的主要功能和定位应该是防洪，其他功能只

---

① 王化云：开发黄河水资源为实现四化做贡献．《人民黄河》，1982 年第 6 期，第 2–5 页。

② 王化云：《我的治河实践》．郑州：黄河水利出版社，2017 年。

应是兼顾：

> 小浪底水库是一项有效的防洪工程措施，其总库容达 127 亿立方米，其中死库容 70 多亿立方米，调节库容近 50 亿立方米。利用其巨大库容，可以免除黄河下游特大洪水的威胁。单从防洪这一点看，小浪底水库就应当尽快兴建，而且应当明确，修建小浪底水库主要是为了防洪，防洪是其首要任务。当然小浪底水库还有许多效益，这在王化云同志报告中已经说明。由于黄河泥沙多，如在运用上不加控制，小浪底水库完成后很快就会使防洪效益降低。因之在泥沙问题未获得妥善解决之前，其他兴利要服从于防洪，即应尽量减少死库容的淤积，使其尽可能长地保持巨大的防洪库容。……小浪底水库有很大的综合效益，应当发挥，但在发挥这些效益时必须首先保证防洪效益。如果宁肯牺牲一些其他效益（不是不要其他效益），使小浪底水库在 50 年内担负起解除黄河下游洪水威胁的任务，是有可能的。[1]

对于小浪底水库的泥沙问题，窦国仁与王化云的看法不同。他指出，泥沙问题关系重大，始终要认真对待、加强研究：

> 从小浪底水库的规划设计开始，特别是从小浪底水库运用的第一天起，就要认真对待泥沙淤积问题。如果我们任其淤积，小浪底水库完建后 10 年内就有可能使其防洪能力大大降低，从而失去解除黄河下游洪水威胁的重要手段。那时再回过头来加高大堤防洪，绝非良策。……在泥沙问题未很好解决之前就急于充分发挥其他效益而使库容迅速减小，将得不偿失。[2]

总之，窦国仁支持小浪底工程尽快修建，认为"如果举棋不定，延误时机，在大洪水出现之前未能建成小浪底水库，将成为历史上的憾事"。

---

① 窦国仁：对修建小浪底水库的几点意见。1983 年，未刊稿。资料存于采集工程数据库。
② 同①。

图 10-1　窦国仁对修建小浪底水库的意见和建议

他最后建议，小浪底工程能否实现预期效益，关键在于泥沙问题能否得到妥善解决，应当将解决小浪底水库的泥沙问题作为重大科研项目，组织国内有关单位联合攻关。窦国仁的书面意见被列为"小浪底水库论证材料之二"在会议上印发。

小浪底水库论证会第一天由国家计委主任宋平主持，他首先强调了这次论证会的任务和重大项目前期工作的重要性。他指出，小浪底工程是国家拟定的279个重大勘测设计项目之一，这次会议就是要吸取以往的教训，做好项目的前期工作，把小浪底水库建设放在整个黄河治理与开发中去考虑，做全面切实的分析，把不利因素和有利因素分析透，为中央领导决策提供实际的科学依据。随后，会议分五个主题小组同步进行讨论。大多数代表都赞成兴建小浪底水库，认为小浪底水库对于解决黄河下游防洪问题是完全必要的。

窦国仁充分听取专家们的介绍和讨论后，作了"抓紧泥沙研究，争取尽快兴建以防洪减淤为主的小浪底水库"主题发言。对小浪底水库对下游河道减淤作用作了补充论述。他指出：

> 小浪底水库具有巨大库容，位置适当，不但可以解除下游洪水威胁，而且也是水土保持发生效用前解决下游淤积的重要工程措施。……根据前阶段各单位进行的大量研究工作，已提出了一些通过小浪底水库解决下游淤积问题的途径与设想方案，例如通过调水调沙，利用高浓度泥沙进行较长距离输送和放淤，这是一项值得重视的措施，需要认真对待和研究。三门峡水库改建后进行蓄清排浑的调水调沙经验，也为解决下游淤积问题提供了前景。人造洪峰在解决下游

淤积问题上的效果，是显著的，也需要进一步研究，如何有效利用死库容来减轻下游淤积，更是一项值得深入研究的课题。①

通过几天的会议交流学习，窦国仁迅速拓展了对防洪的认识，防洪也可以通过减淤来实现，而减淤最终也是为了防洪，准确抓住了小浪底泥沙问题的关键前沿。为尽快落实各项问题的研究，窦国仁提出两条具体建议：其一是他在之前"意见"里提出的，围绕小浪底水库组织泥沙问题的科技攻关；其二是建议进行泥沙模型试验。他说：

> 已经使用的研究手段和各项分析途径，确实需要且应继续进行，但是泥沙模型试验也是研究小浪底水库减淤措施的一项重要手段。不进行模型试验，各项解决泥沙问题的具体措施就很难落实下来，对水库工程的布置也不易确定恰当。如果有一个能反映客观实际情况的泥沙模型，就可以进一步研究各种减淤措施，使各措施充分发挥内在潜力，也可以避免一些重大失误。如果修建三门峡水库时能有这样一个模型，修建后出现的严重淤积问题就可以预先暴露出来而加以解决。②

同时，窦国仁也指出黄河泥沙问题之复杂，进行泥沙模型试验十分困难，在理论和实践上均有很多问题需要研究解决，"因而如何进行这种泥沙模型试验，本身就是一项重大研究课题，需要一定的时间"。他建议将如何进行黄河泥沙模型试验作为攻关的重点，"这个问题的解决为落实减淤措施，延长小浪底的减淤年限提供有效的研究手段"。窦国仁在提出这个攻关问题时，既是出于解决实际问题的需要，更有破解科学难题的动力驱使。小浪底工程中那些难解的问题和未知的科学规律，使他感到兴奋。

---

① 窦国仁：抓紧泥沙研究争取尽快兴建以防洪减淤为主的小浪底水库。1983 年，未刊稿。资料存于采集工程数据库。

② 同①。

小浪底坝址往上 130 千米处便是三门峡工程，由于三门峡工程兴建—淤积—改建的教训殷鉴不远，在这次论证会上，也有专家对小浪底工程持审慎态度，包括张含英、张瑞瑾、崔宗培、张光斗、刘善建等具有影响力的学者，认为必须在充分研究的基础上，把小浪底放在治黄全面规划中统盘考虑，只有在防洪减淤确保能取得较大利益时才能上马。还有同志提出研究其他替代方案，或从不同角度提出反对兴建小浪底水库的意见，但总的来说争论和分歧比三峡工程要小得多。窦国仁对小浪底泥沙问题的解决充满信心。原因有三方面，一是他此前的研究经验使他对新的课题有大致的评估；二是三门峡的成功改建和调水调沙为小浪底提供了参照；三是他对当时中国泥沙研究的整体水平的自信。正如他在会议上讲道：

> 我国具有丰富的治黄经验，也有很多单位长期从事泥沙研究工作，具有不少水平较高的科技人才和人数众多的科技队伍。如果有强有力的领导，组织得当，各单位通力合作，解决好小浪底水库的泥沙问题是可能的。[1]

会后，宋平、杜润生等将会议总结《关于小浪底水库论证的报告》呈报给国务院，报告指出，解决下游水患确有紧迫之感，"小浪底水库处在控制黄河下游水沙的关键部位，是黄河干流在三门峡以下唯一能够取得较大库容的重大控制性工程，在黄河治理中具有重要的战略地位，兴建小浪底水库，在整体规划上是非常必要的"。报告同时认为与会同志提出的一些问题也值得重视，目前还没有得到满意的解决，难以满足立即作出决策的要求。[2]

小浪底水利枢纽随后进入了更为深入的可行性研究论证阶段。

---

① 窦国仁：抓紧泥沙研究争取尽快兴建以防洪减淤为主的小浪底水库。1983 年，未刊稿。资料存于采集工程数据库。

② 黄河水利委员会：《人民治理黄河六十年》。郑州：黄河水利出版社，2006 年，第 291–293 页。

高含沙模型相似理论研究与设计

小浪底水库论证会结束后，相关技术人员又作了大量补充论证、设计和评估。1986 年 10 月，赵紫阳总理指示："我认为对小浪底工程不要再犹豫了，该下决心了。"1987 年 1 月，国家计委审查通过了《黄河小浪底水利枢纽工程设计任务书》和中国国际工程咨询公司对任务书的评估意见，同意进行小浪底工程建设，并向国务院写了请示报告。请示获得批准，小浪底工程的科研也进入新阶段。

1988 年，受黄河水利委员会设计院的委托，窦国仁领衔的南科院团队承担了黄河小浪底枢纽模型可行性研究。课题的任务是研究在模型中演示黄河水流泥沙是否可行，首先是要找到模型相似律，并根据相似律设计模型。

黄河的特殊之处在于其极高的含沙量，元代有《黄河行》唱道："吁嗟雄哉！其水一石，其泥数斗。"根据中华人民共和国成立后实测资料，黄河多年平均含沙量为 37 千克／立方米，最大含沙量达 900 千克／立方米，是长江的 50—100 倍。量变引起质变，当河水含沙量达到一定数值后，水流便不再遵循牛顿流体的运行规律，这种高含沙浑水的流变方程一般符合 Bing Han（1922）提出的方程式，因此被称为宾汉流体。以往在长江上获得的关于低含沙、牛顿流体的运动规律，对于黄河不再适用。

高含沙流体的特性与规律在当时几乎是一片荆棘丛生的原始森林，仅有少数人涉足至此。窦国仁面对这种情况总是难抑兴奋，一头扎进了这项研究。他从高浓度流体最基本的物理特征和力学特性出发，展开了理论分析和公式推导，并配合水槽试验和花园口段实测数据进行验证。透过一沓沓长达数页、数十页的公式和数十组水槽试验，泥沙极限浓度、宾汉极限切应力、宾汉体刚度系数、泥沙群体沉降、高浓度浆河出现的条件、高浓度挟沙能力、高浓度时均流速、高浓度阻力等规律一一呈现出来。由于同时将模型沙电木粉也纳入研究，窦国仁指出这些规律既适用于黄河泥沙也适用于电木粉。物理、数学分析和水槽试验像窦国仁手中两把锋利的斧头，将覆盖在高浓度流体现象上的荆棘杂草砍去，露出了它的泥沙特性、流动特点和输沙规律等真实的面貌，相关特征值的计算公式的建立，为确定物理模型各种相似比尺奠定了基础。

得到以上认识后，要想进一步获得小浪底泥沙模型相似律，还需要考虑小浪底河段具体条件。黄河泥沙具有含沙量高且年际、年内变幅大，粒径细，洪峰猛涨猛落等特点。小浪底河段由于受上游水库调节径流的影响，尤其是三门峡水库的"蓄清排浑"的运用，其汛期含沙量增加，非汛期含沙量减少或完全为清水。进入小浪底水库的水流，有时是一般挟沙水流，有时又属于高浓度泥沙流。因而在研究小浪底泥沙模型相似律时，它除了要满足常规的（低含沙、牛顿流体）相似准则外，还需要满足高浓度（宾汉流体）泥沙输移相似。换言之，需要得到一个能够统一两者的更高层级的相似规律。

接下来，窦国仁又进行步步推进的理论分析和公式推导，得出在满足一定条件时，可以实现水流相似和泥沙运动相似，确定了模型相似律。关于小浪底模型的比尺，窦国仁建议取水深比尺为1：50，平面比尺为1：120，是一个变率为2.4的变态模型，建议以电木粉为模型沙，并给出了模型沙级配、不同含沙量时浑水容重比尺、扬动流速比尺和模型冲淤时间比尺，等等。按照窦国仁的设计，这个模型可以复演原型含沙量从0到500千克/立方米的情形，在此范围内能满足各种相似要求！[①]

至此，窦国仁已从理论上初步解决了在模型上复演高浓度输沙的问题，达到了可行性研究的预期目标。当然，由于高浓度输沙模型在操作上极为困难，真正付诸实施仍是一项巨大的挑战。

1990年3月16—18日，水利部科教司主持了小浪底水利枢纽进水塔防沙、防淤堵试验研究工作会议。会议指出，黄河泥沙问题十分复杂，进水塔的防淤堵问题又是工程成败的关键。中国水利水电科学研究院和黄河水利委员会水利科学研究所正各自开展以粉煤灰作为模型沙的1：100的浑

---

① 河8912，窦国仁、王国兵，黄河小浪底泥沙模型可行性研究，1989年3月。存于南京水利科学研究院档案室。

水整体模型试验，但不同的模型沙都有一定的局限性。因此，同意请南科院以电木粉为模型沙作一个比尺为1∶80的浑水整体模型，以便与其他两个试验相互验证和对比。同时指出，由于今后黄河的来水来沙条件、库区冲淤变化都十分复杂，在试验中除要反映一般的常规条件下的结果外，特别需要着重研究在各种可能的极端情况下出现的不利现象。如不同的库区淤积阶段；不同的来流方向和形态；入库发生高含沙水流；保持进水塔前不被淤堵的临界泄流量；关闭排沙、泄洪洞后的进口进沙淤堵状况及其与关闭时间的关系；冲刷淤堵的临界条件；发生异重流的临界条件及其对进口的影响；等等。要求以上内容在三个浑水模型中同时进行，以便对比和验证。①

根据这次会议精神，黄河水利委员会设计院邀请窦国仁和中国水利水电科学研究院、黄河水利委员会水利科学研究院同志共同商定了试验研究的具体内容、要求和一致的条件。1990年5月，黄河水利委员会分别同三家单位签订了"小浪底水利枢纽进水塔防沙防淤堵浑水整体模型试验研究"任务书和合同，约定了工作内容和完成时间。

窦国仁在接受这项试验任务后立即组建试验小组，骨干成员包括王国兵、王向明、于为信、高亚军、韩信、刘兰芳等人，叶坚、陈晓真、王建中、谢瑞等人也参加了试验研究。他们在窦国仁的带领下，全力投入紧张工作，一边结合具体资料确定模型相似律、进行模型设计，一边组织人员开始清理场地，准备制作模型。窦国仁从水流相似、挟沙能力相似、沉降相似、起动相似、异重流相似、高含沙水流的流态相似等方面进行了细致分析和公式推导，给出了小浪底泥沙模型各项比尺值。按照要求，模型为1∶80正态模型，上起大峪河口，下至小浪底，天然河段长约4000米，模型长约50米。为了在模型中准确复演河床地形和糙率，黄河水利委员会还安排郑州水文总站于1990年6—9月在小浪底河段进行水文泥沙和河床地形测量，获得河床冲淤变化的详细资料，为模型验证试验提供可靠数据。

1990年10月，试验团队完成了模型制造及设备安装；11月，完成了

---

① 小浪底水利枢纽进水塔防沙、防淤堵浑水整体模型试验研究任务书，1990年5月。存于南京水利科学研究院档案室。

清水验证试验；12 月，开始浑水预备试验。1991 年 5 月完成了全部验证试验。验证试验表明，按照全沙模型相似理论设计的小浪底泥沙模型，可以保证模型中的水流条件、含沙量分布、悬沙级配、河床在时间上和沿程的冲淤规律、冲淤数量以及淤沙粒径等均与原型基本相似。这为今后在模型中研究和解决小浪底枢纽前的泥沙问题提供了可靠的手段。

窦国仁关于高含沙水流模型理论和试验研究，是泥沙研究的一次新突破。他推导出的有关高含沙水流运动规律的公式和适用于各种含沙量的挟沙能力公式，不仅可以应用于含沙量不大的长江，也可以应用于含沙量很大的黄河，推广了全沙模型相似理论的应用范围。在一个模型上实现了同时复演由低到高的含沙水流的运动规律及其引起的冲淤变化，也属世界首创。

模型试验解决小浪底泥沙问题

在完成验证试验后，试验小组在模型上建造了拦河坝，安装了小浪底枢纽建筑物，模拟工程完建后的情况。根据枢纽建筑设计，进水塔由 6 个发电洞、3 个明流洞、3 个孔板洞和 3 个排沙洞组成，这些洞口按照一定比例缩小后，安置在模型上。小浪底枢纽建成初期，在汛期将以 205 米低水位运行，这一阶段坝区的泥沙淤积情况和变化规律是需要首先研究清楚的。因此，窦国仁在模型上所做的第一个试验便是研究"小浪底枢纽 205 米低水位运行时期坝区泥沙问题"。通过两组各三年系列试验和淤积平衡试验，试验小组查明了坝区流态变化、枢纽过沙规律和底孔淤堵问题。在模型中，他们观察到坝区河床中慢慢形成的深槽，以及进水塔前的小漏斗地形，进一步分析了深槽的形成过程和纵剖面及横断面的变化规律、小漏斗的变化规律。这些认识为枢纽初期运行调度和防淤提供了依据。

在经过初期低水位运行后，小浪底枢纽蓄水位会继续抬高。和三门峡一样，小浪底为了保持有效防洪兴利库容，必须采用蓄清排浑的运用原则。黄河泥沙主要集中在汛期，为有利于排沙，汛期将降低水位运用，非汛期正常蓄水位 275 米（坝顶高程 281 米），汛期正常高水位为 254 米，汛期正常低水位 230 米。也就是说，汛期坝前水位将在 230 米到 254 米之间来回升降，水位差 24 米。要知道，黄河的泥沙会随着水位的上升而抬高淤积，即枢纽上游必然出现"水有多高沙有多高"的局面，势必在汛期水位变化条件下形成"高滩深槽"的河床地形。对于这种地形形成过程的研究，将有助于解决这一阶段坝区泥沙问题。为了对坝区形成高滩深槽过程有比较系统的了解，试验小组进行了第二项试验。试验从空库开始，经过 205 米运用阶段，将蓄水位逐步升高至 254 米，其后再下降至 230 米，共模拟了 21 个水沙系列年。根据试验数据和模型中出现的结果，试验小组分析了蓄水位上升过程和下降过程中坝区流态、水面比降、流速和含沙量的变化规律以及枢纽过沙规律，明确了河床冲淤规律和河床形态变化规律，特别是有关大漏斗和小漏斗的变化规律。

在此之后，试验小组又进行了常规试验，即通过不同流量和含沙量组合，在不同蓄水位下河床达到冲淤平衡后，研究水流和泥沙运动规律及河床形态变化。试验是在模型已形成相对平衡的高滩深槽地形上进行的，采用了 5 种流量和含沙量的组合，共进行了四组 18 个组次的试验。分析了坝区水流流态、水面比降、淤沙粒径及枢纽过沙规律；阐述了不同水沙条件下坝区河床形态的变化规律。

为了更深入了解进水塔中排沙洞和孔板洞等底孔的淤堵问题，试验小组在模型已形成相对平衡的高滩深槽的地形上进行了小浪底枢纽防淤堵问题试验。他们通过对水沙条件的严格控制，取得了进水塔各洞口的含沙量和粒径级配分布资料，小漏斗和大漏斗的有关数据以及洞口淤沙高程与洞口启闭时间和流量的定量关系。根据试验资料得到的洞口淤堵规律，窦国仁等人明确了洞口淤堵的临界淤沙高程，并对洞口的启闭调度提出了防淤堵措施方案，包括不同蓄水位下合理的启闭天数、泄流量要求等。这项成果为设计和管理部门提供了可靠依据。

此间，窦国仁还对小浪底枢纽的异重流进行了专门试验研究。这与坝区河床形态和防淤堵研究息息相关。在明确了枢纽上游将形成高滩深槽的河床形态后，他们重点探索在这种形态下高含沙异重流能否形成、如何形

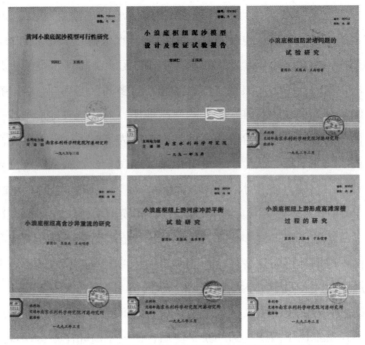

图 10-2　窦国仁等人关于小浪底研究的试验报告（南科院档案室提供）

成，其排沙效果如何，对河床形态有哪些影响。该项试验是在模型中已经
形成高滩深槽的基础上进行的。共做了三组试验。根据试验资料，他们明
确了在高滩深槽条件下通过升高水位仍能形成高含沙异重流，得到了其形
成指标，提出了预测方法，并分析了高含沙异重流的特点和输沙规律及其
对河床形态的影响。

　　以上 5 项试验研究全部在 1991—1993 年初完成，于 1993 年 3 月同时
提交 5 项研究报告。钱正英部长非常关心小浪底枢纽的泥沙试验工作，她
指名让窦国仁负责小浪底水利枢纽进水塔防沙、防淤堵浑水整体物理模型
试验研究。在试验进行期间，有一次她利用星期日直接到模型上查看试验
情况，对窦国仁说："我这次是专门来看小浪底试验的，不要和院里其他人
说。"她在模型上一站就是一下午，详细询问泥沙对枢纽进水塔的影响以
及防淤堵措施是否有效，仔细听取窦国仁的介绍。[1]

---

① 窦希萍：一片冰心在玉壶。2018 年，未刊稿。资料存于采集工程数据库。

通过对小浪底水利枢纽泥沙问题的研究，窦国仁使中国在高含沙水流的理论研究、模型研究和试验技术上都走在了世界的最前列。随后，窦国仁将其中 2 篇研究报告编写成论文发表在《人民黄河》上，又在《黄河小浪底工程泥沙问题的研究》一文中对该项工作的研究与认识作了全面系统的梳理介绍。值得一提的是，这些报告和论文所征引的参考文献几乎全部是窦国仁自己的成果——他沿着这个方向迈出的每一步脚印都是全新的，没有前人的履迹可追寻。

围绕小浪底工程的科研实践，窦国仁又提炼出一系列基础科学问题，将水流结构的研究继续向前推进。高浓度宾汉流体的运动规律与牛顿流体不同，其紊流特点需要重新认识。窦国仁与学生黄亦芬对均质高浓度紊流的时均结构和阻力系数，及其从层流向紊流的过渡及紊动强度进行了研究。他与学生王国兵合作，对含沙高浓度层流的浆河及间歇流、宾汉极限切应力等问题进行了研究。与万声淦合作撰写了《挟沙水流紊动结构》。这一时期，他还指导学生叶坚对一种新的紊流模型 k-ε-S 模型及其应用进行了系统探索。这些都属于基础科学理论的探索。

窦国仁开展的基础理论研究，总与工程建设实践和解决生产问题有着紧密联系。他的科学问题的来源主要有两类：一类是为了解决生产实践中的问题，必须在基础理论或方法上进行的研究和突破；一类是从生产实践中发现新经验、新现象，从中提炼科学问题，升华到理论层面的认识。窦国仁非常善于在生产实践和理论研究之间的相互转化，实现二者的双向循环，使他既善于解决实际问题，又能在基础理论上不断作出创新和发现。这是他显著不同于一般工程师或科学家的地方。

又一座丰碑屹立

1991 年 4 月，七届全国人大四次会议将小浪底水利枢纽工程列入我国国民经济和社会发展十年规划和第八个五年计划纲要，确定在"八五"期间开工建设。会议闭幕后，成立黄河小浪底水利枢纽工程建设准备工作领导小组，全面负责小浪底工程建设准备工作。9月1日，小浪底枢纽前期工程破土施工。

1994年9月12日，李鹏总理亲临小浪底水利枢纽工程施工现场，宣布小浪底水利枢纽主体工程正式开工。2001年年底，小浪底主体工程全面完工。2009年4月7日，工程顺利通过竣工验收。

小浪底工程是"国之重器"，它的建成，是集规划、科研、设计、施工、建设管理各领域才华和智慧结晶的结果。小浪底工程建设难度是巨大的，正如一位参与者所说，"几乎所有水利水电工程出现的难题，在小浪底都遇到了"。而这些难题都被中国水利建设者一一攻破，取得了一系列令人瞩目的成就，创下了"六大世界之最""八大中国之最"，积累了宝贵经验。其中，高含沙河流泥沙问题的研究与解决无疑是至关重要的。

在小浪底水利枢纽管理中心的网站上，介绍了小浪底水利枢纽建设成就与经验，技术成就的第一条便是"合理拦洪排沙、综合兴利的规划思想取得了成功"。其中写道：

> 借鉴三门峡水库蓄清排浑运用的成功经验，按照合理拦排，综合兴利的规划思想，以防洪和减淤为主要开发目标，合理规划小浪底水库126.5亿立方米的总库容，既能使下游河床20年不淤积抬高，又可保持51亿立方米长期有效库容，汛期防洪调水调沙，非汛期蓄水兴利，使小浪底水利枢纽能够长期发挥作用。

自小浪底工程投运以来，发挥了巨大的社会效益、经济效益和生态效益，为保障黄河中下游人民生命财产安全、促进经济社会发展、保护生态与环境作出了重大贡献。2022年，一部名为《300秒30年：一份来自小浪底的述职报告》的视频在网上流传，视频用"一秒钟"介绍了小浪底建成运行后的功效："一秒钟，能够澎湃5100方碧水，用甘露滋润华夏；一秒钟，能够喷涌817吨泥沙，全力遏制河床抬高；一秒钟，能够拦蓄8200方洪水，抚平狂澜保安澜；一秒钟，能够输出633度清洁能源，点亮万家灯火；一秒钟，能输出 5000 个负氧离子，为绿水青山送上黄河的礼赠。"有人说，小浪底工程建成后，黄河变成了清河，大禹以来上千年未竟的治河梦至此梦圆。小浪底已然是水利人建成的又一座不朽丰碑。

图 10-3　1996 年窦国仁获得的水利部科技进步奖一等奖证书

窦国仁关于黄河小浪底枢纽泥沙问题的研究成果获得 1995 年水利部科技进步奖一等奖。获奖评价是这样写的：

> 本项目较系统地研究了原型泥沙和模型泥沙的基本运动规律，首次系统地提出了适用于低含沙水流又能复演高含沙水流的泥沙模型相似律，给出了形成高含沙异重流的预报方法，提出了防止底孔被堵的具体措施。
>
> 该成果总体上达到国际先进水平，在高含沙水流模型理论与设计方面居国际领先地位，研究成果已用于工程设计。①

如今，黄河小浪底水库泥沙研究还在继续，窦国仁当年在试验模型中实现的预演和分析预测也一再得到证实。②通过小浪底工程泥沙研究，他既将科学界对高含沙水流的认识边界向前拓展，扩大了全沙模型相似律的适应范围，又将成果落地到造福后世的工程，进一步实现了科学报国的梦想。这同样也是他科研和人生道路上的一座丰碑。

---

① 中国农业年鉴编辑委员会：《中国农业年鉴 1996》。北京：中国农业出版社，1996 年，第222 页。主要获奖人为窦国仁、王国兵、王向明、于为信、高亚军、韩信。

② 可参见研究成果：张欣等：小浪底枢纽进水塔前允许淤沙高程值研究。《黑龙江水利》，2015 年第 11 期；王婷等：小浪底水库运用以来库区泥沙淤积分析。《人民黄河》，2018 年第 12 期；王普庆：小浪底水库运用初期库区泥沙淤积分布特征。《人民黄河》，2012 年第 10 期。

当选中国科学院学部委员

1991 年，中国科学院迎来"文化大革命"结束后的第二次增选，窦国仁顺利当选为学部委员，也就是中国科学院院士。

中国科学院自 1949 年成立后，成为国家最高学术研究与管理机关，荟萃了当时最优秀的科学家，1955 年学部成立，产生第一批学部委员，1957 年新增选了一批委员。"文化大革命"中，学部被迫停止活动，学部委员再未增选。1979 年，中国科学院学部恢复活动，于 1980 年新增选了 283 位学部委员。新当选的学部委员都是国内科学精英和学术权威，代表着他们所在领域的最高水平。然而自此之后的十年内，亦没有再增选学部委员。1990 年，中国科学院与国家科学技术委员会向国务院请示新增选学部委员，国务院于当年 11 月 16 日批示：增选学部委员工作，今后每两年进行一次，逐步使增选工作制度化、规范化。

接到批示后，中国科学院随即着手学部委员的增选工作，将任务分派到各学部。随后是紧张有序的组织推荐和选举工作。鉴于窦国仁在泥沙及河流动力学领域的突出成就，中国水利学会推荐他为技术科学部候选人，并将精心准备的《中国科学院学部委员候选人推荐书》报送到该学部。这份推荐书是窦国仁学术成就的阶段性总结，介绍其主要成就与贡献如下：

1. 较为全面系统地发展了泥沙运动理论

对泥沙运动理论中的所有主要问题均进行了较为深入系统的研究。例如：阐明了泥沙颗粒沉降阻力与分离角的关系，从而建立了粗、细颗粒泥沙沉降速度的统一公式；研究了床面泥沙颗粒受力情况，特别是薄膜水的作用，从理论上导出了粗、细颗粒泥沙的起动流速公式；通过对泥沙运动的动力分析、随机分析和能量分析，分别导出了推移质输沙率公式和悬移质挟沙能力公式，并进一步得出了不均匀沙的挟沙能力公式；提出了河床最小活动性假说，导出了平原冲河流和潮汐河口河床形态有关公式；建立了河流和潮流非饱和输沙方程式，为发展一、二维泥沙数学模型奠定了基础；导出了更为全面的固液二相流连续方程式、运动方程式和能量方程式；提出了最大含沙浓度与级配有关的概念，从而导出了高含沙水流基本特性和基本运动规律的关系式。上述泥沙运动理论成果，在国内外均有较多介绍和应用。

2. 解决了全沙物理模型和二维全沙数学模型的关键技术

在许多河流中，如长江中，既有悬沙又有底沙和卵石推移。在一个物理模型中同时复演悬沙、底沙包括卵石在内的综合运动，国内外均无先例可循。1973年首先从理论上，其后又通过葛洲坝物理模型试验的实践，成功地解决了全沙模型试验的技术关键，于1978年获得全国科学大会奖。1985年开展了二维全沙数学模型的研究，解决了其中的关键问题，获得了与河道实际冲淤基本一致的结果，从而建立了可供实际应用的二维全沙数学模型，并于1989年获得交通部科技进步奖二等奖。

3. 解决了葛洲坝工程泥沙问题

泥沙淤积问题是葛洲坝工程中需要解决的一项重大关键技术问题。通过全沙模型试验，解决了这一难题。例如，提出了有利于通航、发电、泄洪、排沙的河势规划和枢纽布置，提出了改善航道水流条件、减少航道淤积的工程措施以及减少电厂上、下游淤积和防止粗颗粒泥沙过水轮机措施等。研究成果在设计中已被采用，并获得1980年水利部科技成果奖二等奖。工程建成后，泥沙冲淤情况与模型预报基本相同，防淤减淤工程措施效果良好，从而保证了葛洲坝枢纽的正常通航和发电。葛洲坝二江、三江工程及其水力发电机组获得1985年度国家科技进步奖特等奖，被推荐人因解决了泥沙淤积问题而成为七位获奖者之一。

4. 较好完成了国家"七五"攻关"三峡工程变动回水区长河段泥沙模型试验研究"任务

三峡工程变动回水区的泥沙淤积及其对航运的影响，是三峡工程可行性论证工作中需要研究解决的一项重大关键技术问题。为此，建造了世界上最长的泥沙物理模型（约800米长），研究三峡工程各水位方案的泥沙淤积情况及对航运等影响，为三峡工程可行性论证提供了重要科学依据。经国家科委组织鉴定，研究成果总体达到国际先进水平，部分处于国际领先地位。

5. 创建了河床紊流随机理论

河床紊流随机理论由紊动随机模型、壁面绕流机理和紊动发生概率三部分组成，纠正了关于出现光滑区、过渡区和粗糙区原因的传统概念，阐明不是由于黏滞层对壁面糙率的荫蔽程度不同引起的，而是由于紊流绕过壁面糙率时分离程度不同引起的，比较全面系统地解决了明渠和管道水流和减阻流的脉动结构、时均结构和阻力问题，使由试验得出的著名的尼古拉兹阻力系数图得到了理论上的全面概括。紊流随机理论已被用于解决边界层流和均质高含沙水流。此项成果获得1987年度国家自然科学奖二等奖。

以上内容是对窦国仁此前科研成就的高度概括。在撰写此推荐书时，窦国仁对于高含沙水流和小浪底枢纽工程的研究尚在继续中，因此相关成果未能在其中展示。在中国水利学会的推荐意见中，对窦国仁回国以后的工作和科研成果作了进一步介绍和评价：

窦国仁同志早在20世纪50年代于苏联学习期间就以全优成绩大学毕业，并因研究生论文对泥沙运动理论有较全面的发展，除授予副博士学位外，又破格授予技术科学博士学位，成为我国三位最早获得苏联博士学位者之一。1960年回国后，参加了钱塘江、长江口、射阳河等泥沙淤积问题的研究，对河口治理、闸下淤积原因及解决措施等均提出了高水平成果。70年代他负责长江葛洲坝工程泥沙研究工作，提出了全沙模型试验理论，使泥沙模型成为解决工程泥沙问题的有效手段，获得1987年全国科学大会奖。他通过模型试验提出了葛洲坝工程的河势规划、航道布置以及防淤减淤工程措施，解决了该工程的泥沙淤积问题，保证了该枢纽的正常通航和发电。为此，他获得国家科技进步奖特等奖。80年代他提出了河床紊流随机理论，纠正了一些传统概念，较全面系统地阐明了河床紊流和减阻流的脉动结构、时均结构和阻力规律，并使著名的尼库拉兹阻力系数图得到了理论上的全面概括，为此，他获得1987年国家自然科学奖二等奖。在数学模型方面，他提出的河道二维全沙数学模型获1989年交通部科技进步奖二等奖。他负责的国家"七五"攻关任务"长江三峡工程变动回水区长河段泥沙模型试验研究"，为三峡工程可行性论证提供了重要科学依据，经国家科委组织鉴定，达到国际先进水平，部分处于国际领先地位。当前正在从事国家重点工程"黄河小浪底枢纽泥沙淤积研究"并已取得较大进展。

由于窦国仁同志在发展泥沙运动理论及河床紊流理论方面取得的重大成就和在解决重大工程泥沙问题上的重要贡献，三次获得国家级成果奖，七次获得部省级成果奖，被选为六、七届全国人大代表，首批博士生导师，首批国家有突出贡献的中青年专家，分别被评为全国科技、交通、电力先进工作者，四次被评为部劳动模范或特等劳动模范。其研究成果在国际上有较大影响，曾应邀在美国、苏联、日本、罗马尼亚等国讲学，多次在国际学术会议上作特邀报告，其个人简介被收入国外出版的"科学界名人录""亚澳远东名人录"等五种国际名人录中。

综上所述，窦国仁同志是我国泥沙界中突出的中年科学家，因此我们推荐他为学部委员。

此次中国科学院学部委员选举，推荐名单中共有1079名有效候选人，分别经过300余位学部委员和43个部委、直属机构，26个省、自治区、直辖市的169个研究单位、181所高等院校以及近100个一级学会的推荐和初选，最后经过原有学部委员采用差额无记名投票的方式选举出210名新学部委员，其中技术科学部新增68名。[1]窦国仁顺利当选。1992年1

---

① 我国科学技术界的喜讯：210位科技专家当选新学部委员。《人民日报》，1992年1月4日。

图 10-4　窦国仁获得的中国科学院学部委员证书

月 4 日的《人民日报》《光明日报》等均头版头条报道了选举结果和当选学部委员的个人简介。

与窦国仁同时当选的技术科学部学部委员皆是一时之选，包括广为人知的计算机学家王选、控制论科学航天工程学家宋健、流体传动及控制学家路甬祥、两弹一星元勋孙家栋等。水利类科学家还有另外 2 人当选，他们是水利学与河流动力学家林秉南、海岸与近海工程学家邱大洪。这届院士增选影响很大，俨然是一次国家学术庆典，窦国仁知道自己被推荐到学部，但对评选过程没去关注，结果公布后，他还是感到很高兴的。

工程院院士遴选留遗憾

1991 年的科学院院士增选引起了社会广泛关注，但其候选人需要满足"在科学领域有系统的、创造性的"成就和重大贡献的要求。也就是说，只有科学家才有资格当选，许多在工程技术领域作出重大发明和贡献的工程师、技术专家被挡在门外，难免会有遗憾。在国外，各国为了强调工程技术的地位和作用，以进一步提高综合国力和国际竞争力，先后建立以工程师为主体的国家工程院（或称工程与技术科学院）。自 1919 年瑞典率先成立皇家工程学院后，1937 年丹麦、1964 年美国、1976 年英国、1976 年澳大利亚、1982 年法国、1987 年加拿大、1987 年日本等二三十个国家相继成立了工程科学院，并在 1978 年由几个主要国家发起成立了工程科学院的国际组织——工程与技术科学院理事会（Council of Academy of

Engineering and Technological Science，CAETS）。[1] 以此完善了科技荣誉和奖励体制，充分认可工程技术专家的社会贡献。

自 20 世纪 80 年代开始，一些深悉国际国内情况，有远见的老科学家就开始呼吁中国也要成立自己的工程院，发展工程科技，提高工程师地位，并进行国际交流。此后，又有多位科学家为此积极奔走呼吁，致力于推动工程院的建立。1992 年 4 月，江泽民主席召集部分学部委员座谈。在此次座谈会上，物理学家王大珩发言时动情地说道："我们有很多生产企业的人水平很高，作出了重大贡献。这次我们选的 210 多个学部委员中，只有几个是生产单位的总工程师，还有大量的都没有进来，把这些生产技术的专家们放在外面，我心里很不安。"[2]

这次座谈会不久，来自大学、科学院和产业部门的 6 位学部委员——张光斗（清华大学）、王大珩（中国科学院空间科学与应用研究中心）、师昌绪（中国科学院）、张维（清华大学）、侯祥麟（石油天然气总公司）、罗沛霖（电子工业部）提出了书面形式的"关于早日建立中国工程与技术科学院的建议"。"我们建议从速建立中国的工程与技术科学院，以促进经济建设和国防建设的发展……其成员应是经过挑选的属于国家水平的工程科技人才和对工程技术发展有重大贡献者。当然这也是给当选人员在工程科技方面的最高荣誉。"[3]

经过多位学部委员的持续努力，建立工程院的建议终于得到了中央的肯定与支持。中国科学院也开始筹备工程院工作。为选出建院院士，国家成立了工程院院士遴选委员会，由国务委员、国家科委主任宋健担任主任委员。工程院院士遴选委员会经讨论确定，首批工程院院士人选100 名左右，其中 30 名由中国科学院学部主席团在现有学部委员中经过酝酿协商提出建议名单，要求入选者工程技术背景比较强，并具有一定代表性。

---

① 莫扬：千呼万唤应运而生——中国工程院建院史话。《工程研究－跨学科视野中的工程》，2004 年 10 月期，第 115-128 页。

② 常印佛访谈，2012 年 10 月 23 日，合肥。资料存于采集工程数据库。

③ 同①。

1994 年 2 月，中国科学院学部主席团根据工程院筹备领导小组的委托和要求，先将 30 名名额分配到各学部，由各学部组织酝酿提出人选。各学部都很重视，其中技术科学部由于人数较多（21 名），专门召开了常委扩大会，由学部主任和学部办公室提出参考名单交由常委扩大会议讨论，并进行投票决定。

1994 年 2 月 23 日，技术科学部两位主任王大珩和师昌绪召开学部常委会，经过酝酿讨论，提出了备选名单。2 月 25 日，技术科学部在中关村外专公寓采取无记名投票方式表决，当场宣布了计票结果。窦国仁虽然未参会，仍被选入 21 人之列。水工结构工程专家、三峡工程技术总负责人潘家铮因没有获得半数票而落选。会后，师昌绪与学部联合办公室人员讨论，认为潘家铮的工程技术背景也很强，而且三峡大坝举世瞩目，他未能入选似乎不合适。按照程序，最后名单将由科学院学部主席团讨论决定后

图 10-5　20 世纪 80 年代潘家铮等考察南科院三峡变动回水区模型时与窦国仁等人合影［从右到左：徐星煌（南科院科研处长）、窦国仁、潘家铮、佚名、陆佑楣、周保中（南科院副院长）、娄溥礼（水利部副部长）、光富根（南科院办公室主任）、柴恭纯（南科院党委书记）、于文星、杨鸿明（南科院副院长）］

提交工程院筹备领导小组，统一报国务院审批。于是，他们就提出了以潘家铮替换窦国仁的方案，由学部主席团会议经过讨论，形成了替换决定。在稍后的中国工程院成立大会上，潘家铮当选为副院长。

当工程院首批院士名单公布后，窦国仁为自己没能入选感到有些失落。毕竟这个头衔代表的是国家和科学界、工程界对个人在工程建设领域贡献的一种认可。

第十一章
从黄骅港到长江口：河口海岸泥沙研究

20 世纪 90 年代中期以后，随着对外贸易的发展，沿海港口和出海航道的重要性日益凸显，窦国仁结合工程建设需要，研究重点转移到河口海岸泥沙研究上来。宏观决策上，他为黄骅大港的建设和长江口深水航道的开辟大声疾呼；微观研究上，他探赜波浪潮流共同作用下的泥沙运动规律，指导运用物理模型和数学模型开展港口、航道具体问题的研究，优化工程布置，解决淤积问题。令窦国仁欣慰的是，他的女儿窦希萍已经成长起来，成为他科研征途上的得力帮手。

黄骅大港选址论证

港口泥沙淤积一直是窦国仁关注的问题，他在留苏期间和回国初期就很重视港口防淤研究，并参与了天津新港的研究。自 20 世纪 80 年代后期开始，随着改革开放后国民经济的发展，对外贸易迅速增长，沿海港口航道的重要性更加凸显，窦国仁也更为密切地关注这方面的科研需求。早在 1987 年 1 月前，南科院就在窦国仁的指导下进行了数学模型计算，提供了黄骅港扩建港口可行性研究成果。到 1988 年 1 月前，又指导潮流泥沙数学模型计算提出黄骅港建 3000 吨级航道和港口建议。1989 年 9 月，窦国仁作为会议的发起者之一，参加了黄骅港建设神木煤炭出口港学术研讨会，此后他的科学研究重点也逐渐转到河口、海岸工程及其潮流与泥沙问题上来。

黄骅港位于河北省沧州市以东 90 千米，大口河北岸，是河北省最重要的港口，也是中国乃至世界著名港口，现已建成 20 万吨级航道，万吨级以上泊位有 25 个，吞吐量连续数年突破亿吨。然而，当时间拨回到 1986 年，它还只是一个刚建成的千吨级的地方商港，河北也因缺少良港而发展受限。对于当时的情形，时任河北省交通厅厅长邓昌瑞有过一番描述：

> 河北省是一个沿海省份，共有 487 千米海岸线，到目前为止，仅有黄骅港一个小港属于地方商港，由于缺少港口，我省的大量对外物资只好从天津港、连云港、青岛港甚至湛江港转运，使许多物资该出口的出不了，该进口的进不来，有些物资在港长期积压霉坏，造成了很大损失。这种局面不改变，将长期影响河北省经济的开发和建设。[1]

时任沧州地区行署专员的赵金铎对此更有深切感受：

> 在过去相当长的时间内，我们对自己的优势，特别是沿海开发和港口建设的重要性认识不足，见事迟，起步晚。从 1982 年才开始同津港口建设，到 1986 年才建成了一个千吨级地方商港，过去，只是靠陆路一条腿走路，制约了对外开放和经济开发与发展。我们地区的长芦盐、对虾、小枣、鸭梨及其他出口物资，大部分要通过河北以外的口岸外运，影响了地方经济的发展。实践证明，没有港口，沿海的优势就难以发挥；沿海开发开放，首先必须抓好港口建设，有了港口才能打开对外交流的窗口。[2]

---

① 黄骅港建设神木煤炭出口港学术研讨会论文选编。1989 年，第 11 页，内部资料。
② 同①。

黄骅港的建设是河北省开拓对外港口的开始。该港于 1982 年开建，到 1986 年建成 1000 吨级商港，随后又转入扩建 3000 吨级码头的论证设计和建设。从 1000 吨到 3000 吨，当然是一次较大的提升，但其影响和辐射范围仍局限于河北省内。黄骅港的真正机遇是被列为神木煤炭出口港的港址比选对象，从此一跃成为国家工程。

1984 年，陕西省榆林市发现世界特大煤田神府煤田，煤炭储量估计达 1349.4 亿吨，占中国已发现煤田的约 15%，相当于 50 个大同矿区、100 个抚顺矿区，与俄罗斯的顿巴斯煤田和库兹巴斯煤田、德国的鲁尔煤田、美国的波德河煤田和阿巴拉契亚煤田、波兰的西里西亚煤田并称世界七大煤田。随着煤田开发而来的是煤炭外运问题，大同到秦皇岛港[①]的通道已经不能满足形势发展的需要，国家准备开辟第二条运输通道。1985 年，国家计委和国务院能源办提出，进行神木煤炭外运通路的比选工作，要求两三年内拿出可行性研究报告。先是黄骅港、石铃臼所、黄岛三个港进行比较，后来又增加了五个港，形成八港比选的局面。经过国家计委召开第二次选线论证会，决定重点在山东省的龙口、河北省的黄骅和天津新港的南疆三者之间进行比选。

从地理区位来说，在黄骅港建设神木煤炭输出港有十分优越的腹地条件、交通条件和环境条件。第一是地理位置好，从神木煤田到黄骅港陆上运距最近、铁路走向合理，又可以改变环渤海港口布局的薄弱环节，带动河北中、南部地区的经济发展；第二是经济腹地广阔，它不仅环抱冀南冀中、鲁西北广大地区，而且是山西、陕西煤炭和物资外运陆上运距最短的理想通道；第三是铁路横穿河北 400 多千米，路港统一建设、总投资少，运营效益好；第四是港口外部协作条件比较好，铁路已从沧州通到港口，供电、供水、通信都能满足要求；第五是港区土地资源丰富，陆域海域开阔，港口建设与发展余地大，受限制和干扰较少；第六是远离工业区，环境容量大，污染影响较低，等等。黄骅港优势显著，具有建设成为综合性大港的广阔前景。另外，要作为神木煤炭输出港，黄骅港需扩建为 3.5 万

---

① 当时是直属交通部管理的出口煤港。

吨级深水泊位，而黄骅港地处粉沙淤泥质海岸，又距黄河口扇形三角洲北侧较近，港池和航道泥沙淤积问题能否解决十分关键。有许多人由于考虑到泥沙问题比较严重，对黄骅港是否适宜建港持怀疑态度。泥沙问题也是此前国家计委组织的"神木煤田到港口通路"两次论证会争论的焦点之一，是能否建港的关键。

国家计委、河北省对黄骅港扩建深水大港的前期研究工作非常重视，共拨款 600 余万元支持可行性研究工作，交通运输部天津水运工程科学研究所、交通部水运规划设计院（以下简称"交通部水规院"）、南科院、华东师范大学、清华大学、上海航道局等 20 多家单位参与了前期研究。经过两三年的考察、测验、勘探和分析研究，到 1989 年已取得了较为丰富的研究成果。河北省和沧州行署也希望了解研究进展，积极为黄骅港争取机会。这是黄骅港前期科研论证工作的基本背景。

1989 年 8 月，窦国仁和石衡、陈吉余在丹东开会时相遇，谈到黄骅港建设神木煤炭出口港问题，认为已经做了很多工作，有些技术问题、泥沙淤积问题研究的比较成熟了，地质方面的问题还相对薄弱，有必要召开一次讨论会。由于他们三人当时分别担任中国水利学会港口航道专业委员会副主任、中国土木工程学会港口工程学会理事长、中国海洋湖沼学会河口海岸学会会长，就决定由三家学会共同组织这次会议。9 月，在黄骅港港务局和沧州行署的大力支持下，会议在沧州召开，共有 70 多人参会。董凤舞当时正在负责"黄骅港扩建 3000 吨级港池航道潮流模型试验"研究，所以她也参加了这次会议。

为了聚焦议题，减少争议，会议根据石衡的建议，不涉及三个港口的比较问题，只讨论黄骅港建港的技术条件。具体来说，一是泥沙问题，二是地基问题。专家们报告了各自的认识和研究成果，有共识，也有分歧。

窦国仁在会上作了《关于黄骅大港的泥沙问题》的发言。由于他一直关注各方面对黄骅港的研究成果，尤其是董凤舞的课题为他提供了直接资料，所以他对大港的情况也很熟悉。窦国仁以扎实的数据为基础，综合其他专家的研究成果，通过对港口泥沙环境条件和泥沙活动特性的分析，简明扼要地阐明了黄骅港泥沙问题的基本情况。他指出，黄骅港海岸是稳定的，具备了兴建深水大港的条件，不必担心黄河的影响。对于前期论证的在 −2.7 米以外建开敞式港池的方案，他认为是可行的，不会发生淤积。不少人对于港口工程的具体布置，例如引堤的位置和走向、是否需要修拦沙堤，以及大口河的影响等问题还有不同看法或担心，窦国仁认为，这些问题都可以通过模型试验来解决，不会影响建港的可行性。

会上大家最担心的是大风天后形成浮泥引起港池和航道骤淤，因此有一种建议是建设封闭式港池，把浮泥挡在外面。关于这个问题，当时还没有人开展专门研究，认识尚不清晰。窦国仁于是根据现有的资料，深入地谈了浮泥的形成过程及其厚度，以及出现流动浮泥所需的条件，令人信服地论证了 −2.7 米以外地区的水沙条件下"港池和航道大风天气都不可能发生骤淤"。这一结论有扎实的依据，而且论证严密，打消了人们的疑虑。

窦国仁进一步指出，封闭式港池不仅无浮泥可挡，反而会从港池门口引入异重流，"主观上以为建封闭式更保险一些，实际上由于要出现异重流反而更不保险""由于港池已放在波浪带以外的深水区，大风天含沙量也不很大，形成不了流动浮泥，不必担心骤淤，故建开敞式港池是合适的"。窦国仁的发言，从科学上回答了黄骅港不必担心泥沙淤积，以及为什么不用担心等关键问题，论断掷地有声，给大家吃了一颗定心丸。

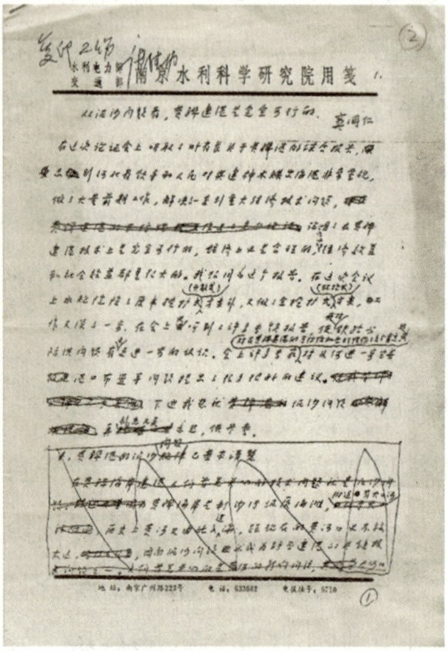

这次会议之后，各港之间的竞争日趋激烈。八港比选，对中央而言，只是比较各个港口条件优劣，"择优定址"；对于各个港口和地方政府而言，却关系重大，它意味着中央巨额投资，意味着重要的发展机遇。特别是到后期"三港对峙"之时，实际是两省一市之间的比选竞争，都各自铆足了劲争取花落本家。河北省上上下下都极为重视，积极活动，把比选资料、方案图纸、专家报告纷纷呈送到了交通部、国家计委、国家科委、

图 11-1　窦国仁的手稿《从泥沙角度看，黄骅建港是完全可行的》

全国政协、国务院领导手中。天津和山东方面的活动亦可想而知，八仙过海各显神通，都在想方设法争取机会，竞争已趋白热化。至于论证会上的唇枪舌剑更是不可避免。

1990年5月29日至6月1日，窦国仁应邀参加了河北省政府在北京河北饭店组织召开的论证会。有90多名专家和领导参会，几个备选港口的行政领导和技术代表势均力敌，会议气氛很紧张。会议讨论结果意味着什么，大家心里都很清楚，因此争论起来互不相让。窦国仁不属于"利益攸关方"，但压力也不小，他很清楚，自己若支持一家，很可能会招来其他几家的不满，可无论如何，他决定实事求是地讲出自己真实的看法。会议一开始就是剑拔弩张的气氛，在大家争得不可开交之际，窦国仁作了发言。他这次除了从技术上讲了黄骅港的泥沙淤积条件，还从宏观上强调了该港区位的优越性。在许俊彦的记叙中，特别突出了窦国仁的发言：

> 在众多反对的声音中，有一个刚烈而犀利的嗓音响起：黄骅建港，有四大优势，一是布局合理，天津至龙口540千米海岸线，没有一个大中型港口，这对于国家的海岸线利用，不能不是一个重大缺欠；二是地理位置适中，黄骅港与神木煤田之间的距离，短于任何拟建港口，其铁路建设与运输节省的费用，最终将超过任何港口的初建费；三是地域开阔，纵横上百千米的海陆域可以综合开发，无须拆迁，不会污染，前景无限；四是腹地辽远，辐射范围广大，其成功建设将造福大片国土。
>
> 这才是"宏大叙事"，才是论证辩驳的正路。与会专家你看我，我看你，一时间竟无人应对。
>
> 这位慷慨陈词的专家就是国际泥沙研究治理方面的权威、中国科学院院士、南京水利科学院名誉院长窦国仁，黄骅港发展史中屡次提到的建港功臣之一。①

---

① 沧州市委党史研究室：《鉴政沧州第2卷》。石家庄：河北人民出版社，2013年，第161页。作者注：窦国仁当时尚未当选中国科学院院士，仍担任南京水利科学研究院院长，而非名誉院长。此系原作者追忆当年事而造成的误记。

尽管这段描述可能有些戏剧化，但大体上反映了窦国仁作为专家代表站在科学的立场上，在大港选址问题上发挥的重要作用。

数模物模研究支撑

1992 年 9 月，黄骅港经国务院批准立项。它作为西煤东运第二大通道神华工程的组成部分，与三峡工程、南水北调工程、千万吨级钢铁基地建设工程并称为"中国四个跨世纪特大工程"，将承担每年一亿吨煤炭的出海任务。1993 年，窦国仁卸下南科院院长重担，担任名誉院长，有更多时间投入科研工作。此时，我国另一项重大水利工程——长江口深水航道治理工程的研究也在加速推进。为了工程建设需要，窦国仁的研究重点转到河口海岸泥沙研究上来。他从研究河口海岸泥沙运动的基本理论入手，建立起潮流和波浪共同作用下的二维泥沙数学模型，并将其应用于黄骅港工程建设。

潮流和波浪的挟沙能力研究，这是首先要回答的最基本的问题。我国河口和海岸多为粉沙和淤泥覆盖，在潮流和波浪共同作用下，泥沙极易悬浮和输移，因而对潮流和波浪共同作用下挟沙能力规律的研究，在学术上和应用上都具有重要意义。然而由于问题极为复杂，过去的研究一般局限于经验分析，尚缺少理论上的阐述，知其然不知其所以然，在建立经验关系时，一般都将波浪轨迹质点速度与潮流速叠加值作为综合动力因子。但这两种速度性质是不同的，将它们相加缺少理论依据，因此得出的各家经验公式的应用范围均很有限，未能揭示出挟沙能力的一般规律。窦国仁沿着自己在研究河流挟沙能力时采用的能量途径，依据能量叠加原理，将潮流和波浪作用于悬浮泥沙的能量相加，从理论上导出了潮流和波浪共同作用下的挟沙能力公式。

为检验潮流和波浪挟沙能力公式的可靠性，窦国仁利用大量现场实测含沙量资料以及国外一些海域资料和波浪水槽试验资料进行了验证。资料来源包括辽宁庄河海域和锦州海域、天津新港海域、河北沧州海域、江苏连云港和灌河海域、上海长江口、广东伶仃洋、广西营盘海域，等等。他在数据收集和验证方面向来不厌其烦、不厌其详。验证结果表明，窦国仁的挟沙能力公式与上述来源范围广泛的资料均符合良好，说明公式所反映的潮流和波浪共同作用下的挟沙能力规律具有普遍性，可用于范围广泛的河口和海域。

窦国仁基于河口海岸泥沙基本运动规律的分析，还推导出了波浪和潮流作用下悬沙、底沙不平衡输沙方程式、泥沙起动流速公式等。在提出系列公式之后，窦国仁开始了河口海岸泥沙数学模型的研究。在此之前，科学界对于波浪和潮流共同作用下的泥沙运动尚无进行物模试验和数模计算的先例，在研究河口海岸工程泥沙问题时尚不能在一个模型中同时模拟潮流和波浪对泥沙的作用，通常依靠经验分析和估算。为了解决这一问题，窦国仁通过艰苦推导，提出了潮流与波浪共同作用下的输沙方程式，又结合波浪和潮流的挟沙能力公式，建立起可供实用的河口海岸平面二维泥沙数学模型。通过黄骅港海域实测资料的验证，表明窦国仁提出的泥沙数学模型可以较好地模拟风浪和潮流作用下的泥沙运动和海底冲淤变化，模型计算结果在定性和定量方面均与原型基本一致。这意味着，在研究和解决河口海岸工程中的泥沙淤积问题上依靠经验和估算的时代的终结。这一新手段的诞生，将该领域的研究提高到了一个更高的水平。

这些研究主要完成于1992—1994年前后。在研究过程中，窦国仁的主要家庭成员董凤舞、窦希萍、窦希滨，以及女婿李褆来都有参与，在共同课题的凝聚下，"泥沙之家"团队初步形成。他们的相关成果先后发表在《科学通报》《中国科学》上。董凤舞和窦希萍在窦国仁的指导下，应用数学模型预报了黄骅港煤炭出口大港建成后不同区域流场的变化以及在不同风浪条件下的港池和航道的淤强分布和淤积量，为设计单位提供了重要依据。[①]

在黄骅港工程的预可研和工可研阶段，董凤舞作为项目负责人完成了

---

① 河9414，董凤舞、窦希萍，黄骅神木煤炭出口港潮流和波浪共同作用下泥沙数学模型计算，1994年。存于南京水利科学研究院档案室。

黄骅港潮流定床物理模型试验、环抱港池方案泥沙淤积量估算等工作。随着黄骅港工程前期工作的逐步开展，预报泥沙回淤量的准确性要求越来越高，特别是在初步设计阶段进行一期工程的物理模型试验研究十分重要。1995 年 6 月，受沧州市港路建设工程总指挥部和华能精煤公司黄骅港筹建处的委托，南科院承担了黄骅港一期工程浑水动床泥沙物理模型试验研究。南科院随即成立了模型试验团队，董凤舞、夏益民担任项目负责人。[①]作为项目负责人，董凤舞深知当时开展这样的试验是一项非常大的挑战，她对于试验的难度有清醒的认识：

> 为了满足一期工程初步设计的要求和较好地回答问题，应当在一个模型中既有潮流作用，又有波浪作用，既复演悬移质输移，也要复演推移质运动。然而这样的模型难度很大，国内外尚无经验可供借鉴。其主要原因之一是还没有一个既能较好地概括潮流，也能较好地概括波浪动力因子的含沙量表述式以及难于确定和统一这两种动力作用下的冲淤时间比尺；另一个困难是波浪模型一般需要做成正态或接近正态，但由于受到试验场地限制，通常正态只能复演一小部分海域的情况，满足不了像黄骅港这样大工程的建设需要。[②]

不过，再大的困难都不用怕，因为窦国仁担任了该项试验的技术指导，他的关于波浪和潮流作用下泥沙运动规律的最新研究成果正可以派上用场。在窦国仁的指导下，董凤舞等人使用波浪和潮流作用下的泥沙运动方程（悬沙和底沙不平衡输沙方程式）、挟沙能力公式和起动流速公式，在较短的时间内提出了波浪和潮流作用下悬沙和底沙运动的相似律，并设计了浑水动床泥沙物理模型，从理论上论证了进行这种复杂模型试验的可行性。随后，他们完成了 1000 多平方米制模工作，完成了潮汐控制、生波

---

① 黄骅港项目（包括数学模型和物理模型）的参研人员有董凤舞、夏益民、窦希萍、黄晋鹏、王向明、娄斌、杨树清、赵士清、徐敏福、潘洋、于为信、杨义珍等。模型上的仪器设备调试人员有王振东、朱伯荣、金捷。窦国仁为总技术指导。

② 河 9641，董凤舞，黄骅港一期工程浑水动床泥沙物理模型方案试验研究，1996 年。存于南京水利科学研究院档案室。

图 11-2 黄骅港泥沙试验模型（胡又提供）

机系统的安装与调试，并于 1996 年 1 月完成了潮流、潮位、含沙量、海滩冲淤变化等方面的验证试验，取得了模型与原型基本一致的满意成果，为进行方案试验奠定了基础。这项工作的成功，使泥沙模型试验技术再次上了一个新台阶——它又是全新的、之前从未有人做过的模型试验。

　　完成模型验证试验后，正式试验随即启动。1996 年 1—2 月，南京经历了罕见的寒冬，给模型试验带来很大的困难，试验中经常水温过低或有时突然停电，使试验结果多次报废，导致工作量成倍增加。试验组放弃了大量的节假日休息，夜以继日地工作，经过反复试验和改进试验技术，在 1996 年 4 月完成了试验任务以及试验研究报告编写。通过浑水动床泥沙物模试验，研究了黄骅港一期工程不同口门位置在波浪和潮流作用下的泥沙淤强分布和淤积量；分析了潮流场、含沙量分布以及波浪场对泥沙淤积的影响。根据试验结果推荐了环抱口门的位置、航道走向，并给出了该方案下的年淤积总量。黄骅港物理模型试验成果为工程可行性研究和初步设计提供了坚实的科学依据。1996 年 9 月，国务院批准黄骅港工程可行性研究报告。

图 11-3　1999 年窦国仁获得的水利部科技
进步奖一等奖证书

窦国仁和董凤舞、窦希萍的数学模型与物理模型成果在黄骅港研究中发挥了重要作用，并且双双获奖。董凤舞的"黄骅港浑水动床泥沙物理模型试验研究"获得 1998 年度交通部科技进步奖二等奖；窦国仁的"河口海岸泥沙数学模型研究"获得 1999 年度水利部科技进步奖一等奖。

有了科学研究做支撑，黄骅港的建设得以顺利实施。1997 年 8 月 10 日，国务院正式批准黄骅港及朔黄铁路开工。11 月 25 日，李鹏总理出席庆典并宣布正式开工。2001 年年底，黄骅港一期工程完成，建有两个 5 万吨级泊位和 1 个 3.5 万吨级泊位，年吞吐能力 3000 万吨。2004 年 10 月，黄骅港二期工程完成。黄骅港对当地社会经济发挥了巨大带动作用，2007 年 2 月 15 日，河北省人民政府正式批准成立沧州渤海新区。2009 年，在河北省委、省政府的支持下，黄骅综合大港全面开工建设，并于 2010 年开港通航。现有朔黄铁路、邯黄铁路、黄万铁路、沧港铁路、黄大铁路直通港口。黄骅港腹地可延伸覆盖到晋中南、鲁西北、豫北、陕西、内蒙古等部分地区，规划年通过能力超过 5 亿吨，是集矿石、杂货、集装箱、石油化工、煤炭运输等多功能于一身的综合性大港，已成为亚欧大陆桥新通道、桥头堡。

为长江口深水航道呼吁

窦国仁在开展黄骅港工程泥沙研究的同时，开始更多关注长江口深水航道问题的研究。他从 1991 年开始参加相关会议，到 20 世纪 90 年代中期以后，将主要精力投入长江口深水航道研究中去。这是他生前参与的最后一项跨世纪的大型工程，其任务之艰巨、问题之复杂、争论之激烈，堪比三峡工程，直到他生命最后一刻，仍挂念在心。

说到长江口，还要从它特殊的环境条件讲起。长江是我国第一大河，世界第三大河，全长 6300 多千米，素有黄金水道之称，横跨我国东西，流经九省一市，在长江口注入东海。长江口水量充沛，又有大量的流域来沙。丰水多沙的流域特征和中等强度的潮汐作用，在广袤的长江下游冲积平原上塑造了规模巨大、多级分汊的三角洲河口形态。长江口自徐六泾以下江面迅速展宽，呈喇叭型，徐六泾江面宽度 5.8 千米，到达与东海交汇处的苏北启东嘴和上海南汇嘴间的江面宽度已达 90 千米。崇明岛将长江口分为南、北二支；长兴岛和横沙岛将南支分为南、北二港；九段沙又将南港分为南、北二槽。此处长江口呈三级分汊、四口入海之势。

在径流和潮汐的共同作用下，河口段河床冲淤多变，主槽摆动频繁，大量细颗粒泥沙在由咸淡水交汇形成的河口环流系统中升沉往复，构筑了大尺度河口拦门沙系。长江各口门均有拦门沙，水深较浅。1973 年上海宝山钢铁厂开工建设，装运矿石的巨轮要从长江口进入上海港，停靠在宝钢码头。长江口航道成了宝钢的命脉，随着运输船只增加，堵船、堵港的问题日益严重，航道治理任务迫在眉睫。周恩来总理因此发出号召，三年解决港口航道问题！

然而，长江口航道治理难度非常大。到 20 世纪 90 年代，南港北槽为主航道，自然水深为 6 米，依靠疏浚维护到 7 米水深；南港南槽和北港的自然水深为 5.5—6.0 米，只能走万吨级以下船舶；北支因泥沙淤积日趋衰亡，只能通行小船。虽然长江口拦门沙以内河道一直到南京水深一般都在 10 米以上，但由于受拦门沙河段水深较小的限制，万吨以上船舶均需候潮才能进出长江口，2 万吨以上船舶均需减载通过。拦门沙成为通海航道的瓶颈，"上海上海，有江无海"成为人们口中的调侃。治理长江口，打通拦门沙，是几代中国人的夙愿。

以严恺为首的一批水利专家，很早就致力于长江口的研究，为开辟深水航道奔走呐喊。早在 1958 年，严恺就在交通部、水利部等部门的支持下，率领南科所、上海航道局、华东师范大学河口海岸研究所等多家单位的专家协同开展了新中国首次长江口测量，获得了宝贵的第一手资料。

1960 年，严恺被任命为长江口深水航道整治研究领导小组组长，带领全国一大批学者、专家按统一的研究计划，分不同的学科和专业开展持续的研究工作。

1979 年，国务院批准成立长江口航道整治工程领导小组，严恺为领导小组的技术指导组组长。他在领导小组第一次会议上就提出，打通长江口深水航道意义重大，既要满足宝山钢厂的运输需要，又要考虑到国民经济的发展和国防建设需要，要全面规划、综合治理，抓住时机。然而，由于长江口的治理涉及方方面面，需要多个部门密切配合，从政治上、组织上、财政上、技术上协调各方面力量方能有效推进。因此，长江口治理工作开展得很不顺利，到了 1989 年运到宝钢的铁矿石仍然在宁波的北仑港减载，1 万吨以上的轮船仍需在长江口外等待涨潮时通过。这期间，尽管严恺等人不断向中央部门反映，但十年时间过去，他也只好无奈地感叹：长江口"至今基本上处于天然状态"。[①]

窦国仁一直关注长江口深水航道的治理，对严恺老院长的持续奔走呼吁十分支持。为了为此事出一份力，窦国仁积极行使人大代表职权，1990 年 3 月底至 4 月初，在七届全国人大三次会议上，他与钱家欢代表联合提出"成立长江口治理前期工作协调组织"的议案，建议先从组织上做准备。早在 3 月，严恺给国务院也打了一份报告，就提到了这项建议。严恺在报告中说：

> 长江口问题的复杂程度和治理的艰巨性，在世界各大河口中还无例可循，只能摸索前进……长江口（综合治理）是一项具有长远战略意义、全局性国土整治的大工程，它涉及上海、江苏两个省、市和交通、水利、环保等不少部门，无论是河势演变的分析研究或整治方案的勘测、规划、设计和实施，都不是一省一市或某一个部门可以完成的。为使过去长期进行的整治工作不致中断，建议成立一个综合性的协调机

---

① 韩玉芳、窦希萍等将长江口深水航道治理工程划分为三个阶段：第一阶段，自然水深维护阶段（1958—1973 年）；第二阶段，7—7.5 米航道维护阶段（1973—1990 年）；第三阶段（1998— ），12.5 米深水航道建设阶段。从 6 米疏浚加深 1—1.5 米，可以说接近"天然状态"。

构，组织有关各方通力协作，继续推进长江口整治工作的开展。

　　两件事情时间一前一后，内容相同，关系不难推测。交通部后来对该议案作出书面答复，称"我部赞成成立长江口综合治理协调机构，组织有关各方，通力协作，继续推进长江口整治工作的开展。你们的建议，我部将积极向有关部门反映，争取尽早成立长江口治理前期工作协调组织。"[①]

　　1990 年 4 月 18 日，李鹏总理在上海宣布，中共中央、国务院同意上海市加快浦东地区的开发，在浦东实行经济技术开发区和某些经济特区的政策。开发浦东新区，标志着上海经济腾飞的开始，也就意味着上海"有江无海"的局面必须结束。1992 年，党的十四大提出了"以上海浦东开发开放为龙头，进一步开放长江沿岸城市，尽快把上海建成国际经济、金融、贸易中心之一，带动长江三角洲和整个长江流域地区经济新飞跃"的重大战略决策之后，开发长江口深水航道已成为当务之急。

　　此间，交通部上海航道局组织召开了长江口航道研讨会，交通部、航道局领导和长期从事该项研究的专家齐聚一堂，展开了激烈讨论，窦国仁参加了这次会议，但未作专门发言。会上有专家大声疾呼："长江口航道到了非治理不可的时候了！"随后，国家计委将"长江口拦门沙航道演变规律与深水航道整治技术研究"列入了国家"八五"科技攻关计划，由上海航道局和南科院共同承担，其他多家单位参与，并成立专家顾问组，严恺院士为组长，窦国仁为副组长。其后，窦国仁开始深度介入长江口深水航道研究工作，参加各研究阶段的技术讨论会。

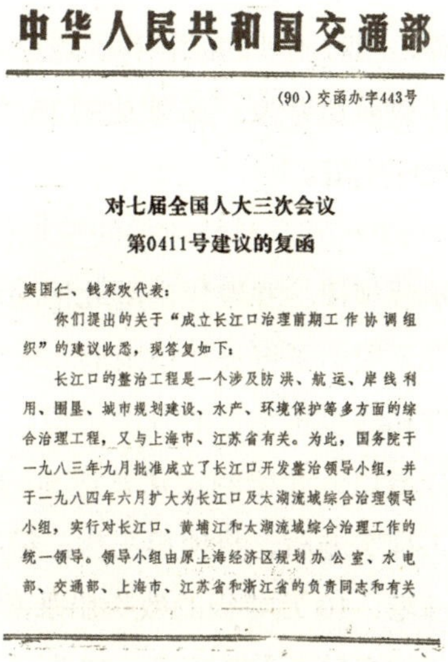

中华人民共和国交通部

（90）交函办字443号

**对七届全国人大三次会议
第0411号建议的复函**

窦国仁、钱家欢代表：

　　你们提出的关于"成立长江口治理前期工作协调组织"的建议收悉，现答复如下：

　　长江口的整治工程是一个涉及防洪、航运、岸线利用、围垦、城市规划建设、水产、环境保护等多方面的综合治理工程，又与上海市、江苏省有关。为此，国务院于一九八三年九月批准成立了长江口开发整治领导小组，并于一九八四年六月扩大为长江口及太湖流域综合治理领导小组，黄镇江和太湖流域综合治理工作的统一领导。领导小组由原上海经济区规划办公室、水电部、交通部、上海市、江苏省和浙江省的负责同志和有关

图 11-4　交通部对窦国仁和钱家欢
提案的答复

　　① 中华人民共和国交通部，对七届全国人大三次会议第0411号建议的复函。1990 年 6 月 30 日，未刊稿。资料存于采集工程数据库。

事实上，长江口深水航道治理工程之所以在此前几十年里推进缓慢，与社会上和学术界的质疑反对声也有关系。20 世纪 80 年代，交通部曾邀请国际上最具声望的河口治理部门美国陆军工程师兵团、荷兰的 Delft 水工实验所为主的 NEDACO 公司来华实地考察并承接有关的规划、设计工作。当他们看了长江口之后，都感到很困难，用他们的话讲，"茫茫大海，无从下手，不知道怎么做"。长江口河床演变、水流、泥沙、风浪、潮汐条件都十分复杂，以至于当时有一种声音认为，长江口是不可认识的，开辟深水航道是一项不可能的工程。

对于解决长江口航运问题的方案，也存在着多种不同的看法。有一种观点认为，深水航道就不要开了，就造 5000 吨的船，把长江航道里的货运到长江口外的深水港再出去，这是日本人以前带来过的方案。这个方案遭到上海航道局的坚决反对。还有一种观点是避开拦门沙航道，在北支或南北岸边滩开辟人工运河，两头建船闸，挡住航道内的泥沙淤积。这是水利系统一些专家和荷兰三角洲集团的专家提出的，但其问题是"船要通过闸才能进出，闸就控制了船的尺度和流量，满足不了我们如此快速发展的需要，同时闸外的淤积等问题也难以解决"。[1] 还有专家提出排他论，认为长江口航道开发，必须达到 15 米水深，如果做不到就不要建，只能去洋山建深水港。

"八五"科技攻关的重点任务就是分析和研究长江口长期河床演变与水沙规律，并聚焦南港北槽深水航道方案进行论证。攻关团队经过这次研究，提出了将长江口南港北槽深水航道增深至 12.5 米的整治方案，采用治理和疏浚相结合的办法实现。其中治理手段主要是在南北槽上游连接处建分流口，北槽两岸建长达 50 千米的导堤，导堤内建丁坝调节水流。预计工程实施后，将使第三代、第四代集装箱船和 5 万吨级海轮全天候进出上海港，10 万吨级的散货船乘潮进出；沿江进行必要的航道整治后，5 万吨级的海轮可直驶南京，10 万吨级的散货船可抵达江阴！当时南科院建有一座动床物理模型，上海航道局建有定床物理模型，严恺、窦国仁等人都很

---

① 杨冬：《巨变 长江口深水航道》。上海：上海文艺出版社，2011 年，第 53 页。

关注他们的模型试验情况。

1994 年 3 月 30—31 日，窦国仁作为验收专家参加了国家计委主持召开的科技攻关成果鉴定验收会议。专家组对攻关成果予以非常好的评价，认为"攻关成果充分论证了深水航道整治方案的技术可行性和经济合理性，为下阶段整治工程开展前期工作提供了重要的科学依据。""对长江口深水航道整治研究取得了重大进展与突破，在总体上达到了国际先进水平。"《人民日报》等各大报刊均在头版显著位置进行了报道。这年 10 月，窦国仁的秘书胡又写了一篇题为《长江口深水航道开发的意义及对江苏的影响》的文章，窦国仁读后感觉很好，专门给《江苏科协》编辑部写了一封推荐信，促成了文章的发表。①

1996 年 3 月 22 日，国务院副总理邹家华、吴邦国和全国政协副主席钱正英听取"关于长江口深水航道治理前期工作情况"汇报。国家计委及上海、江苏、浙江等地方及部门参加，讨论认为南港北槽工程基础研究工作比较扎实，立项条件基本具备，决策时机已基本成熟。

图 11-5　1994 年窦国仁（左二）参加长江口深水航道项目科技攻关成果鉴定验收会

---

① 窦国仁致《江苏科协》编辑部推荐信，1994 年 10 月 5 日。资料存于采集工程数据库。

同时，质疑声音也继续存在。例如在"八五"攻关项目的验收会上，长江水利委员会的洪庆余在大会发言中指出作为科研攻关阶段成果可以验收，但整个方案缺乏全面论证。中央对该项目也很慎重，1996 年，李鹏总理听取上海深水航道南港北槽方案汇报，指出"这又是一个三峡工程"。该次国务院会议纪要指出："长江口深水航道治理对建设上海国际航运中心意义重大，但该工程技术复杂，投资较大，属跨世纪的国家级大型项目，需要对项目的技术可靠程度、资金来源和债务偿还方式等做进一步研究后，再考虑审批立项问题。"

从 1996 年起，长江水利委员会更多介入前期论证，[①] 长委专家对于"八五"科技攻关成果提出质疑，认为"如南支上段不整治，南港北槽方案难以达到整治目的。对边滩运河方案否定过快，应平行进行研究"。1996 年 8 月，长江技术经济学会组织讨论长江口深水通海航道及上海国际航运中心建设方案，认为"单独先行整治较小的北槽，一旦河势变化（大洪水、大风暴潮），所建工程可能受大的影响。所用的物理模型比尺小，水深小，动床范围不够大，所得成果可能失真。……双导堤丁坝作用不大……""对于长江口治理这样一个巨大工程，在缺乏充分论证和多方案比较的情况下，就仓促上马，是不慎重的。应该展开充分论证，并进行多方面的科学试验研究，再做决策。"[②]

面对此种情形，严恺、窦国仁等都认为建设深水航道的时机已经成熟，需要发出更多的声音。

严恺在 1996 年 2 月给李鹏总理写了一封信，阐明了建设上海国际航运中心的必要性，指出："近四十年来的长江口治理与开发的研究已取得丰硕的成果，所提出的长江口 −12.5 米深水航道治理工程与疏浚、围垦相结合的方案，技术上已经成熟，是切实可行的，经济上也是合理的。"

窦国仁与严恺的观点相同，经过数年参与其事，他对长江口深水航道

---

① 1996 年 7 月 29 日，水利部以水政资文发出关于长江口水行政管理问题的批复："长江流域是一个整体，根据国家授权的水利行政管理职能，长江口开发与整治应由长江水利委员会统一规划与管理。"

② 杨冬《巨变　长江口深水航道》。上海：上海文艺出版社，2011 年。

治理工程的必要性和可行性都十分确信。在面临立项决策的关键时刻，他总是举重若轻，像在三峡工程和小浪底工程上一样，一旦认准了便不再动摇。1996 年 9 月，窦国仁写了《长江口深水航道治理工程及其战略意义》一文，为工程的立项上马积极呼吁。文章首先简要介绍了长江口航道条件、研究历程与成果，接着分析了国际航运发展及其对航道水深的要求。窦国仁详细地分析了世界海运市场上运输船只的发展趋势，通过集装箱船吃水深度、世界各大港航道水深、国外河口拦门沙航道增深过程等 3 张表格，直观地呈现了上海港的航道水深与集装箱运输发展极不适应、与上海作为国际大港的地位极不适应，航道水深增深有巨大空间。随后着重分析了加深长江口拦门沙航道的工程措施，指出 30 多年来我国一大批著名专家、学者在统一的研究计划下，各自从不同的学科、专业角度出发，采用各种分析研究手段，进行了多学科的联合研究，取得了丰硕成果，基本上掌握了长江口的潮流和波浪等动力作用规律、泥沙运动和沉降规律、河床演变规律以及拦门沙形成机理及变化规律等根本性问题，为制定长江口深水航道的治理方案提供了科学依据。窦国仁比较分析了开通长江口深水航道的多个方案，肯定了"南港北槽方案综合优势最大，故选择南港北槽作为长江口的出海深水航道"的结论，并详细介绍了制定北槽深水航道治理工程方案所遵循的原则、工程建筑的布置与作用，以及工期的安排。

窦国仁在文章中还用较长篇幅重点论述了开发长江深水航道的意义：

1. 长江口深水航道的开发将使上海成为国际航运中心，为上海经济发展创造良好环境。

在 20 世纪初叶，由于长江口和黄浦江的航道水深均为 6 米，适合当时国际航运的要求水深，使上海得以跻身于国际经济、金融、贸易中心的行列，使上海港 1930 年的吞吐量达到 3700 万吨，确立了当时的国际航运中心的地位。但在 30 年代以后，随着船舶大型化，对航道水深的要求不断提高，而长江口的航道水深一直没有改善，从而丧失了国际航运中心的地位。

前已提到，现在世界上国际航运中心的航道水深都在 12 米以上，例如神户为 12 米，香港为 12.5 米，纽约为 13.5 米。上海濒海临江，位于黄金水道和黄金海岸的交汇处，是全国最大的城市和最大的交通枢纽，所欠缺的就是深水航道。长江口深水航道建成后，上海港和江苏四港（南京港、镇江港、张家港、南通港）可以保证国际集装箱环球航线上的第三代、第四代集装箱船和 5 万吨级散货船随时靠泊，为建设以上海港为主体的国际航运中心创造了必要条件。

从国内外港口城市发展的历史看，都是"以港兴城"，国际经济、金融、贸易中心的形成都与国际航运中心的形成密切相关。在上海建成国际航运中心之后，浦东将充分发挥其"龙头"作用，上海将很快建成国际经济、金融、贸易中心。由此可见，长江口深水航道的开发对推动上海的经济发展将起到巨大作用。

2. 长江口深水航道的开发将完善我国港口布局，促进江苏和整个长江三角洲经济的新飞跃。

我国沿海已经形成了环渤海地区、长江三角洲地区、珠江三角洲地区三大经济圈。科技、经济实力呈"南北低中部高"的形势，但从港口情况看，北有大连等深水港群，南有香港、深圳等深水港群，唯独经济、科技力量最强的中部上海和江苏，因没有深水航道而没有深水港群，形成明显反差。长江具有良好的航道水深，只是卡在长江口拦门沙河段。在长江口深水航道建成后，长江两岸的深水岸线将充分发挥作用，只江苏境内的深水岸线，南岸有 122 千米，北岸有 143 千米，南北岸线总长达 265 千米。目前利用的仅 51 千米。如将未用的深水岸线都用于建港，可建 3.5—5.0 万吨级以上的深水泊位 700—800 个，这是非常巨大的深水岸线资源。现在上海和南京以下的江苏四港已有 110 多个万吨级以上的海轮泊位。长江口深水航道开通后，必将出现以上海港为主、江苏四港为辅的中部深水港群，使我国的港口布局得到完善。江苏深水岸线的开发利用和江苏四港成为深水港，对江苏的经济发展具有重大和深远意义，也必将带动整个长江三角洲经济的新飞跃。

3. 长江口深水航道的开发将扩大长江口物资运输的能力，推动整个长江流域经济的快速发展。

长江流域有丰富的物产资源和得天独厚的黄金水道。现已在长江沿线 31 个城市形成了冶金、电力、石油化工、建材、机械、纺织等行业的产业密集带。长江流域的国民生产总值和工业总产值都占全国的三分之一，农业总产值、粮食产量和钢产量都占全国的五分之二，外贸出口总额占全国的五分之一强，内河通航里程占全国的 70% 多。这些优势为长江流域经济的迅速发展提供了条件，通过长江口货运量也将迅速增大。

根据预测，上海港及江苏四港通过长江口的货运量 2000 年将达到 2.1 亿吨，2010 年将达到 2.8 亿吨，2020 年将达到 3.2 亿吨，其中集装箱、煤炭、金属矿石、原油需要以大型集装箱船和散货船运输。上海港集装箱吞吐量 2000 年将达到 250 万 TEU（标准箱），2010 年将达到 450 万 TEU，2020 年将达到 800 万 TEU。然而当前长江口航道水深仅 7.0 米，只有万吨级以下船舶才能够全天候通航，1—1.5 万吨级的船舶需要乘潮进出。按乘潮两小时计，全年只能进港 550 艘，平均每天 15 艘，不能满足运量的需要，这将严重制约长江流域经济的发展。长江口深水航道建成后，这一制约因素就将排除，长江流域，特别是沿江产业密集带的原材料和产品就可直接通过长江口进出，这将大大促进长江沿线乃至整个长江流域经济的快速发展。[①]

从以上文字可以看出，窦国仁对于技术的社会经济效益、水利工程在社会发展中扮演的角色，有全局性、战略层面的思考和认识。这正是他的突出的思维特点，在三峡工程、小浪底工程、黄骅港工程等重大工程的论证上，屡次表现出其可贵。当工程论证存在争议时，他不仅能从技术上给出保障，还能从宏观层面把握问题的关键，并给出最有说服力的理由。

文章的最后，窦国仁写道：

[①] 周光召，朱光亚：《共同走向科学——百名院士科技系列报告集（中）》。北京：新华出版社，1997 年，第 561–571 页。

开发长江口深水航道是保证上海、江苏乃至长江流域经济持续、稳定、快速发展的必要条件，是实现党的十四大提出的"以上海浦东开发开放为龙头，进一步开放长江沿岸城市，尽快把上海建成国际经济、金融、贸易中心之一，带动长江三角洲和整个长江流域地区经济新飞跃"战略决策的重大举措，其意义十分重大而深远。我有幸参加了长江三峡工程论证的全过程，可以说，开发长江口深水航道的重要性和迫切性并不亚于长江三峡工程。①

1997 年 1 月 29 日，李鹏总理、邹家华副总理在中南海主持长江口深水航道治理工程专家座谈会，听取长江口深水航道治理工程关键技术的汇报。李鹏指示，工程项目建议书和工程研究可行性报告同时审批。国务院审批前，先请邹家华主持论证工作，广泛听取不同意见，使决策民主化、科学化。这次会议还明确了"一次规划、分期建设、分期见效、先治理至 −8.5 米"的指导思想。② 经过多方持续呼吁，工程前景终于有了清晰的眉目。

鏖战长江口

对于长江口深水航道治理工程，窦国仁并不只是作为顾问专家进行指导、审查、提出建议，他还亲自下场研究具体问题。鉴于当时南科院和上海航道局都已有物理模型，③ 但都只能复演底沙运动，而长江口深水航道的泥沙回淤问题主要是由悬沙造成的，窦国仁便另辟蹊径，通过数学模型研

---

① 周光召，朱光亚：《共同走向科学——百名院士科技系列报告集（中）》。北京：新华出版社，1997 年，第 561–571 页。

② 李鹏建议将原先提出的两期三阶段计划改为分三期实施，不但从投资审查上可以绕过人大的审议（投资 100 亿以上工程需人大审议通过），而且每期建成后就可以收到相应效益，对工程上马起到了巨大推动作用。

③ 南京水利科学研究院的物理模型负责人是陈志昌，上海航道局的模型负责人是乐嘉钻。

究悬沙运动。这时窦希萍已成为他科研上的得力助手。在 1993—1994 年，窦希萍在窦国仁的指导下，对长江口北槽深水航道悬沙回淤开展了数学模型研究。他们建立了长江口平面二维悬沙数学模型，用它对长江口深水航道一、二、三期工程航道的水流、悬沙运动及回淤进行了计算。

随后，为了更全面反映长江口泥沙运动情况，他们又进一步建立了能够反映长江口底沙和悬沙运动的全沙数学模型，模型中也同时考虑了波浪和盐水的作用和影响。这个数学模型的范围西起徐六泾，东至绿华山以东 −40 米等深线，北起启东海岸，南到南汇的芦潮港，包括南北支、南北港和南北槽在内的整个长江口及其临近海域，其东西长约 200 千米，南北宽约 130 千米。模型建好后，他们利用长江口实测资料和陈志昌在物理模型中取得的动床冲淤数据进行了验证，结果表明"此全沙数学模型可以较好地复演由南槽南侧至北槽北侧大片区域的冲淤变化，因而可以用此全沙数学模型预报整治工程后的河床冲淤变化"。他们用全沙数学模型对长江口北槽一、二、三期工程的布置方案进行了研究，给出了南、北槽的分流比和年维护疏浚量。他们还对 8310 和 8615 台风暴潮引起的南北槽淤积进行了验证，并研究了发生台风、暴潮"二碰头"和台风、暴潮与特大洪水"三碰头"时的航道回淤情况，明确了长江口深水航道治理工程的导流、防沙、减淤作用以及出现最不利的自然条件时航道不会发生灾难性的淤积。

这段时期，窦希萍认为是做长江口工程最辛苦的一段经历。她后来回忆道：

> 在长江口深水航道回淤计算上，大家有不同的看法，方案特别多，要求也特多，特别是我父亲。除了满足长江口航道管理局要求我们提供的研究结果外，我父亲对深水航道治理工程方案还有很多自己的想法，他希望我都能用数学模型去算一算，包括丁坝是长一点好，还是短一点好；航道回淤是多挖一点好，还是少挖一点好，感觉他想要研究的方案永远做不完。最后成了业主要求做 10 个方案，他可能给我加上去 20 个方案，就变成 30 个方案，所以我就没有整时间睡觉，

当这些方案在计算机上计算时，我就把计算机上的闹铃设置好，然后赶紧躺一会，计算结束时闹铃一响，我就从床上起来，再去改方案。那时候晚上经常开通宵，有时候熬夜熬得很晚，父亲就倒一杯啤酒，坐在我旁边陪我。两人既聊工作又聊其他的东西，挺开心的，也不困了。现在回想起来也挺有意思的。但有的时候实在太累了，我的脾气也就不好，就怪父亲，我说业主也没有要求我算这么多方案，你为什么叫我算这么多呀！他就跟我讲，他很想了解还有哪些方面我们没有考虑到，比如说，他让我算一算如果坝田全部淤满了以后是怎么样的。我说工程还没建呢，等坝田淤满还不知道到哪天呢。他说他想知道工程到了那个时候是怎样的情形，原先的整治效果还存不存在，如果都不存在了，说明我们的工程有问题。所以他总是说，你不能做这一步就看这一步，你做这一步时就要看到下一步。[1]

辛苦中也有快乐。当时窦希萍用到的一个绘图软件需要买一个 Software Dog，这是一种计算机软件的加密方式——"硬件加密锁"，简称"狗"。有了这个锁，软件就能用了。窦希萍就打电话联系同事，问什么时候能把"狗"送来。窦国仁听到就急了："我们都忙成这样了，哪有时间养狗呀。"窦希萍哈哈大笑，"这个狗不是养的狗，这是一个锁，绘图软件用的！"明白过来后，窦国仁才放下心来："哦，吓我一跳，以为这么忙你还要搞个狗来……"[2]

正是基于这样孜孜不倦、精益求精的研究精神，牺牲了个人生活的全身心投入，窦国仁才对工程充满了信心和底气。

1997 年 9 月 24—26 日，窦国仁和窦希萍一起参加了在北京京西宾馆召开的对长江口深水航道具有决定意义的会议——长江口深水航道治理工程汇报会。参加会议的有国务院副总理邹家华、吴邦国，全国政协副主席钱正英，以及来自全国各地的 100 多位专家。会议由国家计委副主任叶青主持，内容主要包括：对一期工程可行性审查、中国国际工程咨询公司的

---

① 杨冬：《巨变 长江口深水航道》。上海：上海文艺出版社，2011 年，第 161 页。

② 窦希萍访谈，2023 年 5 月 13 日，南京。资料存于采集工程数据库。

评估、有关专家的进一步论证 3 项内容，又称"三合一会议"。先是专题汇报，后是小组讨论。在大会上，交通部有关部门汇报了南港北槽方案，水利部上海设计院提出"长江口徐六泾节点及白茆沙河段整治专题报告"，长江水利委员会汇报了边滩运河方案。长江水利委员会的同志在会上发放了针对北槽方案的不同意见的论文集。

这次会议上各方观点争论十分激烈，吴邦国在一开始讲话中就要求，"一定要有科学、求实的态度"，现场也确实如此。据参会的金镂回忆："小组讨论争论很大，从头争论到尾，真是畅所欲言，100 位专家在京西宾馆讨论了好几天。一直到会议的最后一天进会场前，不光是我，连我们黄镇东部长都不知道这个会议的结论是什么。"[1] 这从严恺的发言中可见一斑，他针对会上讨论的边滩运河方案，明确指出"边滩运河方案是不现实的……我认为不要再因此而延误时机，影响长江口工程早日上马了……"。

窦国仁在这次会议上汇报了"长江口深水航道治理工程全沙数学模型研究"的研究成果，很好地回答了质疑者提出的问题。工程界有不少人对长江口北槽拦门沙航道治理方案存有疑虑甚至否定，担心北槽的大规模治理工程会引起北槽分流比的大幅度下降，从而导致北槽萎缩，南槽发展，预测的航道回淤量匡不准，治理工程难以成功。窦国仁根据河势分析和理论计算，首先为长江口南北槽分汊河段提出工程实施后北槽的分流比、分沙比控制性指标。他提出，北槽深水航道能否成功的关键在于长期保持足够的分流比和适当的分沙比。北槽作为一条深水航道，其落槽分流比必须保证占南北槽总落潮水量的 45% 以上。为尽量减少治理工程对北槽分水分沙的影响，使北槽继续保持稳定发展，其悬沙分沙比与分流比的比值应控制在 0.85 以下。继而由长江口潮流波浪全沙数模给出工程后分流比和悬沙、底沙的分沙比，能满足北槽在一定的航道疏浚条件下的稳定性要求。这一判断成为工程决策的重要依据之一，也有力地打消了对于工程后北槽将趋于衰亡的顾虑。

争论不仅发生在对工程尽快上马持不同意见的双方，在不同方案之

---

① 杨冬：《巨变 长江口深水航道》。上海：上海文艺出版社，2011 年，第 103 页。

间，甚至同一方案的内部都有不同意见。例如，对于南港北槽方案的双导堤和丁坝的作用定位，窦国仁与部分专家有不同看法。在世界众多河口的治理中，导堤和丁坝是常用的工程手段，其中一个重要作用是通过缩窄水流来促进河床冲刷，即所谓"束水攻沙"。严恺和陈志昌等人都认为长江口的导堤和丁坝也具有束水攻沙的作用。窦国仁则认为长江口环境特殊，在分汊河口的一汊（北槽）做导堤和丁坝是为了导流、挡沙、减淤，丁坝是为了固滩，而不应是束水攻沙，丁坝过长会导致分流比下降过多。他们之间争论得很激烈，据窦希萍回忆，"父亲当时心情沉重，认为他们怎么就不能理解呢"。钱正英对这个问题十分关心，因为它关系到工程成败。钱正英问："你们现在做的双导堤加丁坝到底是什么作用？"大家说了自己的看法，窦国仁借此机会对整个工程布局及其作用作了系统的阐述：

> 长江口深水航道治理工程，由分流口工程，南、北两条长导堤工程，丁坝工程和疏浚工程组成。其作用分别为：
>
> 分流口工程中的鱼嘴能够防止分流点下移，从而稳定分流比和分沙比；鱼嘴前的潜堤可阻挡部分底部悬沙和底沙进入北槽，对维护北槽分流比大于分沙比的格局能够起到一定作用。
>
> 南北两条长导堤是工程的主体，对维护北槽航道起着重要作用。北槽航道回淤的泥沙主要来自上游和两侧的横沙东滩和九段沙。从上游通过北槽入海的泥沙每年约有 1 亿吨。横沙东滩和九段沙上的水深较小，一遇风浪极易悬浮和输移，特别是在南、北向浪作用下泥沙横跨航道更易造成航道回淤。如再遇 1973 年横沙东滩的切滩，航道将无法维护。兴建南、北两条长导堤，有利于上游泥沙入海；截断两侧滩地底沙进入航道，消除切滩隐患；削弱南、北向波浪对航道的威胁，有效地减少横跨航道的底沙数量和减小双导堤内的悬沙浓度。
>
> 在双导堤内修建丁坝，不应是"束水攻沙"冲深航道，而是为了形成合理的治导线，以便航道加深后流速沿程不致发生大的变化，从而尽可能减少航道的泥沙回淤量。长江口四汊入海，北槽紧临南槽，采用"束水攻沙"将增大北槽阻力，减小北槽分流比，不利于北槽的

稳定。原设计方案中的丁坝布置还有待于进一步优化。丁坝工程的另一作用是保护双导堤内侧的滩地免受风浪冲刷，减少航道泥沙来源。

长江口深水航道治理工程是一项导流、防沙、减淤和稳定北槽航道的工程，为建设北槽深水航道提供了保障。[1]

窦国仁将长江口深水航道治理工程定位为导流、防沙、减淤，获得了钱正英副主席的认可，帮她解开了对工程布置方案的疑虑，也说服了一些参会专家。例如金镠认为这是"长江口深水航道治理设计思想的新飞跃"，他后来评价道：

> 长江口深水航道的治理，既不同于单一河道的束水攻沙，也不同于一般河流河道仅需要考虑引流导沙的要求，而必须有新的理论和新的设计思想。窦国仁院士以其深厚的学养和对长江口的深入了解，概括提出了"导流、挡沙、减淤"的设计指导思想，他的河床最小活动性原理和潮汐河口河相关系基础理论成为布置治导线的依据，从而使长江口深水航道的治理方案得以建立在科学的理念之上。在解决治理方略这一根本任务上，窦国仁院士作出了重要而又独特的贡献。[2]

9月26日下午，吴邦国副总理主持总结会。钱正英就方案选择作了系统讲话，同意尽快修建南港北槽一期工程。邹家华副总理作会议总结，宣布批准南港北槽方案一期工程。吴邦国副总理指出，按照钱正英副主席、邹家华副总理意见贯彻实施。

1997年11月，国家计委通过了长江口深水航道治理工程一期工程可行性研究报告，明确"采用南港北槽建设双导堤和丁坝并结合疏浚的工程方案，使长江口航道水深由现在的−7.0米增加到−8.5米，概算32.7亿，

---

① 窦国仁：长江口深水航道泥沙回淤问题的分析。《水运工程》，1999年第10期，第36-39页。

② 金镠："导流、挡沙、减淤"——长江口深水航道治理设计思想的新飞跃——纪念敬爱的窦国仁院士。《海洋工程》，2001年第3期，第3-4页。

进一步优化设计方案和施工方案，同时进行二、三期工程的前期工作"。同月，交通部审查通过了一期工程的初步设计。

1998 年 1 月 27 日，南港北槽一期工程正式开工。

开工后，窦希萍的工作也没有轻松一些。她需要根据施工进展进行实时计算，提供疏浚力量的安排依据，几乎每天都要加班到深夜。

鉴于集装箱船的快速发展，1999 年 5 月，交通部组织开展了对长江口 15 米水深航道及港区选址可能性研究。南科院受交通部水运规划研究院和上海航道勘察设计研究院的委托，承担了"深水航道局部物理模型悬沙回淤研究"和"长江口深水航道及港址二维全沙数学模型计算"两项研究任务，董凤舞和窦希萍分别担任项目负责人，窦国仁为技术指导。两个课题，前者实际上是为后者服务的。在泥沙数模中计算航道淤积时，需要使用悬沙不平衡输沙方程式和河床变形方程式，其中沉降系数 α 对计算河床冲淤强度有较大影响。以前此系数是依据现场各测点的含沙量变化资料和 −7 米航道的回淤资料确定的。在航道大幅度浚深后，航道中的 α 值如何变化，需要通过物理模型试验加以确定。试验结果同时又可以作为数学模型的验证资料。董凤舞领导的试验团队[1]通过泥沙试验得到了长江口二期工程建成后航道浚深至 −10 米、−12.5 米和 −15 米时严重回淤部位的回淤强度，给出了全航道的维护疏浚量。试验发现了沉降系数 α 值随航道的浚深而增大的变化规律，有助于提高数学模型的准确性。[2]

窦希萍和李褆来在窦国仁的指导下，根据董凤舞的物模试验成果完善了全沙数学模型并进行了验证。[3]通过数学模型，董凤舞不仅对委托单位提出的 9 个方案进行了计算，还计算了整治工程完成后航道浚深至 −10 米、−12.5 米、−15 米的年碍航回淤量，台风与暴潮相遇的"二碰头"和台风暴潮与特大洪水相遇即"三碰头"时的北槽航道回淤量，以及工程建设前和建成后南北槽分流比和悬沙、底沙分沙比，进一步验证了之前的

---

① 成员包括窦希萍、王向明、黄晋鹏、高亚军、娄斌、谢瑞、杨义诊等。

② 河 9970，董凤舞，深水航道局部物理模型悬沙回淤研究，1999 年。存于南京水利科学研究院档案室。

③ 王向明、黄晋鹏也参加了该项工作。

结论。[①]

　　长江口深水航道一期工程开工后，质疑和反对的声音并没有停止。1998 年 11 月中旬，严恺参加了交通部召开的《长江口深水航道治理工程二、三期工程可行性研究报告》专家座谈会。他在会上听说有人曾向国务院总理朱镕基建议，在长江口一期工程完成后停建二、三期工程，改在离海岸 30 千米处的大、小洋山建设深水集装箱枢纽港，逐步取代上海港的集装箱运输。有的专家甚至坚持认为长江口是无法治理的，即使勉强治理了，也将陷入无休无止的再治理、再回淤的恶性循环中。严恺对此十分忧虑，思虑再三后，径直给朱镕基总理写了一封信，着重说明长江口深水航道治理虽分为三期，但一、二、三期是一个完整的体系。如果只做一期而停止二、三期工程，将会造成河势失稳，并使一期工程的效果难以维持，前功尽弃。[②] 除此之外，他还公开发表文章，进一步为开辟长江口深水航道造势，为二、三期工程张目。

　　窦国仁也担心那些质疑的声音会对决策者形成误导进而影响整个工程。为此，他于 1999 年发表了《长江口深水航道泥沙回淤问题的分析》，向社会公众介绍科学研究成果，回应各方面的关切，努力打消人们的疑虑。在文章中，窦国仁首先指出，"长江口深水航道治理工程是一个完整的工程体系，其一期工程已于 1998 年 1 月 27 日正式开工，进展顺利，可望提前完成，为尽快实施二、三期工程创造了条件。这项宏伟工程的实施能否取得预期效果，关键是泥沙回淤问题"。接着他介绍了全沙数学模型和验证结果，详细介绍了使用数学模型研究得到的各期工程建成后深水航道的回淤量。重点讨论了大家都十分关心的泥沙回淤量问题、台风暴潮对航道回淤的影响问题、拦门沙外移问题，都根据前期研究成果给出了积极的结论。

　　窦国仁再次阐述他的一个重要观点："长江口深水航道的治理，采用的不是'束水攻沙'，航道的增深不是依靠水流冲刷，而是依靠疏浚，航道

　　① 河 9971，窦希萍，长江口深水航道及港址二维全沙数学模型计算，1999 年。存于南京水利科学研究院档案室。

　　② 刘小湄，吴新华：《严恺传》。北京：人民出版社，2020 年，第 187–188 页。

图 11-6　1999 年窦国仁（右）在长江口深水航道施工现场考察

水深的维护也是依靠疏浚。""长江口深水航道是一个完整的导流、防沙、减淤工程体系，符合多汊河口的治理原则，其防淤、减淤作用显著，但对丁坝的布置，特别是丁坝的长度需进一步优化。"丁坝的布置和长度是应服从顶层治理设计理念的，主张建设长丁坝的人是想用缩窄航道断面"束水攻沙"，窦国仁认为丁坝的作用并非"束水攻沙"，建长了反而会带来负面效果，因此他主张缩短丁坝长度。

回淤风波与父女接力

2000 年 3 月 22 日，长 51.77 千米、宽 300 米、水深 8.5 米的一期航道全槽贯通；5 月 10 日，一期工程完工。7 月 20 日，一期工程通过交工验收，当日新华社报道："国家重点工程长江口深水航道，从今天起长江口 8.5 米的深水航道进入试通航期。第三代、第四代集装箱船可安全通过。"《光明日报》随后也作了报道。

然而，夏秋季节也是台风的高发季，深水航道在连续受到几次台风影响后，回淤量骤增，导堤工程段以外的航道发生淤积，水深只有 7.7 米，相当于比工程实施前只增加了 70 厘米。一时间，反对声四起。有人把情况汇报到中央，说花了 40 亿，只拿到了长江口 70 厘米的水深，得不偿失。有人写匿名信，要求追究科研设计人员责任。有人公开宣称工程失败了，在长江口开辟深水航道根本就不可行，应该马上停工，不能继续浪费国家的钱。也有人质疑回淤预报有问题，当时预报的回淤量跟实际出现的回淤量为什么差别很大……

面对铺天盖地的质疑和指责声，整个科研群体和决策者都感到压力非常大。因为长江口深水航道治理工程不仅是国家重点工程，也聚集着全世界的目光。"这一次工作事关我国改革开放的大局、全局，所以能否成功，决策者和参与者承担着巨大的政治责任。"他们马上分析原因，发现淤积的位置主要是在导堤外，实际上导堤内的水深仍然维持得比较好，由于已实施的一期工程导堤比较短，起不到拦截浅滩来沙的作用，长江口被工程干扰后开始了大幅的自我调整，加上工程中间的疏浚、抛泥，以及连续的台风影响，种种因素叠加起来，导致回淤量非常大。解决的办法就是继续推进工程，延长导堤长度。

为了查清问题和事实，中国国际工程咨询公司于 2000 年 11 月 24—27 日在上海组织召开了长江口深水航道治理一期工程实施效果鉴定综合论证会。由包括 6 位院士在内的 18 位专家组成阵容庞大的专家组。中国工程院副院长、两院院士潘家铮亲任组长。会议的目的是审查、质询工程设计方案、施工情况和回淤问题，包括回淤预报问题。

窦国仁和窦希萍一同参会，只是这次他们位于"被质疑"的位置。会上，专家们的提问毫不客气，有的甚至很刺耳。窦国仁这时身体状态已经很不好了，但他还是强忍着身体不适，说了自己的看法。专家组基本上认可了窦国仁的分析，最终鉴定意见是：工程总体设计方案合理，下段航道确实淤积问题突出，建议抓紧实施二期工程，以充分发挥一期、二期工程的整体效益。

随着导堤工程继续向外延伸了几千米后，水深便稳定保持住了，8.5 米水深航道可以做到全天候、通航保证率 100%，经济效益十分突出，反对声几乎销声匿迹。这场因为回淤过量引起的风波就此平息。一期工程完善段实施以后，金镠问窦希萍："你是不是会算命呀？完善段完工后航道泥沙淤积的位置、淤积量和当初数学模型计算预测的数据十分接近！"

在一期工程发生回淤，到问题解决前这段时间，是参与航道治理的科研人员公认的"最艰难的一段岁月"。他们背负着巨大的精神压力，除了要解决河口的难题，还要遭受误解和指责，多少委屈只能默默吞下。窦希萍每次回想起这段经历，想到父亲已经抱病在身还在为长江口殚精竭虑，都会有说不出的心痛。

许多参与长江口治理的人，在心里都会有一种遗憾。这遗憾，是为那些为长江口深水航道奋斗一生、耗尽心血却未能看到工程最后建成的人留下的。乐嘉钻（2023 年春节前去世）曾在 12.5 米航道通航后写了一首《长江圆舞曲》，"迎着升起的朝阳，巨轮鸣笛出海港……"表达对一起工作的同事的怀念。他感慨："我们一起奋战了 30 多年，大家尽心尽力，不为名利，真的很辛苦。我是幸运的，因为我最终看到了大家辛勤劳动的果实，很高兴。而有些老同志，还有我们的同辈人，没有看到，很惋惜"，"包括我的老师——严恺。还有窦国仁院士等几位老专家、老教授，一辈子为了长江口工程而奋斗，却没有看到工程完工。"[1]窦国仁在 2001 年离世，其后，窦希萍继续父亲未竟的事业，为深水航道做好技术支撑，眼见着二期、三期工程陆续完工，10 万吨巨轮乘潮而进，一直开到南京，上海真正成为国际航运中心，父亲曾经描绘的蓝图一一实现。

2002 年 4 月，二期工程开工；2005 年 3 月，实现 10 米水深航道全面贯通；11 月通过国家竣工验收。2006 年 9 月，三期工程开工；2010 年 3 月，12.5 米水深航道全面贯通；2011 年 5 月通过国家竣工验收。工程总投资 155.767 亿元，其中一期工程 30.8 亿元、二期工程 57.1 亿元、三期工程 67.8 亿元。工程效益巨大，一期工程 8.5 米水深投入使用后，一年就收回成本。

据上海海事大学研究成果显示，以通过长江口深水航道的大宗散货、

---

① 杨冬：《巨变 长江口深水航道》。上海：上海文艺出版社，2011 年，第 53 页。

石油及制成品、集装箱三大类货种的运输船舶作出的初步计算，因运输费、中转费和中转损失减少产生的直接经济效益，在航道通航水深 8.5 米和 10 米时分别达到 43.8 亿元／年和 105.5 亿元／年。据交通运输部水运科学研究院和财政部财政科学研究所测算，12.5 米水深通航后，2011—2013 年长江口深水航道带来航运效益分别为 77.26 亿元、80.43 亿元和 81.01 亿元，港口效益分别为 10.95 亿元、10.15 亿元和 13.23 亿元。工程直接、间接拉动长三角和沿江地区经济增长更是不可估量。

2006 年 5 月 9—10 日，由交通部组织的长江口深水航道治理工程成套技术科技成果鉴定会在北京召开。包括钱正英、潘家铮等 9 位院士在内的共 28 名专家组成的鉴定委员会一致认为：长江口深水航道治理工程决策正确，实现了理论、技术和工程管理的全面创新，效益巨大。该工程已经并将继续为长江黄金水道建设、沿江港口发展、长江口综合治理开发以及长三角和长江流域经济社会的发展发挥显著的推动作用。长江口深水航道治理工程成套技术，是一、二期工程成功建设的重要保障，是我国河口治理和水运事业的伟大创举，是世界上巨型复杂河口航道治理的成功范例。该项科技成果总体上居于国际领先水平。[1] 潘家铮在会上激动地说："长江口治理工程终于梦想成真，几代中国人的夙愿终于实现。工程史无前例，令人震惊，功在当代，利在千秋。"[2]

《长江口深水航道治理工程成套技术》报告对重要创新成果进行了分类介绍，首先一条就介绍了数学模型的关键作用：

> 南京水利科学研究院窦国仁院士首次建立了径流、潮流、波浪和盐水等复杂因素共同作用下的长江口全沙数学模型，对各期航道回淤量及分布以及强台风与天文大潮、大洪水相遇等特殊不利条件下航道的骤淤作出了预报，解决了长江口航道回淤预报的技术难题。[3]

---

① 中国水运报，2006 年 5 月 12 日报道。

② 中国交通报，2006 年 5 月 11 日报道。

③ 长江口航道管理局：《长江口深水航道治理工程成套技术》。2007 年，内部资料。

图 11-7　2007 年窦国仁获得的国家科技进步奖证书与杰出人物奖章

"长江口深水航道治理工程成套技术"于 2006 年获中国航海学会科学技术奖特等奖，2007 年获国家科技进步奖一等奖，窦国仁为第二获奖人。

2011 年 5 月 19 日，交通运输部在上海召开长江口深水航道治理工程建设总结表彰大会，庆祝工程建设取得圆满成功，总结工程建设取得的巨大成果和宝贵经验，表彰为工程建设作出突出贡献的先进集体和先进个人。会上，授予南科院等 41 个单位"长江口深水航道治理工程建设先进集体"称号；授予窦国仁、严恺、潘家铮等 11 名院士、专家"长江口深水航道治理工程建设杰出人物"称号。窦希萍等 29 名科技人员被授予"长江口深水航道治理工程建设功臣"称号。

对于窦希萍来说，真正令她难忘的，是那些与父亲共同奋战的无数个通宵，是面临困难时与父亲一起顶着压力寻找答案的日子。她有时候想起那段时光，很心疼父亲，觉得他太辛苦了，心里会很难受，但看到长江口治理工程的成功，她又替父亲感到欣慰。有记者采访她，聊起长江口，她由衷地感慨："真的，我觉得很不容易。"[1]

---

[1]　杨冬:《巨变　长江口深水航道》。上海：上海文艺出版社，2011 年，第 167 页。

第十二章
循环共进：基础研究与宏观建言

微观研究与宏观分析向来是相互促进的一对，窦国仁的宏观决策分析都是基于扎实的科学研究基础之上的。20世纪90年代后期，窦国仁积40年研究之功，再论泥沙起动流速，深入微观世界分析泥沙受力，进一步完善"窦国仁公式"。在宏观上，他为长江防洪建言献策，为钱塘江河口治理方案提供技术咨询。此间，他还应福建政府之邀，投入木兰溪治理研究，使洪灾频发的木兰溪变成水美岸绿的幸福河。

再论泥沙起动流速

窦国仁在留苏期间开展的关于泥沙起动流速的研究在泥沙学界轰动一时，他提出的泥沙起动流速公式"窦国仁公式"被写进苏联和中国的教科书。到20世纪70年代，联合国教科文组织在研究尼罗河三角洲治理时也使用了他的泥沙起动流速公式，德国的《海岸学报》和日本的《土木工程学报》都对这个公式做了介绍。

在"窦国仁公式"提出之后的40年里，国内外许多学者对泥沙起动问题，特别是对细颗粒泥沙和轻质沙的起动问题进行了大量研究，获得了较为丰富的资料。此间，窦国仁经历了葛洲坝工程、三峡工程、小浪底工程、黄骅港工程和长江口深水航道治理等丰富的工程实践，对异重流、高含沙水流、河口海岸环境下的泥沙运动等有了新的深入研究，积累了大量资料，不断深化对泥沙起动问题的认识。在与泥沙运动密切相关的水流运动理论上，窦国仁已经建立起紊流随机理论体系，对水流结构和运动规律有了更多的了解。关于泥沙起动流速这个最基本的问题，窦国仁一直在琢磨怎么做深入综合，进一步完善泥沙起动公式。

据窦希萍回忆，有一阵父亲像着了魔一样，一直在思考这个问题：

> 大概是在 1998 年左右，他总是想再完善一下泥沙起动公式。有一次吃完晚饭，他坐在沙发上，指着茶几跟我讲："你看上面有灰，我要是从上向下吹，灰是不是也会飞起来，那就说明从上下来的力并没有把它压住，而是能让它起动。泥沙颗粒在水中有个水柱压力，也会对泥沙起动产生作用。"他那时候一直在分析这个泥沙受力的事情，有一些新的思考也会跟我们讲。①

窦国仁平时在家只要一有空就埋头推导公式，或者写论文，今天写一段，明天写一段，那段时间也不例外。过了一阵，他写好一篇文章，题目叫《再论泥沙起动流速》，给家里人看。窦希萍看到文章题目不解地问："这不是跟之前的那篇文章题目有点重复了吗？"窦国仁说："我就想把这个公式不断地完善，四十年来一直在想这个事情。"文章最终以此为题，发表在《泥沙研究》1999 年第 6 期上。

这篇文章有着典型的窦国仁式研究风格。他从作用于床面泥沙颗粒的力入手分析：

> 对于较粗颗粒的泥沙，都是以单颗粒形式起动；对于较细颗粒的

---

① 窦希萍访谈，2023 年 5 月 13 日，南京。资料存于采集工程数据库。

泥沙，由于黏结力和水流脉动（"扫荡"）的影响，往往以数十个或数百个颗粒组成的群体形式起动，起动后仍以单颗粒形式在水流中运动，只是在床面上留下片状痕迹。自由沉降于床面上的颗粒群体，在其起动时所受到的各种作用力均较单颗粒时按相应倍数增大，因而在讨论力或力矩的平衡时仍可按单颗粒处理。泥沙颗粒并不是球体，颗粒越细偏离越大，但仍可按球体处理，对其所引起的偏差可在确定经验系数时给予间接考虑。[①]

基于这一认识，窦国仁具体分析了泥沙颗粒所受的重力 F_g、水流对床面上泥沙颗粒的正面推力 F_x 和上举力 F_y、泥沙颗粒间存在的吸引力 F_c、泥沙颗粒因薄膜水环绕而产生的水柱的压力 F_δ，并分别利用数学语言加以表达。随后，通过对泥沙运动状态的力学分析，结合多年来的试验资料和紊流力学认识成果，完善各作用力系数，导出了泥沙起动摩阻流速公式、起动切应力公式和起动流速公式。为了检验公式的可靠性，窦国仁进行了多种验证，包括各种粒径泥沙验证、水柱压力验证、非稳定容重验证和轻质沙验证等。验证资料与公式均很符合，"得到了满意的结果，从而为研究工程泥沙问题提供了实用公式"。

这篇论文将泥沙起动流速的研究又向前推进了一大步，迄今引用量已超过 500 次，成为泥沙运动研究中的一篇经典文献。值得一提的是，窦国仁的单篇引用量第二高的论文即《论泥沙起动流速》，接近 300 次（未统计英文论文引用量）。这也从侧面反映了窦国仁在泥沙起动问题研究上的广泛影响。

2000 年前后，窦国仁还对波浪作用下泥沙的起动规律进行了总结。波浪作用下的泥沙起动问题是河口海岸动力学中的一个基础问题，也是开发河口海岸资源时首先需要明确的问题，又是泥沙研究中的前沿课题。多年来国内外学者对此问题进行了大量试验研究，然而由于缺少对泥沙颗粒受力情况的全面考虑，使所得公式不具备普遍性，制约了学科的发展和工程

---

① 窦国仁：再论泥沙起动流速。《泥沙研究》，1999 年第 6 期，第 1-9 页。

上的应用。窦国仁在水流作用下泥沙起动规律研究的基础上，进一步考虑波浪作用下泥沙的受力情形，阐明了波浪作用下粗、细泥沙包括轻质沙的起动规律。窦国仁指出，海底泥沙颗粒所受的力可分为两大类，一类是促使颗粒起动的力，另一类是保持颗粒稳定的力。在维持泥沙稳定的力中，窦国仁考虑了颗粒间的黏结力和附加静水压力及其在波浪作用下细颗粒间松动的影响；在促使颗粒失去稳定的力中，考虑了对颗粒具有重要作用的波浪惯性力。窦国仁据此导出了波浪作用下的泥沙起动公式，并用已发表的和最新的室内试验资料与现场观测资料对公式进行了验证。验证结果表明，公式与实测数据非常一致，很好地反映了波浪作用下粗、细颗粒泥沙和轻质沙的起动规律。[①]窦国仁又为研究和解决河口海岸泥沙问题提供了一个基础公式。

与此同时，窦国仁还对泥沙物理模型试验中的基本理论进行了总结。窦国仁自 1973 年提出了全沙河工模型试验理论后，先后使用全沙物理模型研究解决了葛洲坝工程、长江三峡工程、黄河小浪底工程的泥沙问题。在研究黄骅港工程和长江口深水航道治理工程时，又研究了潮流和波浪作用下泥沙运动问题。在黄骅港工程研究上，窦国仁还指导董凤舞开展了潮流和波浪共同作用下的底沙、悬沙模型试验，并取得了成功。在长江口深水航道研究上，由于南科院和上海航道局已分别建立了模拟底沙运动的物理模型，窦国仁便主要通过数学模型参与研究，但对他来说，未能在长江口深水航道研究上开展全沙模型试验不是一件憾事。当时，对于潮流和波浪作用下同时模拟底沙和悬沙的模型试验，在理论上还缺少系统分析。窦国仁基于多年研究成果，发表了《河口海岸全沙模型相似理论》一文，对此作了全面系统的论述。在这篇文章中，他逐一分析了潮流的相似条件、波浪的相似条件、悬沙的相似条件、底沙的相似条件、泥沙起动比尺的确定和泥沙沉速比尺的确定，为开展潮流、波浪作用下的全沙模型试验提供了理论依据。

---

① 窦国仁，窦希萍，李褆来：波浪作用下泥沙的起动规律。《中国科学 E 辑：技术科学》，2001 年第 6 期，第 566-573 页。

长江防洪献箴言

1998 年夏季，当窦国仁正忙于长江口深水航道治理工程研究之时，长江发生了一次全流域性大洪水，不仅中上游险情严峻，南京也处于外洪内涝之中。经过数十万军民团结一心、众志成城的抗洪救灾，终于战胜洪水、重建家园，凝聚成"98 抗洪精神"。作为水利学家，窦国仁十分关注这次洪水。他找来资料，对这次洪水进行了仔细研究。

这次洪水的特点是全流域性，持续时间长，洪水量级大，洪峰水位高，但洪峰流量并不是很大。对于宜昌站来说，百年一遇洪峰流量为 83700 立方米／秒，20 年一遇为 72400 立方米／秒，1998 年的洪峰流量为 63600 立方米／秒，相当于 5 年一遇。然而，1998 年洞庭湖、洪湖、鄱阳湖附近河段两岸的洪水位均超过了历史最高水位，超过幅度达 0.55—1.25 米。洪峰流量不是很大，洪峰水位却远远超过历史最高水位，问题的症结在哪里，又当如何解决，窦国仁提出了自己的看法：[①]

> 出现这种情况的原因很多，但最主要的原因是长江两岸湖泊分蓄洪能力的大幅度降低。洪湖等北岸湖泊群与长江已经隔离，长江与洞庭湖、鄱阳湖的通道由于淤积等原因，过水断面大为缩小，因而分流能力大幅度降低。由于围垦等原因，洞庭湖的水面面积由 1954 年的 4350 千米已减至 2625 千米，又由于每年约有 1 亿吨泥沙淤在洞庭湖内，其蓄水容积逐年减小。据统计，长江中下游通江湖泊面积 20 世纪 50 年代达 17198 千米，80 年代仅剩下 6605 千米，减少了 61.5%，丧失的湖泊容积超过 300 亿立方米，大大降低了长江中下游湖泊的调蓄能力。
>
> 解决流量不是很大而水位很高的问题，除了增大长江两岸湖泊的分蓄洪能力外，一是增强长江上游的控制能力，使洪峰流量降低；二是增大长江河道的泄洪能力；三是建立分洪区。原长江防洪规划中已

---

① 窦国仁：对"98"长江洪水的认识和建议．《水问题论坛》，1997 年第 1 期，第 27—28 页。

拟定了分洪区，需要根据近年实际情况进行必要的调整和修改并落实安全保证措施。增大长江的泄洪能力主要措施有三条，一是通过疏浚扩大过水断面，二是清除行洪障碍，三是加高加固堤防。只有在局部淤积河段或卡口河段采用疏浚才是可行的。全面疏浚将带来全面回淤，收效不大。清除行洪障碍是有效的，也是必需的。加高加固大堤可以提高河道的安全泄洪能力，因而也是必需的，直接见效的。当然随着大堤的加高，对堤防安全性的要求也增大，风险也将增大，因而加高大堤也是有一定限度的。增大上游洪水的控制能力就需要修建防洪水库或对现有病险水库进行除险加固。对于长江而言，当前应力使三峡工程按计划完成。如果三峡水库今年已建成，利用其221.5亿立方米的防洪库容，今年防洪的紧张形势，将大为改观。

防洪问题是一个系统工程，需要治标和治本，当前和长远、上下游左右岸统筹兼顾，把加高加固大堤和发挥上游控制工程的作用，增强分蓄洪能力和加大河道泄洪能力、工程措施和非工程措施有机结合，方能充分发挥投资效益，提高抗洪减灾能力。

图 12-1 窦国仁《对"98"洪水的看法和建议》手稿

基于以上认识，窦国仁提出了长江防洪问题的几点建议：[1]

1. 必须坚持科学治水

防洪是一个复杂的系统工程，需要大力开展科学研究工作，不能仓促行事。只有通过科研工作，才能使投资充分发挥防洪效益。

2. 发挥长江两岸湖泊的分蓄洪能力

为此首先需要研究江湖通道和湖泊

---

[1] 窦国仁：对"98"长江洪水的认识和建议。《水问题论坛》，1997年第1期，第27-28页。

的泥沙淤积问题，也要对各江湖通道的过水断面进行研究，以满足分洪的需要。为了对退耕还湖和移民建镇提供条件，需要研究利用疏浚土建立人工岛，即居民岛的可行性以及对疏浚范围、疏浚深度和建立居民岛的规模等开展研究，以求得切实可行的方案。为了增大湖泊的调蓄能力，需要研究江湖通道口门建闸的可行性及其规模和调蓄高度。

3. 提高防洪标准，加固干堤

长江大堤是历史上形成的，堤身不稳，基础不牢，在较长高水位浸泡下极易发生渗漏和管涌。长江大堤有3000多千米长，全线提高到百年一遇标准，不是短期内能够做到的。但对一些重要河段的干堤加高加固则是迫切需要的。因而首先需要对长江大堤的加高加固标准进行研究，以便分段实施。研究对关键河段的堤身和基础进行改造的必要性和具体措施。同时也要开展加固大堤的新方法、新工艺和新材料的研究。

4. 对必要河段进行疏浚和整治

长江河道相对稳定，泥沙基本冲淤平衡。但对有些河段，主流仍有摆动，河床也随之有冲有淤。特别是当上游临近河段发生冲刷时，其下游河段极有可能发生淤积。因此需要对长江河道的泥沙冲淤问题进行研究，在此基础上研究进行疏浚的必要性和可行性，提出疏浚方案和整治方案，以增大河道的行洪能力。

5. 水库建设和病险库的除险加固

上游控制性工程是防洪的重要手段。现有的水库，如隔河岩水库、漳河水库、丹江口水库和葛洲坝工程均发挥了防洪作用。如三峡水库建成，利用其221.5亿立方米的防洪库容，长江中下游的防洪形势将大为改观。因此建议保证资金，按计划将其建成，同时进一步研究在长江干支流上兴建水库的必要性和可行性。

现在已建水库有许多是病险库，不能发挥其应有的防洪效益，因此需要对病险库进行除险加固。

6. 修订三峡水库的防洪调度方案

按现在设计，三峡水库只有当宜昌流量超过56700米/秒时才蓄洪。1998 年的洪水超过此流量的时间很短。如不修改防洪调度方案，其大部分防洪库容将闲置不用。按照 1998 年的防洪情况，这种调度方案是不切实际的。葛洲坝工程本没有防洪库容，1998 年也参加了调峰，三峡工程更是责无旁贷。因此建议根据 1998 年防洪情况研究和修改原设计的防洪调度方案。当然防洪调度方案修改后，三峡库尾、库区和坝区的泥沙淤积情况也会有一定改变，因此需要依据修改后的防洪调度方案，对三峡库尾（包括重庆河段）、库区和坝区的泥沙问题进行补充研究。

7. 提高防洪抢险技术

1998 年防洪抢险期间，主要依靠大量人力发现险情，及时堵漏。为了提高发现险情的能力和提高抢险的效率，建议开展大堤安全检测仪器的研究和防洪抢险技术的研究。

8. 非工程措施的研究

1998 年防洪过程中水情预报等非工程措施已发挥了较大作用。为了进一步发挥非工程措施在防洪中的作用，需要对此问题不断进行深入研究，其中也包括遥感、通信系统的进一步研究和开发，以便更好地发挥非工程措施在防洪中的效益。

9. 加强上游水土保持

近几十年来长江上游植被破坏严重，从而引起大范围的水土流失。虽然由于长江流域面积很大，宜昌以上即达 100 万平方千米，流失的泥土尚未进入长江干流，但长此下去必然会加重长江的泥沙来量，促使防洪形势更为严峻。因此封山植树退耕还林是十分必要的，需要对这方面的有关问题开展研究。

这篇题为《对"98"长江洪水的认识和建议》的文章被中国科学院学部联合办公室编为"中国科学院院士建议"，呈报给中央、国务院有关领导，中央办公厅，国务院办公厅，全国人大，全国政协。同时抄送中央和国务院有关部委、中国科协、中国工程院、中国社会科学院、国家自然科学基金委员会、中国科学院院士、学部主席团顾问、院领导、院机关各部门。

后来，在钱正英牵头下，中国工程院和中国科学院组织近 40 位有关院士和专家分析 1998 年大洪水资料，提出"对 1998 年长江洪水的认识和今后工作的建议"，向党中央、国务院作了专题呈报。[①] 窦国仁参与了这项工作，他的许多观点和建议在材料中都得到体现。这篇建议成为后来长江防洪治理工作的指导性文件之一。

钱塘江畔话海塘

窦国仁在回国之初参加过一段时间钱塘江河口的研究，当时钱塘江河口治理刚起步，大规模的治江围涂尚未实施，河口基本上还处于天然状态。虽然他后来未继续研究钱塘江，但与钱塘江研究与治理科技专家的交流却未停止，也经常参与研究成果或治理方案的交流。转眼 30 余年过去，钱塘江河口早已今非昔比，经过系统研究与治理，大幅度缩窄了江道，稳定了江槽，河口更加安全的同时，还新增了两岸上百万亩围垦土地，创造了巨大的经济价值。为了进一步推进钱塘江河口治理，浙江省人民政府于 1996 年 5 月 7—10 日邀请国内著名水利专家在杭州召开了钱塘江河口整治及标准海塘建设项目论证会。严恺、窦国仁均应邀参会，还有全国政协副主席钱正英，水利部副部长严克强、总工程师朱尔明，以及国家科委、水利部、太湖流域管理局、华东师范大学、长江科学院、河海大学、南京水利科学研究院等单位 20 多位专家教授齐聚一堂共话钱塘江河口治理。浙江省人民政府省长万学远、副省长刘锡荣等政府领导也出席了会议。

会议组织部分领导和专家考察海宁明清海塘，听取浙江省河口海岸研究所和浙江省钱塘江管理局关于《钱塘江河口整治及岸线规划》和《钱塘江北岸险段标准海塘工程可行性研究报告》的汇报。与会领导和专家对两个报告进行了深入的讨论，对若干主要问题取得共识。

---

① 中国工程院咨询工作委员会：《工程科技与发展战略咨询报告集》。中国工程院，2000 年，第 273 页。

窦国仁对钱塘江有着亲切的感情，多年来与戴泽蘅、李光柄、余大进、林炳尧、韩曾萃等人也结下了深厚的友谊，对他们的工作十分支持。他听了汇报后，很为这些同仁们取得的成绩而感到高兴。他发言道：

首先我要感谢浙江省人民政府邀我来参加这次钱塘江河口整治及标准海塘建设项目论证会。我在20世纪60年代初期，曾在这里参加过一段时间的科研工作，到现在已经过去了32年。在这30多年中，钱塘江的科研工作和围垦工作都取得了巨大成绩，我感到非常高兴，也深受鼓舞。

这些年来，浙江省河口海岸研究所的科研人员完成了大量的现场测验、资料分析、物理模型试验、数学模型计算等工作，取得了具有很高学术水平和实用价值的科研成果。钱塘江是一条以涌潮强烈和主槽摆动频繁而闻名的游荡性河口，如何整治，首先就是一大难题。现在采用全线缩窄以减少进潮量和进沙量，相对增强上游径流作用，是非常正确的，在国际河口治理上也是一大创举。现在依据报告中提出的四条治理原则和围垦的实际情况，修订了20世纪60年代初的河口治导线，提出了今后的河口规划线，是合适的，体现了"围垦服从治江，治江结合围垦"的指导方针，为今后的高滩及时围垦提供了科学依据，我也希望能成为法律依据，不能允许围垦突破河口的规划治导线。

钱塘江海塘一向是保护沿江两岸平原人民生命财产的重要工程，四十多年来，在党和人民的艰苦奋斗下，取得了保证海塘安全的重大胜利。然而，近年来，主流一直逼近海宁、海盐河段，使明、清时代修建的海塘已有倒塌的危险，一旦海塘发生塌毁，其后果将极其严重。现在试图将北岸险段海塘建成标准海塘不仅必要，而且也十分迫切；不仅技术可行，而且经济和社会效益也十分显著，其政治意义也是巨大的。可研报告中提出的投资估算和筹资方案是合理的，采用百年一遇标准也是合适的。希望国家尽快批准立项，动工兴建。

在这里我还想提三点建议：

1.建议在现在提出的规划线基础上进一步深化，利用动床模型和泥沙数学模型进一步研究尖山至澉浦的放宽率;研究尽量避免主流长距离贴岸的措施,例如在盐官至八堡间修建丁坝缩短主流贴岸的可行性;研究使尖山至长山间主流居中的措施等。

2.建议尽快研究和制定钱塘江河口综合治理开发计划,更好地开发钱塘江河口的水土资源。

3.建议继续研究钱塘江的泥沙和河床演变规律,特别是沙坎问题。如能通过深入研究降低沙坎,不但可削弱或消除涌潮,减轻海塘负担,有利泄洪,而且也可稳定主流,加深航道,发展航运事业。

钱塘江的治理已经取得了巨大成绩,现在以建设标准海塘为契机,我预祝钱塘江的研究和治理取得新的更大的成绩![1]

会议结合专家们的发言,形成了一份《钱塘江河口整治及标准海塘建设项目论证会专家论证意见》,由专家组组长钱正英签署,副组长严恺进行了宣读。论证意见全面肯定了钱塘江河口从 20 世纪 60 年代开始的自上而下、全面缩窄的治理方案、实施步骤和取得的明显的治江效果与社会经济效益,强调北岸险段标准海塘建设的迫切性,并建议海宁、海盐等地按百年一遇的标准建设高标准海塘,"大大推动了水利部、国家计委对该项目的审批速度"。[2]浙江省政府决定每年从财政支出 2000 万元岁修经费用于海塘工程维修。1996 年 8 月,国务院正式批准钱塘江北岸标准海塘工程立项,并同意补助资金 2 亿元。12 月 16 日,钱塘江北岸标准海塘 300 米试验段开工。[3]

会议期间,《浙江日报》还采访了严恺、窦国仁,二位院士也为钱塘江北岸险段建设高标准海塘大声呼吁。记者以《根治钱江,了却夙愿——访中国科学院院士严恺、窦国仁》为题发表在《浙江日报》1996 年 5 月 10 日第 1 版上。

---

① 窦国仁:在闭幕式上的发言和讲话。《河口与海岸工程 钱塘江河口整治及标准海塘建设项目论证会专辑》,1997 年第 3 期,第 42-43 页。

② 韩曾萃:"钱塘江河口北岸险段标准海塘建设"的立项过程。《浙江水利科技》,2017 年第 2 期,第 8-12 页。

③ 长江年鉴编纂委员会:《长江年鉴》。水利部长江水利委员会长江年鉴社,1998 年,第 269 页。

会后，经浙江省人民政府同意，成立了钱塘江河口综合治理开发技术指导小组。小组成员包括严恺、窦国仁、朱尔明、薛鸿超、陈吉余、吴敏一、黄庭兰、陈绍沂、言隽达、戴泽蘅、韩曾萃 11 人。严恺为组长，朱尔明、窦国仁、陈绍沂为副组长，下设办公室（设在钱塘江管理局），由韩

图 12-2　1988 年 7 月窦国仁（站立者）在辽宁省丹东作学术交流

图 12-3　1991 年 9 月 12 日窦国仁（左二）在汕头港考察时留影

曾萃任主任。该小组负责钱塘江河口综合治理开发中重大技术问题的指导，窦国仁因身为副组长，参加钱塘江河口的咨询论证会议也就更频繁了。

20 世纪 90 年代以后，窦国仁以技术咨询专家的角色参加了众多水利工程建设的咨询论证，包括辽宁丹东港建设、江苏大丰港建设、河北唐山曹妃甸港前期科研论证，等等。他总是能够提出富有建设性、创造性的建议，为水利工程建设纾困解难。

木兰溪碧水安澜

20 世纪的最后两年里，窦国仁的一项重要工作是参与木兰溪的治理研究。

木兰溪是福建省"五江一溪"之一，发源于福建省中部的戴云山脉，横贯莆田，自西北向东注入大海，干流全长 105 千米，流域面积 1732 平方千米，是莆田人民的"母亲河"。与东南沿海的众多山溪性河流一样，木兰溪还是脾气暴躁的水患河。木兰溪上下游最大自然落差近 800 米，由于集水面积大、流程短、山洪易于暴涨，下游地势低洼、河道弯曲，多达 22 个弯，洪水骤至，下泄困难；若遇天文大潮，海水顶托倒灌，盐碱灼地，两岸形成漫溢，汪洋无涯。只要上游仙游东西乡片区一下大雨，下游兴化平原的南北洋片区就水流漫滩，引发洪涝灾害，所以当地有"雨下东西乡、水淹南北洋"之说。

距今 900 年前，莆田人民为了改善生存环境，兴工筑木兰陂，历经 20 年，三易其址而毕其功，有"福建都江堰"之称。木兰陂下御咸潮，上蓄淡水，并将上游之水七分引入南洋、三分引入北洋，大兴灌溉通航之利，使兴化平原成为鱼米之乡，蒲田变为莆田，成文献名邦。然而，古代水利工程的功效毕竟难以从根本上解决水患，更难以满足现代社会经济发展需要。据 1952—1990 年的资料统计，木兰溪平均每 10 年发生一次大洪水，每 4 年发生一次中洪水，小灾更是几乎年年都有。莆田当地人家中习惯备有木盆，一旦洪水发生，就会看到水面上漂浮着不少大木盆，里面盛着大人小孩儿，以盆为舟向外转移。

根治木兰溪，是莆田人民的殷切期盼和夙愿。早在1957年，水利部就开始规划整体治理木兰溪，此后莆田市多次提议，但软基河道、弯度巨大、冲刷剧烈等一系列技术挑战横亘在前，项目"几上几下"均未能付诸实施。

1997年，福建省在结束了千里海防建设之后，正进一步在全省47个县市区主要河流开展千里江堤建设。其他县市的江堤建设进展很快，陆陆续续完工，唯独莆田的木兰溪还是迟迟没有进展。当时治理木兰溪的思路是裁弯取直，以人工手段开辟顺直河道，缩短河道入海距离，加快排涝泄洪，但反对声也很大。据时任莆田市委书记叶家松回忆："水利专家也有一些不同看法，他们担心裁弯取直的方案会不会出问题。他们认为黄河决堤大部分都是决在新河道上，现在挖一条河道，没有经过洪水考验会不会出问题。"治与不治一直争论不休，大会小会上，反对意见频频出现。"原来的16千米河道将裁掉近一半，河水流速将更快，对河道冲刷力更强，同时还要在淤泥这样的软基上筑堤，在全国也没有成功的先例，谁也不敢冒这个险。"甚至还有老水利工作者给福建省、莆田市两级政府写信，要求对木兰溪裁弯取直采取慎重态度。实际上，早在1996年，福建省水利规划院已经就木兰溪防洪工程作出了新一轮可行性研究，包括施工设计方案，但因争议太大被搁置。技术上的问题成为木兰溪治理的最大障碍。

时任福建省委副书记、代省长的习近平，由于分管三农工作，一直非常关注木兰溪的治理。他有一次听取木兰溪治理的困难后说："水利工程要慎重，要科学论证，要比选方案，要千方百计地筹措资金，这个工程是造福人民的，也要发动人民的力量，群众的力量。"他自己也把木兰溪的事挂在心上，时时留意着相关机会。

1999年4月，窦国仁和董凤舞在福州参加学术会议，会上莆田市的有关领导专家介绍了木兰溪治理的困难，请求南科院予以技术支持。习近平不知从何途径了解到这次会议，当即拨通了时任福建省水利水电厅厅长汤金华的电话："现在福州正在开一个全国性的水利技术方面的会议，其中有

图 12-4　2000 年 6 月窦国仁（左六）、董凤舞（左五）与项目组和木兰溪指挥部人员在木兰溪查勘

图 12-5　2000 年窦国仁（左三）、董凤舞（左四）、窦希萍（左六）在木兰溪模型上

一个南京水科院的，也是中国科学院院士窦国仁同志在这个会上。"[①] 按照习近平的指示，汤金华赶紧带着莆田市的同志到会上"找更权威的水利专

---

① 央视网：变害为利 造福人民——习近平生态文明思想在福建木兰溪的先行探索。云南网新闻网站，2019-12-26.

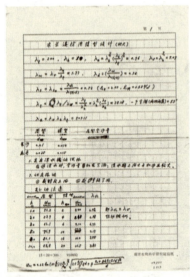

图 12-6　窦国仁关于《木兰溪防洪模型设计》的手稿

家，帮忙共同攻克难题"。[1]窦国仁在听了汤金华的介绍后，很爽快地答应下来。由于当时木兰溪正洪水泛滥，无法去现场，他们会后只去了闽江口进行了考察。

窦国仁从福建回来后，就考虑开展物理模型试验。当时试验厅里的模型试验已经完成，正处于空置状态，试验大厅面积有 2000 多平方米，正适合木兰溪研究需要，试验场所就此初步确定。

1999 年 10 月 9 日，第 14 号台风正面袭击莆田市，暴雨导致山洪暴发，恰好又遇到天文大潮，海水顶托倒灌，木兰陂水位超过历史最高纪录，木兰溪沿岸一片汪洋，约 10 万人被洪水围困，倒塌房屋 4 万多间，受灾农作物 33 万亩……

三天后，在窦国仁主持下，全国 11 位水利专家对木兰溪防洪一期工程裁弯取直段提出论证意见，修正了一些工程技术问题，并建议采用一些新技术解决软基筑坝的难题。

1999 年 10 月 17 日，习近平深入灾区，在听取了灾情汇报后说："是考虑彻底根治木兰溪水患的时候了。"两个月后，木兰溪施工试验段工程开工，习近平亲自参加了义务劳动。对于整个工程实施后木兰溪的相应变化，还需要进一步研究才能明确。

2000 年 4 月，接到木兰溪防洪工程建设处正式委托后，窦国仁团队开始了对木兰溪下游防洪工程的物理模型试验研究，旨在为河道的裁弯取直工程和防洪堤的设计提供科学依据。为了做好研究，窦国仁与董凤舞、王向明、黄晋鹏、娄斌等在五六月份到木兰溪河道和洪水淹没区作了详细考察，收集建模所需的数据。当他们现场看到老百姓在家基本是住在二楼或更高的楼层，一楼则让给洪水时，更感到木兰溪治理研究非

---

① 赵鹏：一任接着一任干　一张蓝图绘到底　木兰溪之变。中国共产党新闻网，2018-09-21.

常有必要。

回到南京后，窦国仁负责模型设计和研究过程的把关，董凤舞等课题组的其他同事负责具体事项的执行。[1]他们首先进行了濑溪至三江口河段定床和动床物理模型设计，模型流速、水位及洪水淹没水位验证，在此基础上对修建防洪工程前不同洪水流量、潮型条件下进行了系统观测，包括全河道水位、流速、洪水淹没水位、主要河段悬沙淤积分布、河道泄洪能力等。忙活了几个月，在2000年盛夏之际召开的专家审查会上，董凤舞作汇报，窦国仁等众多专家进行了审查，认为模型具有良好可行性。

完成模型设计和验证后，研究团队在模型上模拟了木兰溪治理方案。根据福建省水利规划院设计，木兰溪下游防洪工程分四期：一期为黄厝至港利河段裁弯取直工程，即将原有的多处弯道裁除，以一个微弯河段替代，缩短河长约5.5千米；二期为黄厝至木兰陂河段修建防洪堤，其中黄厝至顶厝间为裁弯取直工程段，将两个急弯裁成一个微弯，缩短河长约1.8千米；三期为港利至三江口河段加高加固原河堤工程；四期为濑溪至木兰陂河段修建防洪堤工程。窦国仁等人在模型上主要研究一期、二期、三期和四期防洪工程建成后的防洪效果、河上建筑物对行洪的影响、工程前后水位、流速和木兰陂所受静、动水压力的变化等，并通过浑水动床试验初步研究了泄洪时河床的冲刷深度和冲刷范围。针对裁弯取直工程后部分河段流速增幅较大的问题，对河道断面进行了优化试验，使得流速降低，流态改善。在此基础上得到了不同潮位与多年平均、二十年、五十年和百年一遇设计洪水相遇时的水面线和流速场。

做木兰溪研究的那段时间，白天窦国仁一家三口在同一个实验室搞科研，晚上回去还要继续讨论，经常说着说着就将图纸摊开进行细致的探讨，基本上没有在凌晨一点之前睡过觉。[2]

2001年，窦国仁逝世，窦希萍更多地参与并承担起木兰溪的研究，她在物理模型之外，又组织力量开展了数学模型计算研究，通过应用一、二维水流数学模型，研究裁弯取直后洪、潮的变化规律，上下游河槽的水流

---

① 课题组成员包括窦希萍、王向明、黄晋鹏、高亚军、娄斌、杨义珍等。
② 窦希萍访谈，2023年5月13日，南京。资料存于采集工程数据库。

流态、流速场及水面线，从而为裁弯工程设计和施工提供了多重科学依据。

窦国仁一家和试验组人员通过物理模型和数学模型研究，为木兰溪治理解决了关键技术难题。对于窦希萍来说，木兰溪意味着更多，"我对木兰溪的感情就是两代人的感情，这种感情非常深，是永远不能忘记的。"窦希萍说，木兰溪就像是一条纽带，串联起父亲、母亲和自己，父亲去世后，许多工作都是她接替完成的。她后来也一直关心着木兰溪的治理，为木兰溪两岸的巨大变化而感到高兴。后来《湄洲日报》记者采访了窦希萍，写下了一篇《木兰溪串联起两代人的深情》报道他们的事迹。①

2003 年，木兰溪裁弯取直工程完成，原来 16 千米的行洪河道，裁直为 8.64 千米，缩短 7.36 千米。裁弯的河段也没有填埋，而是作为城市生态景观水域，建设成为公园。2011 年，两岸防洪堤实现闭合、洪水归槽，从此结束了莆田市主城区不设防的历史。

经过治理，曾经年年成灾的木兰溪逐步变害为利。425 平方千米良田全年灌溉有了保障，粮食产量大大提高，旱地变良田，亩均耕地效益从2000 元升至 7000 元，农业产业结构不断优化升级；城市发展空间大幅拓展，开启了沿溪跨溪、东拓南进的新时代，建城区面积从 1999 年的 28 平方千米扩展至 93.5 平方千米；得益于木兰溪综合治理，曾经沿岸的水患"洼地"蜕变为经济发展"高地"，为推动经济高质量发展和实现绿色发展提供了广阔空间。2017 年，莆田地区生产总值比 1999 年时增长 7 倍多，财政总收入增长 15 倍。由于重视生态保护和建设，2016 年木兰溪成为福建省"万里生态安全水系"建设样板，2017 年被评为"全国十大最美家乡河"，曾经的"水患之河"，已然成为"生态之河""发展之河""幸福之河"。

木兰溪治理工程是习近平亲自擘画、亲自推动的民心工程，他指示福建省水利局邀请窦国仁参加木兰溪研究，保障了治理工程的顺利实施。2023 年 1 月，木兰溪入选水利部公布的首批"人民治水·百年功绩"治水工程，作为改革开放和社会主义现代化建设新时期水利工程的代表，木兰溪见证了从灾害频仍到江河安澜的变迁，体现了科学治水的宝贵精神。

---

① 蔡蕊：窦国仁、窦希萍：木兰溪串联起"两代人的深情"。福建省水利厅官网，2021-01-11.

第十三章
惜人爱才：推动泥沙学科发展

水利是一个古老的行业，而现代意义上的水利科学，尤其是泥沙科学研究的历史却并不久远。20世纪中前期，泥沙科学在国际上学派林立、蓬勃发展之际，也随着一批留美、留欧、留苏人才的回国传到国内。窦国仁是留苏回国人才的典型，参与了泥沙科学在中国的建制化过程，从人才培养、教材编写、研究生教育、学位制度建设，到学会工作、期刊创办、国际合作交流，不遗余力全方位推动。窦国仁为中国泥沙科学走在世界前列、成为国际泥沙研究的中心之一作出了突出贡献。

推动泥沙学科发展

窦国仁的研究范围包括河流动力学、泥沙运动学、河口海岸学等学科方向，泥沙运动学是其核心。根据钱宁的定义："泥沙运动学是以水力学和流体力学理论为基础，侧重研究泥沙在水流作用下的运动形式、运动的力学性质、泥沙的输移强度和数量，以及由此引起的河床演变和对水利工程的影响。"[1] 严格意义上的现代泥沙运动学出现较晚。19 世纪 50 年代开始出现关于泥沙运动的论著，在之后半个多世纪里，主要是个人"单打独斗"，主要研究方向是以推移质方式运动的粗颗粒泥沙。1879 年，法国的 Du Boys 首次提出推移质输沙率公式，被认为是现代意义的泥沙运动力学的有益尝试。1895 年，英国 R. 肯尼迪提出冲积回流的"均衡"理论。这一时期属于零星的自由探索。

20 世纪早期，观测技术的发展和实验手段的应用加快了泥沙研究的步伐。1914 年，美国加州大学地质地理学家 Gilbert 开创了泥沙输移水槽试验，标志着现代泥沙运动力学的开始。1931—1933 年，美国的 M.P. 奥布赖恩和苏联的 B.M. 马卡维耶夫分别将紊流的扩散理论引入悬移质运动研究。1936 年，Shields 研究了在水流的作用下，泥沙颗粒由静止状态进入运动状态的一个重要的临界条件，提出了泥沙起动条件曲线。1938 年，Rouse 提出了水流中泥沙的悬浮指标，被后人命名为 Rouse 数。1942 年，美国的 H.A. 爱因斯坦建立推移质运动统计理论，之后又与悬移质运动扩散理论结合形成了床沙质挟沙能力计算方法。[2] 1948 年，瑞士苏黎世大学的 Meyer-Peter 和 Muller 经过近二十年的水槽试验，建立了推移质输沙率公式……

至 20 世纪三四十年代，河流泥沙科学的研究已经较为深入。苏联形成了不同研究学派，美国有爱因斯坦（Hans Albert Einstein）、德国有恩格斯（H.Engels）等代表人物。这一时期研究工作的总体特点是"在无统一理论指导下，对一些关键问题分别进行研究，通过不断探索得出了一些有突破性进展的成果"，属于英雄创世的时期。到了 50 年代以后，则进入了学派林立、百家争鸣的时代。

窦国仁在苏联留学时期，正值泥沙运动学快速发展阶段，苏联又是这一领域研究的重镇。在马卡维耶夫的指导下，窦国仁脱颖而出，依靠博士阶段研究成果已走在国际泥沙研究的最前沿。当他 1960 年回国工作时，面临的形势是：一方面国家大兴水利，有许多水利工程的泥沙问题需要解决；

---

① 钱宁，万兆惠：《泥沙运动力学》。北京：科学出版社，1983 年，第 1 页。

② 张瑞瑾，谢鉴衡，陈文彪：《河流动力学》。武汉：武汉大学出版社，2007 年，第 2 页。

另一方面，泥沙学作为一门新兴学科在国内尚处于起步未久的草创阶段。

当时，比窦国仁年长的学者如严恺、张书农、张瑞瑾、钱宁、林秉南等人已从欧美学成回国，并在华东水利学院、中国科学院、中国水利水电科学研究院、武汉水利电力学院等学校培养人才和从事研究工作。还有一批中国本土培养的水利专家如黄胜、戴泽蘅等人分别在部属或地方科研机构中从事河流泥沙研究与治理工作。泥沙研究的队伍和机构已具有一定基础，但泥沙学作为学科体系的发展远未成熟，中国的泥沙研究在国际上的地位也未确立。对窦国仁而言，可以说是天地广阔、大有可为。

在南科院工作的数十年中，窦国仁不但管好自己学术研究上的"一亩三分地"，而且始终关心国内泥沙研究力量的壮大和泥沙学科的发展。在20世纪六七十年代，他就积极编写泥沙运动学讲义、为泥沙培训班授课，推动泥沙研究发展。80年代，他通过参与学科点建设、培养研究生、担任学术组织领导、期刊编委、学术兼职、开展对外交流等多种方式推动中国泥沙学的建制化和整个水利学科的发展。窦国仁以南科院为阵地，将个人的科学研究工作及单位发展规划同国家水利工程建设、学科专业建设紧密结合，为中国泥沙运动学、水利科学作出了多方面的贡献。

20世纪80年代，国内研究生教育恢复后，各专业都面临学科建设的重任。窦国仁被聘为国务院学位委员会第一届至第四届学科评议组成员，并且是第三届、第四届水利、测绘学科评议组第一召集人，主要负责的工作是评审申报的博士学位、硕士授予单位，博士学位授权点、硕士学位授

图 13-1　国务院学位委员会给窦国仁颁发的纪念牌

权点，以及增列博士生指导教师。在国务院学位委员会调整研究生专业目录中，窦国仁对水利学科专业的设置、界定、培养目标和课程设置等工作起到了关键的作用，为中国的研究生教育工作作出了突出贡献。

为促进泥沙基本理论研究，窦国仁参与发起成立了全国泥沙基本理论研究指导委员会，并倾注了大量心血。中华人民共和国成立以后，我国泥沙研究工作者面向经济建设主战场，研究解决了不少生产实践中提出的泥沙问题，取得了丰硕的成果。然而，到 20 世纪 80 年代末，研究人员以市场为导向，对泥沙基本理论研究工作有所放松，许多与生产息息相关的重大理论问题也陷入困境，零星的理论工作也缺乏有效组织和总的规划指导，泥沙研究工作缺乏后劲。若长此下去，对泥沙学科的发展及解决经济建设中重大泥沙问题是十分不利的。面对这一根本性问题，中国水利学会泥沙专业委员会主任谢鉴衡、副主任窦国仁和秘书长曾庆华等人都深感有必要加强泥沙基本理论研究。

他们经过商议，决定成立全国泥沙基本理论研究指导委员会，共同研讨泥沙研究现状与问题，分析未来发展趋势，提出重点研究方向。中国水利水电科学研究院曾庆华教授回忆当时的情形：

> 窦国仁同志对泥沙问题的研究有深厚的理论基础，在解决工程泥沙问题上，他密切联系实际。他生前一直认为我国的泥沙问题十分复杂，但我国泥沙界多年来一直忙于解决工程泥沙问题，缺乏对泥沙基本理论的系统研究，这些年来数学模型柳暗花明有所发展，但有些假定缺乏理论基础，缺乏实验研究和实测资料的验证，一定要加强泥沙基本理论的研究工作，华国祥教授、谢鉴衡教授和我都有同样的看法。于是我们商议成立全国泥沙基本理论研究指导委员会，由我（泥沙专业委员会秘书长）出面组织，并向德高望重的中国水利学会理事长严恺院士汇报，请他担任我们指导委员会的主任，由谢鉴衡、窦国仁、曾庆华担任副主任。这一创举得到全国泥沙界的热烈响应和拥护。[①]

---

① 曾庆华：沉痛悼念好友窦国仁同志。见：胡又主编，《高山仰止——窦国仁院士诞辰八十周年纪念》。2012 年，第 47 页，内部资料。

1991 年 6 月 20—21 日，全国泥沙基本理论研究指导委员会成立大会在中国水利水电科学研究院泥沙研究所召开。严恺主持会议，参加会议的主要有泥沙专业委员会副主任窦国仁、杜国翰，成都科技大学华国祥教授，清华大学惠遇甲教授，泥沙专业委员会秘书长曾庆华，谢鉴衡、李保如因病另派人员出席会议。会议深入讨论了泥沙基本理论研究的现状、问题和方向。据当时作为泥沙专业委员会秘书、具体负责会务工作的胡春宏回忆，窦国仁在会上的讲话表明他对此早有系统的、深入的、成熟的思考，胸有成竹。他慢条斯理地讲了泥沙研究要从哪几个方面着手，要聚焦哪些基本问题，并且逐一列出了要研究的关键课题，甚至连课题名称都拟好了，"为会议内容定了调"。[①] 其中，主要围绕申报国家自然科学基金提出了选题建议。

这次会议最终选定了八个方面的当代泥沙关键问题，决定由泥沙基本理论指导委员会向有关部门汇报会议情况，争取各方面支持；把全国泥沙研究力量组织起来，按八个关键问题分工做理论工作和国内外综述；建议泥沙专业委员会在 1992 年召开泥沙基本理论研究学术讨论会。

1992 年 3 月，泥沙基本理论指导委员会第二次会议在北京召开。窦国仁因故未能参加这次会议。此次特地邀请国家自然科学基金委员会材料与工程学部水利学科主任陈式慧参加会议，将前次会议选定的八个课题论证情况向国家自然基金委、水利部及能源部等部门领导汇报，争取到肯定和支持。会上确定了向国家自然科学基金会提出"当前河流泥沙重大理论问题的研究"重点项目建议书，该项目后来成功立项为国家自然科学基金重点项目，研究成果以《高含沙水流紊动结构和非均匀沙运动规律的研究》专著出版。

1992 年 12 月 1—4 日，全国泥沙基本理论研究学术讨论会在北京召开。这是当时泥沙学术界的一次盛会，窦国仁不仅全程参加了会议，还在闭幕式上作了热情洋溢的发言，并且提议泥沙基本理论学术讨论会以后制度化，每 2—3 年召开一次，让这个全国性会议成为定期会议，一直延续

---

① 胡春宏访谈，2024 年 3 月 9 日，上海。资料存于采集工程数据库。

图 13-2　20 世纪 90 年代窦国仁在首届全国水利水电系统应用概率统计学术讨论会上作报告

下去。[1]

其后，全国泥沙基本理论研究学术讨论会定期轮流在全国各大科研机构举办，迄今已召开十余届，出版会议论文集多部。这对推动我国泥沙科学的发展起到了深远的作用。窦国仁参加了其中前四届，每次都非常重视，其中第四届于 2000 年 10 月在成都召开，尽管当时他已查出体检指标异常，仍然很高兴地和与会学者交流，并与董凤舞饶有兴致地参观了都江堰。

南科院是泥沙学科建设的一个重要阵地，窦国仁十分重视院学科布局和发展。南科院是一所以科学研究和技术研发为主的研究机构，在研究生教育和人才培养方面也有一席之地。1981 年，国务院学位委员会批准南科院为首批博士、硕士学位授予单位，确定的 2 个博士学位学科专业为水力学及河流动力学、港口海岸及近海工程。首批博士生导师为窦国仁、严恺、黄胜三人。1982 年，南科院第一届学位评定委员会成立，主席严恺，副主席黄胜、窦国仁。从 1985 年起，窦国仁连续担任南科院第二届（1985）、第三届（1993）、第四届（1999）学位评定委员会主席。

据南科院教育科原科长白虹回忆：

> 窦国仁院士时刻关心我院研究生教育工作，自我院 1978 年研究生招生、1981 年授予学位以来，一直担任我院学位评定委员会主席，亲自领导和规划了我院学位与研究生教育的发展，为我院学位与研究生教育发展作出了不可磨灭的功绩。记得是 1997 年，国务院学位委员会在全国范围开展了一级学科、专业硕士、博士授予点的评估工作，由

---

[1]　胡春宏：全国泥沙基本理论学术研讨会。《泥沙研究》，1993 年第 1 期，第 109 页。

于种种原因，当时我院的港口、海岸及近海工程博士授予点正处于青黄不接的特殊时期，既无博士生导师，又无在学博士研究生，面临着可能被取消博士授予权的尴尬境地。窦院士在仔细审阅评估材料后，彻夜难眠，考虑到该学科是我院的主要学科，在该学科上人才培养和学科发展的需要，及时提出了调整评估材料的决定，在申报材料中突出我院的后续人才梯队、群体科技力量和科技成果等三大优势，取得了一定的效果，使我院港口、海洋及近海工程专业博士授予点在评估中免遭取消，为取得两年后的申报复审获得了宝贵整改机会，经过两年的补充博士生指导教师和努力招生，终于在1999年的复审中顺利通过。①

人才队伍建设是学科发展的关键。窦国仁不仅将家庭成员都发展从事泥沙研究，还一有机会就鼓励新人加入。窦希萍高考填志愿时，一向尊重女儿意见的窦国仁却变成了"专制家长"，"考再高的分，都只能报华东水利学院"，也不管窦希萍喜不喜欢。儿子窦希滨本科专业是工业自动化，到美国读硕士和博士时，也改为研究水流和泥沙。同事胡又（窦国仁的秘书）的儿子高考填志愿，想学计算机专业，窦国仁知道后劝过胡又好几回，让他儿子报考水利，还说以后找工作时可以帮忙推荐。在他眼里，水利是天底下最好的专业。

窦国仁对南科院的研究生教育十分关心，对自己指导的研究生更是用心培养。据白虹回忆：

窦院士关心学位与研究生教育，培养年轻的科技人才，支持年轻同志的创新精神。他身体力行，治学严谨，他对自己培养的博士生、硕士生严格要求，一丝不苟，对他们的基础课要求不仅要面广，还要理论基础扎实，对学生的论文更是高标准要求，收集资料、调研、做试验，对学位论文提出问题，指导研究生一遍一遍地耐心修改，有的

---

① 白虹：研究生教育的卓越领导——忆窦国仁院士。见：胡又主编，《高山仰止——窦国仁院士诞辰八十周年纪念》。2012年，第56页，内部资料。

甚至修改了四五遍，直到满意为止，他用自己的实际行动为研究生作出了榜样，他培养的研究生在学术界享有很高的声誉。同时他也非常关心和支持我院研究生教育工作，多年来，我院每年都举行研究生迎春茶话会和毕业生典礼，他在百忙之中坚持每次都出席。由于窦院士工作很忙，研究生平时也很难有机会见到窦院士，大家总是怀着敬仰的心情，希望能聆听他的教诲。窦院士也非常理解大家的心情，并抓住机会谆谆教导研究生认真学习，打好基本功，对他们寄予很大的希望，总说我院的水利科研事业靠年轻人继承和发展。他为我院的研究生培养工作呕心沥血，为我院水利科研事业的发展作出重要贡献。而每次聚会，大家见到他有点放不开，忐忑不安时，他从来不摆院士的架子，诙谐地和大家拉家常，谈他求学历程和工作心得体会，拉近和大家的距离，使研究生在无形中受到了良好的启发。近年来，我院研究生教育较以往有了较大发展，每年毕业硕士、博士生都在10人左右，为确保研究生培养质量，窦院士不管自己工作有多忙，在学位评定工作中都会抽出时间仔细审阅每个研究生的材料，并亲自主持学位评定会议，为通过学位评定的学生授予学位。

窦院士实事求是的工作作风、严格要求自己的优秀品质和严谨的科学态度，为我院学位与研究生教育所作的贡献，必将随着南科院学位与研究生教育的发展而永载史册。[1]

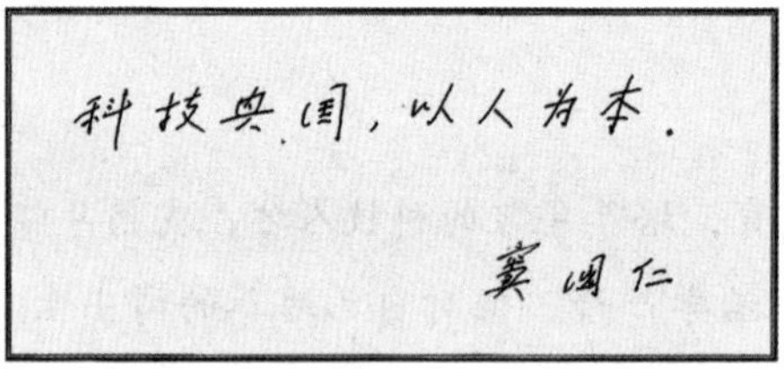

图 13-3 窦国仁手书"科技兴国，以人为本"（胡又提供）

科学建制化是科学的组织化、制度化和体制化，是科学发展的标志之一。窦国仁在中国泥沙学快速发展的过程中倾心参与健全学术组织、制定专业规范、完善学位制度、培养人才队伍，为泥沙科学的建制化贡献了巨大力量。

---

[1] 白虹：研究生教育的卓越领导——忆窦国仁院士。见：胡又主编，《高山仰止——窦国仁院士诞辰八十周年纪念》。2012年，第56页，内部资料。

指导研究生

1978 年研究生教育恢复后，窦国仁开始带研究生，前后共培养了 10 人，其中有 8 名硕士生、2 名博士生。这些毕业生后来多数成为各行各业的精英骨干。

青年是学术发展的未来，窦国仁对自己亲自指导的研究生爱护有加。但他招收学生也有一定条件，除了专业功底好外，还要能吃苦、脚踏实地、品行端正。

万声淦是 1978 年恢复研究生招生后的第一届考生。他是清华大学毕业的高材生，因在报纸上看到窦国仁的事迹慕名报考他的研究生。万声淦的考试成绩非常好，但当时研究生招生还有政治审查，他的家庭出身不好。南科院负责人事、政审的人在看了万声淦的家庭出身后犯了难，犹豫不决。窦国仁了解情况后，坚持录取了他。

泥沙研究离不开模型试验，又苦又累，一般女生吃不消，所以窦国仁不愿意招女生。武汉水利电力学院泥沙专业的黄亦芬毕业时，报考了窦国仁的研究生，考完感觉还不错，但迟迟没有收到录取通知书。她在焦急的等待中收到了窦国仁的一封来信，信中说感谢她报考，但没有被录取，希望今后继续努力。没过几天，黄亦芬竟然又收到了南科院寄来的录取通知书。后来她才知道，她是那一年考生中成绩最好的，但窦国仁不愿招女生，最后是在严恺的劝说下改变主意收下了她。黄亦芬也成为窦国仁指导的唯一一位女生，窦国仁经常和她开玩笑，说是严恺逼着他收下的。一旦招进门，窦国仁对待他们都是一视同仁，不会因为是女生而降低要求。

研究生入学后，要到河海大学上基础课和选修课，窦国仁会根据每人的专业基础给出一些选课建议。在担任院长之前，他还有时间到河海大学亲自给研究生上课，早几届学生像万声淦、李福田都听过窦国仁上的紊流力学课。不过窦国仁讲的紊流理论和随手推导的公式，经常让这些研究生觉得太过艰深。担任院长之后，窦国仁很少有时间去讲课了。

研究生课程修完后，窦国仁会给几个研究选题，让学生自己选一个最感兴趣的，作为学位论文研究题目。窦国仁给的题目有两个特点，一是新，都是前沿课题，是学界还没有解决的问题；二是与他自己的研究密切相关，几乎都是关于紊流理论的拓展研究。窦国仁结合研究生培养，有计划地构建和完善紊流理论研究的体系，实现教研相长。在指导过程中，窦国仁往往结合研究生研究的需要，把自己的相关著作文章拿给他们自学。

由于窦国仁的时间被大量的行政事务所占据，研究生平日里主要靠自我管理。窦国仁会定期问一下他们的研究进展，遇到哪些问题，要收集哪些资料，需要什么帮助，集中解决。周末在家聚餐他会叫上学生们一起，利用这个机会交流。在科研指导和日常生活的点滴中，窦国仁的学风、对科研的态度和标准都对学生们有着潜移默化的影响。他没有多少大道理，不喜欢说教，总是以言传身教的方式给学生树立榜样。

在万声淦看来，老师最大的科研特点是要做最前沿的东西，喜欢挑战难题。还有一个特点是一丝不苟、实事求是，"错就错，没错就没错。一定要严谨，不能搞得马马虎虎的"。[1]

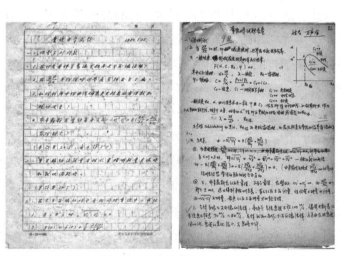

图 13-4　窦国仁出的紊流力学试题（左）及万声淦的答卷（右）
（胡又提供）

<hr />

[1] 万声淦访谈，2018 年 11 月 29 日，南京。资料存于采集工程数据库。

窦国仁指导的第一位博士、加拿大温莎大学教授叶坚回忆：

　　记得在准备博士论文期间，曾经一度几个月进展不大，心理负担很重，窦老师在百忙之中抽空亲自为我推演公式，不用翻阅任何参考书，惊人的记忆力和扎实的基础，使作为学生的我为之惊叹和敬佩，至今记忆犹新。后来研究工作取得突破，汇报完后，窦老师一声真诚的祝贺，把我多日的压力抛到九霄云外。这是我做博士论文期间最愉快的一天。

　　窦老师严格要求自己的学生，时常对我们说要有所作为，是要有吃苦精神的。这是一句现在似乎不太流行的话，可是他自己正是这样做的，窦老师拥有多种学会组织学衔，平时事务繁多，印象中窦老师对学术研究和解决工程难题更感兴趣。记得有时开会中没他发言，他就会在下面推导公式，夜深人静，往往是他起草研究报告的时候，以弥补白天各种公务应酬失去的时间。正是这种孜孜不倦、辛勤耕耘的精神，使他为国家的重点工程建设不断作出贡献。[1]

在林健的记忆里，老师既温和又严格：

　　尽管我努力学习，但直到写毕业论文时，窦老师的好多理论我还是没能吃透，心里不免着急。当时我和窦老师说，我的理论水平还达不到要求，不想写理论方面的论文，想结合工程实际写泥沙模型试验方面的论文。窦老师听了以后非常尊重我的意愿，专门为我张罗试验场地，为我选好试验课题的辅导老师，在论文试验过程中经常过问进展情况，并给我以细心的指导。记得当时窦老师工作非常繁忙，还专门抽出时间多次修改我的论文。有一次因为一个系数的试验结果比较离散，我说："差不多就行了，您又那么忙就别花太多时间给我修改论文了。"窦老师却说："我们写出的论文一定要经得起检验，不能有

---

① 叶坚：忆恩师窦国仁院士。见：胡又主编，《高山仰止——窦国仁院士诞辰八十周年纪念》。2012年，第58页，内部资料。

图 13-5　1986 年窦国仁（右三）在研究生答辩会后留影

一点马虎"。窦老师对科学的认真态度深深影响了我，让我受益匪浅。在老师的影响下，毕业以后，我对待工作也严谨认真，不敢有丝毫懈怠。①

杨树清说起跟随窦国仁读研的时光，都是一幕幕难忘的记忆：

我从 1985 年进南科院到 1994 年离开，这九年的心路历程经过了从对窦老师的尊敬到亲敬加尊敬的过程。

首先，在学术上对我们严格训练、严格要求。我在修读课程的时候，他就一再要求我多修课程，像海绵一样吸收当代最新成果，最后修读的课程比要求的多出近 50%。

在选择论文题目阶段，他充分尊重学生的意愿。他开列出一系列课题供我选择，包括聚合物减阻流、葛洲坝泥沙运动数学模型等，并一一为我介绍国际最前沿的研究成果，可能达到的目标。其中的一句

---

① 林健：怀念我的导师窦国仁院士。见：胡又主编，《高山仰止——窦国仁院士诞辰八十周年纪念》。2012 年，第 62 页，内部资料。

话，让我受益终生，"静心做学问，盯住最高峰"。

也由于受师兄王国兵的影响，最后我选择的论文题目是：含聚合物减阻流的近壁紊流结构。

1988年的夏天，是南京有记录以来最酷热的夏天。作为国内最知名的泥沙专家和南科院院长，可以想象是多么繁忙的：审稿评项目，近千名职工的院务管理，还有他本身的科研等。但每次我交上去厚厚的一叠论文，他不到一个星期就看完，而且密密麻麻地写满了评语，连一个标点符号也不允许出错。一次不满意，二次不满意，三次还是不满意，前后共四次才终于定稿。定稿时他语重心长地告诫我："小杨啊，搞科研不同于写小说、散文，写论文和引用文章一定要力求准确，要经得起时间的考验。"

三年后，他向我重申了这一点。当时，我提出了"水流所含机械能总是向最近边界传递并予耗散"的法则，为了让读者明了其含义，我在其中加了一句"春江水暖鸭先知"。单单为了这句话，他跟我谈了足足半小时。这次还特别谈道："有成绩不要自满，十分的成果，别人能承认你一分就很不错了，做学问关键是要经得起时间的考验。时间是检验成果价值的唯一标准。要永远记住，不能剽窃别人成果，这是作为科技人员最基本的道德要求。"

我将老师的屡次教诲归纳为"选题起点高、切入角度习、物理基础牢、数学表达好"。

作为世界一流科学家的窦老师本人作科研和给学生的选题都是非常高、非常前沿的，具有广泛的影响，选题的好坏直接决定成果价值的高低。高低手之间往往在选题之时就已决定了。

题目选定之后，就需要详尽审定已有的研究角度：前人在哪一方向已进行了研究，碰到了什么问题，为什么，是否还有遗漏的角度，从而决定主攻方向。

在主攻目标、主攻方向确定之后，就要从清晰、简单的物理机理出发，从非常牢固的物理基础上展开研究。

水流和泥沙运动机理非常复杂，经验参数的引入有时是必要的，但最后结果的表达要尽量清楚、简单。

窦老师的科研成果十分丰富，涉猎范围非常广泛，每一篇文章都彰显其超人的智慧和天才的神奇。随便举个例子，他仅将丁坝回流长度和宽度的理论成果附录在一篇试验报告之后，说明在他眼里这份成果根本不算什么。但这是多少高手想解决而未能解决的难题。更令人拍案称奇的是：他假定其中一个积分项等于1，我们后来不信邪，令此积分等于0.8、0.9、1.1，所得结果不仅烦琐，与试验出入也非常大。作过这方面研究的人，无不盛赞这是天才的奇迹。

再举一例，平板边界层的理论研究，自普朗特时代（1905年）起就被视为引无数英雄竞折腰的桂冠，因为飞机设计需要用到它。基本方程人人都懂，但只有窦老师，从简单的边界条件入手，构造一个函数，使偏微分方程变为常微分方程，从而可以直接积分求解，得到非常完美的解析解。[①]

黄亦芬在从武汉大学毕业前，她的老师谢葆玲就跟她说，窦国仁的学问非常好，但也十分严格，"他不会轻易放过你"。在黄亦芬的印象里，窦老师从来没有因为她是女生而特别对待。她参加了长江三峡变动回水区的研究，既要做物理模型试验，像个民工一样在模型上忙来忙去，又要构建二维全沙数学模型，学位论文做的也是当时最前沿的高浓度含沙紊流的研究工作。除了科研的辛苦，黄亦芬记得更多的是那时候的快乐。她喜欢参加老师家的聚会，气氛活泼欢乐，酒桌上老师经常给他们讲自己早年的经历，还有在苏联留学的情景，回国后的成就却很少谈起。[②]

从学生们回忆的字里行间，可以看到窦国仁作为导师付出的点滴心血。

窦国仁关心每一个毕业生的去处。李福田毕业时，窦国仁积极帮他找工作，认为国家培养一个研究生不容易，如果学非所用，就是国家资源的

---

① 杨树清：不尽的回忆，无限的怀念。见：胡又主编，《高山仰止——窦国仁院士诞辰八十周年纪念》。2012年，第59页，内部资料。

② 黄亦芬访谈，2023年8月16日，海南。资料存于采集工程数据库。

图 13-6 1986 年窦国仁与部分研究生合影（从左到右：林健、杨树清、万声淦、窦国仁、李福田、王国兵、黄亦芬）

浪费。在 20 世纪八九十年代的出国留学潮中，窦国仁有不少学生去了国外，但他内心还是希望他们能够尽早学成归国，为国家效力。

窦国仁通过言传身教，培养了一批高水平人才，分布在多个国家和地区。其中一些已培养出第三代、第四代学者，实现了学术的薪火相传。

关心青年学者

一个专业或学科的发展前景，很大程度上取决于从事该领域研究的青年学者的数量和质量。到 20 世纪 80 年代末 90 年代初，由于受到"文化大革命"的影响，水利学界和许多其他专业一样出现了人才的"断层"，老一辈学者逐渐老去，新一代才俊仅初露头角，亟须他们尽快成长"挑起大梁"。窦国仁不仅对自己的学生悉心教诲，还十分关心行业内其他年轻学者的成长。他很乐意与年轻学者交流，同小他一二十岁、相差一辈的学者都能打成一片，尽可能为他们创造更快的成长机会，提供力所能及的支持。老一辈学者倡议成立的泥沙基本理论研究指导委员会，以及定期召开的全国泥沙基本理论研究学术讨论会，很大程度上也是为了支持青年学者成长而创造的学术组织和展示与交流的平台。

在泥沙基本理论研究指导委员会的成立会上，围绕国家自然科学基金策划课题时，窦国仁就明确提议要求年轻学者参与进来，给他们压担子。当时在中国水利水电科学研究院刚刚博士后出站留所工作的胡春宏才30出头，武汉大学的李义天也才30多岁，就分别承担了国家自然科学基金重点项目的子课题研究。

全国泥沙基本理论研究学术讨论会也为年轻学者提供了难得的展现平台和发言机会。在首届全国泥沙基本理论研究学术讨论会上，窦国仁为有那么多青年参加会议而兴奋不已。他在大会闭幕致辞时高兴地说："从来也没有这么多的中青年同志，特别是青年同志参加会议，青年泥沙科学工作者在这次会议上都报告了自己的研究成果，其中许多成果具有很高的水平，这充分说明我国泥沙界人才辈出，后继有人。这次会议开得非常好……讨论气氛之热烈也是一般会议上少见的，特别是年轻人，互相交流互相学习，成长之快令人极为高兴，这些年轻人是我们泥沙界的希望所在。"[1] 窦国仁关心、欣赏这些年轻人，为他们身上朝气蓬勃、敢于拼搏的气质而欣慰。他经常在家里提起泥沙界的一些青年新秀，使家人对他们尚未谋面却早已耳熟能详。

清华大学有一间很出名的寝室，因走出3位院士而成为传奇，号称清华史上学术最牛寝室。当年住在同一屋的王光谦、倪晋仁和胡春宏三人都出生于1962年，本科都就读于武汉水利电力学院（今武汉大学），1982年本科毕业后又同时考到清华大学水利系读研，1989年都在清华获得博士学位。2009年，王光谦当选为中国科学院院士；2013年，胡春宏当选为中国工程院院士；2015年，倪晋仁当选为中国科学院院士。如今，他们都已功

---

① 窦国仁，张启舜：全国泥沙基本理论研究学术讨论会闭幕词。《泥沙研究》，1993年第1期，第102-103页。

成名就，成为学界前辈，而当他们回忆起年轻时与窦国仁的交往，却是满怀思念，感慨系之。

三人最早是从上课教材上"认识"窦国仁的，惊叹于他关于泥沙运动的一系列创造性的研究和自成一家的学说，也从老师口中听到许多他在苏联的传奇事迹，知道他是国内少数几个获得苏联博士学位的人。在见到真人之前，窦国仁是江湖上的传说，他们崇敬之、仰慕之，猜想这样的"大人物"必定骄傲的高高在上，睥睨一切。1991年6月，胡春宏终于有机会见到窦国仁，他当时作为泥沙委员会秘书去车站迎接前来参加泥沙基本理论研究指导委员会成立会议的窦国仁。他起初内心还有一丝忐忑，甫一见面，顾虑就烟消云散。窦国仁非常和蔼可亲，一路上很随和地与他聊天，问他之前在哪儿求学，现在做什么研究等，言语中充满对年轻学者的肯定和鼓励。也是在这次会议上，窦国仁热情支持胡春宏等年轻学者勇挑重担。

1992年，全国泥沙基本理论研究讨论会召开过后，泥沙专业委员会进行了换届，窦国仁担任第四届泥沙专业委员会主任。窦国仁很快给胡春宏打电话，请他当泥沙专业委员会秘书长。胡春宏接到电话颇为惊讶，要知道泥沙专业委员会的第一届常务秘书是丁联臻，第二、第三届秘书长是曾庆华，二人担任秘书长时已50岁往上，在学术界已有公认的地位，而他当时仅30岁，刚工作不久，会不会太年轻了？窦国仁知道他在担心什么，哈哈一笑对他说，年轻不是问题，现在国家人才断档，就是要启用年轻人，并鼓励他道，"没事，工作中遇到什么困难来找我就行"。[①] 有窦国仁的支持，胡春宏也不再犹豫，两人在任期内配合完美。窦国仁卸任后，胡春宏继任当选为第五、第六届泥沙专业委员会主任。

倪晋仁博士毕业后到北京大学城市与环境学系从事博士后研究，出站后留系任教，一手创办了北京大学环境工程学科。他说自己与窦国仁交往虽不算多，但获得的支持很关键，每当提起往事，仍感觉很温暖、很亲近。

北京大学传统以文理为主，彼时还没有工科专业。1994年，倪晋仁向学校提议发展环境工程专业，遭到一些人异议，认为有悖北京大学学术

---

① 胡春宏访谈，上海，2024年3月9日，资料存于采集工程数据库。

传统。好在此事得到了常务副校长王义遒的支持，学校批准在城市与环境学院下成立环境工程研究所，但"不给钱、不给人、不给地，只给一块牌子"，让倪晋仁自己去"折腾"。

环境工程研究所成立后，首要的任务就是培养人才、壮大队伍，倪晋仁计划申请硕士点，按照国务院学位办的相关要求进行学科建设。他了解到窦国仁当时是国务院学位委员会学科评议组成员，水利、测绘学科评议组第一召集人，遂联系到窦国仁，邀请他到北京大学进行考察，也得到了同意。在此之前，倪晋仁没有见过窦国仁，因此特地请王义遒副校长出面陪同，并在校外的一家小餐馆举行了简单接风。见面之前，倪晋仁担心窦国仁这样的大学者不好招待，但一接触立刻发现他是随和可亲、十分简单的一个人。他们介绍了北京大学环境工程研究所的现状和打算，窦国仁听后表示确实不容易，研究所在北京大学要发展、要创硕士点不容易，年轻人去做更不容易，但他明确表示要支持北京大学环境工程研究所的发展。

1995 年 10 月，为壮大环境工程研究所力量，倪晋仁推动系里向学校申请，聘请窦国仁为北京大学兼职教授，经校学术委员会开会审议，顺利通过。窦国仁受聘为北京大学工科兼职教授，在学校内产生了一定影响，不少人因此知道学校有环境工程学科。

北京大学第一次申请环境工程学科硕士点并没有成功，窦国仁再次来到环境工程研究所。他很坦诚地跟倪晋仁说，北京大学的条件离要求还有一定差距，主要原因是师资力量不够。当时北京大学环境工程学科就倪晋仁一位教授，连副教授都没有，从体量上来说与其他学校相比差距悬殊。窦国仁鼓励他不要气馁，继续壮大力量，做好准备。2000 年，北京大学环境科学与工程学院成为国家首批"环境科学与工程"一级学科博士点授予单位，实现了跨越式发展。作为北京大学环境工程学科的创建者，倪晋仁最了解其中的不易和艰辛，"一路走来，离不开校内校外老先生们的支持，窦院士就是校外的代表"。[①]

王光谦是三人中最早被评为院士的。提到窦国仁，他和倪晋仁都会不

---

① 倪晋仁访谈，2024 年 4 月 27 日，北京。资料存于采集工程数据库。

约而同地回忆起同一件事，那就是窦国仁在 20 世纪 90 年代曾大力支持他们承担国家自然科学基金重大项目研究。

1996 年，黄河、海河发生特大洪水。1998 年，长江流域洪水肆虐。频繁发生的洪水牵动着水利人的心，治河、泥沙专业的学者尤其关注。他们发现，近年发生的水灾与以往不同，呈现"小水大灾"的态势，即洪峰流量不是特别大却造成严重的险情和破坏，这说明江河泥沙淤积形势已发生改变，泥沙致灾的机理需要研究清楚。清华大学的张光斗教授提议要对此开展专项研究。当时国家自然科学基金委正在准备"九五"计划期间的选题征集，也十分关注这一问题，于是基金委水利学科负责人陈式慧就组织大家针对洪水灾害开一次研讨会，策划在基金委立一个重大项目。在研讨过程中，泥沙界的一批年轻人，包括清华大学的王光谦、北京大学的倪晋仁、中国水利水电科学研究院的匡尚富、武汉水利电力大学的李义天等人提出了"江河泥沙灾害形成机理及其防治研究"的研究选题建议。其后，陈式慧到基金委工程与材料科学部汇报，成功将这个选题列入国家自然科学基金重大项目选题指南。

选题指南发布后，基金委水利学科处就动员大家申报。按照以往惯例，国家自然科学基金重大项目的负责人一般都是院士级别的学者，年龄普遍在五六十岁。基金委有人提出，既然项目是一批年轻人策划的，他们也都很优秀，不妨让他们来承担。这是一个大胆的建议，但得到了泥沙界众多前辈的积极支持。经过一番讨论，决定由当时年仅 35 岁的倪晋仁负责牵头申报。倪晋仁于是邀请王光谦、李义天和中国水利水电科学研究院的王兆印、黄河水利科学研究院的张红武、中国科学院地理研究所的金德生等人作为子项目负责人，并请王兆印、王光谦共同主持项目。接下来就是准备基金项目申报书。

项目申报书提交到基金委工程与材料科学部评审之前，水利学科处先组织了一次专家评审，这次窦国仁担任评审专家组组长。在准备答辩阶段，倪晋仁和王光谦都很紧张，感到压力很大，这是他们第一次申报重大项目，一直担心答辩能不能过关，老先生们不认可怎么办。答辩前一晚，窦国仁抵达北京，匡尚富教授设宴招待。窦国仁特地提出，把搞泥沙研究的年轻人都喊过来，当时倪晋仁还在埋头准备答辩材料，也被王光谦叫了去。席间，窦国仁看出他们都有压力，就给他们"降压"，他说："我们都觉得你们不错，这次就是要来支持你们的。"他还说道："科学就要一代一代地传，泥沙学科更要带头，从老一代直接传到你们这一代，你们放心大胆地去做，不要有压力。"[1] 窦国仁喜欢喝酒，让大家也都喝些，倪晋仁、王光谦他们说，明天还要答辩，酒就不喝了，窦国仁跟他们开玩笑说"没事儿，我都喝了，你们还怕什么。喝了酒明天就通过了。"[2] 这番话一下子卸掉了他们心理的负担，感到一身轻松。

评审会在中国水利水电科学研究院召开，窦国仁作为专家组组长对年轻学者们给予了高度肯定，并从学术上对项目提了一些建议，教他们如何抓住关键问题。"江河泥沙灾害形成机理及其防治研究"最终获得国家自然科学基金委重大项目立项，实施期限为 1998—2002 年，资助金额 500 万元，水利部另外配套 200 万元。这也是国家自然科学基金委历史上首次将重大项目交给一位 30 多岁的年轻人去主持。这群年轻人也没有辜负窦国仁和其他学术前辈的厚望，该项目在结项时获得"特优"等级，形成了一部 100 多万字的专著并出版。参与该项目研究的一众青中年学者后来也都成为各单位的学术带头人。

王光谦感慨，泥沙研究圈子很小，但很团结，出的人才很多。窦国仁对待学界的年轻人，像对自己的学生一样呵护，这也是过去泥沙界的传统。有意思的是，当年胡春宏和倪晋仁硕士毕业后，差点报考了窦国仁的博士生。[3][4] 他们二人 1985 年从清华大学硕士毕业前后，钱宁先生因身体原因不确定是否招博士生。他们就分别给私淑已久的窦国仁写信，介绍自己的情况，表明想报考他的博士生。窦国仁很认真地给他们都回了信，信中对他们的老师表达了深切的敬意，并表示欢迎报考自己的博士。后来钱宁先生招了最后一届博士，他们才留在清华大学继续读博。不过，这也并

---

① 王光谦访谈，2024 年 4 月 2 日，北京。资料存于采集工程数据库。

② 倪晋仁访谈，2024 年 4 月 27 日，北京。资料存于采集工程数据库。

③ 胡春宏访谈，2024 年 3 月 9 日，上海。资料存于采集工程数据库。

④ 同②。

不妨碍他们得到这位师辈学者的关心和支持。

在重要的国际学术交流场合，窦国仁总是不失时机地把国内优秀青年学者"推出去"，促使他们建立广泛的学术联系。1998 年 12 月 16—18 日，第七次河流泥沙国际学术研讨会在香港召开。国内许多青年学者参加了这次会议，据李义天回忆，会议期间，窦国仁特地找机会把他和胡春宏、王光谦等几位青年学者介绍给国际同行认识，帮他们打开国际交往圈。[①]在王光谦的记忆中，[②]那次会议上窦国仁做的关于紊流的前沿报告使他听得入迷，窦国仁的英语简洁、清晰，带有明显的俄语发音痕迹，也让他印象深刻。晚宴时，他们还把窦国仁请到国内青年学者聚集的那一桌，畅谈甚欢。

对于一些学者而言，窦国仁的影响甚至超出学术之外。上海交通大学时钟教授在 20 世纪 90 年代留学回国后，到华东师范大学跟随陈吉余教授做博士后，从事河口海岸研究。通过陈吉余的引荐，时钟与窦国仁相识，学术上多有交流。时钟认为，窦国仁是引领他进步的一位老师，不但在学术上，

图 13-7　1998 年窦国仁与青年学者交流（从左到右：陈和春、槐文信、窦国仁、李义天）

---

① 李义天访谈，2023 年 9 月 1 日，杭州。资料存于采集工程数据库。
② 王光谦访谈，2024 年 4 月 2 日，北京。资料存于采集工程数据库。

图 13-8　1998 年窦国仁在香港开会时留影（左一为水利部原国科司司长戴定忠、左二为香港科技大学李行伟、左三为窦国仁、左四为胡春宏）

而且在做人方面对他也有很大的指导。有一件往事一直让他铭记在心：

> 在一次陈吉余先生负责的基金项目评审会上，我年轻气盛、一副很有学问的样子，提了几个难问题，当时可能为难了陈先生。会后，窦先生语重心长地对我说："时钟，提问题要尽量提别人能回答的问题，难题留给自己，对自己严格点。"更让我感动的是，他现身说法，他当年提了黄胜先生难回答的问题，弄得黄先生为难，黄先生当场把手中讲稿撕掉。但黄胜先生对窦先生当年调入南京水利科学研究院却起了很重要的作用。或许此时的窦先生对自己当年的"鲁莽"感到愧对黄胜先生的厚爱，以此告诫年幼无知的时钟，而当时陈吉余先生对时钟也是器重的。①

时钟还提到，有一次他和窦国仁走在校园里，窦国仁对他感慨道，评

---

① 时钟：先道德而后科学——缅怀窦国仁博士。见：胡又主编，《高山仰止——窦国仁院士诞辰八十周年纪念》。2012 年，第 63 页，内部资料。

价一个人、看他能不能委以重任，要看他如何对待自己的母亲，如果一个人对母亲都不好，那这个人的品质是可疑的，人跟动物不同，人是懂得感恩的。对于窦国仁的这番苦心教诲，时钟终生难忘。

多重学术身份

20世纪80年代以后，窦国仁担任了多种学术职务，包括水利部大坝安全监测中心主任、国际泥沙研究培训泥沙中心副主任，他还是中国水利学会理事、泥沙专业委员会副主任委员、港口航道专业委员会副主任委员，并任多个学术期刊的编委。

1988年5月，水利部大坝安全监测中心成立大会在南京中山陵梅花山宾馆召开。中心挂靠在南科院，窦国仁院长兼任水利部大坝安全监测中心主任，须清华、周保中兼任中心副主任。该中心作为水电部直属事业单位，职能是拟订水库大坝安全法规和技术标准、大坝安全行业管理、技术监督、人员培训、新技术交流、指导全国水库大坝安全监测技术和资料分析并开展研究与开发工作。中心组成人员从南科院各所、室抽调，中心下设技术部为上述职能实施的主体。技术部下设总工室、办公室、工程组、计算机组、仪器组、传感器标定等部门。1994年，经国家编制委员会批准，中心正式更名为水利部大坝安全管理中心。窦国仁一直担任该中心主任至1997年5月。

窦国仁担任中心主任期间，高效完成水利部交办的任务，多措并举迅速打开工作局面，成效显著。①

第一，完善规章制度。中心技术部仅20多名员工，面临全国8万多座水库大坝的安全监测任务，因此采取的工作方针是从中央到地方，各部门、各级明确各自的水库安全管理职能分工和相关责任，并按法制原则加

---

① 张建云：《传承历史 再铸辉煌——南京水利科学研究院发展纪事》。南京：河海大学出版社，2009年，第203-204页。

图 13-9 1988 年水利部大坝安全监测中心成立大会集体合影（南科院档案室提供）

以规范。中心一成立就抓着完善法制这个纲领，着力配合水利部起草我国第一部《水库大坝安全管理条例》，经几年编写，全国反复征求意见修订，于 1991 年 3 月起在全国实施。中心又组织起草编写了一些规范，并配合水利部建管司制定了执行法规的各项实施办法，使我国水库大坝安全工作逐步走上较为完善的法制轨道。20 世纪 80 年代之后，我国溃坝率大大减小，与依法管理以及大坝中心的工作显然是相关的。

1993 年，大坝中心组织编写系列规范，包括《土石坝安全监测技术规范》《水库编码标准》《水库大坝安全鉴定办法》《水库大坝注册登记办法》《小型水库管理》《土石坝观测资料整编规程》等，填补了国内空白。

第二，积极开展国际交流。中心成立初期，接待了联合国计划开发署（UNDP）援中项目以及与加拿大水电部门合作的外国专家若干批次，并派出人员赴加拿大、美国、法国、意大利等国考察、学习；利用刊物、全国会议等各种媒体向国内传播，从而更新了关于水库大坝安全的一些陈旧观念，用先进知识武装了本行业的有关领导和从业人员；同时还建立了小型水库管理人员上岗考核试题库，并完成全国首批考核工作。

第三，开办专业技术培训班。中心成立不久陆续举办了水利部水管司主持的水库大坝安全监测辅导员培训班、水库大坝安全监测与管理研究班、水库大坝安全监测资料数据库学习班、中小型水库管理人员培训示范班等，培训来自各省（区）市的有关干部。加上中心成立前南科所已经培训的相关人员，约培养了全国各地相关专业干部数以千计，在全国形成了一支从事水库大坝安全的专业队伍。

第四，出版季刊，加强大坝安全专业技术的宣传。中心是中国水利学会水利管理专业委员会大坝安全学组的挂靠单位，以该学组名义出版了内部季刊《大坝安全与监测》。中心专家还利用有关大坝安全的历次全国会议撰文，或在全国水利大会发言宣传专业新技术、新知识；还在全国性公开刊物撰文，报道国内外该专业当时技术现状、发展趋向、存在问题及解决问题的办法。

第五，开展水库大坝安全监测及安全分析论证评价全国示范工作。为了推广安全监测先进技术和理念，中心成立不久，促成水利部在湖南岳阳召开全国水库大坝安全监测会议，强调了水库大坝安全监测的重要性，技术改造更新的重点和必要性。从此推动了全国大坝安全监测的高潮，中心的催化剂作用和监测及其分析技术的支撑作用在全国更加凸显。

水利部大坝安全监测中心各项工作的奠基和成就，与窦国仁的领导和付出是分不开的。

窦国仁不但积极推动国际泥沙研究培训中心落户中国，而且在该组织中担任重要职务。1984 年 6 月 26 日，水电部发文通知任命国际泥沙研究培训泥沙中心的第一届管委会，张泽祯为主任，窦国仁、张仁、娄溥礼为副主任，丁联臻任管委会委员兼秘书长，任期至 1987 年。其后，在第二届管委会（1987—1993）中，窦国仁继续担任副主任委员。

根据联合国教科文组织和中国政府签署的协定第四条规定，国际泥沙研究培训中心设顾问委员会，其任务是就中心活动计划提出咨询和建议并协助筹集中心活动经费。顾委会委员由主席提名经教科文组织同意后聘任，每届任期 3 年。窦国仁是第三届（1993—1996）、第四届（1997—2000）顾问委员会委员，并在 2001 年经中国政府提名、联合国教科文组织批准，担任第五届顾问委员会主席，任期为 2001—2004 年。遗憾的是窦国仁在不久后病逝，以他为首的国际泥沙研究培训中心顾问委员会未能实际履行职责。国际泥沙研究培训中心主办有英文期刊《国际泥沙研究》，窦国仁是其第一、二、三届编辑委员会成员。

在学术任职上，窦国仁还曾担任中国海洋学会副理事长、海洋工程学会理事长，为学会作出的贡献被人们铭记。据《中国海洋学会史》记载：

> 窦国仁在担任中国海洋学会第五届副理事长期间，积极参加学会的各项学术性活动，为推动海洋学会发展和建设做了大量的工作。在担任海洋工程学会理事长期间，在财力、物力、人力上给学会很大支持，经常参加学会组织的大型学术讨论会并作报告。对《海洋工程》和 China Ocean Engineering 两个学术期刊严格把关，以严谨治学的态度不断提高期刊的学术水平。为提高两个杂志的学术水平，树立其学术权威性作出了贡献。[1]

海洋工程学会副理事长严以新长期与窦国仁共事，对窦国仁的贡献也有过评述：

> 窦院士非常关心海洋工程学会，海洋工程学会虽然是海洋学会下的一个二级学会，但作为二级学会来讲，我相信在全国来说我们海洋工程学会办得是最杰出的，办得是最好的，这非常得益于领导对学会的支持，其中窦院士担任领导期间，在人力、物力方面都给了大力支持，使得《海洋工程》中文版以及它的英文版都办得非常有影响，英文版在中国科协的评审当中也是名列前茅。作为海洋工程学会的副理事长，对窦院士对海洋工程学会的贡献表示衷心感谢、缅怀。[2]

窦国仁逝世后，中国海洋工程学会在《海洋工程》发表悼念文章：

> 多年来，窦国仁院士对海洋工程学会工作给予了极大的支持和

---

① 中国海洋学会：《中国海洋学会史》。上海：上海交通大学出版社，2008 年，第 184 页。
② 严以新：缅怀窦国仁博士。见：胡又主编，《高山仰止——窦国仁院士诞辰八十周年纪念》。2012 年，第 11 页，内部资料。

帮助，他的悉心指导以及社会各界尤其是南京水利科学研究院人力财力的大量投入，使学会组织不断壮大。学会主办的全国性学术交流会，加强了行业间的技术交流与协作，为我国海洋工程领域的知识发展起到了极大的推动作用。学会的《海洋工程》和 *China Ocean Engineering* 期刊在窦国仁院士及其领导的编委会指导下，成为海洋工程界影响较大的刊物，被国内外知名检索机构收录。[①]

实际上，《海洋工程》和 *China Ocean Engineering* 就是由严恺、窦国仁和杨樗三位院士在 1983 年发起创刊的。窦国仁在逝世前还亲自担任两本期刊的编委会主任、主编。《海洋工程》和 *China Ocean Engineering* 的办刊方针"遵循理论与实践相结合的原则，贯彻科学技术要面向生产，为国民经济建设服务"也体现了窦国仁的科研理念和风格。

窦国仁被北京大学、清华大学、河海大学、华东师范大学等多所学校聘为兼职教授。值得一提的是，他在同一天内，上午被清华大学水利水电工程系聘为兼职教授，下午又在北京大学城市与环境学系接过兼职教授的聘书，两所学校事前并无任何沟通。1994 年，窦国仁被聘为华东师范大学河口海岸国家重点实验室的学术委员会第一任主任，沈焕庭为副主任。据华东师范大学河口海岸研究所恽才兴教授回忆：

> 窦国仁全面支持和指导了实验室的建设工作，我作为建设阶段的实验室主任，在合作共事中切身体会到他不断创新的学术思想、锲而不舍为事业奋斗的精神和谦虚谨慎、乐于助人、治学严谨的优良作风。这种思想、精神和作风是我们学习的楷模。[②]

20 世纪 80 年代开始，窦国仁还被聘请担任《中国科学》《科学通报》等多个重要期刊编委，以及国家自然科学基金委评委等，承担了大量的论

---

① 《海洋工程》编委会：沉痛悼念窦国仁院士。《海洋工程》，2001 年第 3 期，第 1-2 页。

② 恽才兴：继承和发展窦国仁院士的泥沙运动理论。见：胡又主编，《高山仰止——窦国仁院士诞辰八十周年纪念》。2012 年，第 49 页，内部资料。

文审稿、基金评审、成果鉴定、奖项评价等工作，为水利学术共同体的发展履行了职责。

国际合作与交流

窦国仁在担任南科院院长的约十年时间里，顺应改革开放的时代趋势，通过科技体制改革，继承和发扬南科院积极开展国际合作与交流的传统，使南科院成为我国对外交流的一个重要阵地。有人认为，这十年是南科院对外交流最为活跃、国际影响力最大的一个时期。[①]

窦国仁积极推动南科院主办、承办的各类国际学术会议，一方面向国外学者展示南科院的学术水平与成就，另一方面让更多的科技人员有机会参加具有国际水平的学术交流。除了承办第二次河流泥沙国际会议外，南科院在 20 世纪 80 年代及 90 年代初还举办、筹备了"中日河工坝工学术讨论会南京会议"、第二届发展中国家海岸及港口工程国际会议、亚太地区河口航道整治会议，以及在苏联展出的中国科技展览会等。

窦国仁十分注重扩大国际交流与合作，将其作为推动南科院科技改革与创新的重要途径之一。1984—1992 年，南科院先后与美国陆军工程兵团水道实验站、罗马尼亚布加勒斯特水工试验所、保加利亚船舶水动力中心、荷兰德尔夫特水工研究所、丹麦水工研究所建立双边合作关系；与日本中央大学、日本港湾技术研究所、美国科罗拉多大学土木系建立科技合作关系。多方面的合作交流，不仅促进了南科院科学技术水平的提高，也使中国水利走出国门、走向世界。

以南科院与美国陆军工程兵团的交往合作为例。两家单位的交流始于 20 世纪 70 年代，[②] 到 80 年代中期以后，交往日益密切，美方几乎每年至

---

① 葛九峰访谈，2023 年 5 月 12 日，南京。资料存于采集工程数据库。

② 1973 年，在周总理的亲自指示下，严恺率中国水利考察组出访美国 8 周，南京水利科学研究所开始与美国陆军工程兵团建立联系。其后在 1978 年、1980 年、1982 年中美双方互有往来，南京水利科学研究所均有人员参加。

少 2 次派代表访问南科院。窦国仁非常重视与美国陆军工程兵团的交流，只要时间允许就亲自接待他们的来访。1985 年 9 月 26 日，美国陆军工程兵团技术负责人 W. E. Roper 博士、水道试验站海岸研究中心主任 J. R. Houston 博士等 3 人来访，窦国仁全程陪同。1988 年 3 月 10 — 13 日，W. E. Roper 等 4 人来访时，窦国仁率河港研究所、水工所所长及外事人员接待了他们。1986 年，水电部外事司与美国陆军工程兵团签署关于土木工程及有关学科的技术研究和试验的合作协议书，其中确定南科院与美国陆军工程兵团水道试验站建立合作关系，是双方科学技术合作的实施单位。其后南科院与水道试验站经过双边讨论，签署了具体的合作协议。这些合作成果离不开窦国仁的积极推动，与他在国际学术界的影响力也有一定关系。

与多国双边合作活动的开展，使南科院许多青年科研人员获得了更多对外接触、交往的机会，提高了他们学习国外先进技术的兴趣，推动着青年科研人员迅速成长。

南科院鼓励学科带头人出国进行各类学术交流，吸收学科前沿信息，提高学科带头人与国外同行交流的能力。同时解放思想，转变观念，认真

图 13-10　1989 年窦国仁（左）与荷兰德尔夫特水工研究所所长（右）签署合作协议

做好接待工作，不断提高外事工作的水平。国际交往和培训对于提高南科院学术水平，活跃学术空气，增强对外联系起到了积极作用。20世纪80年代以后，南科院每年接待国外前来参观、讲学、洽谈、安装仪器设备的专家、学者、技术人员数量和次数稳步增长，同时也积极派遣院内学者出国讲学、访问、考察和参加国际学术会议，逐渐把南科院打造成为国际学术交流的一个中心。

由于工作繁忙，窦国仁出国讲学、参会并不多，到过的国家仅有罗马尼亚、苏联、美国、日本、韩国等。但他每次出访都充分利用机会宣传中国水利研究的成就，提高交流的效率。

1985年5月9—24日，窦国仁带领南科院专家组赴罗马尼亚考察双方科技合作问题。在此期间，他们访问了罗马尼亚农业食品部土壤勘测设计院和工业建设部水工研究院，同时也参观了许多排、灌工程，还有里海－多瑙河运河、铁门船闸等，与罗马尼亚水工研究院签署了合作协议。考察期间，窦国仁受水工研究院邀请，作了学术报告，反响热烈。①

1986年，窦国仁出访苏联，这是他阔别26年后首次回到苏联。当年

图 13-11　1985 年窦国仁（左三）出访罗马尼亚

① 窦国仁档案·出国人员鉴定表，1985 年 5 月 30 日。存于南京水利科学研究院档案室。

的同窗好友瓦洛加已是交通部部长，和"铁哥们寝室"的金·特拉格维奇一起到火车站接他。窦国仁还见到了上学时像姐姐一样照顾他的同学兼好友尤拉。窦国仁作为重要嘉宾在会议上作了两场报告，一场是关于泥沙运动的物理模型研究的，另一场是关于紊流随机理论的研究。窦国仁在苏联的影响是巨大的，他当年仅用一年时间就拿到科学技术博士学位的传奇故事仍经久不息地流传，一些青年学者带着崇拜的心情来和他讨论问题。窦国仁再次见到了卡拉乌舍夫老师，又一次坐在台下认真聆听了他的报告。这次学术会议，窦国仁有一种回家的感觉，见到那么多老友，有说不完的话。

　　窦国仁出访最多的国家是美国。1986年春，第三次河流泥沙国际学术讨论会在美国密西西比州杰克逊城举办，这是首次在国外举办河流泥沙国际学术讨论会。中国学者非常重视这次会议，为参会作了充分的准备。参加会议的中国学者以水电部系统为主，还有来自铁道部、北京大学、南京大学、广东省、浙江省的学者等，有严恺、林秉南、窦国仁、黄胜、刘家驹、朱蕴培、戴定忠、丁联臻、杜国翰、尹学良、龙毓骞、王恺、林承坤、戴泽蘅、侯晖昌等21人，连同当时正在国外进修的学者5人，总计26人。严恺担任大会组织委员会联合主席，林秉南、窦国仁、丁联臻担任

图13-12　1986年10月窦国仁（中）阔别26年后再到苏联，同窗好友瓦洛加和金·拉特格维奇到火车站接他

图 13-13　1986 年 10 月窦国仁（右二）再次见到卡拉乌舍夫教授（右一）

组织委员会成员。

　　窦国仁等水电部一行于 1986 年 3 月 30 日抵达杰克逊城，次日，大会开幕式在 Ranada 旅馆举行。密西西比州州长爱伦（Villian A.Allain）、密西西比大学（此次会议的主办方）校长特纳博士（Dr.R.Turner）、密西西比大学工学院院长斯密斯博士（Dr.Allie N. Snith）等人在开幕式上致欢迎词。严恺教授代表中国各赞助单位致祝词，并宣读了水电部钱正英部长的贺信。

　　会议采取全体会议与分组讨论会相结合的形式交替进行。每天上午 8 点到 10 点为全体大会，安排 2—3 篇特邀专题报告，然后分 4 个分会场平行地举行论文报告会。会上有 19 位中国学者共宣读了 21 篇论文或专题发言，均受到与会者的好评。

　　这次讨论会没有采用以往总报告人的方式，而是由大会组委会特邀某些权威学者就某些重大研究课题介绍其进展概况和综合性评述。在大会上作特邀报告的中国学者有两位：窦国仁作了《紊流运动总规律》的报告，黄河水利委员会总工龙毓骞教授宣读了论文《黄河下游河道特性和减少河道淤积的措施》，均受到热烈欢迎。

这次会议展现了中国在泥沙研究上的先进水平。例如数学模型是当时国际上研究的热点，不断涌现新成果，中国学者也做了大量工作。中国的数学模型计算与原型观测资料或模型试验紧密结合、相互验证，而国外这方面的论文往往难以取得验证资料，特别是系统原型观测资料，因而只限于理论方面的探索。中国学者向大会提出的论文都经过充分准备，"再一次显示了我国学者在这一领域的研究实力，无论基础理论还是具体应用都达到较高的水平。"[1] 来自哥伦比亚的学者洛佩斯博士（Dr.Alfred Laverde Lopcz）主动找到中方代表，对中国处理大江大河泥沙问题的丰富经验表示钦佩，并希望中国政府能派人指导他们的试验研究工作。更多的外国朋友希望加强联系、促进交流，还有不少外籍华人为国内的研究进展激动不已，希望有机会参加三峡工程的研究。

这是窦国仁第一次出访美国，收获良多，结交了众多国际朋友，他作的特邀报告也展现了中国泥沙研究在基础理论上达到的高度，促进了国际同行对中国的了解。

1986 年 4 月 22 日，窦国仁完成出访汇报，其中写道：

> 应邀在全体会议上作了题为《紊流运动总规律》的报告，听取了不少报告，与国外同行交流了看法和意见，并参观了美国水道试验站和密西西比河下游河道等，收获较大。通过这次会议，对目前国际上泥沙研究的水平和动向有了进一步了解，与不少国外同行建立了比较密切的联系，为进一步加强学术交流创造了条件，在会议上提出的报告，受到国外同行的重视和好评。不少教授表示，要在今后的教学中介绍这一新的系统研究成果。[2]

---

[1] 水电部还为会议准备了一套图片，共 56 幅，反映了中华人民共和国成立后泥沙学科的活动概况。这些图片与第一、第二次河流泥沙国际学术讨论会论文集，以及泥沙中心最近出版的专著，水库泥沙培训班讲义、通报和高含沙水流研讨会论文集等一同展出。另外，还在会上播放了英语解说的科教片"都江堰"和"钱江潮"。这些展示活动引起了国外学者的极大兴趣，纷纷提出订购请求，很好地扩大了中国泥沙学在国际上的影响。

[2] 窦国仁人事档案·出国人员鉴定表，1986 年 4 月 22 日。存于南京水利科学研究院档案室。

图 13-14 1986 年 4 月窦国仁（中）在密西西比河畔留影

当时出国机会很难得，这些中国的科技精英们在国外期间的生活条件并不算好，甚至可以用艰苦朴素来形容。水利部在这次出访总结报告中写道：

> 全体出席会议的中方学者在老同志的带动下，都尽了自己的努力，相互关心，团结一致。严格遵守外事纪律，在生活上都很节省，如伙食费用平均每人每天不足 12 美元，没有一个人在国外洗印照片，几十卷幻灯片和胶卷都带回国内冲洗。会议为中国部分学者提供的资助全部上交。特别是几位年龄较大的同志，也不在住的旅馆吃饭（11 美元一餐），同大家一起到外面较便宜的餐厅用餐。①

1987 年 5 月，窦国仁应邀到美国进行了为期 10 天的讲学，主讲"紊流力学的基本规律"系列课程。

第三次赴美国交流是在 1993 年，窦国仁应美国垦务局邀请前去讲学，并参加在华盛顿召开、由中国水利学会协办的水科学与工程国际学术研讨

---

① 中国水利学会：《中国水利学会学术讨论会纪要汇编 1983—1986》。1987 年，第 269 页，内部资料。

会。当时窦希滨正在密西西比大学师从王书益教授攻读博士学位，董凤舞为了看望儿子，自费参与了这次访学。1993 年 6 月 2 日，窦国仁与董凤舞从北京乘飞机飞往丹佛。美籍华人学者杨志达教授热情接待了他们。当地时间 6 月 4 日晚，窦国仁夫妇参加了"中国水利建设与研究"演讲餐会。餐会由杨志达主持，来自海峡两岸的二十余位水利专家学者参加，餐会的主题是请窦国仁介绍中国大陆水利建设概况。窦国仁现场使用幻灯片演示，介绍了中国水资源的分布和开发利用简况，以及南科院对中国水利建设，特别是长江葛洲坝和三峡工程所作的贡献。演讲结束后，窦国仁回答了听众的提问。当时大家对国内正在开展的三峡工程建设与相关争论十分关注，提问比较多，都想听听窦国仁的意见。窦国仁就三峡工程的泥沙研究、资金筹集、移民安置，以及三峡水库回水对重庆港的影响、三峡工程建成后对洞庭湖地区和长江口可能产生的影响等问题都作了回答，打消了很多人的疑虑。窦国仁在一个多小时的时间里，深入浅出地描绘了中国的宏大水利工程建设蓝图，使与会人士认识到中国政府和人民有能力建设像三峡工程这样前无古人的工程，由衷感到惊叹和振奋，现场讨论十分热烈。

中国旅美科协会会长王学威医师在发言中热烈地感谢了窦国仁的报告。他说："中国需要科学，科学知识的力量是无穷的，正是科学的力量今天晚上把我们海峡两岸的学者凝聚在一起，研讨中国水利建设和关系着亿万人民幸福的三峡工程的前途。……我们有科学和为科学献身的一大批老中青学者，我们的前途是光明的。"[1] 演讲会的最后，洛基山中华科工学会和中国旅美科技协会代表分别向窦国仁赠送奖牌，并集体合影留念。《美中时报》对这次演讲餐会作了报道。

1993 年 6 月 7—11 日，窦国仁夫妇与杨志达一起到华盛顿参加了由中国水利学会协办的水科学与工程国际学术研讨会。这次会议规模也很盛大，有来自 50 多个国家的 600 多位专家、学者参会。长江三峡工程是会议的中心问题之一，窦国仁与张光斗、林秉南三位院士及长办的专家受邀请

---

[1]《美中时报》编辑部：中国水利建设与研究演讲餐会圆满结束。《美中时报》，1993 年 6 月，内部资料。

在会上作了学术报告。7 日晚上，中国参会代表在中国驻美使馆举行了记者招待会，回答了记者们关于三峡工程的环境影响及移民等问题。会议结束后，窦国仁夫妇与王书益一起去了密西西比大学考察，见到了窦希滨。

董凤舞是第一次到美国，一路上参观、学习收获很大。在华盛顿的会议上，她全程听了专家报告。有意思的是，在会议休息时间，董凤舞与一些与会专家的夫人聊天，她们问她是从事什么工作的，她回答说自己是工程师，从事水利研究。这让她们都感到很惊讶，反应出乎意料。董凤舞这才知道，当时美国女性从事工程研究的人还不常见，她们大多是家庭主妇。

在美行程结束后，他们从孟菲斯回国，到北京刚下飞机，又连夜赶到黄骅港，那里的政府领导和专家要在第二天召开专家会议，邀请他们参加水文动力港口布置问题的讨论。

窦国仁主张出国交流要注重效率，有实质性的收获。20 世纪 90 年代后期，日本中央大学教授、国际水利学会前主席林泰造邀请窦国仁到日本讲学。日方希望他能够在日本讲学半年，并且给出了很高的待遇。窦国仁到日本后，把半年的课程压缩到 10 多天讲完就赶忙回国了。他不愿耽误太多工作时间，也放弃了一笔丰厚的讲课费。

图 13-15　20 世纪 80 年代窦国仁（左二）接待参加中日河工坝工会议的日本学者

图 13-16　20 世纪 90 年代窦国仁接待外宾

　　那些年里，窦国仁因为不愿耽误工作而推掉的出访邀请也有不少。如北京大学西洋集团资助在德国召开的国际物模学术讨论会，在美国召开的国际数模和物模讨论会以及在日本召开的数模讨论会，还有美国、日本、苏联多次邀请讲学等。他很反感公费出国却不作报告、不进行实质学术交流的行为，在他看来，科研人员花的都是国家的钱，每一分都要发挥应有的作用，不能浪费。

第十四章
泥沙之家：温馨的科研作坊

窦国仁爱生活、爱家人，与董凤舞相识相爱数十年，相濡以沫共同经营了一个充满爱的家庭。在窦国仁看来，小孩子是宠不坏的，应多予以鼓励和关心，窦希滨和窦希萍兄妹在宽松的环境下自然成长。围绕科研项目，在窦国仁的家庭内形成了一个泥沙研究的小作坊，他们既是亲密无间的家人，又是协作攻关的战友。泥沙研究是他们共同的话题，在一起三句话不离本行。他们以共同的事业为基础，在相互交流和协作中，促进彼此的理解，获得精神的共鸣，增加彼此克服难题的信心，一路牵手同行，相互陪伴和温暖。欢乐的泥沙之家，实现了个人追求与家庭温馨、事业发展和国家需求的完美结合。

充满爱的家庭环境

窦国仁和董凤舞于 1956 年在北京完婚，暂住在母亲的小四合院。1958 年，窦希滨在北京出生，两年后窦国仁入职南科所，小家庭也移居南京，1961 年窦希萍出生。在几十年的风雨人生中，两人相濡以沫，用心经营家庭、抚养子女，使家成为温暖的港湾，充满了脉脉温情与爱意。

窦国仁是一个非常顾家恋家的人。在妻子眼里，他是温柔体贴的丈夫；在子女眼里，他是慈爱和蔼的父亲。董凤舞的印象中，窦国仁从来不发脾气，无论在外多累，回到家里都是笑嘻嘻的，给家里带来欢声笑语。他每天下班回到家，总是先看到董凤舞才放心，董凤舞在厨房，他就找到厨房，在洗衣间，他就找到洗衣间，只要见到她就会安心踏实。①

窦国仁对董凤舞有一种特别的依恋。他们相识在华北中学，高中毕业后窦国仁到苏联留学，安顿下来以后，给董凤舞寄了第一封信，两人从此便一直通信，结婚后也未改变。他们相互致信的抬头都是"亲爱的国仁""亲爱的凤舞"。在 20 世纪六七十年代，电话尚未普及，窦国仁不管去哪里出差，都会给董凤舞写信，董凤舞在收到信后也必定回信。在武汉做葛洲坝模型试验时，窦国仁一去便是三个月，他将试验的进展、生活的见闻通过一封封信件写给董凤舞，后者则将家里的情况向他汇报。参加1978 年全国科学大会时，窦国仁写信给董凤舞，描述大会的盛况，告诉她大会组织看了什么电影、安排了什么活动等。有一次，窦国仁出差后一直未收到董凤舞的信，非常着急，匆忙赶回家中，一进家就问是不是出了什么事，董凤舞说没出什么事，只是一直没有收到他的来信，也在为他担心。后来才知道原来是邮政把信寄丢了。

在窦希萍看来，父亲和母亲的性格是互补的，母亲开朗活泼一些，父亲平时不喝酒话很少，喝了酒才善谈。二人相处中，偶尔也会有几句拌嘴，窦国仁在被董凤舞说了之后，也会闷闷不乐，默默地待着不说话，从不会疾言厉色。他们有空时经常手拉手逛公园。卡拉乌舍夫到南京开会讲学时，他们到酒店去看他，也是手拉手去、手拉手回，恩爱得让人羡慕。窦国仁给家里每个人都是无微不至的关爱，无论到哪里出差，他都惦记着给大家买礼物，有时候来不及上街，就在机场买些纪念品。家人常常笑他东西买得贵，他就说，只要大家高兴，贵也值得。

窦家的和睦友爱在南科院是出了名的。窦国仁的研究生黄亦芬对此印

---

① 董凤舞访谈，2018 年 10 月 26 日，南京。资料存于采集工程数据库。

象深刻，她曾回忆道：

> 在我所见过的夫妻和家庭中，我的导师和师母称得上是十分模范的夫妻，他们的家也是模范家庭。他们彼此十分敬爱，在我印象中，他们两个总是轻轻地叫着彼此的名字，从不彼此大声说话，节假日出游时，俩人也是手挽着手，形影不离。导师家里充满了家的温馨，随处都弥漫着民主与亲爱，我的老师十分爱他的家，也十分眷恋他的家人，从师母到他们的孩孙们。[①]

窦国仁在工作之余，也喜欢家里柴米油盐的烟火气。他在家经常主动做家务，买菜做饭，甚至洗衣服，也不觉琐碎厌烦。尤其是做饭，窦国仁不仅喜欢张罗，而且是家中厨艺最高的。窦希萍说："每次我父亲一讲到吃就特别的开心。"每年一到春节，窦国仁就开始拉菜单，四个凉菜、四个炒菜、四个炖菜……，一般到了年三十下午，菜单既定，窦国仁便让窦希萍到菜市场按图索骥，购置齐全，晚上就等他大显身手，全家一饱口福。

窦国仁做饭也爱钻研，有自己一套独特的秘诀。他将华罗庚提出的统筹方法熟练运用到做饭上，把多道饭菜的摘洗切配与蒸烧煮炖等有效统筹起来，效率极高，可使饭菜几乎同时上桌。窦希萍开始学做饭后，窦国仁还把这个方法传授给她，"做事情先和后很重要，做饭不能一个菜做好了，后一个菜间隔很长才上桌……"

窦国仁包饺子、做疙瘩汤都有一套严格标准。他要求，包饺子和面要做到"三光"，即和面的手光、盆光、面板光。他自己包饺子很在行，和面、揪面团、擀皮、包饺子，样样精通，以至有人给他包的饺子起了一个响亮的名字——"院士水饺"。为了给家里老人作出蛋清和蛋黄包在一起的"卧鸡蛋"，窦国仁还做过一番试验研究，最终发现在水刚开时将火关掉效果最佳，若等开水翻滚，则鸡蛋清、白分离，火候过矣。

窦国仁对生活的热爱也感染影响了全家。从苏联留学回国的时候，窦

---

① 黄亦芬：怀念我的导师。见：胡又编，《高山仰止——窦国仁院士诞辰八十周年纪念》。2012年，第58页，内部资料。

国仁买了两个照相机和可以冲洗照片的放大设备，照相之后，会带着窦希滨、窦希萍在黑暗的小房间里搞照片冲洗，显影、定影，忙得不亦乐乎。有一段时间流行装半导体收音机，窦国仁也加入这个大军，到了周末，就带上窦希滨和窦希萍到市场上去买线路板和电容电阻，回来用酸腐蚀掉，装二极管、三极管。有时候收音机接触不好，声音断断续续，窦国仁就让他们把焊点再焊一遍，既培养了动手能力，又获得了成就感。

"文化大革命"时期，科研项目还不太多的时候，窦国仁有空便带着全家去隔壁的六三五八部队游泳池游泳，窦希滨兄妹俩从小就跟着父亲学会了游泳。那时没有扑克牌卖，他们就买小的年历卡片自制扑克牌，标注上红桃、黑桃、方片、梅花和大小司令，四人在家里打牌，玩得不亦乐乎。偶尔收到一笔稿费，窦国仁就宣布周日下馆子，全家欢呼雀跃，经常是三菜一汤，饱食而归。去的多了，饭馆的服务员都认识他们。窦国仁深爱家人，很珍惜陪伴家人的时光。后来窦希萍的女儿出生，窦国仁每天下班第一件事就是到小婴儿的床前看看小外孙，他说自己要是会画画就好了，把这个小圆脸画下来。当小外孙两三岁时，周末他们就带她去玄武湖，铺一张地垫在草地上，全家一起度过悠闲的时光，其乐融融。

窦国仁充满幸福和欢乐的家庭不仅为家庭成员所拥有，还"对外开放"。20世纪八九十年代，窦国仁的家成为许多人共同的快乐记忆。窦国仁特别好客，不管身份大小，做什么工作，他都一视同仁，包括车队师傅都经常到他家里吃饭。窦国仁每每在出差回来后，叫上驾驶员，再凑几个人，备些卤菜熟食，在家里喝酒聊天。家里没有大桌子，他就把两个小圆桌拼在一起凑合。70年代在南京做葛洲坝工程模型试验时，有十几位从宜昌来的工人，他经常喊他们到家里坐坐，炒个花生米，拍个黄瓜，拌个大白菜，喝点酒，放松一下。窦国仁说，自己除了工作没有别的爱好，要说最感兴趣的事，就是与朋友相聚，在饭桌上喝酒聊天。

窦国仁指导的研究生更是家中的常客。杨树清对这样的聚会津津乐道：

"狂欢节"一般是晚上八点开始，言无顾忌，好酒好菜，个个都

图 14-1　1998 年窦国仁家高朋满座的场景

图 14-2　1999 年窦国仁家高朋满座的场景

是"酒仙"，这包括师弟们如唐晓南、郑云生、于清来等，最低水平也有半斤酒量，多为"千杯不倒"，颇有李太白遗风。一般都是凌晨二三点上最后一道菜——"院士水饺"。老师亲自和陷，内有虾米、芹菜、韭菜等。擀皮和包饺子的冠军非希萍及她的夫婿李禔来

莫属……①

叶坚对于那段时光也难以忘怀：

  我毕业留院后，常常于周末不约而至，借机改善生活。家中的窦老师和办公室的他不一样，谈笑风生。有时窦老师会亲自下厨，记得很清楚的是一次窦老师做他拿手的面疙瘩，吃得我们直咂嘴。当时的生活没有现在好，但大家天南海北，多少个愉快的周末就这样不知不觉地度过。②

窦希萍对这样的场景再熟悉不过了：

  每逢周末，是我们家最热闹的时候。父亲或邀请老友，或喊上他的学生，开上瓶好酒，在酒杯的碰撞声中，平时不爱说话的父亲变得谈笑风生。聊到高兴时，大家会放上音乐高歌一曲。此时此刻，父亲会用一种心满意足的微笑注视着每一个人，倾听他们爽朗的笑，欣赏他们豪放的歌。③

聚会总离不开酒。窦国仁对酒有着痴迷般的热爱和独到的理解，他酒量好、酒品好，爱酒、惜酒、欣赏酒，远近闻名。每一个接触窦国仁的人，都对他爱喝酒的特点印象深刻。周保中说，窦院长最大特点就是爱喝酒、能喝酒：

  喝酒能看出一个人的品德出来。窦院长的酒品是高的。他跟你喝酒不会硬劝你喝，把你灌倒。你能喝多少，量力而行，他可以一直陪

---

① 杨树清：不尽的回忆　无限的怀念。见：胡又主编，《高山仰止——窦国仁院士诞辰八十周年纪念》。2012年，第60页，内部资料。

② 叶坚：忆恩师窦国仁院士。见：胡又主编，《高山仰止——窦国仁院士诞辰八十周年纪念》。2012年，第57页，内部资料。

③ 夏海霞：驾水驭沙伴亲情——女儿眼中的泥沙专家、中科院院士窦国仁。《中国水利报》，2001年8月3日。

你喝。他喝酒的时候很文雅，从开始到喝完，都是一个状态。他不随便跑，就坐那个地方，来者不拒。我们都说窦院长是酒仙。他喝酒的时候非常讲究不能浪费，不能把酒往桌下倒。喝不了可以不喝，但不能乱倒……他酒量很大，从来也不见他喝多了失态。真是酒品如人品。[1]

窦国仁爱家人、爱朋友，也爱酒。对他来说，酒既是与朋友交流的方式，更是放松身心、舒缓精神、驱散疲劳的手段。他经常在醉意朦胧的客人散去后的深夜，拿出文件袋，摊开稿纸，点上一支烟，开始推导起公式。没人陪他一起喝酒的时候，他也会独自斟上一杯慢慢品味，还会在工作到凌晨数点、累到睡不着觉时再喝上一杯入眠。明代文人张岱在《陶庵梦忆》中说"人无癖不可与交，以其无深情也"。历代名士多与酒相伴，与酒结下不解之缘。爱酒是窦国仁工作之外为数不多的癖好，也是他对生活、对人的深情流露。

窦国仁就是这样爱生活、爱家人，他使家庭充满友爱活泼的氛围，也为子女的教育提供了良好环境和效仿的榜样。

"小孩子是宠不坏的"

窦国仁在家中彻底贯彻民主原则。在子女教育上，他与董凤舞基本上是放任自由，不予过分的约束和管教，适时给以帮助和鼓励。在邻居眼中，他们有时候太过宠爱孩子了，但窦国仁认为"小孩子是宠不坏的"，只要尊重他们的天性，把握住大的方向，等他们长大了自然就好了。窦希滨和窦希萍回忆起童年，最忘不了的还是宽松自在的家庭氛围，还有父母对他们无条件的爱。

---

[1] 周保中访谈，2018 年 10 月 27 日，南京。资料存于采集工程数据库。

窦希滨从小就非常调皮，是院里的孩子大王，经常和小伙伴们搞一些恶作剧，有时候玩到夜里十二点都不回家。有一次，到了半夜还不见儿子回家，窦国仁和董凤舞出去找，找遍大院也没见人影，后来听到食堂里有"砰砰"的声音，他们循声而去，只见窦希滨在

图 14-3　20 世纪 60 年代董凤舞（左）与窦希滨（中）、窦希萍（右）在公园留影

里面和别的小孩打乒乓球。食堂的门早已经锁了，孩子们是从窗户翻进去的。他们见状也并不生气，只是把窦希滨叫回家睡觉。

回想起童年，窦希滨对此感慨不已：

　　　　父亲对孩子都非常好，平常都在推导公式，挤点时间就带我们出去玩。他对我们也不是像别人家对小孩管得很紧、盯得很紧。别人家要看着小孩写作业，他对我们不是这样。我们小时候都比较自由自在地成长，家里对我们都比较宽容。我们院里那些小孩在外面玩一会，家里就会喊"回来喽""吃饭喽""做作业喽"，凶得不得了，我们家没有。我们度过了一个非常愉快的童年，父亲母亲都是非常和蔼慈祥。人家说慈母严父，我们没有严父的感觉，他对小孩非常慈祥、非常的好。[1]

窦希萍对于小时候的时光也很怀念，那时候窦国仁还不是很忙，有点时间就陪他们。她印象比较深刻的是小时候经常跟着父亲去游泳、全家一起打扑克，以及和哥哥围着父亲，听他讲永远不重样的故事：

　　　　我父亲特别喜欢给我们讲故事。那时候"文化大革命"，也没有

---

[1] 窦希滨访谈，2018 年 11 月 29 日，南京。资料存于采集工程数据库。

图 14-4　20 世纪 70 年代董凤舞（左）与窦希萍（右）的合影

太多的事情，他一下班，我和哥哥就拉着他讲故事。他讲得最多的是济公的故事。他小的时候没怎么上学，听了好多说书的，都是在北镇街头听的。我们缠着父亲讲故事，母亲有时喊父亲去做饭，我们就说，妈你自己做饭，爸你继续讲。他讲的故事从来都不重复，我怀疑有些可能是他编的。我和哥哥听得如痴如醉，总也听不够。[1]

窦希萍在家中也是备受宠爱。小时候，如果哪天不想去上学，她就让母亲给她写个请假条，交给同学带到学校。学期结束开家长会，都是董凤舞去，每到这时，老师就会把厚厚的一叠请假条摔到她跟前说，"你看你女儿一个学期，才来上多少天课！"董凤舞也不会因此责怪女儿。"文化大革命"中乱哄哄的，学校教育也近乎放羊的状态，政治学习和各类运动占据了多数，他们觉得女儿偶尔不去也没关系。有一段时间董凤舞在做毛里塔尼亚港口淤积试验，窦希萍不想去上学的时候，就到模型上看母亲做模型，也顺带帮点小忙。

小时候，窦希萍的学习一直不太好，每次考完试，窦国仁总是先来安慰她，考不好没关系，还没开窍呢，等长大了就会开窍的。窦国仁常说："人和人不一样，如果别人学一遍就会，那你就学十遍，成绩肯定能好。"窦国仁从来没有因为学习的事批评过她。窦希萍上中学以后，也总是从父亲那里得到鼓励和帮助：

我考试考不好回来就大吵大闹，父亲就哄我，弄点好吃的，说没事的，你以后会学好的。我那时候物理不好，回来就跟父亲说，题不

---

[1] 窦希萍访谈，2018 年 12 月 20 日，南京。资料存于采集工程数据库。

会做，父亲就帮我……

我在高考的时候，父亲帮我补习了好多，主要是数学、物理、化学三门。我摸底物理考得不好，我跟父亲说物理不好学。父亲就说，物理物理，最讲道理，你不要去猜答案，要去想这个原理。所以后来我高考的时候物理考得特别好，满分是100分，我考了94分。[①]

在父母的宽容和鼓励下，窦希萍渐渐找到了学习上的自信，性格变得开朗起来，成绩也突飞猛进。

高考以及后来每次重要的考试，窦希萍特别希望父亲不出差，因为有他在家里，她内心就比较踏实。高考考完后，学校通知所有人到学校估分。窦国仁跟窦希萍说："咱们不去估分了，考完了就别去想了，你就放松吧，考得上就上，考不上就再考一年。"

窦希萍在20世纪80年代末打算出国，要考托福，窦国仁说可以去考。窦希萍说怕考不上，一次报名费要20多美元，考不上多浪费钱啊。窦国仁说，不用担心，尽力去考，给你考十次托福的钱。父亲的支持让她感到很温暖。后来窦希萍考一次就通过了，而且考了比较高的分。

窦国仁对子女的宠爱和支持，是有家庭传统的。他小的时候，母亲对他们兄弟姐妹也是十分疼爱，从来不会打骂他们，连呵斥都很少。母亲的坚强和善良给他们树立了生活的榜样，母亲的慈爱与呵护则成为他们不懈奋进的动力，后来他们兄弟姐妹个个都有出息。窦国仁根据自己成长的经历，也自然同样地对待子女。

窦国仁与董凤舞对子女也并非一味地溺爱，而是积极鼓励他们参与家庭管理，分担家务，承担部分家庭责任，注重培养他们的独立意识和自主精神，使他们兄妹从小就养成了吃苦耐劳、认真负责、朴实朴素的品质。兄妹俩还比较小的时候，就独自去菜市场排队买菜了。当时物资紧俏，凭票购买，兄妹俩一大早要爬起来去排队，晚上放学后也要先到学校附近的菜市场买菜回家。一开始是窦希滨负责，后来就转到窦希萍这里。再大一些后，他们就开始独立做饭。第一次炒肉丝的经历，一直让窦希萍记忆

---

① 窦希萍访谈，2018年12月20日，南京。资料存于采集工程数据库。

犹新：

> 父亲去上班前，把肉都切好，对我说，先放油再放肉，等肉颜色变了，差不多就熟了，然后他就出门了。快到中午时，我开始炒菜，等肉下锅后，就盯着肉的颜色，看看老是不变，等到颜色深了再一出锅，肉就有点焦了。那时候肉是凭票限量供应，买一次不容易，我就很难受，等父亲一回家我就哭了起来。父亲一边安慰我，一边夹起一块吃，还说挺好吃，就是下次再早一点盛出锅就好了。[1]

参与家务也使兄妹俩养成了自我管理的习惯。窦希萍介绍，她和哥哥很小的时候，就参与家庭的"财务管理"。家里每个月领到工资后，会给奶奶、姥姥分别寄一笔，剩下的钱放在家中的抽屉里，每个月家里有多少钱，干什么花了多少钱，还剩多少钱能用，兄妹俩都很清楚。抽屉从来都不上锁，有需要的支出他们就从里面拿，由于钱就那么多，花完就没了，他们很小就懂得量入为出，也不会乱花钱。家里的财务管理很宽松，兄妹俩从父母那里得到的零花钱也比别的小朋友多，每天上学路上可以到小卖部买点吃的。父母也鼓励他们积少成多，自主管理。他们并没有因此花钱大手大脚，拥有充分的自由后，反而更为节俭自律。

当时家庭都是用蜂窝煤，窦国仁四口之家每月配额是 120 块煤，一般都是煤店送到楼下，窦希滨和窦希萍搬上三楼，可以省两三毛钱的上楼费。有一次，兄妹俩合计，花钱让煤店送过来，不如自己去煤店运，还能省一笔运送费。于是他们就借了一辆板车，到煤店装好煤，一个在前面拉，一个在后面推，一路拉回家，中间还经过虎踞关，爬了一段长长的坡。到家后，再把煤块搬上楼，两人都累得够呛。

在这样的家庭环境中，他们兄妹俩没有沾上丝毫的安逸骄奢的习气，生活中都十分朴素。窦希萍十五岁时，董凤舞因手术住院，北京的亲戚过来探望，窦国仁就把家里的被套都洗净晾干，交给窦希萍把被子缝好。之前都是董凤舞缝被子，窦希萍第一次缝，不会用顶针，等缝好后手上扎的都是针

---

[1] 窦希萍访谈，2018 年 12 月 20 日，南京。资料存于采集工程数据库。

眼。她在上大学时，所有的笔记本都是用窦国仁写文章的草稿纸对折过来装订成的。

窦国仁认为，"小孩子是宠不坏的"，只要给他们无条件的爱，大人在家里做好榜样，他们就能健康茁壮地成长。

学术伉俪，琴瑟和鸣

董凤舞在华北中学初中毕业后，考入北京女子第三中学上高中，在考大学前学校指定她报考军工类大学，后来因分数未达线被天津大学录取为专科，专业是土木工程。她在毕业后分配到交通部，留在北京。1960 年她随窦国仁来到南京。

董凤舞调到南京后，在窦国仁的鼓舞下，也转到了泥沙研究这一行当。她觉得，原先搞土木工程相对来说简单一些，只要按照规范流程走，没有那么多困难和问题，转到泥沙领域后，工作难度更大，压力也更大。为此，董凤舞没少抱怨——土木做得好好的，非要转到泥沙方向，工作都是新课题，任务都是硬骨头，苦和累就不说了，精神压力更大。每当这时候，窦希萍都会在一边帮腔说："父亲你就是这点不好，把全家都搞成跟你一个专业，你也累呀，每个人遇到这里不懂、那里不会都要问你。"窦国仁总是乐呵呵地说："我累我高兴。"

抱怨归抱怨，董凤舞干起工作来毫不含糊。她善于学习，很快就进入了角色。她刚到南科院时跟随陈子霞高工研究新港回淤问题，作了淤泥沉降试验和淤泥水槽冲刷试验，完成了试验报告。[1] 20 世纪 70 年代，她开展了连云港、舟山群岛沈家门港研究，以及技术援外项目"援毛里塔尼亚友谊港动床试验模型沙起动及糙率试验"并完成了报告。80 年代后，她又开展沙质海岸岸滩的研究，撰写了《沙质海岸岸滩坡度的确定》和《沙质

---

[1] 董凤舞，新港泥沙群体沉降初步试验研究。《新港淤积研究》，1963 年第 1 期，第 15-22 页，内部资料。

图 14-5　20 世纪 70 年代窦国仁与董凤舞的合影

海岸岸滩类型判数的探讨》两篇报告，还领衔开展了海南岛白沙角和秀英海岸建港泥沙淤积计算。90 年代，她开展了黄骅港扩建 3000 吨级港池航道问题研究、黄骅港一期工程泥沙研究论证；庄河市打拉腰海域建港条件分析；锦州港潮流模型试验、锦州港二港池工程泥沙回淤量计算。2000 年前后她又参与了辽宁庄河、山东龙口电厂取排水口问题研究，木兰溪下游防洪工程模型试验。这些工作有些是她独立完成，有些会与窦国仁讨论，在他的指导下开展研究。

董凤舞是新中国新时代女性的典型代表，工作要强，先学土木，后做泥沙研究、水利工程论证，还善于物理模型试验，巾帼不让须眉。她工作起来也是个"拼命三娘"。做新港回淤研究时，当时海上口门外建了一个十几米高的混凝土观测台，董凤舞为了观测需要，曾在台上与另外三个男同事一起吃住一个星期，三班倒，一天 24 小时逐时采集进港水体测量含沙量。还有一次，她和陈子霞工程师去新港考察，站在正在作业的挖泥船甲板上讨论技术问题，她们刚刚移动了几步，船上三条胳膊一般粗的钢丝绳就从空中重重砸在了原先的位置上，要不是她们移动站位，后果不堪设想。在庄河海岸考察时，董凤舞翻山越岭一走就是十几个小时。为了解山洪下泄对电厂取排水的影响，她忘记劳累，陪同一起考察的地方领导吃不消，不禁感慨，董工哪来这么大的劲，几个壮劳力都跟不上。董凤舞乘船到近海勘察，风浪再大都不晕船，有的同事吐的厉害，她却稳坐钓鱼台，丝毫不影响工作。在国家恢复职称评定后，董凤舞很快就评上了教授级高工。

两人工作都很忙，出差频繁，聚少离多，在家时都主动承担家务。董凤舞出差时，窦国仁在家里负责洗衣服、做饭，照顾孩子生活。窦国仁出差时，董凤舞也会承担起这份责任，让窦国仁无后顾之忧。窦国仁做葛洲坝研究的那段时间，长期出差武汉，儿子和女儿一个上初中、一个上小学，都是董凤舞照顾。当时董凤舞的父亲因意外离世，她都没能回去，也没有告诉在武汉忙着做试验的窦国仁，一个人扛下所有的痛苦。董凤舞敬佩窦国仁的才华，体谅他的辛苦劳累，为他的事业成就感到自豪。

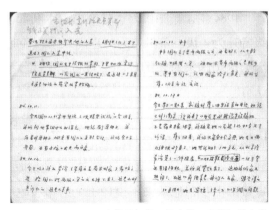

图 14-6　在董凤舞的日记本里，窦国仁是主角

由于专业相同，董凤舞对窦国仁的科研也很了解，深悉其中的价值，并由衷地欣赏和钦佩。她说："国仁用了毕生的精力，有些东西研究透了，我看他的论文都特别感动。""论文里可以看出他的思考和用心，仿佛是当面向你娓娓道来。"① 对于窦国仁取得的成就，董凤舞更是为他感到自豪。

图 14-7　20 世纪 90 年代窦国仁与董凤舞的合影

---

① 董凤舞访谈，2018 年 10 月 26 日，南京。资料存于采集工程数据库。

1984 年，窦国仁因贡献突出，水利部下文通知其工资连升两级，从 6 级晋升为 4 级。董凤舞为此也高兴了一段时间，不光是因为工资涨了，更因为这是国家对窦国仁的一种肯定，"是对他回国后几十年里辛勤劳动的认可"。

董凤舞和窦国仁很少吵架，有时候董凤舞会发脾气，窦国仁从来都是宽厚地退让。让董凤舞感到心疼的是，窦国仁在生活中无论受到多少委屈、吃多少苦，他都默默忍耐着。"他能吃苦也没有怨言，三年困难时期，定量都很少，他从来不说什么。给多少吃多少。"在射阳河现场考察，窦国仁双脚因生脚气又长期泡在泥水里与鞋子摩擦到血肉模糊也不吭一声。有一次出差，因为火车晚点，窦国仁在深秋季节的南京火车站和衣而卧一宿，事后才不经意说出，从来也不叫苦、不抱怨。在董凤舞的日记里，字里行间都能看到她对窦国仁的关心。

远隔重洋的牵挂

窦希滨在 1976 年高中毕业后，进入南京硫酸厂当工人。窦国仁预感国家可能要恢复高考，让他做好准备。1977 年 10 月 21 日，中国各大媒体公布了恢复高考的消息，一时间人心振奋，被"文化大革命"耽误的学子们摩拳擦掌、跃跃欲试。窦希滨也认真准备起来，白天在工厂做工，晚上忙着复习功课。

受"文化大革命"的影响，窦希滨在学校里学的知识并不系统，窦国仁利用业余时间给他补课，主要补数学。他给窦希滨出了几套数学题做，巧合的是，这几道题都考到了，窦希滨因此数学得分很高，1978 年春被河海大学工业自动化专业录取，成为恢复高考后的第一届大学生。1982 年毕业后，窦希滨被分配到南京化工仪表厂，1985 年转入南京航务专科学校任电工教师。在教师岗位上干了两三年后，学校工会有一个公派去加拿大进修的名额，他想报考，但转念一想公派只有一年就要回来，不如考出去读个学位。于是他去考了托福，申请美国的学校。

1988 年，窦希滨获得美国密西西比大学的录取通知，提供全额奖学金。在密西西比大学教书的王书益教授和窦国仁相熟，帮窦希滨在美国介绍点业余工作，让他可以打零工挣些生活费。当时家中没什么积蓄，窦希滨出国的时候身上只带了 30 多美元，到美国之后一切只能靠自己了。

窦希滨在美国一边读书一边打工，好在他语言能力很强，很快就适应了当地环境。窦希滨硕士阶段学的是热传导，跟流体有点像，但不是真正的流体。热传导中存在热扰流，和水流局部冲刷的扰流比较相似。密西西比大学旁边是美国农业部的实验室，他们了解到窦希滨的研究后，提出热扰流能不能改成水的扰流，研究它是否形成冲刷。这个研究是美国农业部的一个项目，有一笔科研经费支持。由于美国农业部能提供充足的经费，窦希滨的研究重点就转到了局部冲刷，并以此为题完成了硕士论文，顺利通过答辩获得硕士学位。

拿到硕士学位后，窦希滨又通过了博士候选人资格考试，师从王书益教授攻读博士学位，仅用一年时间就修完了博士全部课程。一年后，美国运输部在全美选拔征聘艾森豪威尔奖学金学者，仅有 2 个名额。参选的一项基本条件是所有课程全都是 A，窦希滨和当年在苏联留学的父亲一样，各科成绩均为 A，GPA4.0，在激烈的竞争中获得了奖学金。

艾森豪威尔奖学金有个条件，要求获得者不光要做自己的研究，还需承担一定的工作任务。也就是说，获奖者是要上班的。由于窦希滨的博士课程已经学完了，只剩下写论文的任务，为了方便，他从密西西比大学搬到了美国运输部总部所在地华盛顿 D.C。在那里，窦希滨的主要工作任务是用数学模型进行水力计算，模拟桥墩的冲刷，预测局部冲刷情况。例如，某处要新建一座桥，就要求他提供冲刷预报数据。美国的桥很多，因此计算的任务也不轻。窦希滨一边上班一边写论文，好处是有了奖学金的支持，学费不用自己付了，每月还有1600美元的生活费，不用再去打零工。

窦希滨在美国求学，是全家的牵挂，但一则离得太远，二则受经济条件有限，家人也爱莫能助。他在异国他乡要面临经济上和学业上的双重压力。在经济上，他完全靠自食其力，生活很艰苦。当时越洋电话费很贵，

图 14-8　20 世纪 90 年代窦国仁（右）、董凤舞（左）与窦希滨（中）的合影

窦希滨平时连打电话都不敢多聊，有一次他在美国买了一张电话优惠卡，5 美元可以随便打，他就打回家跟家人从早上聊到晚上，聊了一整天。在学业上，他在国内学的是自动化，出去后转到水利，没有系统的知识基础，一开始也吃了不少苦。但家人以多种方式给他鼓励和支持，与家人的每一次通话、每一次交流，都使他多了一份克服困难的力量。在国外期间，来自家庭的温暖一直陪伴左右。窦希滨每次回国，窦国仁都会亲自去上海接他，说要让他一落地就有到家的感觉。

窦希滨获得硕士学位后，家人一人一句写了一首诗送给他表示祝贺。董凤舞先起头，"儿行千里母担忧"，窦国仁接上，"学业初成父消愁"，窦希萍说，"兄有前途妹沾光"，妹婿李禔来最后道，"拿到博士弟献酒"。有一年新春之际，他们也是一人一句凑了一首诗送给窦希滨："滨儿离家又一春，兄妹手足情谊深，举杯畅饮茅台酒，大洋两岸庆新辰。"类似的交流还有很多。

在科研上，窦国仁对窦希滨有更直接的帮助。窦希滨对其中的具体细节和过程有过较为详细的描述：

　　　　父亲对我做博士论文帮助太大了。水利学有个问题没有解决，拉普拉斯方程有两项是解不出来的，必须有假设。假设有两个梯度的切力，在这之前，父亲有个理论，他推导出来一个方程式，用推导的方程式能把各个层面的阻力、切力用一个统一的公式表示出来。他的方程能通过解方程把水流的情况模拟出来。最主要的是，当时所有的猜想都是二维的，父亲的方程是可以解三维的。因为过去中国都是解决大江大河的问题，认为它是水平的面，一般情况下是解流量分量，中国所有的公式都是这样的，除了父亲的，都是解这两个，它有一个假设，把垂向的水力忽略。

当时中国没有三维模型，父亲的模型可以解垂直分量，这个很难，但父亲的方程是可以解出来的。解决大江大河的问题，可能这个假设就够了，但是我们研究微观水流的局部冲刷，主要解决的是垂向的水力，只有父亲的能用，其他所有的模型都没办法用。我就相当于把父亲的理论用到实际去了，当时在美国小轰动了一下。用他的公式可以解出垂向流，局部冲刷的垂向流特别重要，在桥墩前有绕流，绕流解不出来冲刷深度。父亲的理论二维水流用过，三维水流他们没用过，我是第一个把父亲的方程用到三维水流计算中的。

在用的过程中，我经常跟父亲两个人共同奋斗，把它转化为程序用到模型里面。晚上我一边在这搞，一边打电话给父亲："爸，这边的问题是如何如何……"。父亲在那边推导，问："那项怎么样了"，我说"那项搞好了"，经常这个样子。总而言之，父亲的理论就是把原本不封闭的模型给它封闭了，就可以解了。

其实水流方程很早，几百年前就有这个方程，谁都知道，但是中间有两项，两个脉动项没法解，所有人的工作都在脉动项上，研究怎么样描述这个脉动项，父亲的工作也是一样的，但是他比较高明地解决了。[1]

不仅如此，窦希滨博士论文的章节结构，也是在窦国仁指导下拟定的。在一封窦国仁写给窦希滨的信中，这样写道：

---

[1] 窦希滨访谈，2018 年 11 月 19 日，南京。资料存于采集工程数据库。

希滨儿：

原打算电传给你，方才你说不急，现就寄信说明。

我建议论文题目为"河流三维泥沙数学模型及其在局部冲刷问题中的应用"。第一章可以介绍三维水流和泥沙数模研究现状及需改进的问题；第二章为紊流结构，主要介绍随机理论和紊动相干结构及二者的联系。二者联系可用《紊流力学》上册250页的（8.1.14）式说明，右边第一项表示小涡漩脉动项，具有各项同性性质，其余几项表示大尺度涡漩的相干结构，相干结构也只存在于有时均流速梯度的剪切紊流中。

第三章为三维水流模型的改进，要与第一章提出的问题相呼应。应用紊流随机理论取壁函数，如有可能，可取各向异性的紊动黏滞系数，x方向特征长度在无工程时与网格长度成正比，有工程时又可与墩长成正比；y方向特征长度与河宽和墩宽成正比；z方向的特征长度在紊流力学中已有，仍可不变。

第四章为泥沙运动规律，各种底沙输沙公式，悬沙挟沙能力公式……（笔者注，省略的部分为具体的公式和部分推导过程，下同。）

第五章为河流三维泥沙数学模型。对于河底有冲淤变化时，需要引用河底冲淤边界条件……

第六章为局部冲刷数学模型。

图 14-9　20 世纪 90 年代窦国仁写给窦希滨的信

从这封信中可以看出，窦国仁对窦希滨的博士论文的指导帮助可谓事无巨细。

窦希滨的三维泥沙数学模型作出来后，获得了美国学界的高度评价，它是第一个可以用于实操的三维数学模型，能做到水流局部冲刷情况的精准模拟，这在全世界都属于首创的成果。

窦希滨博士毕业后被美国运输部聘

用从事水力计算，参与桥墩冲刷及风洞方面的研究，是当时美国运输部水力计算学术带头人，他还几次参加长江口有关桥墩冲刷问题的协作研究。在美国运输部工作八年左右，窦希滨提出辞呈，在美国开办了室外建筑公司，直到现在。

提起对父亲的印象，窦希滨首先想到的是醉心科研、心无旁骛。"他很少有别的爱好，他不喜欢玩，就喜欢推导公式，他说自己一推导公式立马就放松了。"窦希滨去美国前很爱玩，去美国后在科研上受窦国仁影响更多，也慢慢不喜欢玩了，觉得"只有工作最有意思"。

对于父亲的科研，窦希滨有自己的理解：

> 父亲的工作分两部分，一个是基本理论，一个是应用。在应用方面，我妹妹用得比较多，主要是泥沙输移这部分；我用的主要是基本理论这一块内容，水流的结构与规律。局部冲刷的模拟对水流的要求高，必须把水流模拟像，这是我的主要工作。我妹妹做的水利是大水流，我搞局部冲刷的是精细水流，对垂向水流的描述非常清晰，能把局部冲刷的范围、形状全部描述出来。我和妹妹分别沿着父亲学问的两个不同的方向做工作。
>
> 可能因为他数学基础好，很多东西别人都要算多少次弄不出来，比如用数学描写一条曲线，别人要花很多时间，他很快就把曲线用数学的方法描写出来，他综合能力特别强，博众家之长，这是他最强的。别人的东西他立刻就能发现共同点，他抓住共同点就融合在一起，形成统一的东西，谁家用他的东西就都行了。他这个能力非常强。他接受能力也非常快，看别人的东西很快就进入角色。父亲严格来讲，他不是搞流体的，就是我讲的精细水流这一块。他学的是工程，就是沙、水，大面积的沙、大面积的水，精细水流是流体力学专家来研究的，但是流体力学专家没有工程背景，很多东西解决不了，脑子放不开。工程背景对他太有帮助了。[1]

---

[1] 窦希滨访谈，2018 年 11 月 19 日，南京。资料存于采集工程数据库。

图 14-10　1993 年窦国仁（右）、董凤舞（中）与窦希滨（左）在美国留影

图 14-11　1993 年窦国仁夫妇与儿子窦希滨（右二）、儿媳杜芝（左一）在美国

窦希滨继承了窦国仁的才华，也曾在水利研究领域登堂入室，他对窦国仁学术特点的理解和评述有独到之处。有的学者认为，窦国仁是水利学家，研究流体力学有些"玩票"的意思。窦希滨以上的评述对这一问题作出了更深刻的解析。

女承父业，薪火相传

相比于哥哥窦希滨，窦希萍受父亲的影响要大得多，从考大学选专业到一生科研与事业追求，都与窦国仁有密切关系。窦希萍参与的许多项目，从黄骅港、长江口到木兰溪，都是追随窦国仁的步伐；从事水流泥沙、河口海岸工程研究，她经常用到父亲的理论和公式。她对窦国仁的学术的理解远超旁人，"女承父业"是人们对父女俩的贴切评价。

人常说，"女儿是父亲的小棉袄"，窦希萍对父亲有很深的感情，打小就很依赖和心疼父亲，窦国仁也对她偏爱有加。在窦国仁的关爱鼓励下，她的性格和学习都有了很好的发展，参加高考前，她的理想志愿是心仪已久的南京大学生物系。由于小时候在奶奶家待过一段时间，受奶奶影响，窦希萍很喜欢花，对种花、嫁接感到着迷，因此想学生物。

窦希萍高考成绩不错，南京大学联系她说可以直接去读物理系。窦国仁跟她说，不管考得多好，分数多高，都要去上华东水利学院，并且"吓唬"她说，去南京大学学物理，毕业就只能当一个中学老师。窦希萍当时很不情愿，但因为从小就崇拜父亲，心想他的话肯定是有道理的，就听从了他的"建议"。当时高考可以填 10 个志愿，重点志愿可以填 5 个，窦国仁说，填华东水利学院就行了，其他不用填。窦希萍说，万一华东水利学院上不了怎么办，于是在非重点志愿又填了南京医学院医学系和南京师范大学物理系。10 个志愿只填了 3 个，不服从分配。后来，窦希萍被华东水利学院力学系流体力学师资班录取。窦国仁很开心。

窦希萍起初并不喜欢所学专业，大学时成绩也徘徊在班上十多名，参

图 14-12　20 世纪 70 年代窦国仁与女儿窦希萍的合影

加了学校排球队、长跑队，有空就去操场训练，是个运动健将。窦国仁很反对她把太多时间花在操场上，说她是"四肢发达，头脑简单"。在学习上，窦国仁对窦希萍多有指导，流体力学是一门纯粹物理学科，他鼓励窦希萍多选些相关课程，把基础打好。

窦希萍大学毕业后分配到电力部电力环境保护研究所，从事空气动力学方面的研究。窦希萍感觉这个工作与所学的水利关系不大，萌生了考研的想法。她想，既然已经学了流体力学，可以用到水利中去，那就干脆换到水利行业，追随父亲的脚步。工作三年后，窦希萍考到了南科院水力学及河流动力学专业读硕士，导师是河口研究专家罗肇森。

在窦希萍的研究选题和学术训练上，窦国仁也有着关键性影响。窦国仁此前的研究是以内河为主的，因此窦希萍直接从河口做起。到 20 世纪 80 年代中期为止，学界的研究工具主要是物理模型，数学模型还很少。窦国仁希望窦希萍把数学模型做起来。关于当时研究方向的选择和研究训练过程，窦希萍回忆：

当时父亲希望我能从数学模型的角度做研究。我基本上就按照这个方向，跟导师讲我想做数学模型。父亲为什么这样讲，也是出于互补的考虑，因为他自己不可能再去编程序，再去做数学模型去计算。他又有很多想法，物理模型做起来很花时间，他也希望能把数学工具好好用起来。

在我做硕士论文的时候，要验证流场、含沙量，我算的是锦州港，计算区域是三面开敞，数学模型上讲就是控制边界很难。我每天都从计算机房打一大堆的验证结果与父亲商量，他就告诉我怎么来调边界条件得到的验证结果会更好。父亲不会编程，但是他有物理的概念，他告诉我要想形成旋转流边界应该怎样调整。在这之前一般只验证流速的大小，不验证流速的方向。流速是个矢量，有大小还有方向，在河道里面没关系，就是一个涨落潮的方向，但在海湾里面可能是顺时针或是逆时针旋转。那时候每天我都跟父亲研究怎么控制边界，怎么旋转起来，而且还要能够按照我们的要求，在某个地方是顺时针还是逆时针旋转……①

就这样，窦国仁实际上成为窦希萍的论文指导老师之一。1989年，窦希萍获得硕士学位，论文题目是《波浪潮流共同作用下的二维泥沙数学模型》。毕业后，她先在导师的课题组工作了一段时间，后来独立申请了院里的科技基金，做一些基础研究。董凤舞的项目要用到数学模型时，窦希萍配合做数模。后来，窦希萍利用数学模型在黄骅港、长江口深水航道治理工程、连云港港等工程中都发挥了重要作用，也证明了窦国仁当初为她选方向时的远见。

在科研和工作中，窦希萍受父亲的影响是方方面面的。窦国仁记忆力极强，众多的公式、参数都能随口准确报出，堪称一本活字典。每遇到难题或需要查某个参数时，窦希萍首先想到就是问父亲，例如在编程时要输入不同水温条件下水的黏度，窦国仁都是随口报上来。对于窦希萍来说，父亲起到了替代泥沙研究人员必备的《泥沙手册》的作用。

在窦国仁身边长期耳濡目染，窦希萍对他的工作态度和方式深有体会，受益匪浅。参加工作初期，窦希萍编完报告后，都是交由他人排版打印。有一次，窦国仁在校对原稿时发现了一处错字，批评她说，研究报告里还有错字。窦希萍说，这么一大本报告，有个错字算什么。窦国仁很严肃地对她说："人家把一个项目交给你，做完了，居然里面还有错别字？一个错字都不能有！"这句话从此一直印在窦希萍的心里，她不仅严格要求自己，后来对下属和指导的研究生也是如此要求，凡提交的报告都不允许

---

① 窦希萍访谈，2018年12月20日，南京。资料存于采集工程数据库。

有错别字。

还有一次，在长江口深水航道治理工程的研究成果质询会上，由多位院士组成的评审团对长江口使用数学模型开展的回淤计算提出质疑，要求作出说明。面对咄咄逼人的提问，窦国仁对专家组谈了自己的看法，窦希萍却没有发言。散会后，窦国仁略带责备的语气问窦希萍为什么在会上不说话。窦希萍说，对方来头太大了，都是权威，自己是晚辈，讲话也没什么分量。窦国仁说："你自己做了这么长时间的研究，你就应该把你的看法都说出来，你不说出来别人更不知道。"这次经历令窦希萍很有触动，她由此明白，在科学面前，过分谦逊并不可取，"在有一些场合，你就应该去表达你的观点，如果你不说你的观点，可能另外一种观点就会压倒你，占上风"。这些点滴经历对于窦希萍性格的塑造、工作经验的积累都有直接影响。

窦国仁对事业全身心的投入，孜孜以求、勤奋不知疲倦的精神状态也对窦希萍有着潜移默化的影响。她回忆道：

> 父亲非常看重他的事业，用"视事业如生命"来形容也不过分。他把科研工作当成他生活中最大的、也是唯一的乐趣。他喜欢坐在我们当中，在我们聊天时，埋头研究他的学问。父亲话不太多，无论在哪里，只要有空，就会摊开纸笔推导公式。母亲心疼他，让他注意劳逸结合，可父亲却说，我正在玩呢！

> 印象很深的是，父亲总是想搞点新的东西出来。比如他1960年提出了泥沙起动公式，在此后30年他一直在考虑如何去完善它，直到1999年他才推导出更能反映泥沙运动规律的起动公式来。父亲总在不断研究，他不觉得累，因为他非常热爱他的工作，享受着研究带来的乐趣。

> 父亲从几十年如一日的工作中享受到了乐趣，一种也许是许多人一辈子也感受不到的乐趣。科学研究已经成了他生命中的一部分，一旦接手一项任务，就会全身心投入，直至有所收获。他会为做一个试验而在实验厅连续干上几天；他会为推导一个公式夜以继日、茶不思

饭不想，甚至熬到眼底小血管破裂。①

这种工作狂的精神状态，有时候趋于极端。窦希萍说：

> 我们家没有什么养生，父亲要看到哪个睡觉早，他就气得不得了，觉得这个人没出息。他在世的时候，我十二点之前从来不敢睡觉。我一睡觉，他就嫌我睡觉太早。他以前带着团队出国，有几个人想要睡觉早一点，他就说这个人不行，一大早就睡觉了。他就希望人家都不睡觉，熬夜。他还曾告诉我，睡前吃安定，睡一个小时相当于睡三个小时。一点都不讲科学。②

对于窦国仁这种忘我的勤奋，窦希萍既心疼，又在不知不觉间效仿，自己也成为别人眼中的工作狂。在南科院，人们提到"窦总"的第一印象是精神、干练、语速飞快，仿佛有用不完的精力。差旅奔波、加班到凌晨于她是家常便饭，甚至在怀孕期间也每天在机房待到深夜，忙着数模计算，刚完成研究报告就住进医院临产……家人非常心疼她，董凤舞谈到自己的女儿，欣慰中带有怜惜：

> 窦希萍也是很刻苦的，继承了她父亲的这种吃苦耐劳，一天到晚地出差。我上次从美国回来，她到井冈山去培训。这次我回来，她又走了。我每次回来她都不在家，就我和褪来在家。我都觉得她很累。③

窦希萍常说自己没有父亲和哥哥那样聪明，达不到父亲的高度，希望勤能补拙。实际上，她在事业上也取得了很高的成就，不但在河口海岸泥沙研究领域科研成绩突出，解决了多项工程实践中的重大问题，而且继续

---

① 夏海霞：驾水驭沙伴亲情——女儿眼中的泥沙专家、中科院院士窦国仁。《中国水利报》，2002 年 8 月 3 日。
② 同①。
③ 董凤舞访谈，2018 年 10 月 26 日，南京。资料存于采集工程数据库。

完成了窦国仁未竟的事业，并沿着他的研究设想作了延伸扩展。她在 2005年获得博士学位的研究题目，就是对窦国仁生前研究课题的继续探索。窦希萍参与或承担的项目获得过国家科技进步奖一等奖、中国航海科技奖、水利部科技进步奖一等奖等奖项，她还被评为江苏省先进工作者、三八红旗手、科技创新十大女杰、全国优秀科技工作者。学术和科研职务方面，她先后任南科院河港研究所副所长、院副总工程师、总工程师，①是教授级高级工程师（二级）、博士生导师，担任中国海洋学会副理事长、国际泥沙研究培训中心顾问委员会委员、中国水利学会河口专业委员会副主任、泥沙专业委员会副秘书长等职。另外，窦国仁曾担任第六届、七届、八届全国人大代表，窦希萍则当选为第十一、十二届、十三届全国人大代表，江苏省第九、十届政协常委，民盟第十届中央委员。在许多方面，从窦希萍身上都可以看到窦国仁的影子。

有件事或许可以反映许多老水利人对于窦希萍的普遍期许心理。2006年，钱正英来到南京，窦希萍同院领导一起去火车站接她，并送上自己新完成的博士论文作纪念。钱正英见到窦希萍后很高兴，也很关心她的研究工作，问了不少问题。回到北京后，这位 83 岁的老人亲笔给窦希萍写了一封信，为她能够继承窦国仁的事业继续进行泥沙研究感到欣慰，并鼓励她向父亲学习，多为国家建设贡献力量。许多窦国仁学界的老朋友见到窦希萍总要叙叙旧，对窦希萍的工作成绩十分赞许。

本书出版时，窦希萍已经退休。回首过往，她也会感慨于自己的人生历程。她小时候的理想，是想做一名公交车上的售票员，"因为可以站得很高很神气，当时我真的很向往这份职业"。直到大学毕业以后，窦希萍还没忘记儿时的心愿。在南京清凉山边，从单位到家每天要坐车，她总会和售票员聊上几句，和人家混得很熟。有一位售票员爱好文学，很喜欢写东西，有时候窦希萍下班后就坐他的车帮他卖票，让他在旁边写点东西，转一大圈再回家。高考填志愿时，窦希萍放弃了自己喜爱的生物学，最终学了流体力学，又转到水利。她起初总跟人说不喜欢水利这行当，但做着做

---

① 窦希萍 1996—2010 年任河港研究所副所长，2006—2011 年任南京水利科学研究院副总工程师，2011—2021 年任南京水利科学研究院总工程师。

着也就发现了它的乐趣，尤其是通过自己的努力，有些工程建设上马了，看到研究成果从蓝图变成现实，觉得特别高兴，油然生出一种幸福感。经历多了以后，重新审视当初的选择，她并不后悔：

> 现在回想起来，我一点都不后悔。我和父亲一起工作这么久，真的是受益很多。他有很多想法和梦想，我在其中成为一个执行者，能够把父亲的想法转化成现实，能够帮助父亲完成他没有来得及完成的工作是一件很幸福的事情，是在延续父亲的理想和生命。

窦希萍从幼儿园、小学、中学、大学、工作单位都在南京清凉山附近，生活半径基本不超过清凉山一千米范围，她先生曾开玩笑说："你就没有离开过这座山头！"这种巧合似乎是一种命运的安排，又像一种隐喻——窦希萍每一个关键人生阶段，都受到窦国仁的深深影响，实现了父女之间的命运相承。窦国仁，就是窦希萍一生中未曾离开过的一座高山。

泥沙研究的"小作坊"

窦国仁对科研的专注已近乎"痴"的境界，平时满脑子想的都是泥沙研究中的问题，总是在琢磨、在思考。正如孔子论颜回之好学"人不堪其忧，回也不改其乐"，窦国仁也乐在其中，在强烈的兴趣驱动下，乃至废寝忘食、不知疲倦。他对问题的探索并不区分时间和场所，有时别人在旁边谈话聊天，他铺开纸推导公式；有时是深夜筵尽人散，他搬出科研资料。更多的时候，是他在家里"吃着饭，脑子就想到别处去了""坐着坐着就呆住了"，或者"躺在床上经常是发愣"，沉浸在他的思考中，对外界事物浑然不觉。有时候家人会问他，在想什么呢，他才回过神来，说自己在想某个问题，一起帮忙想想。他的许多想法和创新都是在家里诞生的。在窦国仁的影响下，他们家充满了浓厚的学术氛围，由于全家都是从事泥

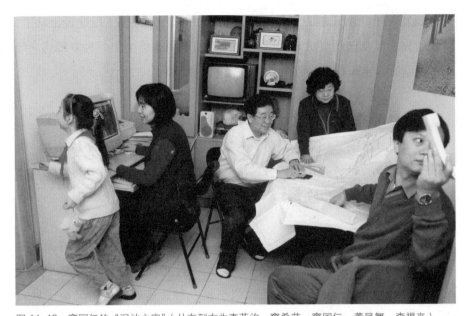

图 14-13　窦国仁的"泥沙之家"（从左到右为李蓝汐、窦希萍、窦国仁、董凤舞、李褆来）

沙和水利专业，在一起时讨论的话题"三句不离本行"，家庭成为生活和科研难以分开的场所。窦国仁对此很高兴，称自己的家为泥沙研究"家庭小作坊"。

　　这种"小作坊"式的协作，在窦希萍大学毕业以后就初见雏形了。《紊流力学》上册要出版时，窦国仁问窦希萍会不会描图，窦希萍没描过，他就把自己留学时用过的鸭嘴笔拿出来，亲手教女儿怎样描图。窦希萍就帮他描了很多图，描完后拿给在出版社工作的堂姐看，堂姐按照出版的要求做些修改就可以用了。等到1987年《紊流力学》下册出版时，里面用的图就全是窦希萍描的了。有时候窦国仁出去做学术讲座，要用到投影片，也让窦希萍帮忙弄好。这种零星的家庭协作，等到窦希萍转到水利研究工作后，日益密切和频繁。

　　在这个"小作坊"中，窦国仁是毫无疑问的核心，窦希萍和董凤舞是重要骨干，窦希滨因身居海外，只能偶尔参加讨论。另外，窦希萍的丈夫李褆来也是"小作坊"的重要成员。李褆来是北京人，与窦希萍在大学里相识。窦国仁知道女儿恋爱后，问小伙子是哪里的，窦希萍说是北京师范大学附属中学毕业的，他第一反应是"那数理基础应该不错"。李褆来毕业后分配到天津，和窦希萍结婚后调到南京，从事水动力、水环境研究。窦国仁有时会将推导的公式给李褆来看，让他再帮助复核一遍。有一次李褆来发现公式推导有错，两人就争论起来，都认为自己是对的，窦国仁与他争了半晌，最终发现是自己有一步搞错了，就感慨道："到底是师大附中毕业的，还是有点功底的。"李褆来后来也参与泥沙数学模型研究，与窦希萍各有分工，合作愉快。

关于这个家庭"小作坊"，窦希萍曾有过一段描述：

> 因为我们全家都是研究泥沙的，我爱人也是搞水利研究工作的，可以说，我们是一个快乐的"泥沙之家"。爸妈的住所被父亲戏称为泥沙研究"家庭小作坊"。每天晚饭过后，就是"家庭小作坊"的开工时间。爸妈房间过道尽头，是"家庭小作坊"的"核心场所"。在这块并不宽敞的空地上，一张椭圆形的桌子用来放置河流海岸地形图。通常，我们全家人会围坐在桌前讨论研究中遇到的问题，旁边有一台计算机，是我们专用的，父亲的许多想法通过它的验算不断变成新的研究成果。有时候，我们的"作坊"会发生激烈的讨论；有时候，"作坊"里又鸦雀无声，大家埋头各干各的。我们许多的研究方案和成果，就是诞生在这个工作室。也许是耳濡目染的缘故，我9岁的女儿也会时不时冒出个"泥沙""防淤""三维计算"等专业术语，惹得父亲特高兴。父亲很钟爱他的"家庭小作坊"，因为这里不仅有他的事业，还有他的亲情。①

窦希萍的女儿是晚上10点整出生的，那段时间窦希萍正在做庄河电厂潮流波浪共同作用下的泥沙运动数学模型，刚完成报告女儿就出生了。白日为潮，晚上十点以后为汐，他们给孩子取名为李蓝汐，泥沙之家又多了一名成员，这是科学家特有的浪漫。

由于他们在一起时讨论最多的就是工作和科研上的事，以至于窦希滨

---

① 夏海霞：驾水驭沙伴亲情——女儿眼中的泥沙专家、中科院院士窦国仁。《中国水利报》，2002年8月3日。

图 14-14　窦国仁（左）、董凤舞（中）与李蓝汐（右）在玄武湖公园留影

回国期间，因对他们的工作不了解而插不上话。每当此时，他就对家人抱怨"跟你们在一起没意思，你们动不动谈的就是这些东西"。科研与生活融为一体，是"泥沙之家"的日常。

在家庭日常聊天中，会迸发出新的思路和灵感，成为科研的突破口。例如，一开始做河口研究时，普遍只考虑潮流对泥沙的影响，不考虑波浪。他们在家随便聊天的时候就想，波浪的作用怎么体现在航道的回淤上面呢，于是就在挟沙公式里考虑波浪的因素。窦国仁开始从理论上去分析，推导出新的、更准确的公式。类似的例子有很多。窦希萍和董凤舞在研究中会遇到很多新问题，没有现成的解决方法，到窦国仁这里都成了科学问题，他会从基础理论上去探索，再提出解决的工具。黄骅港工程、长江口深水航道治理工程等河口海岸工程科研论证中遇到的水流泥沙问题，既是工程建设需要解决的问题，也是科学上认识不清的问题，许多时候还是家人向他求教求解的难题，于是就有了河口海岸环境下的全沙数学模型、物理模型、相似理论……来自"小作坊"的实践问题，促使窦国仁不断地去做最前沿的、有迫切实际需要的研究。20 世纪 90 年代，窦国仁的研究重点逐渐转向河口海岸泥沙问题，既与国家重大水利工程建设有关，又有来自"家庭小作坊"的内部驱动，"小作坊"是许多重要问题提出、思考与探索的起点。

　　"小作坊"的每一位成员都从这种自然的、非正式的交流中获益，不

图 14-15　1996 年窦国仁一家合影

图 14-16　1999 年窦国仁一家合影

仅有灵感的碰撞、知识的交流，更有精神上的相互支持和慰藉。科学的征途绝不是一马平川，而是充满了困难和挑战，挫折乃至失败是常有之事，科研人员通常都面临着多方面的压力以及由此引起的焦虑和孤独感。窦国仁一家以共同的事业为基础，在相互交流和协作中促进彼此的理解，获得精神的共鸣，增加彼此克服难题的信心，一路牵手同行，相互陪伴和温暖。依托"小作坊"的模式，他们将个人的追求与家庭的温馨、事业的发展和国家的需求完美地结合。正如窦希萍所说，这是一个快乐的"泥沙之家"。

第十五章
鞠躬尽瘁：未竟的志业

窦国仁卸任院长后仍孜孜不倦地攀登科学高峰，他计划写一本《泥沙运动学》的综合性专著，列出了 25 章的框架结构。66 岁时，他仍在开展一项雄心勃勃的研究，想要探明河口海岸模型变率对试验结果的影响。长江口深水航道、木兰溪综合治理等项目也在紧张进行，仿佛生命永无尽头。然而，突然查出的胰腺癌打乱了一切计划。他与病魔艰难抗争近一年后，离开了这个世界。身后，是亲人朋友和学界同行的无限怀念。窦希萍将他未做完的试验继续做完，协助整理他已发表的论文汇编成《窦国仁论文集》，并将他早年的泥沙运动讲义校核修订出版，使他的学术思想永续长青。

壮心不已的科研计划

20 世纪 90 年代中期，经过几十年的水利工程实践和科研积累，窦国仁在泥沙运动、水流结构、物理模型试验和数学模型研究等方面都形成了系统的创新性成果。由于他一直忙于国家重大水利工程的建设，又被繁忙的行政事务占去太多时间，他的科研成果多是一篇篇论文、一本本试验报告，尚无暇通过一部著作去作系统的组织和呈现。他在回国初期为泥沙培训班编写的《泥沙运动学讲义》本有条件出版，但由于各种因素影响，加上他在这方面的研究还在继续，不断取得新的认识，需要对原书作大量增补，也就暂时搁置下来了。卸任南科院院长后，窦国仁脱去沉重的行政负担，可自由安排的时间更多了，他想要写一本《泥沙运动学》的想法越来越清晰，开始认真构思全书的章节内容、结构体系。

从窦国仁遗稿中，可以看到他关于该书的构想——一个雄心勃勃的写作计划：

关于撰写"泥沙运动学"一书的说明

泥沙运动学是近半个世纪来逐渐形成的一门学科，20世纪40年代末在苏联出版了《泥沙运动》专著，其后在西方也陆续出版了相关专著。近年来在本科生和研究生中设置了专门课程。

本书在介绍各国主要研究成果的基础上，全面系统地总结了作者本人40余年来在泥沙运动理论和解决工程泥沙方面的研究成果和经验。本书初稿完成于1960年年初（俄文稿），原定在苏联出版，后因两国关系紧张而将书稿撤回。本书第二稿（中文版）完成于1965年，原定交中国水利出版社出版，后因种种顾虑而未交稿。第二稿的油印本曾在一些高等院校和科研单位翻印。此次拟提供的稿件将是事隔30年后的第三稿，在原第二稿基础上作了大量补充。全书拟分25章，约120万字，预计于1997年交稿。此书也可分为上、中、下三册出版，上册为前10章，中册为11—18章，下册为19—25章。本书可供水利、水运、水电及有关专业的研究生、本科生、教师和科技工作者参考使用。

在手稿的末尾，是计划中的《泥沙运动学》各章标题。

但是窦国仁很快就陷入长江口深水航道的研究中，没有足够的时间来完成这个庞大的写作计划。他当时总想着后面的人生还很长，就把其他事情优先往前排。谁料天不假年，这项计划永久地停留在了提纲阶段。这是窦国仁的一大遗憾，更是泥沙界的重大损失。

在长江口深水航道研究中，窦国仁又给自己提出了一个庞大的研究课题——河口海岸物理模型变率对试验结果的影响研究。

图 15-1　窦国仁在办公室

物理模型试验一直是研究长江口深水航道的重要手段。南科院和上海河口海岸研究中心分别建有物理模型。由于长江口水平范围太大，不可能按照垂直和水平比尺相同的正态模型去建模，只能采用变态模型。南京模型的水平比尺是 1∶2000，垂直比尺 1∶150，变率为 13.33；上海模型的水平比尺为 1∶900，垂直比尺 1∶150，变率为 6；变率差别较大，试验结果也会有出入，那么模型变率对试验结果的准确程度究竟有什么影响，二者之间有何规律，这既是一个现实需要了解的问题，又是一个科学问题。

为了弄清模型变率与试验结果的关系，窦国仁在 1998 年向长江口航道管理局申请了一项研究课题。他计划开展不同模型变率下的系列试验研究，在相同的试验条件下，使用 5 个不同变率的模型进行对比试验。在这个基础上，再设计不同的试验条件，观察各个模型的试验结果，由此产生了非常复杂的试验组合。"他想把潮流加上去，波浪加上去，悬沙也有，底沙也有。要有大浪、中浪，大潮、中潮、小潮，再加上有沙、没沙，在五个模型上分别做，光试验组合就不得了，简直不可想象。"这么宏大的试验计划，即便是年富力强的青壮年科研人员都望而生畏，而窦国仁当时已经是 66 岁了，竟然还要身体力行地做。窦国仁承接这个项目时，窦希萍正在日本国立环境研究所访学，回来后一听说，很为父亲感到着急。窦希萍心疼父亲，便责怪他——已经六十多岁了，何苦还折腾这么大的项目，多累啊！窦国仁只是笑笑说，他对这个问题很感兴趣，想要把它研究清楚。

窦国仁从 1998 年启动这项研究，窦希萍、董凤舞等也都参与其中，试验一直做到 2000 年他生病都还没有做完。经过近两年的试验，已积累了大量数据，窦国仁对试验成果感到很兴奋。他多次说过，这个研究项目能在科学上取得重大突破，获得很多基础性的规律认识，其中的问题可以写成 7 篇论文。当时，他对这 7 篇论文的题目和内容框架已形成了初步构想。然而这一切都随着他猝然查出癌症和病情迅速恶化成了无法完成的遗憾。

物理模型变率的影响研究是窦国仁晚年致力攀登的最后一座科学高峰，与以往每次都能征服高峰、登临绝顶不同的是，这次他终于止步在了攀山的路上。窦希萍常说，老天太不公平，哪怕能多给父亲半年时间也好，他就有机会去完成最终的成果提炼。更令人遗憾的，还有他那永远也无法完成的《泥沙运动学》。

2000 年 9 月，何梁何利基金委员会授予窦国仁何梁何利基金科学与技术进步奖。该奖项评选章程规定，获奖人应承诺获奖后继续在国内从事科学研究和技术工作不少于三年。这一次，窦国仁"失约"了，他在获奖尚不满一年就离开了。如果他还活着，也一定会孜孜不倦地研究下去。

图 15-2　2000 年窦国仁获得的何梁何利基金科学与技术进步奖及香港中文大学李国章校长的祝贺信

最后的陪伴

在人们的印象中，窦国仁身材魁梧、精力旺盛，平时身体一向很好。自从在苏联留学期间治好鼻窦炎后，得益于苏联提供的良好生活条件和身体的进一步发育成长，窦国仁练就了一身强健的体格。回国后几十年里，他很少生病，几乎没有因身体原因去过医院。无论是风吹日晒的野外踏勘，还是连续多少昼夜不合眼的开展模型试验，以及日常推导公式、写论文至凌晨一两点乃至通宵，他都从未担心过自己的身体状况。即便 60 岁之后，他也没有减轻工作强度，几十年如一日地勤奋已成为习惯。然而身体受到的消耗和亏待是日积月累的，当它达到一定程度时便要显现出来。

2000 年春季，当时长江口深水航道的研究任务十分繁重，窦希萍经常通宵工作。窦国仁会陪着女儿一起，在计算机运行的时候，两人讨论上一组的运算结果。有一次父女俩又熬了一个通宵后，窦国仁对窦希萍说，这次熬夜后感觉和以前不一样，以前休息一下就好了，这次感觉很累，恢复得很慢。窦希萍建议他去医院检查一下，他说过一段时间就院士体检了，到时候再去看看。

2000 年 9 月初，窦国仁到江苏省人民医院进行院士体检，检查发现肿瘤标志物 CEA 超标，CA50（糖类抗原 50）指标异常，同时 B 超检查出胰腺回声略强。医院联系了窦国仁，要求他尽快去复查。9 月 19 日，窦国仁在窦希萍的陪同下去做了复查。这次除了复检 3 项肿瘤标志物外，还做了 CT 上中段平扫，但"肝、脾、双肾、肺、胰腺大小、外形密度未见异常"。

2000 年 9 月 21—23 日，未等测定结果出来，窦国仁和窦希萍、葛九峰一起到韩国首尔参加了中韩港口及海岸工程研讨会，同时为创立亚太地区海岸工程会议与韩方进行交流。尽管医生建议窦国仁最好不要去，但这是韩方很早就邀请他参加的会议，他既已答应参加，难以推辞。在会议期间窦国仁身体状态已不是很好。9 月 29 日，测定结果出来，三项指标仍超标，其中 CA19-9 仍大于 1000kU/L，它是胰腺癌，胃癌，结、直肠癌、胆囊癌的相关标志物，尤其对胰腺癌敏感性最高。医院有位医生看了窦国仁的复查指标，判断可能是胰腺有问题，但 CT 复查并未发现胰腺有异常。医生最终给出的处理建议是：住院进一步检查，重点寻找 CA19-9 等增高的原因，进一步检查 CT、胃镜、肠镜等，以便及早发现病情，早期治疗。

窦国仁从韩国回来后，身体状况明显不好，经常感觉胃不舒服，吃药也不管用，再接着就感到后背疼痛难忍，以至无法躺下。10 月起，窦国仁去医院做了多项检查，再次对胰腺做了 CT 检查，结果仍是"未见异常"。CT 片子是窦希萍去拿的，她当时心情非常紧张，在看到检查结论时不禁缓了一口气。因怀疑是肠胃的问题，又做了钡剂灌肠、胃镜等检查，都没有发现问题。在亲戚的建议下，窦希萍拿着各项检查指标到江苏省肿瘤医院去咨询，医生高度怀疑是胰腺癌，但 CT 上就是没有发现。在这种情况下，窦国仁只好先住院调理。

2001 年元旦前，窦希滨一家从美国回来。窦国仁觉得反正也没查出什么问题，就办理了出院。回到家里后，他经常吃东西会吐，后来发展到喝牛奶甚至喝水都会吐。当时董凤舞和窦希滨对窦国仁的健康状况比较乐观，觉得不会有什么大问题。窦希萍以及窦国仁的秘书胡又都很着急，认为应该继续到医院检查。到了 3 月中旬，在窦希萍陪同下，窦国仁去医院做了多项检查。3 月 19 日，窦国仁做 CT 扫描时发现肝部出现多处阴影，同时发现胰腺尾部异常，初步判断为胰腺癌已扩散至肝部。3 月 20 日，经核磁共振成像进一步检查，诊断结论是：符合胰尾癌肝内广泛转移。

整个检查、问诊过程中，都是窦希萍直接和医生交流。当她了解到这个情况后，就知道那意味着什么了。窦希萍感到巨大的、无比沉重的难过和绝望，同时又很冷静地向医生提出，先不要把真实病情告诉父亲，只对他说患的是肝癌，因为肝癌相比胰腺癌治愈的希望更大一些。医生为了照顾患者心理，也照做了。

之后窦国仁再次住院，开展放疗、化疗，窦国仁也很配合。起初在放疗过后，窦国仁感觉还可以，但随着次数的增加，他身体很快虚弱下来，人也一天天消瘦。治疗期间，窦国仁对自己的病情比较乐观，相信一定能够治好。做检查要用到身份证，他还会嘱咐用过要放回他原来的文件夹里，以后出差时方便找到。窦希萍对父亲的坚强乐观印象很深，她回忆说：

　　那段时间，父亲有时住在医院，有时回家住，我常利用晚上时间在网上搜国外病例的治疗情况，有一次父亲走到我旁边，我赶紧把网页关掉，他问我在看什么，我说看看有没有更有效的药。父亲说，他这个病肯定没问题，医院这么多医生都在努力，女儿也在帮忙，肯定没有问题的。[1]

　　为了让窦国仁安心养病，家人始终没有把真实病情告诉他，只说是肝癌。他们在窦国仁面前努力表现出乐观的样子，但背地里却默默地难过垂泪。窦国仁也总是在家人面前作出他正在好转的样子。他从来不问自己的病情，只是积极乐观地接受着治疗，不愿给家人增加额外的精神负担。窦国仁是否知道自己的真实病情，现在已不得而知，他的家人亦不确定。据窦希萍回忆，窦国仁在治疗期间曾说过，自己没得过肝炎，不应该是肝癌。

　　窦国仁在病床上也没有停止他的研究工作。为了方便，他请同事给他定做了一个可以放在病床上的小桌子，方便他一边挂着点滴，一边写试验报告。病情发展导致他全身剧痛，他曾对窦希萍说，除了手和脚稍好一些，全身都感到非常痛。胰腺癌是非常疼的，以至于整夜无法入睡，但即便如此，他还是忍着剧痛写着《河口模型变率影响的研究》报告，并在病床上指导正在进行的木兰溪下游防洪工程模型试验。

　　2001年5月1日，也许是输血的缘故，窦国仁精神特别好，又和窦希萍聊起了关于泥沙的理论研究。他很兴奋地对窦希萍说："希萍，帮我记下来，我准备写7篇论文，还有一本专著，等我病好一点了，我口述，你整理，咱们赶快弄完它，时间不等人呀！"窦希萍使劲低着头，一边记一边

---

　　[1] 窦希萍访谈，2023年5月13日，南京。资料存于采集工程数据库。

强忍着悲痛，泪水却夺眶而出。

五一假期之后，窦国仁的病情迅速恶化，身体极为虚弱，只能躺在床上。或许窦国仁也感到了自己的生命即将走到尽头，有一天晚上，窦希萍帮他换衣服，在扶他坐起来的那一刻，他突然用瘦弱的胳膊紧紧地搂住了窦希萍。窦希萍一愣，立刻明白了父亲的心意，那是他在表达感谢和不舍，两人就这样紧紧地搂着，默默无声，眼泪扑簌而下。

在最后这段时间里，窦国仁对家人说自己腿越来越没有力气，晚上还经常会做一些噩梦，家人尽可能想办法帮他减轻一些痛苦，但能做的也有限。窦希滨再次从美国回来，5月18日这天是他的生日，本想全家到医院旁边的瑞迪大酒店去吃顿饭，但窦国仁的身体条件已不允许，后来就在医院里过的。当天晚些时刻，窦国仁陷入昏迷状态，医院下达了病危通知书。生命弥留期间，窦国仁已无法言语，家人和来探望的人多次听到他好像在喊什么，凑近去才听清他喊的是"预备—开始！""预备—开始！"，连喊了好多遍。那是做泥沙模型试验时准备放水、测量的口令。

5月22日凌晨，窦希萍守在窦国仁的病床前，发现他突然开始急促地喘气，在氧气罩下大口地呼吸，她知道父亲快要不行了，赶紧到隔壁休息室喊母亲和哥哥。当他们都来到床前时，窦希萍由于连日的劳累、困倦和即将失父的悲恸，竟然一头栽倒在床前，不省人事。医生和护工随后也赶到，窦国仁在家人的陪同下，生命的微光一点点暗去，最终定格在2001年5月22日7时30分。享年69岁。

身后的告别

窦国仁的逝世，引起了各界深切的悲痛和悼念。当时国务院三峡工程建设委员会泥沙专家组正在召开会议，消息一早就传到了会场，参会人员举行了悼念。戴定忠在会场内用工作笺当即给窦希萍写了一封信，向她介绍会场实况，并致慰问和哀悼。这封信所表达的猝然而至的伤痛以及沉重的惋惜，是众多水利同行的共同心声。

希萍：

刚刚经左院长那里得知你父亲在今晨不幸逝世的消息，真不敢相信这是真的。现在正式开大会，会上请左院长宣布了此事，林秉南院士代表大家发表了讲话，给你父亲很高的评价，是泥沙界的一大损失，全体与会代表起立向你父亲默哀。昨天上午开幕式时，我请左院长专门向钱正英部长汇报你父亲的病情，我们本计划会议结束专程来宁探望，昨晚定了机票，未曾想到这么快。现在我们要面对现实，望你们全家节哀。我和你父亲是几十年的老朋友，真没想到他走得这么快，部里还刚刚让他担任国际泥沙研究中心顾委会的主席，还有好多事等待他去做。想到眼前的情景，心里很难受。希望你坚强些，好好照顾你母亲，继承你父亲未了的事业。待院里举办告别时，我们再来向你父亲告别。钱部长委托我向你们全家表示慰问，并向你父亲送花圈致哀。特先写几句，向你们全家表达沉痛的心情，向国仁同志表示哀悼！

戴定忠

2001.5.22[①]

南科院在窦国仁逝世当天成立了治丧委员会，发布讣告，筹备窦国仁遗体告别仪式。治丧期间，治丧委员会、南科院、窦国仁家属共收到各方面发来的唁电、唁函206份，花篮、花圈391个，包括水利部、交通部、国务院学位委员会、全国人大常委会办公厅、联合国教科文组织、中共江苏省委、江苏省人民政府、河北省人民政府、江苏省人大常委会、江苏省政协、南京市人民政府、中国长江三峡开发总公司、中国科学院，以及全国政协副主席钱正英、水利部部长汪恕诚、中国科学院院长路甬祥等领导，中国科学院、工程院14位院士和水利部、交通部有关司局，国电公

---

① 戴定忠致窦希萍信，2001年5月22日，未刊稿。资料存于采集工程数据库。

图 15-3 南京功德园窦国仁墓

司有关单位，有关省、市、自治区水利、交通厅局，有关兄弟单位、高校、学会组织，窦国仁的亲朋好友、学生等。美国、日本、荷兰等 14 个国家、地区的 30 个单位、专家和学者也发来唁电、唁函，敬献花圈。

窦国仁生前奋斗过的地方葛洲坝、长江三峡、黄骅港、小浪底、木兰溪、长江航道局等相关单位在唁函中追述了窦国仁对工程的贡献。学界同行好友有很多给董凤舞、窦希萍写信，回顾与窦国仁的交往，表达深切慰问。

2001 年 5 月 28 日上午，窦国仁遗体告别仪式在南京市石子岗殡仪馆举行。窦国仁众多生前的好友、学生、亲人从全国各地，不远千里万里来与他做最后的告别。窦国仁遗体火化后，骨灰安葬在南京功德园。公园静谧庄严，远处青山隐隐，近处松柏苍翠，忙碌了一生、劳累了一生的窦国仁在此长眠，获得了永恒的安息。

生命的永续

窦国仁去世后，南科院系统收集整理了他生前发表的学术论文、会议发言稿，汇编成《窦国仁论文集》，促成该论文集于 2003 年由中国水利水电出版社出版。这部论文集共收入窦国仁在水流泥沙运动力学、紊流随机理论、泥沙模型相似理论和波浪潮汐水流泥沙数学模型等方面的主要学术论文 87 篇，其中俄文、英文论文以原文列入，总计近 150 万字。论文按照发表时间先后排列，反映了窦国仁一生的学术研究历程和主要成就。

论文集即将付梓前，南科院草拟了一篇序文，拟请钱正英修改后署名作为全书序。令人没想到的是，钱正英几乎是亲笔重写了一篇序文，只用了原稿中很少一部分。在这篇序中，她回顾了与窦国仁的交往，对窦国仁的平生事业作了恰如其分的评价。钱正英的文字朴实真切，像介绍一位老友一样娓娓道来，表达了对窦国仁的纪念：

早在1960年，窦国仁同志就受到水利界的注意。他作为苏联的留学生，以优异的学习成绩，在1959年获得技术科学副博士后，破格在第二年就获得技术科学博士学位，成为水利系统第一位留苏博士。回国后，我代表水利电力部和他谈话，按照他的愿望，介绍他去当时的南科所工作。他的才华和对水利事业的热情都给我留下了深刻印象，我为水利队伍又增加了一位青年才俊而感到庆幸。

窦国仁同志没有辜负大家对他的期望，他在南科所即现在的南科院的长期工作中，以扎实的理论基础、严谨的模型实验和密切结合工程实际需要的科研课题，为我国水利水运工程建设的决策作出了突出贡献。在20世纪60年代初期对苏北闸下淤积研究和钱塘江治理工程研究，70年代以后对长江葛洲坝工程、三峡工程、黄河小浪底工程、长江口深水航道治理工程等重大建设项目的泥沙研究中，不但系统地发展和建立了全沙物理模型、潮流和波浪共同作用下悬沙动床物理模型等的相似理论和河道、河口海岸泥沙数学模型，而且相应地提出了解决工程泥沙的技术手段，协助破解了当时的一些技术难题。每次他来北京开会，或我去南京看望他的工作，或在有关的科研讨论会上，都会听到一些他在科研进展中的喜讯或设想，使我受到启发和鼓舞。他以公认的优异工作成果，被水利部和交通部共同任命为南科所的所长和南科院的院长，并被推选为中国科学院的院士。

遗憾的是，他走得太早了，他的英年早逝，是我国水利界的一大损失。南科院为继承发扬他的学术思想和刻苦勤奋的精神，将他历年发表的论文汇编成书，是十分必要的。本书收集了窦国仁同志自20世纪50年代初至2001年期间发表的主要论文共87篇，内容包括有关河流、河口、海岸等水流和泥沙的基本理论和实际工程应用的研究成果。作者对河床紊流、流速分布、泥沙起动与沉降、底沙和悬沙运动规律及特征、黏弹性流体、高含沙水流结构、高分子聚合物减阻规律等方面有深入系统研究，开创性地建立了河床紊流随机理论和泥沙运动基本理论体系。

论文集的出版，不但将对我国泥沙运动理论的发展和应用起重要推动作用，而且体现了一位科学家毕生严谨治学、孜孜追求、探索科学、勇于创新的精神。87篇论文代表了窦国仁同志从青年才俊到科学院士一步一个脚印的成长过程，我相信，这对我们每一位科技工作者，特别是青年科技工作者，都有很大的启发教育意义。

特为之序。

钱正英

2003.11.27

钱正英与窦国仁因共同的水利事业结下了深厚的友谊，她很信任窦国仁，在许多重大水利工程科研上都非常重视窦国仁的观点，并在多个关键时刻给窦国仁有力的支持。钱正英虽是行政领导，但她是懂水利的，更是尊重水利人才的，喜欢和科学家打交道。她一点也没有领导架子，和很多水利学家都处成了朋友。做葛洲坝工程时，她知道窦国仁到北京出差都是住在母亲家，经常开完会后叫窦国仁一起坐自己的车子，先绕道把窦国仁送到母亲家。窦国仁也很敬重钱正英，经常在家里提到她，对子女说："钱部长大学没有毕业就投身革命工作，可是她学习能力非常强，工作很有魄力，每当重大问题决策时，面对众说纷纭，她总是能在听取各方意见后作出很有说服力的决定。"[①]二人有伯牙子期之遇，这篇序言寄托了他们多年的交情，所以钱正英要亲自写。

2015年，窦希萍为南科院八十周年院庆活动拜访92岁高龄的钱正英。由于钱正英年事已高，记不清窦国仁已去世的事情，所以一见面钱正英就

---

① 窦希萍：一片冰心在玉壶。2018年，未刊稿。资料存于采集工程数据库。

图 15-4　20 世纪 80 年代钱正英（前排中）与窦国仁（前排左一）在三峡长模型上

问，窦国仁怎么样了，窦希萍回答说父亲已经去世多年了。过了一会儿，钱正英又问，窦国仁最近怎么样了……其挂念之情令人动容。

像钱正英一样怀念窦国仁的人还有很多。《窦国仁论文集》出版后，董凤舞、窦希萍一一寄给窦国仁生前的同行好友。不少人在收到书后给她们回信，追忆与窦国仁交往的点滴。

浙江省水利河口研究院的老水利人李光炳致信董凤舞：

> 窦院士于 21 世纪 60 年代初来杭帮助开展钱塘江河口治理研究工作，此后一直指导我所研究工作，为钱塘江河口治理工程作出重大贡献。遗憾的是他走得太早了，他的英年早逝，是我国水利界的一大损失，也使我失去一位良师益友。①

同样是该研究院的余大进在给窦希萍的信中写道：

---

① 李光炳致董凤舞信，2004 年 12 月 29 日，未刊稿。资料存于采集工程数据库。

图 15-5 《窦国仁论文集》书影

国仁同志的学说，他的作风，他与我们的友谊将永存。

我与国仁同志的交往，主要在 20 世纪 60 年代初期。他回国后，常来杭州了解钱塘江情况，并参加钱塘江整治研究工作。那时大家都还年轻，相互之间无所不谈。记得曾与国仁同志光着双脚在钱塘江边滩踏勘了大半天，如在昨天。

我是 1965 年第一期泥沙培训班的学生，该班为期半年。与钱宁、夏震寰、谢鉴衡等一起，国仁同志是教师中最年轻的一位。他在北京 2—3 周，讲授"泥沙运动讲义"，我与他有新交往。

70 年代在 330 模型场（汉口），我去了两个星期。国仁同志毫无保留地把他自己的工作笔记给我学习。当时有人对他采用的 2.5 的模型变率提出了不同看法，他派我去武汉水院向张、谢二位了解具体意见。张教授坚持己见，但谢教授观点很客观，并亲切地陪我参观了美丽的武大校景。回汉口模型场后我向国仁同志作了汇报，他很高兴。

其后，在不同时间，在各种会议上与国仁同志有过短暂见面，我也到南科院院长办公室去拜访过他。他虽身为院长，又是出名的学者，但见到我还是很热情，不停地微笑。

最后一次见到国仁同志是在 1999 年年底，在上海浦东。就在那次，我见到长大了的希萍……①

学术是学者的生命。窦国仁临终前交代给窦希萍的 7 篇论文，始终悬挂在她心上。关于泥沙模型变率影响的试验已经积累了大量数据，需要做进一步分析提炼，从理论的高度上进行解释。这个任务自然落在了窦希萍的肩上。当时她正在河海大学跟随王惠民教授攻读博士学位，②考虑到如果

① 余大进致窦希萍、董凤舞的信，2005 年 1 月 19 日，未刊稿。资料存于采集工程数据库。
② 第一任导师为金忠青教授，他于 2001 年因病去世，王惠民接任窦希萍的博士生导师。

博士论文另外选题的话，同时开展两个方向的工作很困难，窦希萍与导师商量后，就在这些试验的基础上继续研究。

窦希萍再次来到窦国仁的办公室，看到桌子上的文件都整整齐齐地放着，相关科研资料和未完成的论文手稿有序地收在一个文件夹里。以前窦希萍遇到问题就直接问父亲，现在没有人可问了，窦国仁书架上的《泥沙手册》成了她新的老师。窦希萍感到父亲并没有远去，依然在她身边，在冥冥之中还在关心她、帮助她。有一次，窦希萍晚上准备睡觉时还在苦苦思考一个问题应该怎么解决，想着想着就睡着了。在梦里，她见到了窦国仁，就问父亲，这个问题这样做不行，那样做也不行，应该怎么做呢？窦国仁告诉她，当两个方案都不行的时候，为什么不试一试中间的那个方法呢？窦希萍醒来后，就琢磨这个梦，意识到自己不能钻进死胡同，应该想一想中间的路，于是便豁然开朗。2005 年，窦希萍以《潮流波浪泥沙模型变率影响研究》为题完成了博士论文，获得博士学位。在论文致谢中，窦希萍感谢了许多人，其中提到"窦国仁院士和董凤舞教授领导了这项难度高、工作量巨大的研究工作并为此倾注了全部心血"，以此论文献给他们。①

2012 年，是窦国仁诞辰 80 周年。南科院于 11 月 16 日窦国仁生日当天，在铁心桥试验研究基地泥沙基本理论试验厅前为他树立起一座半身铜像，并举行了隆重的铜像揭幕仪式，水利部副部长胡四一、交通部总工徐光、江苏省副省长徐鸣和南科院院长张建云共同为铜像揭幕。随后举行了纪念窦国仁院士诞辰 80 周年座谈会和学术报告会。窦国仁生前的好友、同行齐聚一堂，追忆窦国仁的往事，缅怀他的为人品格、治学精神和突出贡献，交流最新研究成果，以

图 15-6　胡又编《高山仰止——窦国仁院士诞辰八十周年纪念》书影

---

① 窦希萍：《潮流波浪泥沙模型变率影响研究》。南京：河海大学，2005 年。

图 15-7 南京铁心桥试验研究基地泥沙基本理论试验厅前窦国仁像

图 15-8 窦国仁、窦希萍著《经典泥沙运动理论》书影

志纪念。

2022 年，在窦国仁诞辰 90 周年之际，南科院也举行了纪念活动。南科院领导与窦国仁家属一同赴铁心桥试验研究基地窦国仁院士铜像前敬献花篮，追忆窦国仁的生平事业与精神。《海洋工程》杂志发表《弘扬科学家精神——纪念窦国仁院士诞辰 90 周年》回顾窦国仁的科研成就与贡献。

这一年，窦国仁的《经典泥沙运动理论》也进入出版印刷环节。这本书是窦国仁 20 世纪 60 年代为泥沙培训班学员写的讲义，初稿叫作《泥沙运动讲义》，后来改为《泥沙运动理论》，分上、下册共 7 卷。当时未能出版，后来窦国仁计划以此为底本进行大幅度扩充，写成一部《泥沙运动学》，这在前面已经交代。窦希萍读博士时，王惠民教授建议她在完成论文后，将这部书稿整理出版。由于原稿字迹模糊，很多俄文字母、符号、公式、图表等需要勘订，工作量大，加之窦希萍科研任务繁重，修订工作陷入停滞，这也成为她一桩未了的心事。2021 年年底，窦希萍退休后的第一件事便是再启《泥沙运动理论》讲义修订，经过辛苦努力，终于可以将此书出版，也完成了她多年的一个心愿。尽管这部书距离窦国仁设想的宏大计划尚有很大差距，但它能够在初版问世 60 多年后修订出版仍具有现实意义。一方面，它是中国泥沙专业起步与发展的历史见证；另一方面，书中的许多科研成果和研究方法对今天的泥沙研究仍具有科学价值。

　　窦国仁离开了，但他留下的科研成果、文章著述早已跻身于知识的圣殿，在科学文献中被反复引用，指引新人在科研的道路上进阶；他对科学研究的巨大热情和永攀科学高峰的创新精神，激励着一代代年轻学人；他参与建设研究的众多水利工程，更是一座座丰碑，镌刻着他的心血与荣耀。窦国仁又须臾没有离开，他活在了人们的心中，活在巨川大河、碧海蓝天，实现了生命的永续。

结　语

通过以上十五章内容，窦国仁的"画像"已经完成了，讲述了一位从辽宁北镇大山窝里走出的穷苦孩子，成长为一位享誉世界的科学家，在科学研究和工程技术领域都作出非凡成就的波澜壮阔的一生。按照中国画的传统，画作完成后，常题诗文于其上，"高情逸思，画之不足，题以发之"，或以诗抒情，或以文点题，书画相融而为一。在此对影响窦国仁成长成才的关键要素，以及他从事科研的特点和学术成就的特征再作些闲谈散议，权当"题画之诗"，亦是本书的结语。

成才影响因素

科学家成长、成才、成功的影响因素多是相似的，虽然不一定存在必然的规律，但无外乎个人的天分、努力加上外在的机遇。由于每个个体条件及其成长环境的差异，这些因素在个人身上的具体表现又是各不相同的，因此个别的研究和分析自有其价值。就窦国仁而言，他的一生成长经历与突出成就的取得，离不开天赋加勤奋、强大的内驱力和外部环境机遇。

天赋与勤奋。关于窦国仁的遗传基因与智力条件，虽然前文没有过多论述，但从他的家庭背景、兄弟姐妹的成才率和诸多例证来看，显然应该是高于一般水平的。窦国仁的父亲青年时读书很好，母亲家教条件也不错，虽未接受系统教育，只粗识些文字，但十分重视对子女的培养。窦国仁兄弟姐妹五人，在当时的教育水平和社会环境下，全部成长成才，在文化教育科研专业各有建树，应与家庭遗传的较高智力水平有关。窦国仁童年是在辗转中艰难度过的，教育断断续续，小学和初中加起来念了五年，但以这样的基础直接上高中插班，短短一年多时间成为年级上各科第一，足见其天资不凡。他自小擅长数学，童年时跟母亲摆摊卖水果，刚称出斤两，他就报出了钱数。留苏前连俄文字母都认不全，一年后就能用俄文听课、记笔记全无障碍了，英语更是在工作以后用很少的时间就自学过关，很快可以写英文文章。他记忆力惊人，水利学上的各种系数、公式都像印在脑子里一样，讲课、作报告经常是一支粉笔、数块黑板，其他内容都存在脑子里。在工作中也是如此，某月某日某人说过怎样的话，过很长一段时间后他都能清晰地记得。这些都表明窦国仁具有良好的先天遗传条件。

只有天赋是不够的。古往今来，天资聪明的人如恒河沙数，而能成就非凡事业的却终属少数。充分利用聪明才智，孜孜不倦地努力更为重要。窦国仁一路成长、成才、成事，都离不开勤奋二字。他在华北中学一旦有了稳定的求学机会，就把全部精力都放在了学习上，每天都是最早到学校的一个。到苏联留学之初，他为了尽快攻克语言关，每天学习长达 14 个小时，中午也不休息，上学路上都在背单词。苏联斯米尔诺夫的《高等数学教程》，一般学生仅学习第一卷或第二卷，他自学学完了全五卷。工作以后，不知疲倦地工作更是成为常态。为做模型试验，他经常白天黑夜连轴转，连续数日不合眼，日常推导公式经常到后半夜乃至通宵，以至于熬到眼底出血。担任院长后，白天行政事务繁忙，多是靠夜里加班继续搞科研。他的办公桌上左边是事务文件，右边是科研资料，一有空闲就见缝插针地开展研究。他以超常的勤奋完全兑现了自己的天赋。

强大的内驱力。一时勤奋是容易的，难的是一生勤奋。窦国仁自求学到工作，终其一生都无倦怠，临终之际还在病床上写研究报告，是因为他拥有强大的内在驱动力——为家、为国、为科学。由于童年遭遇苦难磨砺，窦国仁早早就懂事自立，在中学阶段，他勤奋刻苦，希望通过读书改变命运，以报答母亲的恩情，让她的生活更好过一些。被选为留苏学生后，刘少奇副主席、周恩来总理的讲话让他意识到，出国留学不易，是国内工人、农民的劳动支持他们去学本领，要为国家而学习，"学不好是没脸面回来的"。留苏期间，王首道部长到访列宁格勒时对他说，中国港口航道淤积严重，要多学习泥沙方面的知识，也使他感到责任在肩。在新中国8000多位留苏学生中，有一个共同的信念，即他们是国家培养的人才，有责任、有使命学好本领，报效国家。因此，窦国仁在回国后遇到水利工程建设中一个个难题，总是责无旁贷地承担起攻关任务。

另外一个更为强大而持久的驱动，是科学研究本身的驱动。窦国仁擅长科研、喜欢科研，乐此不疲，他曾对别人说："多年来我对紊动水流理论和泥沙运动理论进行了研究，一直没有间断过。为了解决某些理论上的关键问题，有时走路、吃饭以及做家务事时也在思考。白天没有时间，我就利用晚上和夜里研究。在研究悬沙和底沙的统一试验问题和验证三三〇模型试验时，为了把问题搞清楚，有时夜里就索性不睡，等有空时再多睡。我深深感到在科学研究上每取得一点微小的进展，都要付出艰苦的劳动，只有苦战才能过关。"曾有记者兴冲冲地去采访他，却发现这位院士三言两语就把人生经历讲完了，接下来就是可怕的沉默，可一提到科研他又滔滔不绝。窦国仁对他们说，自己生活中没什么爱好，一有时间就喜欢搞业务。他对很多基础问题的研究都是自发的，凭借纯粹的兴趣和好奇心去探索，其过程中的乐趣和破解问题后的成就感，也带来巨大的心理回报。他遇到科学上的难题和挑战便兴奋，把推导公式当游戏，吃饭、睡觉、做事时经常因为脑海中闪出新的想法而陷入沉思。当一个人有出众的天赋，又将无限的热爱、激情倾注于一项事业时，很难不获得成功。

外部环境与机遇。窦国仁求学和工作阶段，有几种外部环境因素也对他的成长、成才、成事起了重要作用，包括家庭环境、教育环境和国家水利建设环境。窦国仁虽然自幼生活艰辛，但也应当看到他所处的成长环境中有一样最宝贵的东西一直存在，那就是对未来的希望。他的父亲接受过高等教育，以教书为生，家里的文化氛围并不稀缺。他的舅父更是考取了庚款留美，取得博士学位，回国后在国民政府任职。他的哥哥和姐姐在那个年代和环境下也都考上大学，在外面追求各自的前途事业。有这样的亲属关系存在和他们的亲身示范与榜样，让窦国仁觉得外面的世界并不遥远，读书能够改变命运。窦国仁的母亲是一位坚强而有远见的女性，她对自己的每一个孩子都坚定地抱有希望，敦促他们好好读书。这样的信念和希望对身处困境中的他们来说都是至关重要的。实际上，也正是因为窦国仁的哥哥姐姐在北京读书，他的母亲才决定在社会动乱中带着他们到人生地不熟的北京去讨生活。这个决定改变了他们一家的命运。

教育环境也很重要。窦国仁到北京不久就迎来解放，他所就读的北平私立华北中学被中共中央组织部接管，改造成为干部子弟学校，师资环境进一步提升。这个偶然的际遇使他有了稳定的学习条件，如鱼得水，名列前茅。得益于班主任老师的推荐，他有机会考取新中国第一批留苏学生。到苏联后，窦国仁有幸在泥沙研究名家马卡维耶夫教授的指导下学习和研究，接触到众多国际一流的泥沙研究大师，从入行之初就有了一个非常高的起点。在苏联的九年，他从一名高中毕业生蜕变成国际顶尖的学者，学成出山，等待他的便是建功立业了。

中华人民共和国成立后开展的大规模水利建设，尤其是改革开放后上马的众多大型水利工程，为我国泥沙学者提供了用武之地。河道的整治、港口的建设、大江大河上水利枢纽的兴建，都有迫切的泥沙问题需要研究论证，给泥沙研究者提出了一项项挑战的同时，也提出了一个个鲜活的科学问题，需要理论的突破，需要模型试验技术的创新，需要集中攻关、密切交流甚至争论交锋。中国泥沙研究走在世界前列，与中国水利工程建设实践中遇到的复杂问题是紧密相关的。窦国仁的许多理论研究成果和模型试验技术创新，都是源于水利工程建设实践问题。全沙模型试验理论和技术是源于葛洲坝和三峡工程提出的难题，高含沙水流的研究是为了解决小浪底工程上黄河泥沙淤积问题，河口海岸泥沙运动规律和模型试验是为了解决沿海港口建设和航道整治……中国大举兴建的水利工程，其地理环境之多样，泥沙问题之复杂，是泥沙研究者的福地。

科学研究特点

科学研究特点是科学家在科研中所表现的带有鲜明个人风格或特色的，具有一定辨识度的要素。在我们的采访中，不同的人对窦国仁的学术成就特点有不同的体会。有学者感慨于他"既擅长物理模型试验，又精通基础理论分析"，有学者强调他"在水利和航运两方面都有建树"，[①]还有学者认为他的工作最大特点是"有完整的体系"。[②]从泥沙运动、紊流理论、模型试验，到工程建设、宏观建言，窦国仁的工作都表现出深入、广阔、丰富和坚持不懈的特点。

系统性强。窦国仁在苏联留学期间就选定水流和泥沙作为研究方向，其后五十年人生中专注于此，持续深耕，在泥沙运动理论、紊流随机理论、泥沙模型试验技术领域都将科学认识前沿作了系统化的推进，构建了庞大的知识体系，而且相互之间又有密切联系。在泥沙运动方面，他研究了泥沙的起动、沉降、运动方式，河流泥沙运动、波浪潮流共同作用下的泥沙运动，提出了一系列的公式。在紊流随机理论方面，他不仅开创了这一理论，更将其不断发展，研究了多种条件下的紊流特性，给出了紊流各流区的统一规律。在模型试验方面，他也将试验理论和技术不断提升，拓展应用范围。泥沙专业的学生在学习时都会感受到窦国仁的"出镜率"之高——在该领域的诸多方面，都绕不开他的研究成果。与那些经常更换研究方向的学者不同，窦国仁抓住一个问题会几十年持续探索，一步步推向深入。关于泥沙起动流速的研究，他的两篇论文跨度 40 年，都成为经典文献。

窦国仁因平时科研任务繁重，用于系统的理论著述的时间很少，生前尚未有专著问世。有学者对此感到遗憾，但窦国仁在研究课题的选择上显然是有战略布局的。翻开《窦国仁论文集》，最突出的感受是它的系统性，各篇文章所探讨的科学问题密切相关，将认识层层推向前进。如果说每篇论文是一片树叶，同一方向的论文组成了一个个枝杈，那么《窦国仁论文

---

① 李义天访谈，2023 年 9 月 1 日，武汉。资料存于采集工程数据库。

② 韩曾萃访谈，2023 年 8 月 20 日，杭州。资料存于采集工程数据库。

集》呈现的便是一棵泥沙研究领域的参天大树。他总是先有一个宏观计划，再一步一步不紧不慢地推进。他的许多文章就是今天写一段，明天写一段，过一段时间便形成一篇论文。他曾向人透露，自己打算编一部泥沙词典，"不必着急，一天编10个词，一年365天下来就编成了"。[①] 此类事情如无通盘考虑，是万难做到的。事实上，他计划写作的总结性著作《泥沙运动学》是他酝酿已久、准备多时的大事，就是为了在适当的时候系统总结一生研究成果和心得。

擅长试验研究。窦国仁擅长动手试验，他在留苏期间最重要的研究成果之一就是在苏联化学物理研究所的杰列金实验室里，通过精细的交叉石英丝试验获得的。回国后，为开展水流泥沙研究，他经常进行水槽试验。他和研究生万声淦一起开展的观察泥沙绕流现象的试验，为紊流随机理论的创建奠定了一块基石。为了解决水利工程泥沙淤积问题，他亲自主持或指导了青山运河模型、葛洲坝模型、长江三峡变动回水区模型、三峡坝区模型、小浪底工程模型、黄骅港模型、长江口深水航道模型（局部模型）、木兰溪模型试验研究。模型试验工程浩大，要布置场地、建模、放水、加沙、测量，对精度要求高，劳力又劳心。窦国仁举重若轻，熟练驾驭这个研究工具，不仅能模拟全沙，还能同时模拟清水和高浓度沙，又能模拟潮流波浪共同作用下的泥沙运动，一次次解决重大工程技术难题的同时，也把中国的模型试验技术带到国际最前沿。

精于理论提炼。泥沙学科是一门经验性很强的学科，由于水流泥沙运动极为复杂，很多现象只能在实测数据或试验数据的基础上，总结出经验公式，但对公式背后物质运动的科学机理却不甚了了。直到今天为止，泥沙学上的许多问题也仍然依靠这种研究方法，处于知其然不知其所以然的状态。描述自然固然重要，但解释自然才是科学研究的最终归旨。窦国仁矢志不移地在基础理论上下功夫，他的研究特点是，依托扎实的物理和数学基础，从最基本的物质结构和运动机理出发，通过层层推导，从理论上对泥沙、水流运动规律给予科学上的解释，将以往从不同侧面、不同维度

---

① 胡春宏访谈，2024年3月9日，上海。资料存于采集工程数据库。

提出的经验公式统一到一个科学规律上来。他的这种研究路径和目标追求是清晰自觉的，他曾说："我们进行基本理论研究时，从分析矛盾的特殊性开始，找出其内在联系和共性，导引出一般规律。例如在研究泥沙沉降问题时，通过对粗细颗粒泥沙沉降规律的分析，找到了不同雷诺数时绕流角度的变化规律以及由于角度的量变引起绕流阻力的质变的规律，从而导出了适用于各种泥沙颗粒的统一沉降速度公式。在研究泥沙起动问题时，通过对细颗粒泥沙受力情况的研究，明确了受力情况的量变到质变的规律，得到了适用于粗细颗粒泥沙的统一起动流速公式。在研究全沙模型试验问题时，通过对单独悬沙和单独底沙试验中的主要矛盾和特殊矛盾的分析，找到了其对立统一关系，使其时间比尺达到一致，从而能够使悬沙和底沙在一个模型中试验。目前我们正在进行紊动水流理论的研究。通过对边界层内和边界层外紊流结构的分析，初步明确了其内部联系，从而导出了表述边界层内外水流结构的统一规律。"[1]他关于泥沙运动的研究，关于紊流的研究，都已进入"科学"的层面，属于揭示自然规律，解释自然现象的活动。

窦国仁善于从工程实践和模型试验中积累的泥沙研究经验中提炼出具有一般意义的科学问题。他曾用辩证法思想解释过自己的这一科研特点："每当我们搞一项生产任务时，就尽量利用能够广泛深入了解这个问题的第一性资料的有利条件，认真分析并找出这些资料的客观规律，使其提高到理性认识阶段，再应用这些理论认识去解决生产任务。这样，在解决生产任务的同时，也可以解决学科上的一些问题。"[2]他对科学问题具有很强的敏锐意识，能够及时、准确地将其识别和鉴定。

中华人民共和国成立后，在很长一段时期内，由于科研资源有限，要优先服务于国家经济建设，以生产任务带动学科发展，是发展科学事业的重要方针。然而，从实践效果来看却差强人意，常见许多学科专业的基础研究工作是任务"带不动""带不了"的，造成基础理论研究的滞后。在泥沙研究领域同样存在这种问题，虽然国家大型水利工程建设了很多，但

---

① 窦国仁，在水电部科技大会上的发言，1978 年。资料存于采集工程数据库。

② 同①。

泥沙基础理论研究整体上较为薄弱。窦国仁却很好地处理了任务与科研之间的关系，正如他总结的那样，通过任务促进科学的发展。从窦国仁的案例来看，任务带科研的效果不仅跟专业领域、任务类型有关，还高度依赖任务负责人从事科学研究的热情、科学眼光和研究能力，需要有浓厚的兴趣开展深入探索，能够敏锐地发现科学问题，擅长理论提炼和总结，最终架起从任务到科研之间的桥梁。今日，水利领域再次提出"工程带科研"的口号，窦国仁的相关经历可提供有益的借鉴和启示。

工程建设成就卓著。在水利学家中，像窦国仁这样既在科学研究领域有系统建树，又在水利工程建设方面作出重大贡献的人，是不多见的。窦国仁利用泥沙研究成果，尤其是通过全沙模型试验研究，为一大批水利、港航工程建设泥沙问题的认识和解决提供了有价值的科学依据。这些工程可以列出一长串：天津新港、钱塘江、射阳河、武汉青山运河、葛洲坝工程、三峡工程、小浪底工程、黄骅港、长江口深水航道、木兰溪治理，等等。解决的问题包括河道淤积、航道整治、枢纽建筑物布置、港口工程布置，等等。窦国仁为这些水利工程的成功建设和运行提供了极为重要的科学保障，为促进国家水利、航运事业的发展、推动经济建设贡献了巨大力量。正因为如此，他获得了水利部、交通部颁发的多个劳动模范荣誉称号，并在中国工程院首批院士遴选中成为"无冕"的院士。

富有宏观战略眼光。水利工程的决策论证涉及方方面面，不仅需要技术可行性有保障，更要从社会经济效益、环境影响等多方面综合考量，还要能够抓住众多要素中的关键。窦国仁拥有战略科学家的直觉，在一系列重大工程的决策论证阶段，总能够表现出富有战略眼光的远见卓识。他参与三峡工程方案论证，对 150 米蓄水位方案提出异见，建议改为 173 米蓄水位；参与小浪底工程前期讨论，指出工程的功能定位应以防洪为主，兼顾其他，并要重视泥沙问题研究；黄骅港工程的选址论证以及建设开放式港口的决策，他的意见发挥了重要作用；他为长江口深水航道治理工程呼吁，从多方面阐述深水航道整治的深远意义；他在 1998 年洪水之后，对长江防洪的战略布局提出了许多现在已被落实执行的建议。他不仅是能够在科研上冲锋陷阵、攻城拔寨的专业人才，还是善于在决策上运筹帷幄、布局谋篇的战略科学家。

窦国仁的战略眼光和智慧，还体现在他主导的南科院科技体制改革中。他熟练把握国家关于科技体制改革的政策和精神，准确把脉南科院科研体制中的问题和弊端，从科技发展规律出发，尊重人才，以人为本，制定了一套大刀阔斧又贴合实际的改革方案。在今天看来，当时的改革方案符合帕累托最优法则，即在不损害任何一方利益的前提下，有效激发了科研人员及全体职工的积极性，提高了整个机构的运行效率。在这场战略运筹和顶层设计中，窦国仁妥善处理了南科院近期发展与远期储备之间的关系，通过收入分配调节和设立科研基金等方式，兼顾了基础研究和市场服务两端，同时大力推进铁心桥试验研究基地建设，锐意扩大对外开放交流，抓住市场机遇成立瑞迪等技术服务公司。这些部署举措不仅奠定了南科院在 20 世纪 80 年代再次腾飞的基础，更持续影响数十年以至于今。窦国仁作为战略科学家的雄才远略、深谋卓识于此亦可见一斑。

窦国仁身上所具备的以上特点是相互联系、相互促进的。水流泥沙运动理论的突破促成了模型试验技术的创新，而模型试验积累的数据和经验又为基础理论研究提供了支撑。泥沙科学研究为水利工程建设提供了科学依据和保障，水利工程建设实践中遇到的问题又反过来推动泥沙研究的发展。高水平的科学研究是宏观决策的基础，宏观决策又为科学研究提出新的攻关方向……正是在模型试验与理论分析、科学研究与工程实践、微观研究与宏观决策等一对对双向循环中，窦国仁不断取得了卓越的成就。

附录一　窦国仁年表

1932年

11 月 16 日（农历十月十九日），出生于沈阳，祖居辽宁省北镇县广宁乡窦屯。

1937年

3 月 1 日，弟弟窦国祯出生，家中共有五个孩子，分别是窦国兴、窦秀英（石弘）、窦桂英、窦国仁、窦国祯。

1938年

母亲重病近一年，和姐姐哥哥们一起照顾母亲。

1939年

6 月，母亲带着窦国仁及其哥哥、二姐、小弟离开了沈阳，回到故乡北镇。

9 月，入读北镇县西街小学。

1940年

母亲带着小弟窦国祯住北镇三块石村经营果园，窦国仁跟大舅姥姥住在北镇县城。

1941年

姐姐窦秀英高中毕业回家准备高考，周末跟姐姐到三块石村和母亲团聚。

1942年

12月，北镇县西街小学肄业。

1943年

2月，入读北镇县南街高小。

1944年

小学毕业，考入当地初中。

1945年

2月，入读辽宁省立北镇中学。

父亲回北镇教书。

1946年

父亲到沈阳二中教书，在三中兼课。

1947年

父亲在沈阳担任岫岩县府秘书，约三四个月，与县长意见不合而散。

每日上山砍柴，度过一年时间。

12月，解放军解放北镇。随母亲在沈阳住过一段时间。

1月20日，随母亲居北镇。

6月，辽宁省立北镇中学肄业。

6月，随母亲和弟弟从北镇出发去北京，7月初到达。

10月，父亲随长白师范学院来京，受聘于长白师范学校讲师，但没开课，处于失业状态。

10—12月，入北京东北第二临中（初中，肄业），没有正式开课。

1949年

4月，入读北平华北中学。

9月，华北中学被中共中央组织部接收，成为干部子弟学校（后并入北京一零一中学），整顿校纪，班主任为王冶。

1950年

1月，加入中国共青团，任班级学习委员。

7月，任校团委分支书记，提出入党要求，因学校党支部暂不发展组织，未能如愿。

9月，团支部改选，被选为宣传委员。在抗美援朝运动中，积极参加宣传，同时热心地领导支部和班上的时事学习和宣传。积极要求参军。

1951年

7月，考上清华大学，被电机系录取，开学前考取赴苏联留学生，数学考100分，物理考98分。

7—8月，任交通部航务工程总局见习员。

8月3日，高三最后一学期三次考试成绩单：三次考试平均分为81.8、89、90.1，物理、化学、数学全部90分以上。

8月11日，参加周恩来总理出席的留苏学生欢送会，19日从北京出发，23日出境。

9月初，到列宁格勒，入列宁格勒水运学院水利系。

12 月，因鼻息肉发炎住院，动了手术。

1952年

通过语言关，上半年开始技术课学习，考试全得 5 分（满分）。

1953年

1 月 23 日，对上一学期进行总结，认为学习成绩不错，但应追求深入理解，总结了学习经验和方法。

在马卡维耶夫的指导下，对输水管道中的紊流流速分布问题进行研究，论文《圆形管道中的紊流运动》发表在苏联《列宁格勒水运学院科研论文集》上。

1954年

交通部王首道部长访问苏联期间看望了留苏学生，对窦国仁说，中国港口航道淤积严重，要其多学一点泥沙方面的知识。

对同心圆筒中水流的运动情况进行了理论和试验研究，完成《同心圆筒中的紊流运动》一文，发表于苏联《列宁格勒水运学院科研论文集》上。此文参加苏联大学生科研成果竞赛，得到苏联高等教育部一等奖。

1955年

1955 年，分析了河流中的流速分布规律，完成《沙质河床中底流速的确定》一文，发表于《苏联水运学院学报》上。

1956年

1 月，结合毕业论文，研究了河流稳定问题，论文《可冲积河床稳定性的确定》经修改后发表在《水利学报》创刊号上，此文参加苏联大学生科研成果竞赛，再次获得苏联高等教育部一等奖。

6 月 18 日，获得列宁格勒水运工程学院本科毕业证及苏联国家考试委员会授予的水运工程学工程师资格。因成绩优秀，被推荐攻读研究生。

7—12月，在交通部实习，曾到新港考察泥沙淤积问题，收集了材料。

8月18日，与董凤舞结婚。

12月，回苏联攻读研究生学位。

再一次提交入党申请书。

1957年

1月，在《水运》第一期发表《试论风波与潮流对新港回淤的影响》，对新港淤积问题进行了初步分析。

对航道整治问题进行了一些研究，完成《治导线宽度的确定》一文，发表在《土木工程》上。

对河床稳定问题作了进一步研究，在全苏第三次水文会议上作了题为《河床稳定问题》的报告，报告稿发表于会议的学报上。

祖父窦麟阁去世。

1958年

1月，到苏联科学院化学物理研究所杰列金实验室进行交叉石英丝试验，验证了薄膜水特性和由此产生的水的下压力。

5月18日，儿子窦希滨出生。

9月1日，完成自我书面检查：检查反省，向党交心，检讨了自己的"骄傲自大"等缺点。

父亲窦有廉因言论问题在内蒙古扎兰屯中学被定为"右派"。

在苏联参加红专学习，接受思想教育。

1959年

3月20日，在列宁格勒水运工程学院水利工程系委员会完成了题目为《泥沙运动及河床稳定》的论文答辩，以申请技术科学副博士学位。

4月10日，水利工程系决定给予窦国仁《泥沙运动及河床稳定》论文用于申请技术科学博士学位论文的答辩权。

5—11月，先后在黄河水利委员会和水利部实习。

7 月 17 日，苏联交通部颁发给窦国仁副博士学位证书。

10 月，在《水利学报》发表论文《论河流紊动与流速分布》。

12 月，返回列宁格勒，成为博士研究生。

1960年

4 月，在《水利学报》发表论文《论泥沙起动流速》。

6 月，全票通过苏联技术科学博士学位答辩，论文题为《泥沙运动与河床稳定》，导师为马卡维耶夫。

7 月，提交入党申请书。

7 月 15 日，父亲窦有廉在内蒙古狱中去世。

7—9 月，回国后在北京外国语学院集中进行政治学习。

9 月，原列宁格勒水运学院党小组介绍窦国仁学习情况：在学习中有很大提高，正在接近党员的基本条件，建议可以再经过一段时间考验和教育，如果确实具备入党条件，就应考虑他的入党要求。

11 月，分配到南科所工作。

1961年

11 月 21 日，女儿窦希萍出生。

3 月，分析了钱塘江潮流输沙能力，完成报告《钱塘江潮流输沙能力的初步探讨》（油印）。

3 月 14 日，苏联高等教育部给窦国仁颁发科学技术博士学位认定书，授予窦国仁技术科学博士学位。

分析了钱塘江赭山湾围垦问题，完成了初步报告（手稿）。

1962年

2 月，完成《泥沙运动理论》（油印本）1—3 章。

3 月，完成《江苏省射阳河口淤积问题初步分析报告》（油印），分析了苏北射阳河的闸下淤积问题。

10 月，完成科研报告《潮汐水流中的悬沙运动及冲淤计算》。

对起动流速问题做了补充研究，完成《泥沙起动理论》一文，发表在《中国科学》上。

对水流结构，特别是水流的脉动结构问题做了进一步研究，在博士学位论文的基础上完成了《泥沙运动理论》中的第一篇《水流结构》（油印）。

1963年

2 月，完成《泥沙运动理论》（油印本）第 4—5 章。

10 月，完成科研报告《平原冲积河流及潮汐河口的河床形态》。

12 月，完成科研报告《钱塘江整治规划河槽的计算方法》。

12 月，论文《潮汐水流中的悬沙运动及冲淤计算》发表在《水利学报》1963 年第 4 期上。

对河流泥沙特性、泥沙规律等问题做了进一步研究，在原学位论文基础上完成了《泥沙运动理论》中的第二篇《泥沙的水力特性》（油印）

1964年

4 月 13 日，被评为南科所先进工作个人，中共南京水利科学研究院总支办公室介绍了窦国仁回国后工作的先进事迹。

5 月，为北京泥沙培训班编写的讲稿《泥沙运动讲义》（油印）出版。

12 月，完成科研报告《推移质泥沙运动规律》。

发表论文《底沙运动规律研究》《平原冲积河流及潮汐河口的河床形态》等。

1965年

9—11 月，南科院对窦国仁家庭关系、政治关系进行了一次全面摸底，收集了大量材料。

带领顾佩玉、沈忠元、葛志瑾等同志，以及上海航道科研所部分人员共同对长江口新宝山水道及吴淞检疫锚地严重淤浅问题开展研究。

1966年

利用历史资料和实测数据分析了 1915—1965 年长江口南支河段的演变过程，分别提出了新宝山水道的形成原因和吴淞锚地的淤积原因。

1967年

承担武汉青山运河的泥沙物理模型试验任务，担任"三结合小组"技术负责人。

7 月，在南科所开始建造青山运河 1：100 正态模型，11 月放水进行预备试验。

12 月，为寻找防淤措施，到沧州河间考察了橡胶坝，之后又到北京颐和园考察了一个橡胶坝。

1968年

4 月，开展青山运河泥沙模型试验，10 月完成试验。

5 月 13 日，用废旧麻袋布等材料拼接成简易的浮式防淤帘在青山运河开展现场试验。

7 月 10 日，因帘幕材料腐烂，遂将防淤帘全部取出，重新赶制，经抢修后于 7 月 29 日再度下水使用，直至 10 月底予以拆除。

1969年

9 月，完成研究报告《青山运河减淤措施的模型试验》。

采用聚氯乙烯绳编织成帘幕在青山运河再次进行现场试验，取得良好效果。

1970年

12 月，中央决定兴建长江葛洲坝工程，窦国仁被派往葛洲坝工地帮助解决工程上的科研问题。当时在工地的模型中，使用天然泥沙进行试验。窦国仁提出要按相似理论建造物理模型才能复演天然泥沙运动规律，得到钱正英的支持。

主持葛洲坝工程的悬移质泥沙淤积的物理模型试验，参加试验的成员除长委外，还有来自南科院、长江航道局及中交第二航务工程勘察设计院等单位，大多数成员对于这种试验尚属初次接触。

1972年

南科院组建葛洲坝工程坝区泥沙模型试验组，隶属于当时的河港研究室，后发展成为枢纽泥沙和河流动力学研究专业组。通过理论研究，提出了全沙模型相似准则；通过验证试验，验证了模型和原型的符合程度。

1973年

11月，在南科所的试验基地开始建设葛洲坝模型，至年底完成制模工作。

完成科研报告《新宝山水道和吴淞锚地演变趋势的分析》的编写工作。

1974年

10月，完成报告《三三〇工程坝区泥沙模型设计》。

12月，完成试验报告《三三〇工程坝区泥沙模型验证试验》。

1975年

3月，完成科研报告《三三〇坝区泥沙模型方案试验初步成果》。

8月，完成研究报告《三三〇坝区泥沙模型方案试验阶段报告》。

9月4日，参加葛洲坝工程泥沙科研讨论会，分析各模型试验成果，讨论三江航道设计问题。

1976年

3月4日，参加葛洲坝工程坝区河势规划问题讨论会。

3月26日，参加葛洲坝工程河势泥沙科研计划座谈会，详细讨论了前期试验成果，协调了下阶段河势、泥沙科研计划。

12 月，完成研究报告《三三〇工程南津关整治试验阶段报告》和《三三〇工程坝区河势试验阶段报告》。

12 月 28 日，参加葛洲坝工程河势规划座谈会，讨论了前阶段河势规划模型试验成果。

1977年

4 月，完成研究报告《丁坝迴流及其相似律的研究》。

8 月 3 日，参加葛洲坝工程河势泥沙科研协调会，讨论了河势规划、南津关整治、三江航道布置、二江电站厂前布置等问题，明确下一阶段试验任务。

9 月 20 日，参加南京市人民大会堂举办的一场与青少年谈话会，应邀作主题为"向科学进军"的发言。

12 月，完成研究报告《南津关左岸整治方案试验报告》。

1978年

2 月，完成科研报告《三三〇工程坝区河势方案试验阶段报告》。

2 月，参加水电部召开的科学大会，作为科技工作者代表在大会上发言，讲述了自己从早年一路求学成才，到回国后参加工作的经历和体会。

3 月 18—31 日，在北京参加全国科学大会，获全国科学大会授予的先进工作者奖状。

6 月，完成论文《河床紊流的随机理论》。

9 月，招收第一个研究生万声淦，研究方向为"泥沙运动理论"。

10 月，当选江苏省第五届人民代表大会代表（任期至 1983 年 3 月）。

12 月，完成论文《明渠和管道中紊流各流区的统一规律》、科研报告《三三〇工程坝区泥沙模型大江工程方案试验阶段报告》。

12 月，升任南科所河港研究室副主任。

江苏省革委会颁发给窦国仁先进科技工作者奖状，以表彰其在科技工作中作出的显著贡献。

1 月，论文《河床紊流的随机理论》发表在《水利水运科学研究》第 1 期上。

7 月，论文《全沙河工模型试验的研究》发表在《科学通报》上。

8 月，完成论文《河床紊流的随机理论及各流区的统一规律》。

10 月，水电部授予全国电力战线先进工作者称号。

1980年

1 月，交通部授予全国交通战线劳动模范称号。

3 月 24—29 日，在北京参加"第一届河流泥沙国际学术讨论会"，作会议报告"河床紊流的随机理论及各流区的统一规律"。

4 月，江苏省人民政府授予省劳动模范称号。

6 月 30 日，江苏省委任命窦国仁为南科所副所长。

6 月，完成可研报告《葛洲坝工程南津关整治试验总结》。

7 月 8 日，母亲石素清去世。

9 月，完成科研报告《高分子聚合物减阻流的紊流结构》和《长江葛洲坝工程泥沙问题的试验研究》。

10 月，为执行中美政府间"水力发电及有关的水资源利用议定书"附件 1 第 6 项"长江口治理科研合作"项目，美国陆军工程兵团夏威夷分区副总工阿尔弗雷德 J. 托赫特上校率美国陆军工程兵团代表团一行 9 人到南科所访问 10 天，窦国仁参加接待。

11 月，论文《明渠和管道紊流结构》发表在《中国科学》第 11 期上。父亲窦有廉获平反。

1981年

6 月，指导的第一个研究生万声淦毕业。

7 月，接待世界银行代表团来南科所访问。

8 月，完成科研报告《明渠和管道中层流和紊流的总规律》。

11 月，论文《含高分子聚合物的紊流及其减阻规律》发表在《中国科学》第 11 期上。

担任水力学及河流、海岸动力学专业博士生导师。

1982年

1 月，水利部批准，任高级工程师。

4 月 23 日，水电部批准南科院成立学位评定委员会，委员会由 18 人组成，主席为严恺教授，黄胜、窦国仁为副主席。

5 月，论文《明渠和管道中层流和紊流的总规律》发表在《中国科学（A 辑 数学 物理学 天文学 技术科学)》第 5 期上。

6 月，完成论文《聚合物减阻流的力学规律》。

7 月 23—25 日，在北京参加第二届河流泥沙国际学术讨论会第一次筹备会议。经水电部党组批准，大会组委会主席由严恺担任，副主席为窦国仁、林秉南、张瑞瑾、钱宁、张泽祯 5 人，大会秘书长为窦国仁。

12 月，完成论文《河床紊流的脉动结构》。

1983年

1 月 9—18 日，参加了在南京召开的国内论文评审和编辑出版工作会议。从 83 篇国内作者的论文中评审选定其中 48 篇作为参会论文，同时审定了国外学者提交的参会论文 47 篇。

2 月 28 日—3 月 5 日，在北京参加小浪底工程论证会，作题为《对修建小浪底水库的几点意见》的发言。

3 月，当选为第六届江苏省人民代表大会代表（任期至 1988 年 3 月）。

3 月，当选中华人民共和国第六届全国人民代表大会代表（任期至 1988 年 3 月）。

4 月,《紊流力学》上册在人民教育出版社出版。

5 月 2—13 日，参加国家计委在北京京丰宾馆召开的长江三峡水利枢纽工程可行性研究报告审查会，8 日在会上作了题为《"可行性研究报告"对泥沙淤积问题过分乐观》的发言。

7 月，南科所派窦国仁参加在北京举行的第二届亚洲流体力学会议。

8 月，论文《黏弹性流体的阻力规律》发表在《中国科学（A 辑 数学物理学 天文学 技术科学)》上。

10 月 11—16 日，中国水利学会和国际水文计划中国国家委员会联合在南京金陵饭店举办了第二次河流泥沙国际学术讨论会。窦国仁担任会议组委会副主席兼秘书长。

10 月 17—24 日，接待卡拉乌舍夫，陪同参加讲座、设宴招待，陪游南京栖霞山、长江，到机场送行。

12 月 30 日，水电部党组任命窦国仁为南科所所长。

1984年

1 月 4 日，南科所改所为院，窦国仁为南科院院长，严恺教授为名誉院长，柴恭纯为院党委书记。

1 月 24 日，接待罗马尼亚水管与设计研究所罗伊娜·奥阿特丽查访问南科院。

4 月 27 日，提交入党志愿书。

6 月 11 日，经南科院党委书记柴恭纯、副院长须清华介绍入党，转为预备党员。

7 月，水电部、交通部批准了南科院的科研管理体制改革方案，并将该院列为试点改革单位，窦国仁领导南科院进行改革。

7 月，在南京筹办第二届发展中国家海岸及港口工程国际会议。

9 月 20 日，南科院聘请窦国仁为院第四届学术委员会委员并担任主任委员。

10 月 30 日，中国科学院致信南科院，聘请窦国仁担任《中国科学》和《科学通报》两刊编委。

12 月，获得全国水利电力系统劳动模范称号。

水电部呈报窦国仁为有突出贡献的中青年专家。

指导进行长江三峡水利枢纽坝区泥沙模型试验。

1月30日，南科院组成第二届职称评定委员会，主任为窦国仁，副主任为柴恭纯、须清华。

5月3—8日，参加国务院三峡工程筹备领导小组第三次（扩大）会议，并作题为《三峡工程水库变动回水区的泥沙问题和蓄水位方案》的发言。

5月9—24日，领导南科院专家组赴罗马尼亚考察双方科技合作问题。与罗马尼亚水工研究院草签了合作协议，并作了学术报告。

6月，党员预备期满转正。

6月25日，国家科委组织成立三峡工程泥沙及航运专家组，并召开科委泥沙专家组第一次会议，窦国仁担任专家组副组长。

7月，参加国家科委召开的三峡工程泥沙和航运专题论证会，代表长江三峡工程泥沙专家组起草的《对三峡枢纽水位选择的意见（初稿）》在会上发表和讨论。

8月，中共水电部党组同意窦国仁、沈朝慈同志任中共南科院党组成员。

9月，南科院成立第二届学位评定委员会，委员会由19人组成，主席为窦国仁，副主席为柴恭纯、须清华。

葛洲坝二、三江工程及水电机组，获1985年国家科技进步奖特等奖。南科院获奖人是窦国仁。

9月26日，接待美国陆军工程兵团技术负责人 W. E. Roper 博士、水道实验站海岸研究中心主任 J. R. Houston 博士等3人来访。

10月，庆祝南科院建院50周年，作大会发言。

11月，在南京参加首届全国水利水电系统应用概率统计学术讨论会，并作学术报告。

12月16日，接待美国陆军工程代表团到南科院访问。

3月29日—4月11日，赴美国密西西比州杰克逊城参加第三次国际河流泥沙学术讨论会。其间，参观了美国工程兵团水道试验站的主要试验设施。

3 月 17 日，接待苏联列宁格勒水运学院斯尼辛柯教授到南科院讲学。

5 月，萌生退意，想要辞去南科院院长职务。

8 月 20—23 日，参加在北京召开的长江三峡工程泥沙专题论证专家组、工作组第一次会议，任副组长。

9 月，完成科研报告《河道二维全沙数学模型的研究》。

10 月，出访苏联，同窗好友瓦洛加和"铁哥们寝室"的金·特拉格维奇一起到火车站接他，见到了上学时像大姐一样照顾他的同学兼好友尤拉。

11 月，赴苏联参加第五届全苏水文大会并讲学。

12 月 4—10 日，参加在北京召开的三峡工程泥沙与航运专题泥沙专家组第二次会议，介绍了南科院承担的变动回水区长河段模型试验进展情况。

12 月，完成科研报告《三峡变动回水区二维动床数学模型的研究和初步应用》。

12 月 26 日，与董凤舞回老家辽宁北镇县阊山探亲。

1987年

2 月，《紊流力学》下册在高等教育出版社出版。

2 月 18 日，致信 Nordin 博士，告知他自己的论文已于 1962 年在俄文期刊上发表，并介绍了核心公式及其内涵。

3 月 15 日，到北京参会，讨论三峡工程。

3 月 22 日—4 月 12 日，在北京参加全国人民代表大会会议。

4 月 20 日，赴郑州开会，讨论小浪底工程。

5 月，应邀到美国进行了为期 10 天的讲学。

6 月，接待美籍华人王书益教授来南科院讲学。

7 月，论文《河道二维全沙数学模型研究》发表在《水利水运科学研究》上。

12 月，完成科研报告《三峡枢纽二维全沙数学模型的研究及在重庆河段高水方案计算的初步成果》。

12 月，水电部发文，南科院兼作水利大坝安全监测中心，由窦国仁院长兼作中心常务副主任。

"河床紊流的随机理论及其应用"获国家自然科学奖二等奖（颁奖时间为次年 8 月）。

1988年

2 月 5—10 日，在南京组织并参加了三峡工程论证泥沙专家组第五次会议。

2 月 23 日—3 月 1 日，参加三峡工程论证领导小组第七次（扩大）会议并发言，在针对不同蓄水高程可能遇到的泥沙问题发表具体意见后，指出下阶段如果三峡上马，还有大量泥沙工作要做。

3 月 10—13 日，W. E. Roper 等 4 人来访时，窦国仁率河港研究所、水工所所长及外事人员接待了他们。

3 月，当选中华人民共和国第七届全国人民代表大会代表（任期至1993 年）。

5 月，窦国仁兼任水利部大坝安全监测中心主任，须清华、周保中兼任水利部大坝安全监测中心副主任。

5 月，水利部批准，任教授级高工（正高级工程师）。

6 月 9—15 日，与陈志昌、梁应辰、石衡等人在陕西省航运建设指挥部同志陪同下踏勘黄河壶口河段，参观了水电部西北科研所壶口通航水工及泥沙模型试验，并针对壶口通航问题进行座谈讨论，一致认为壶口通航难度很大，需进行专题研究。

6 月，指导《三峡工程 175 米方案坝区泥沙模型试验报告》编写完成。

7 月 30 日，同董凤舞在辽宁丹东考察。

10 月，赴日本中央大学讲学。

11 月，参加三峡工程论证领导小组第九次（扩大）会议并发言，支持兴建三峡工程。

3 月，完成科研报告《黄河小浪底泥沙模型可行性研究》和《长江江津至涪陵河段水沙条件和河床冲淤演变分析》。

3 月，在北京参加全国人民代表大会。

4 月，完成科研报告《三峡工程中二维全沙数学模型的研究和 175 米工程方案的计算成果》。

5 月，完成科研报告《长江三峡工程 175 米方案重庆地区洪水位试验报告》。

5 月，获全国水利系统特等劳动模范称号。

7 月 24 日，接待日本港湾技术研究所工程地质勘探专家田中洋引先生到访南科院。

9 月，参加黄骅港建设神木煤炭出口港学术研讨会。

10 月，完成科研报告《长江三峡工程变动回水区河段长模型 175 米方案试验报告》。

10 月，接待荷兰德尔夫特水工研究所所长，并代表南科院与其签署合作协议。

"河道二维全沙数学模型"获 1989 年度交通部科技进步奖二等奖。

3 月 7 日，接待联合国可持续发展集团开发计划署署长雷里莱弗尔来访，洽谈关于世界银行贷款事宜。

3 月，参加第七届全国人大三次会议，与钱家欢代表联合提出"成立长江口治理前期工作协调组织"的议案，建议先从组织上做准备。

5 月，作为科技攻关项目负责人签订《小浪底水利枢纽进水塔防沙、防淤堵浑水整体模型试验研究任务书》。

5 月 29 日—6 月 1 日，应邀参加河北省政府在北京河北饭店组织召开的神木煤炭出海港选址论证会并作发言，支持黄骅港方案。

8 月，完成研究报告《长江三峡工程变动回水区长河段泥沙模型验证试验报告》和《长江三峡工程变动回水区长河段泥沙模型 175 米方案前期运用阶段试验研究报告》。

9 月，指导硕士生郑云生完成论文《明渠沙质河床紊流结构的试验研究》。

10 月 15 日，接待美国垦务局 G. W. Depu 先生到南科院讲学。

11 月，完成研究报告《三峡变动回水区泥沙问题的试验研究》。

11 月 5 日，接待苏联水建工程代表团来访南科院。

1991年

5 月，完成研究报告《小浪底枢纽泥沙模型设计及验证试验报告》。

6 月，完成研究报告《葛洲坝枢纽通航水流和泥沙问题的试验研究》。

6 月 20—21 日，在水利水电科学研究院泥沙研究所参加泥沙基本理论研究指导委员会成立大会，任该委员会副主任。

9 月，窦国仁因在国家"七五"科技攻关中作出突出贡献，获国家计委、科委、财政部联合颁发的荣誉证书。

9 月，获国务院政府特殊津贴。

12 月，当选为中国科学院学部委员。

1992年

1 月，水利部聘窦国仁担任预审《长江三峡水利枢纽环境影响报告书》的评审委员。

3 月 4—6 日，在水利水电科学研究院泥沙所参加泥沙基本理论研究指导委员会第二次会议。

5 月，水利部任命窦国仁接任南科院院长。

12 月 1—4 日，在北京参加全国泥沙基本理论研究学术讨论会并作发言。

"长江三峡工程变动回水区长河段泥沙模型试验研究"获交通部 1991 年度科技进步奖一等奖。

1993年

3 月，完成研究报告《小浪底枢纽 205 米低水位运行时期坝区泥沙问题的试验研究》《小浪底枢纽上游形成高滩深槽过程的研究》《黄河小浪底枢纽泥沙问题的研究》《小浪底枢纽上游河床冲淤平衡试验研究》《小浪底枢纽高含沙异重流的研究》《小浪底枢纽防淤堵问题的试验研究》。

3月，当选中华人民共和国第八届全国人民代表大会代表（任期至1998年）。

5月，水利部、电力工业部征得交通部、中共江苏省委同意，任命须清华为南科院院长，窦国仁为名誉院长。

5月，到美国参加第一届水科学与工程国际学术讨论会并讲学。

6月2日，与董凤舞从北京乘飞机飞往丹佛，应美国垦务局邀请前去讲学。

12月27—28日，参加交通部科技司在上海主持召开的长江口拦门沙航道演变规律研究专题总报告评审会。

1994年

2月，《水利学报》聘请南科院窦国仁、沈珠江、须清华等担任该刊第六届编委会委员。

2月18日，致信林秉南，就三峡工程近期研究计划提出修改建议，包括坝区泥沙研究方面和变动回水区泥沙研究方面，分别提出3条意见建议。

2月25日，在中国科学院技术科学部遴选首批工程院院士的会议上，经无记名投票方式表决，窦国仁被选入21位工程院院士推荐名单。

3月30—31日，参加国家计委主持召开的长江口深水航道科技攻关成果鉴定验收会议。

7月22日，交通部聘请窦国仁、梁应辰担任技术顾问，对交通建设中的重大科学技术问题提供咨询。

11月，为庆祝《中国科学报》创刊三十五周年题字"中国科学报是科技工作者的良师益友"。

被聘为华东师范大学河口海岸国家重点实验室的学术委员会第一任主任，沈焕庭为副主任。

致信在美国留学的窦希滨，对其博士论文的研究题目提出建议，建议将题目改为《河流三维泥沙数学模型及其在局部冲刷问题中的应用》，并列出论文第 1—7 章研究内容提要。

1995年

2 月 16 日，致信中国水利学会，提出 1995 年度中国科学院院士推选中关于技术科学部中水利学会推荐人数和推荐条件的三条意见。

3 月 7—8 日，大丰港总体布局规划及 5000 吨级码头预可研报告评审会在北京举行，以窦国仁为主任的专家委员会对报告进行了评审。

3 月，论文《潮流和波浪的挟沙能力》发表在《科学通报》第 3 期上。

8 月 25 日，"黄河小浪底枢纽泥沙问题研究"获水利部科技进步奖一等奖，为第一获奖人。

8 月，指导硕士生于清来完成论文《泥沙与水质和高含沙游荡型河流数值模拟的研究》。

9 月，完成科研报告《河口海岸泥沙数学模型研究》，同名论文在《中国科学（A 辑 数学 物理学 天文学 技术科学）》当年第 9 期发表。

10 月，北京大学城市与环境学系聘请窦国仁为兼职教授；清华大学聘请窦国仁为水利水电工程系兼职教授。

10 月，接待钮茂生部长率水利部代表团到南科院检查指导工作。

10 月，举办庆祝南科院建院 60 周年院庆。

10 月 30 日—11 月 2 日，在北京参加第二届全国泥沙基本理论研究学术讨论会，并作报告《潮流与波浪作用下的泥沙运动》。

11 月，获交通部颁发的全国交通系统优秀科技人员荣誉称号。

在台湾成功大学水利及海洋工程学系研究所作学术报告，报告题为《潮流和波浪作用下的悬沙运动及数值模拟》。

1996年

3 月，获水利部科技进步奖一等奖，获奖项目：黄河小浪底枢纽泥沙问题研究。

4 月，指导完成科研报告《黄骅港一期工程浑水动床泥沙物理模型设计及验证试验》和《黄骅港一期工程浑水动床泥沙物理模型方案试验研究》。

5月7—10日，应邀赴杭州参加钱塘江河口整治及标准海塘建设项目论证会并作发言。

9月，完成《长江口深水航道治理工程及其战略意义》一文。

12月8日，接待水利部副部长郑光迪考察南科院。

1997年

4月，指导《三峡工程初期蓄水变动回水区涪陵河段泥沙问题的研究（专题研究报告）》编写完成。

5月20日，国务院学位委员会聘请窦国仁为第四届学科评议组水利、测绘组成员。

9月24—26日，和窦希萍一起参加了在北京京西宾馆召开的长江口深水航道治理工程汇报会。

英国国际名人传略中心将窦国仁选为"20世纪国际突出贡献人物"。

收到王书益从美国寄的新春贺卡，信中祝贺窦希滨获博士学位。

1998年

黄骅港浑水动床泥沙物理模型试验研究获交通部科技进步奖二等奖。获奖人：窦国仁、董凤舞、夏益民、窦希萍、黄晋鹏、王向明、娄斌、王振东、朱伯荣。

河口海岸泥沙数学模型试验研究获水利部科技进步科技进步奖一等奖。获奖人：窦国仁、董凤舞、窦希萍、李褆来。

12月16—18日，赴香港参加第七次河流泥沙国际学术讨论会。

1999年

4月，和董凤舞在福州参加学术会议，会上莆田市的有关领导专家介绍了木兰溪治理的困难，请求南科院予以技术支持。

5月，获水利部颁发的科技进步奖一等奖，获奖项目是河口海岸泥沙数学模型研究。

8月，完成研究报告《长江口深水航道及港址二维全沙数学模型计算》。

9月28日，接到苏纪兰来信，告知其参加在首尔召开的国际学术会议的情况，并向韩国学者崔秉昊推荐了窦国仁。

10月19日，复信苏纪兰，感谢其向崔秉昊和日本学者推荐自己作为中方学者组织者，推动下一年东亚海岸与海洋工程研究学术交流会。

12月，完成研究报告《深水航道局部物理模型悬沙回淤研究》。

12月，论文《再论泥沙起动流速》发表在《泥沙研究》第6期上。

2000年

6月，体检发现 CA19-9 指标异常。

8月，为祝贺陈吉余院士八十大寿写诗一首：相识钱江四十年，深知先生学识渊。帅建一流科学所，创新征途旗帜鲜。五五春秋酸甜苦，丰硕成果载史篇。迎来八十华诞庆，祝兄长寿喜频添。

9月，获何梁何利基金科学与技术进步奖。

9月15日，收到香港中文大学校长李国章来信，祝贺其荣获2000年度何梁何利基金科学与技术进步奖。

9月21—23日，应韩国海岸及海洋工程师协会邀请，参加在汉城召开的中韩港口及海岸工程研讨会。窦希萍、葛九峰同行。

10月25—27日，在成都参加"面向21世纪的泥沙研究——第四届泥沙基本理论学术讨论会"，以中国水利学会副理事长、泥沙专业委员会主任身份担任会议主持。董凤舞同行。

11月24—27日，与窦希萍一起参加在上海召开的长江口深水航道治理一期工程实施效果鉴定综合论证会。

2001年

1月，南科院推荐窦国仁为江苏省学位委员会成员候选人。

3月，查出胰腺癌，已扩散至肝部。

5月，指导《木兰溪下游防洪工程物理模型试验研究（1）——模型设计及验证》编写完成。

5月22日，在南京市江苏省人民医院去世。

附录二 窦国仁主要论著目录

专著

[1] 窦国仁. 紊流力学（上册）[M]. 北京：人民教育出版社，1983.

[2] 窦国仁. 紊流力学（下册）[M]. 北京：高等教育出版社，1987.

[3] 窦国仁. 窦国仁论文集[M]. 北京：中国水利水电出版社，2003.

[4] 窦国仁，窦希萍. 经典泥沙运动理论[M]. 北京：中国水利水电出版社，2023.

[5] 窦国仁. 窦国仁论文集[M]. 北京：中国水利水电出版社，2003：704-712.

论文

[1] 窦国仁. 可冲积河床稳定性的确定[J]. 水利学报，1956（1）：17-32.

[2] 窦国仁. 试论风波与潮流对新港回淤的影响[J]. 水运，1957（1）：1-9.

[3] 窦国仁. 河道导治线宽度的确定[J]. 土木工程，1957（2）：60-63.

[4] 窦国仁. 论河流紊动与流速分布[J]. 水利学报，1959（5）：49-66.

［5］窦国仁. 论泥沙起动流速［J］. 水利学报，1960（4）：44-60.

［6］窦国仁. 河流中流域来沙量的研究［J］. 水利水运专题述评，1962
（3）：35-43.

［7］窦国仁. 马卡维耶夫河流紊动理论简要述评［J］. 水利水运专题述评，
1962（1）：1-9.

［8］窦国仁. 泥沙起动理论［J］. 中国科学，1962（7）：1000-1029.

［9］窦国仁. 潮汐水流中的悬沙运动及冲淤计算［J］. 水利学报，1963
（4）：13-24.

［10］窦国仁. 底沙运动规律研究［J］. 水利水运专题述评，1964（1）：
20-27.

［11］窦国仁. 平原冲积河流及潮汐河口的河床形态［J］. 水利学报，1964
（2）：1-13.

［12］窦国仁. 平原冲积河流及潮汐河口的河床形态［J］. 中国科学，1965
（8）：1212-1229.

［13］窦国仁. 青山运河的淤积及其防淤措施［J］. 水运工程，1972（2）：
1-31.

［14］窦国仁. 全沙模型相似律及设计实例［J］. 水利水运科技情报，1977
（3）：1-20.

［15］窦国仁，柴挺生，樊明. 丁坝回流及其相似律的研究［J］. 水利水运
科技情报，1978（3）：1-24.

［16］窦国仁. 河床紊流的随机理论［J］. 水利水运科学研究，1979（1）：
52-66.

［17］窦国仁. 河流泥沙国际学术讨论会［J］. 水利水运科学研究，1979
（2）：112.

［18］窦国仁. 全沙河工模型试验的研究［J］. 科学通报，1979（14）：
659-663.

［19］窦国仁. 明渠和管道中紊流各流区的统一规律［J］. 水利水运科学研
究，1980（1）：1-12.

［20］窦国仁. 明渠和管道紊流结构［J］. 中国科学，1980（11）：1115-1124.

［21］窦国仁. 河床紊流的随即理论及各流区的统一规律［C］// 中国水利学会. 河流泥沙国际学术讨论会论文集。北京：光华出版社，1980.

［22］窦国仁. 高分子聚合物减阻流的紊流结构［J］. 水利水运科学研究，1981（1）：1-11.

［23］Dou Guoren. The structure of turbulent flow in channels and pipes［J］. Science in China, Ser. A, 1981（5）：727-737.

［24］窦国仁，柴挺生，张仲南. 长江葛洲坝工程泥沙问题的试验研究［J］. 泥沙研究，1981（2）：1-15.

［25］窦国仁，柴挺生，张仲南. 葛洲坝水利枢纽三江航道防淤减淤措施的试验研究［J］. 水利水电技术，1981（7）：9-19.

［26］窦国仁. 含高分子聚合物的紊流及其减阻规律［J］. 中国科学，1981（11）：1409-1418.

［27］窦国仁，柴挺生，张仲南. 葛洲坝工程泥沙问题的研究及解决措施［J］. 水利水运科学研究，1982（1）：1-15.

［28］窦国仁. 明渠和管道中层流和紊流的总规律［J］. 中国科学（A辑 数学 物理学 天文学 技术科学），1982（5）：472-480.

［29］Dou Guoren. Turbulent flow of polymer solution and its friction reduction law［J］. Science in China, Ser. A, 1982（7）：759-770.

［30］Dou Guoren. General law of laminar and turbulent flows in pipes and open channels［J］. Science in China, Ser. A, 1982（10）：1114-1124.

［31］窦国仁. 关于泥沙和紊流的研究［A］. 中国科学院扩大会议文件报告汇编［C］. 1982.

［32］窦国仁. 黏弹性流体的阻力规律［J］. 中国科学（A辑 数学 物理学 天文学 技术科学），1983（8）：766-773.

［33］Dou Guoren. Friction law of viscoelastic flow［J］. Science in China, Ser. A, 1983（11）：1231-1240.

［34］窦国仁. 紊流随机理论在边界层中的应用［J］. 水利水运科学研究，1983（4）：1-12.

探

［35］窦国仁. 河床紊流的脉动结构［C］// 第二次河流泥沙国际学术讨论会组织委员会. 第二次河流泥沙国际学术讨论会论文集. 北京：水利电力出版社，1983：23-36.

［36］Dou Guoren. Mechanical laws of polymer drag reduction flow［J］. Proceedings of the Second Asian Congress of Fluid Mechanics，Beijing，1983.

［37］李福田，窦国仁. 明渠紊流脉动结构的试验研究［J］. 水利水运科学研究，1985（1）：1-11.

［38］窦国仁. 近壁紊流随机理论及其应用［J］. 水利水运科学研究，1985（3）：1-18.

［39］Dou Guoren，Chai Tingsheng. Model investigation on the flow condition and sediment problems of the Gezhouba project［J］. BULLETIN OF NHRI，1998,（1）：1-15.

［40］Dou Guoren. General laws of turbulent flows. Proceedings of the Third International Symposium on River Sedimentation，Mississippi［C］.1986.

［41］Dou Guoren. Total sediment transport and two Dimensional movablbed modeling of natural Rivers. Advanced Course on Mathematica Modeling of Alluvial Rivers［C］.Beijing，1987.

［42］窦国仁，赵士清，黄亦芬. 河道二维全沙数学模型的研究［J］. 水利水运科学研究，1987（2）：1-12.

［43］窦国仁. "可行性研究报告"对泥沙淤积问题过分乐观［C］// 中国科学院成都图书馆，中国科学院三峡工程科研领导小组办公室. 长江三峡工程争鸣集专论. 成都：成都科技大学出版社，1987：9-10.

［44］王国兵，窦国仁. 高分子聚合物减阻的试验研究［J］. 水利水运科学研究，1988（2）：1-11.

［45］窦国仁，王国兵. 层流向紊流过渡状态下黏弹性流体的紊流结构［J］. 水利水运科学研究，1988（3）：1-14.

［46］黄亦芬，窦国仁. 均质高浓度紊流的时均结构和阻力系数［J］. 水利水运科学研究，1989（1）：1-12.

［47］黄亦芬，窦国仁．均质高浓度流从层流向紊流的过渡及紊动强度［J］．水利水运科学研究，1989（2）：1-9.

［48］杨树清，窦国仁．聚合物稀溶液在粗糙明渠中的紊流试验研究［J］．水利水运科学研究，1989（3）：1-10.

［49］窦国仁，杨树清．高分子聚合物减阻流的减阻机理及其紊动能谱［J］．水利水运科学研究，1989（4）：1-12.

［50］Dou Guoren, Wan shenggan, Lu Changshi. Studies on the sedimentation problem in the varying back water zone of the three-gorge water control project by sediment-laden flow model. Proceedings of the Fourth International Symposium on River Sedimentation［C］. Beijing, 1989.

［51］Dou Guoren, Zhao Shiqing, Huang Yifen. Study on two-dimensional total sediment movable-bed mathematical model. Proceedings of the Fourth International Symposium on River Sedimentation［C］. Beijing, 1989.

［52］窦国仁．三峡工程水库水变动区的泥沙问题和蓄水位方案［C］// 长江三峡工程争鸣集专论．成都：成都科技大学出版社，1987：26-27.

［53］窦国仁，陆长石．三峡工程175m方案重庆地区洪水位试验报告［C］// 长江三峡工程泥沙研究论文集．北京：中国科学技术出版社，1990：73-84.

［54］赵士清，窦国仁．在三峡工程变动回水区中一维全沙数学模型的研究［J］．水利水运科学研究，1990（2）：115-124.

［55］窦国仁．三峡工程泥沙问题的研究［J］．水利水运科技情报，1991（4）：20-29.

［56］叶坚，窦国仁．一种新的紊流模型——k-ε-S 模型［J］．水利水运科学研究，1990（1）：1-10.

［57］叶坚，窦国仁．紊d流模型中壁函数关系的改进［J］．水利水运科学研究，1990（3）：223-232.

［58］叶坚，窦国仁．k-ε-S 紊流模型的应用［J］．水利水运科学研究，1991（1）：1-9.

［59］林秉南，窦国仁，谢鉴衡，等. 三峡工程的泥沙问题［C］// 中国水利学会. 三峡工程论证文集. 北京：水利电力出版社，1991：82-97.

［60］窦国仁，柴挺生，杨德昌. 葛洲坝枢纽通航水流和泥沙问题的试验研究［C］// 岑毅生，程谷华主编；华克俭，鲁修禄副主编；交通部长江航务管理局编. 伟大的实践 葛洲坝水利枢纽通航十周年文集. 北京：中国河运杂志社，1991：101-106.

［61］唐小南，窦国仁. 明渠紊流的紊动结构特性［J］. 水利水运科学研究，1992（1）：1-10.

［62］窦国仁，张启舜. 全国泥沙基本理论研究学术讨论会闭幕词［J］. 泥沙研究，1993（1）：102-103.

［63］唐小南，窦国仁. 沙波河床的明渠水流试验研究［J］. 水利水运科学研究，1993（1）：25-31.

［64］王国兵，窦国仁. 含沙高浓度层流的浆河及间歇流［J］. 水利水运科学研究，1993（2）：119-125.

［65］杨树清，窦国仁. 黏弹性流体边界层运动的紊流结构［J］. 水利水运科学研究，1993（3）：213-224.

［66］Dou Guoren. Sedimentation prediction for the fluctuating backwater region of the three gorges project［J］. Advances in Hydro-Science and Engineering，1993（I）：71-80.

［67］张幸农，窦国仁. 常用模型沙及其特性综述［J］. 水利水运科学研究，1994（Z1）：45-51.

［68］窦国仁，王国兵，王向明等. 小浪底工程低水位运行期进水塔上游泥沙问题研究［J］. 人民黄河，1994（9）：1-4，61.

［69］窦国仁，王国兵，于为信等. 小浪底枢纽进水塔上游形成高滩深槽的过程［J］. 人民黄河，1994（10）：1-4，61.

［70］窦国仁，董凤舞，窦希滨. 潮流和波浪的挟沙能力［J］. 科学通报，1995（5）：443-446.

［71］万声淦，窦国仁. 挟沙水流紊动结构［J］. 水利水运科学研究，1995（1）：89-102.

［72］窦国仁，王国兵. 宾汉极限切应力的研究［J］. 水利水运科学研究，1995（2）：103-109.

［73］Dou Guoren, Dong Fengwu, Dou Xibin. Sediment transport capacity of tidal currents and waves［J］. Chinese Science Bulletin, 1995（13）：1096-1101.

［74］Dou Guoren, Dong Fengwu, Dou Xiping. Mathematical modeling of sediment transport in estuaries and coastal regions［J］. Science in China, Ser. A1995（10）：1252-1260.

［75］窦国仁，董凤舞，窦希萍，等. 河口海岸泥沙数学模型研究［J］. 中国科学（A 辑 数学 物理学 天文学 技术科学），1995（9）：995-1001.

［76］窦国仁，王国兵，王向明，等. 黄河小浪底工程泥沙问题的研究［J］. 水利水运科学研究，1995（3）：197-209.

［77］窦国仁，万声淦，陆长石. 三峡工程变动回水区泥沙淤积的试验研究［J］. 水利水运科学研究，1995（4）：327-335.

［78］窦国仁，窦希萍，李禔来. 潮流和波浪作用下的悬沙及数学模拟［C］//第十七届海洋工程研讨会暨1995两岸港口及海岸开发研讨会论文集，1995.

［79］林健，窦国仁，马麟卿. 潮汐河口挖入式港池淤积研究［J］. 水利水运科学研究，1996（2）：95-102.

［80］Dou Guoren, Dou Xiping. 2-D Model of sediment transport and application in estuarine and coastal engineering［J］. Proceedings of the sixth Federal Interagency Sedimentation Conference, Las Vegas, 1996, VII-33-VII-39.

［81］Dou Guoren. Basic laws in mechanics of turbulent flow［J］. China Ocean Engineering, Vol. 10 No. 1, 1996. 1-44.

［82］窦国仁. 加大用水管理力度 促进国民经济可持续发展［J］. 江苏水利，1998（4）：10.

［83］DOU GUOREN. Keynote lecture：Development of physical model studies on sediment transport in China[C]//International Symposium on

River Sedimentation. River SedimeNtation:Theory and Applications. CRC Press,1998: 649−660.

［84］Dou Guoren，Chai Tingsheng. Modelinvestigation on the flow condition and sediment problems of the gezhouba project ［J］. Bulletin of Nhri，1998（1）：1−15.

［85］于清来，窦国仁. 高含沙河流泥沙数学模型研究 ［J］. 水利水运科学研究，1999（2）：3−11.

［86］窦希萍，李禔来，窦国仁. 长江口全沙数学模型研究 ［J］. 水利水运科学研究，1999（2）：32−41.

［87］Dou Xiping, LI Tilai, Dou Guoren. Numrical model of total sediment transport in the yangtze estuary［J］. China Ocean Engineering，1999（3）：277−286.

［88］窦国仁. 长江口深水航道泥沙回淤问题的分析 ［J］. 水运工程，1999（10）：36−39.

［89］窦国仁. 再论泥沙起动流速 ［J］. 泥沙研究，1999（6）：1−9.

［90］窦国仁. 对 "98" 长江洪水的认识与建议 ［J］. 水问题论坛，1999（1）：27−29.

［91］于清来，窦国仁. 高含沙河流泥沙数学模型研究 ［J］. 水利水运科学研究，1992（2）：107−115.

［92］Dou Guoren. Incipient motion of sediment under currents ［J］. China Ocean Engineering，2000（4）：391−406.

［93］窦国仁. 河口海岸全沙模型相似理论 ［J］. 水利水运工程学报，2001（1）：1−12.

［94］Dou Guoren ，Dou Xiping, Li Tilai. Incipient motion of sediment by waves ［J］. Science in China（Series E：Technological Sciences），2001（3）：309−318.

［95］ 窦国仁，窦希萍，李禔来. 波浪作用下泥沙的起动规律 ［J］. 中国科学E辑：技术科学，2001（6）：566−573.

［96］窦国仁，万声淦，陆长石. 三峡工程变动回水区河段长模型175m方

案试验报告［C］// 长江三峡工程泥沙研究论文集. 北京：中国科学

技术出版社，1990：110-161.

［97］陆永军，窦国仁，韩龙喜等. 三维紊流悬沙数学模型及应用［J］.

中国科学 E 辑：技术科学，2004（3）：311-328.

报纸文章

［1］对科技体制改革的浅见［N］. 中国水利报，2000-10-14.

［2］对长江防洪的八点思考［N］. 光明日报，2002-05-04.

参考文献

［1］窦国仁.紊流力学（上册）［M］.北京：人民教育出版社，1981.

［2］窦国仁.紊流力学（下册）［M］.北京：高等教育出版社，1987.

［3］窦国仁.窦国仁论文集［M］.北京：中国水利水电出版社，2003.

［4］窦国仁，窦希萍.经典泥沙运动理论［M］.北京：科学出版社，2022.

［5］胡又.窦国仁与紊流随机理论，中国当代科技精华 技术科学卷［M］.哈尔滨：黑龙江教育出版社，1994.

［6］中国科学技术协会.中国科学技术专家传略·工程技术编·水利卷1［M］.北京：中国水利水电出版社，2009.

［7］钱伟长、周干峙.20世纪中国知名科学家学术成就概览·土木水利与建筑工程卷·第二分册［M］.北京：科学出版社，2015.

［8］《企事业改革家列传》编委会.企事业改革家列传［M］.沈阳：辽宁人民出版社，1990.

［9］路甬祥.科学的道路（下册）［M］.上海：上海教育出版社，2005.

［10］南京水利科学研究院.碧水丹心 南京水利科学研究院建院八十周年纪念文集［M］.南京：河海大学出版社，2015.

［11］刘一是.葛洲坝工程丛书：工程文献［M］.北京：中国水利水电出版社，1998.

［12］水利部科技教育司，三峡工程论证泥沙专家组工作组.长江三峡工程泥沙研

究文集［M］. 北京：中国科学技术出版社，1990.

［13］杨冬. 巨变：上海城市重大建设实录——长江口深水航道［M］. 上海：中西
　　　书局，2011.

［14］钱宁，万兆惠. 泥沙运动力学［M］. 北京：科学出版社，1983.

［15］钱宁，张仁. 河床演变学［M］. 北京：科学出版社，1987.

［16］钱宁. 高含沙水流运动［M］. 北京：清华大学出版社，1989.

［17］钱宁，范家骅，等. 异重流［M］. 北京：水利出版社，1957.

［18］严恺. 水利词典［M］. 上海：上海辞书出版社，1994.

［19］中国水利学会泥沙专业委员会. 泥沙手册［M］. 北京：中国环境科学出版
　　　社，1992.

［20］张瑞瑾. 河流泥沙动力学［M］. 北京：中国水利水电出版社，1998.

［21］张瑞瑾，谢鉴衡，陈文彪. 河流动力学［M］. 武汉：武汉大学出版社，
　　　2007.

［22］谢鉴衡. 河床演变及整治［M］. 北京：中国水利水电出版社，2013.

［23］谢鉴衡. 河床演变与治理研究［M］. 武汉：武汉大学出版社，2004.

［24］王光谦，胡春宏. 泥沙研究进展［M］. 北京：中国水利水电出版社，2006.

［25］韩其为，何明民. 泥沙运动统计理论［M］. 北京：科学出版社，1984.

［26］韩其为，何明民. 泥沙起动规律及起动流速［M］. 北京：科学出版社，
　　　1999.

后　记

　　窦国仁院士是一位有国际影响力的水利学家，为他写传记既是一次难得的机会，又是一项巨大的挑战。且不说他已逝世二十余年，他作为当事人所亲历的众多生命细节和他对许多问题的所思、所想、所感都永远无从获悉，单是他留下的著作、论文、试验报告等科研成果中的满篇公式，都让人望而却步，要准确理解和表达他的学术思想并不容易。好在勤能补拙，我们广泛地收集各类文献，开展口述访谈，反复阅读《窦国仁论文集》，补习泥沙学、河流动力学和紊流理论方面的基础知识，遇到不懂的专业术语就搬来《泥沙手册》《水利词典》等工具书，慢慢理清窦国仁的生平事迹，了解他的主要学术贡献和学术风格。虽然受 2020—2022 年新冠疫情的影响，资料采集工作和传记写作经历了波折、停滞，但我们深感使命在肩，目标既定，绝无退缩或放弃的可能。在克服重重困难后，本书终于出版了。回顾这段历程，有很多需要感谢的人。

　　感谢窦国仁院士的家人，窦希萍总工、董凤舞教授和窦希滨博士热情支持我们开展窦国仁学术成长资料采集和学术传记写作，慷慨捐赠了大量的、珍贵的资料，不厌其烦地接受我们的访谈，帮我们推荐、联系更多的访谈对象。在传记写作过程中，随时接受我们微信、电话的叨扰，解答一些具体而微的问题。初稿完成后，窦希萍总工和董凤舞教授还帮助从科学内容的表述与史实上提出了许多宝贵修改建议。董凤舞教授特别提出，那些参加了窦国仁模型试验和课题研究的人员的名字都应该写上，不应忽视他们的辛苦付出和默默奉献。我们根据她提供的材料一一作了补充，在此也进一步声明，窦国仁院士参与的许多重大水利和港航工程的科研论证，往往是有其他多家单位或团队协同攻关，一些国家级工程如葛洲坝工程、三峡工程、小浪底工程、长江口深水航道治理工程等，甚至是举行业之力、汇集全国精英共同研究，他们也同样作出了巨大贡献。本书因体裁限制，无法做全面的记述，但他们的工作也同样值得铭记。

感谢窦国仁院士的秘书胡又先生。他是我们团队最热心的参与者，同我们一起去北京参加了采集工作培训，不仅积极帮助联系访谈对象、陪同我们一起采访，他还作为被访谈对象，给我们讲述窦国仁的治学、工作、为人和点滴往事。他带我们参观了南京铁心桥试验研究基地，介绍试验模型，瞻仰园区内的众院士铜像，还探访了南京功德园窦国仁墓。他和我们一起查阅了窦国仁档案，又将多年收藏的窦国仁手稿、论文、书信、照片和南京水利科学研究院档案资料汇编文件等慷慨捐赠出来，并一一做讲解或笺注，这些资料构成了采集成果的重要部分，为传记写作提供了扎实的基础。书稿完成后，他仔细校阅了全文。胡又先生是窦国仁最忠实的朋友之一，与窦国仁的家人也亲如一家，他带着强烈的责任感和使命感投入这项工作。他退休后娱情书画摄影，在南京文艺圈也颇有名气，生活安排得很充实，但为了这项工作，他东奔西走，不辞辛劳，深深感染着我们。胡又先生还做得一手好菜，我们常到南京出差，他和太太王世彦女士（地层古生物学家王钰院士之女）多次邀请我们到家中做客，每次都做一桌子菜。聊天中他说到，窦国仁学术资料采集工程是他今生要做的最后一件重要的事，一定要做好。这使我们不禁为窦国仁院士感慨，人生得一知己足矣。

感谢窦国仁院士的很多朋友、同事、学生接受我们当面或电话、微信访谈。他们有：中国水利水电科学研究院教授、中国工程院院士胡春宏先生，全国政协副主席、中国科学院院士王光谦先生，北京大学教授、中国科学院院士倪晋仁先生，南京水利科学研究院退休干部周保中院长、方庆明主任、光福根主任、葛九峰主任及水利专家万声淦教授、陆长石教授，北京一零一中学退休教师王冶老师、汪瑞华老师，交通部第二航务工程局设计研究院缪寿田先生，交通部天津水运工程研究院张定邦先生，浙江省水利河口研究院韩曾萃先生、林炳尧先生（2022年去世），武汉大学谢葆玲教授、李义天教授，清华大学王桂仙教授，原河海大学副校长、致公党中央副主席严以新教授，华夏银行上海分行黄亦芬女士，长江口航道管理局金镠先生。谢葆玲教授和长江水利委员会潘庆燊先生分别审阅了书稿第六、第八两章并提出宝贵意见，特致感谢。

感谢江苏省档案馆为查档提供方便，感谢南京水利科学研究院档案室屈宝勤女士为查阅相关档案提供帮助。

最后，要感谢浙江水利水电学院李海静教授和浙江省水利河口研究院（浙江省海洋规划设计研究院）黄君宝所长，是他们当初牵线搭桥，帮助联系窦国仁家人和中国科协老科学家学术成长资料采集工程办公室，促成了这段缘分。

由于作者水平有限，书中恐有疏漏或错误之处，敬请批评指正。

陈　婷　王　申

2024 年 10 月 28 日

老科学家学术成长资料采集工程丛书
已出版（170种）

《卷舒开合任天真：何泽慧传》　　《此生情怀寄树草：张宏达传》

《从红壤到黄土：朱显谟传》　　　《梦里麦田是金黄：庄巧生传》

《山水人生：陈梦熊传》　　　　　《大音希声：应崇福传》

《做一辈子研究生：林为干传》　　《寻找地层深处的光：田在艺传》

《剑指苍穹：陈士橹传》　　　　　《举重若重：徐光宪传》

《情系山河：张光斗传》　　　　　《魂牵心系原子梦：钱三强传》

《金霉素·牛棚·生物固氮：沈善炯传》　《往事皆烟：朱尊权传》

《胸怀大气：陶诗言传》　　　　　《智者乐水：林秉南传》

《本然化成：谢毓元传》　　　　　《远望情怀：许学彦传》

《一个共产党员的数学人生：谷超豪传》　《没有盲区的天空：王越传》

《含章可贞：秦含章传》　　　　　《行有则　知无涯：罗沛霖传》

《精业济群：彭司勋传》　　　　　《为了孩子的明天：张金哲传》

《肝胆相照：吴孟超传》　　　　　《梦想成真：张树政传》

《新青胜蓝惟所盼：陆婉珍传》　　《情系梁菽：卢良恕传》

《核动力道路上的垦荒牛：彭士禄传》　《笺草释木六十年：王文采传》

《探赜索隐　止于至善：蔡启瑞传》　《妙手生花：张涤生传》

《碧空丹心：李敏华传》　　　　　《硅芯筑梦：王守武传》

《仁术宏愿：盛志勇传》　　　　　《云卷云舒：黄士松传》

《踏遍青山矿业新：裴荣富传》　　《让核技术接地气：陈子元传》

《求索军事医学之路：程天民传》　《论文写在大地上：徐锦堂传》

《一心向学：陈清如传》　　　　　《铃记：张兴钤传》

《许身为国最难忘：陈能宽传》　　《寻找沃土：赵其国传》

《钢锁苍龙　霸贯九州：方秦汉传》　　《虚怀若谷：黄维垣传》

《一丝一世界：郁铭芳传》　　　　　　《乐在图书山水间：常印佛传》

《宏才大略　科学人生：严东生传》　　《碧水丹心：刘建康传》

《我的气象生涯：陈学溶百岁自述》　　《我的教育人生：申泮文百岁自述》

《赤子丹心　中华之光：王大珩传》　　《阡陌舞者：曾德超传》

《根深方叶茂：唐有祺传》　　　　　　《妙手握奇珠：张丽珠传》

《大爱化作田间行：余松烈传》　　　　《追求卓越：郭慕孙传》

《格致桃李半公卿：沈克琦传》　　　　《走向奥维耶多：谢学锦传》

《躬行出真知：王守觉传》　　　　　　《绚丽多彩的光谱人生：黄本立传》

《草原之子：李博传》

《此生只为麦穗忙：刘大钧传》　　　　《探究河口　巡研海岸：陈吉余传》

《航空报国　杏坛追梦：范绪箕传》　　《胰岛素探秘者：张友尚传》

《聚变情怀终不改：李正武传》　　　　《一个人与一个系科：于同隐传》

《真善合美：蒋锡夔传》　　　　　　　《究脑穷源探细胞：陈宜张传》

《治水殆与禹同功：文伏波传》　　　　《星剑光芒射斗牛：赵伊君传》

《用生命谱写蓝色梦想：张炳炎传》　　《蓝天事业的垦荒人：屠基达传》

《远古生命的守望者：李星学传》

《善度事理的世纪师者：袁文伯传》　　《化作春泥：吴浩青传》

《"齿"生无悔：王翰章传》　　　　　　《低温王国拓荒人：洪朝生传》

《慢病毒疫苗的开拓者：沈荣显传》　　《苍穹大业赤子心：梁思礼传》

《殚思求火种　深情寄木铎：黄祖洽传》《仁者医心：陈灏珠传》

《合成之美：戴立信传》　　　　　　　《神乎其经：池志强传》

《誓言无声铸重器：黄旭华传》　　　　《种质资源总是情：董玉琛传》

《水运人生：刘济舟传》　　　　　　　《当油气遇见光明：翟光明传》

《在断了 A 弦的琴上奏出多复变　　　　《微纳世界中国芯：李志坚传》
　　最强音：陆启铿传》　　　　　　　《至纯至强之光：高伯龙传》

《弄潮儿向涛头立：张乾二传》

《一爆惊世建荣功：王方定传》

《轮轨丹心：沈志云传》

《继承与创新：五二三任务与青蒿素研发》

《材料人生：涂铭旌传》

《寻梦衣被天下：梅自强传》

《海潮逐浪　镜水周回：童秉纲口述人生》

《淡泊致远　求真务实：郑维敏传》

《情系化学　返璞归真：徐晓白传》

《经纬乾坤：叶叔华传》

《山石磊落自成岩：王德滋传》

《但求深精新：陆熙炎传》

《聚焦星空：潘君骅传》

《采数学之美为吾美：周毓麟传》

《神经药理学王国的"夸父"：金国章传》

《情系生物膜：杨福愉传》

《敬事而信：熊远著传》

《逐梦"中国牌"心理学：周先庚传》

《情系花粉育株：胡含传》

《情系生态：孙儒泳传》

《此生惟愿济众生：韩济生传》

《谦以自牧：经福谦传》

《恬淡人生：夏培肃传》

《我的配角人生：钟世镇自述》

《大气人生：王文兴传》

《历尽磨难的闪光人生：傅依备传》

《思地虑粮六十载：朱兆良传》

《世事如棋　真心依旧：王世真传》

《大地情怀：刘更另传》

《一儒：石元春自传》

《玻璃丝通信终成真：赵梓森传》

《碧海青山：董海山传》

《心瓣探微：康振黄传》

《寄情水际砂石间：李庆忠传》

《美玉如斯　沉积人生：刘宝珺传》

《铸核控核两相宜：宋家树传》

《驯火育英才　调土绿神州：徐旭常传》

《追光：薛鸣球传》

《愿天下无甲肝：毛江森传》

《以澄净的心灵与远古对话：吴新智传》

《景行如人：徐如人传》

《通信科教　乐在其中：李乐民传》

《力学笃行：钱令希传》

《与肿瘤相识　与衰老同行：童坦君传》

《没有勋章的功臣：杨承宗传》　　　　《科学人文总相宜：杨叔子传》

《百年耕耘：金善宝传》　　　　　　　《一生情缘植物学：吴征镒传》

《耕海踏浪谱华章：文圣常传》　　　　《一腔报国志　湿法开金石：
　　　　　　　　　　　　　　　　　　　　陈家镛传》

《守护女性生殖健康：肖碧莲传》

《心之历程：夏求明传》　　　　　　　《"卓"越人生：卓仁禧传》

《仰望星空：陆埮传》　　　　　　　　《步行者：闻玉梅传》

《拥抱海洋：王颖传》　　　　　　　　《潜心控制的拓荒人：黄琳传》

《爆轰人生：朱建士传》

《献身祖国大农业：戴松恩传》　　　　《一位"总总师"的航天人生：
　　　　　　　　　　　　　　　　　　　　任新民传》

《中国铁路电气化奠基人：曹建猷传》

《一生一事一方舟：顾方舟传》　　　　《扎根大地　仰望苍穹：
　　　　　　　　　　　　　　　　　　　　俞鸿儒传》

《科迷烟云：胡皆汉传》

《寻找黑夜之眼：周立伟传》　　　　　《锻造国防"千里眼"：毛二可传》

《泽润大地：许厚泽传》　　　　　　　《地学"金钉子"：殷鸿福传》

《锲而不舍　攀登不息：　　　　　　　《经年铸剑垂体瘤：史轶蘩传》
　　於崇文传》
　　　　　　　　　　　　　　　　　　《氟缘笃志：陈庆云传》
《摘取皇冠上的明珠：林浩然传》

《铮铮有声：保铮传》　　　　　　　　《中国光学事业的基石：
　　　　　　　　　　　　　　　　　　　　王之江传》

《领航 AI　启智润心：张钹传》

《再上一个高度：张恭庆传》　　　　　《为水之昌明：刘昌明传》